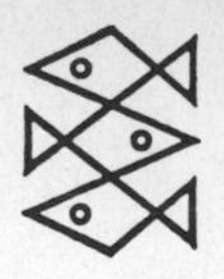

Über dieses Buch Mit diesem dritten Teil, ›Das Augenspiel‹, schließt Elias Canetti seine großangelegte autobiographische Entwicklungsgeschichte eines Schriftstellers ab (vorausgegangen waren ›Die gerettete Zunge‹, Fischer Taschenbuch Bd. 2083, und ›Die Fackel im Ohr‹, Bd. 5404). Hier nun spricht der selbstbewußt gewordene Autor, Jahrgang 1905, der das Drama ›Hochzeit‹ und den bereits in die Weltliteratur eingegangenen Roman ›Die Blendung‹ vollendet hat. Die Jahre 1931 bis 1937 sind Wiener Jahre. Canetti hat sich, von gelegentlichen Reisen abgesehen, überwiegend in der österreichischen Hauptstadt aufgehalten. Entgegen der weitverbreiteten Legende, derzufolge das Wien der Jahrhundertwende als kultureller Mittelpunkt Europas gilt, muß, mit viel größerer Berechtigung, das Wien zwischen den Weltkriegen als inspirierender Kristallisierungspunkt des Kontinents angesehen werden. In jenen Jahren erarbeitete Freud das umstürzend neue Bild vom Menschen, schrieben Musil und Broch ihre epochemachenden Werke, komponierten Berg und Schönberg folgenreich für die Musikgeschiche, Wotruba ging neue Wege in der Plastik. ›Das Augenspiel‹ besteht in vielen Passagen aus Beobachtungen und Berichten aus Ateliers, Cafés und intellektuellen Zirkeln. Canetti erzählt aber nicht nur von ihn prägenden Begegnungen, er gibt vielmehr Zeugnis vom vielgestaltigen Kosmos Wien, der mit dem sogenannten Anschluß für alle Zeiten unterging.

Der Autor Elias Canetti wurde am 25. Juli 1905 in Rustschuk/Bulgarien als Kind spaniolischer Eltern geboren, übersiedelte 1911 mit der Familie nach Manchester; 1913 nach dem Tod des Vaters nach Wien, besuchte anschließend Schulen in Zürich und Frankfurt am Main; Studium der Naturwissenschaften in Wien (Dr. phil. in Chemie); 1938 Emigration über Paris nach London. Elias Canetti wurde 1972 mit dem Georg-Büchner-Preis, 1975 mit dem Nelly-Sachs-Preis, 1977 mit dem Gottfried-Keller-Preis und 1981 mit dem Nobelpreis für Literatur ausgezeichnet. Canetti lebt abwechselnd in Zürich und in London.
Vom selben Autor sind im Fischer Taschenbuch Programm lieferbar: ›Die Blendung‹ (Bd. 696), ›Dramen. Hochzeit/Komödie der Eitelkeit/Die Befristeten‹ (Bd. 7027), ›Das Gewissen der Worte‹ (Bd. 5058), ›Masse und Macht‹ (Bd. 6544), ›Der Ohrenzeuge‹ (Bd. 5420), ›Die Provinz des Menschen‹ (Bd. 1677), ›Die Stimmen von Marrakesch‹ (Bd. 2103).

ELIAS CANETTI

DAS AUGENSPIEL

LEBENSGESCHICHTE 1931–1937

FISCHER TASCHENBUCH VERLAG

Ungekürzte Ausgabe
Veröffentlicht im Fischer Taschenbuch Verlag GmbH,
Frankfurt am Main, Februar 1988

Lizenzausgabe mit freundlicher Genehmigung
des Carl Hanser Verlags, München–Wien

Umschlagentwurf: Jan Buchholz/Reni Hinsch
Gesamtherstellung: Clausen & Bosse, Leck
Printed in Germany
ISBN 3-596-29140-2

INHALT

Für Hera Canetti

Teil 1

HOCHZEIT

Büchner in der Wüste

›Kant fängt Feuer‹, so hieß damals der Roman, hatte mich verwüstet zurückgelassen. Die Verbrennung der Bücher war etwas, das ich mir nicht vergeben konnte. Ich glaube nicht, daß es mir um Kant (den späteren Kien) noch leid tat. Es war ihm während der ganzen Niederschrift des Buches so arg mitgespielt worden, ich hatte mich so sehr damit abgequält, mein Mitleid für ihn zu unterdrücken, es mir, auch im leisesten nicht, merken zu lassen, daß es vom Standpunkt des Schreibenden aus eher als eine Erlösung erschien, sein Leben zu beenden.
Aber für diese Befreiung waren die Bücher eingesetzt worden und daß *sie* in Flammen aufgingen, empfand ich so, als wäre es mir selbst geschehen. Mir war zumute, nicht nur als hätte ich meine eigenen Bücher geopfert, sondern auch die der ganzen Welt, denn in der Bibliothek des Sinologen war alles enthalten, was für die Welt von Bedeutung war, die Bücher aller Religionen, die aller Denker, die der östlichen Literaturen insgesamt, die der westlichen, soweit sie auch nur das geringste ihres Lebens bewahrt hatten. Das alles war niedergebrannt, ich hatte es geschehen lassen, ohne auch nur einen Versuch zu machen, etwas davon zu retten, und zurück blieb eine Wüste, es gab nun nichts mehr als Wüste und ich selbst war an ihr schuld. Denn es ist kein bloßes Spiel, was in einem solchen Buch geschieht, es ist eine Wirklichkeit, für die man einzustehen hat, viel mehr als jeder Kritik von außen, sich selbst gegenüber und wenn es auch eine Angst sehr großen Ausmaßes ist, die einen zwingt, solche Dinge niederzuschreiben, so bleibt immer noch zu bedenken, ob man nicht durch sie eben das mit herbeiführt, was man so sehr fürchtet.
Der Untergang war nun in mir angelegt und ich kam nicht von ihm los. Durch die ›Letzten Tage der Menschheit‹ hatte er sich seit sieben Jahren schon vorgeprägt. Aber jetzt hatte er

eine sehr persönliche Form angenommen, die den Konstanten meines eigenen Lebens entsprang: dem Feuer, das ich am 15. Juli im Zusammenhang mit der Masse erkannt hatte, und den Büchern, die mein täglicher Umgang waren. Was ich dem Protagonisten des Romans geliehen hatte, war, trotz seiner sonstigen Verschiedenheit von mir, so wesentlich, daß ich es nicht, nachdem er seinen Zweck erfüllt hatte, unversehrt und ungestraft wieder zurücknehmen konnte.

Die Wüste, die ich für mich selbst geschaffen hatte, begann alles zu überziehen. Die Bedrohung der Welt, in der man sich fand, empfand ich nie stärker als damals, nach dem Untergang Kiens. Die Unruhe, in die ich zurückverfiel, glich der früheren, in der ich den Plan zu jener ›Comédie Humaine an Irren‹ entworfen hatte, mit dem Unterschied, daß inzwischen etwas Entscheidendes geschehen war und ich mich schuldig fühlte. Es war eine Unruhe nicht ohne Kenntnis ihrer eigenen Verursachung. Nachts, aber auch tags, rannte ich durch dieselben Straßen. Es war keine Rede mehr davon, daß ich mich einem anderen Roman oder gar einem der ehemals geplanten Reihe zuwenden könnte, das enorme Vorhaben war im Rauch des Bücherbrandes erstickt, ohne Bedauern, und statt dessen sah ich nun nichts, wo immer ich mich fand, das nicht vor einer Katastrophe stand, die im nächsten Augenblick einbrechen konnte.

Jedes Gespräch, von dem ich im Vorbeigehen Teile hörte, schien ein letztes. Es geschah unter furchtbarem, unerbittlichem Zwang, was in letzten Momenten geschehen mußte. Aber es hing auf das engste mit den Bedrohten selbst zusammen, was ihnen geschah. Sie hatten sich in die Situation gebracht, aus der es kein Entrinnen gab. Sie hatten sich die besondere und absonderlichste Mühe gegeben, so zu sein, daß sie ihren Untergang *verdienten*. Jedes Gesprächspaar, das ich hörte, erschien mir so schuldig, wie ich selbst es war, seit ich jenes Feuer angefacht hatte. Aber wenn diese Schuld wie ein eigener Äther alles durchdrang, so daß nichts davon frei war, blieben die Menschen im übrigen genau die, die sie waren. Sie behielten ihre Tonfälle so gut wie ihr Aussehen, die Situationen, in denen sie sich fanden, waren unverwechselbar ihre eigenen, unabhängig von dem, der sie gewahrte und aufnahm. Alles was er dazu tat, war, daß er ihnen eine Richtung

gab und sie wie mit einem Treibstoff mit seiner eigenen Angst erfüllte. Jede Szene, vor der ihm der Atem stockte, die er mit der Leidenschaft des Gewahrenden, dessen einziger Sinn das Gewahren geworden ist, aufnahm, endete mit dem Untergang.
Er schrieb sie in größter Hast und in riesigen Buchstaben auf, als Kritzeleien an die Wände eines neuen Pompeji. Es war wie die *Vorbereitung* auf Vulkanausbruch oder Erdbeben: einer merkt, daß es kommt, sehr bald, durch nichts aufzuhalten und schreibt auf, was *vorher* geschehen ist, was die Leute, durch ihre Verrichtungen und Umstände getrennt, vorher getan haben, von der Nähe ihres Schicksals nichts ahnend, die Atmosphäre der Erstickung mit ihrem alltäglichen Atem einziehend, und eben darum, bevor es noch eigentlich eingesetzt hat, ein wenig eigensinniger und hektischer atmend. Szene um Szene warf ich aufs Papier, jede war für sich, keine hing mit der anderen zusammen, aber jede endete im gewaltsamen Untergang, einzig durch ihn an andere gebunden, und wenn ich heute vornehme, was von ihnen erhalten geblieben ist, scheinen sie wie den Bombennächten des erst kommenden Weltkriegs entsprungen.
Szene um Szene, es waren viele, wie im Laufen geschrieben, in besessener Eile, jede führte in Untergang, und gleich danach begann eine neue, die unter anderen Menschen spielte und sie hatte mit der früheren nichts gemein als den *verdienten* Untergang, in den sie mündete. Es war wie ein Strafgericht, ein wahlloses, das alles einbezog, und am schwersten gestraft war der, der es sich über die anderen anmaßte. Denn er, der es abwenden wollte, führte es herbei. Er war es, der die Lieblosigkeit dieser Menschen durchschaute. Er streifte vorüber an ihnen, sah sie und hatte sie schon wieder verlassen, hörte ihren Ton, der sich nie aus seinen Ohren verlor, trug ihn weiter zu den anderen, die ebenso lieblos waren, und wenn ihm der Kopf von den bewahrten Tönen der Selbstsucht zu bersten drohte, schrieb er die dringlichsten von ihnen unter Zwang auf.
Das Quälendste in jenen Wochen war das Zimmer in der Hagenberggasse. Über ein Jahr schon hatte ich hier mit den Lichtdrucken des Isenheimer Altars gelebt. Sie waren mir, mit den erbarmungslosen Details der Kreuzigung, in Fleisch

und Blut übergegangen. Solange ich am Roman schrieb, schien ihre Stelle die richtige, sie trieb mich in ein und dieselbe Richtung weiter, ein unerbittlicher Stachel. Sie waren, was ich ertragen *wollte*, ich gewöhnte mich nicht an sie, ich verlor sie nie aus den Augen, sie setzten sich in etwas um, das scheinbar nichts mit ihnen zu tun hatte, wer wäre so vermessen und so hirnverbrannt, die Leiden des Sinologen mit denen Christi zu vergleichen. Und doch hatte sich etwas wie eine Verbindung zwischen den Aufnahmen, die an den Wänden hingen, und den Kapiteln des Buches hergestellt. Ich brauchte die Bilder so sehr, daß ich sie nie durch etwas anderes ersetzt hätte. Ich ließ mich auch durch das Entsetzen der seltenen Besucher, die ich empfing, nicht beirren.
Aber dann, als Bibliothek und Sinologe in Flammen aufgegangen waren, geschah etwas Seltsames, das ich nicht erwartet hatte. Grünewald gewann seine volle Kraft zurück. Sobald ich am Roman nicht mehr schrieb, war der Maler nur noch für sich selber da und in der Wüste, die ich geschaffen hatte, blieb er allein wirksam. Wenn ich nach Hause kam, erschrak ich über die Wände meines Zimmers. Alles Bedrohliche, das ich fühlte, verstärkte sich an Grünewald.
Ich konnte mir in dieser Zeit auch durch Lesen nicht helfen. Nicht nur hatte ich mein Recht auf Bücher verloren, denn ich hatte sie um eines Romans willen geopfert. Selbst wenn ich mich zwang, dieses Schuldgefühl zu überwinden und nach einem meiner Bücher so griff, als wäre es noch vorhanden, nicht mitverbrannt, nicht untergegangen, wenn ich mich weiter zwang, darin zu lesen, ekelte es mich bald, und was ich am besten kannte, was ich am längsten schon liebte, ekelte mich am meisten. Ich entsinne mich des Abends, da ich Stendhal, der mich während eines Jahres täglich zur Arbeit angeleitet hatte, im Zorn fallen ließ, nicht auf den Tisch, auf den Boden, und so verzweifelt war ich über die Enttäuschung, die er mir bereitete, daß ich ihn nicht einmal aufhob sondern liegen ließ. Ein anderes Mal hatte ich den unsinnigen Einfall, es mit Gogol zu versuchen und diesmal erschien mir sogar ›Der Mantel‹ läppisch und willkürlich und ich fragte mich, was mich je an dieser Geschichte so erregt hatte. Nichts von den vertrauten Dingen, aus denen ich entstanden war, verfing. Vielleicht hatte ich durch den Bücherbrand al-

les Alte wirklich zerstört. Scheinbar standen die Bände noch da, aber ihr Inhalt war *versengt*, in mir war nichts mehr davon da und jeder Versuch, Abgebranntes wiederzubeleben, weckte Wut und Widerstand. Nach einigen jämmerlichen Versuchen, von denen jeder mißglückt war, nahm ich nichts mehr in die Hand. Das Regal mit den eigentlichen, den unzählige Male gelesenen Bänden blieb unberührt, es war, als seien sie gar nicht mehr da, ich *sah* sie nicht mehr, ich griff nicht nach ihnen, und die Wüste um mich war vollkommen geworden.
Damals, in einer Verfassung, die trostloser nicht hätte sein können, fand ich eines Nachts meine Rettung in etwas Unbekanntem, das ich schon lange bei mir stehen hatte, ohne es berührt zu haben. Es war ein hoher, großgedruckter Band Büchner, in gelbem Leinen, so aufgestellt, daß man ihn nicht übersehen konnte, neben einem vierbändigen Kleist derselben Ausgabe, in der mir jeder Buchstabe vertraut war. Es wird unglaubwürdig klingen, wenn ich sage, daß ich Büchner nie gelesen hatte, aber es war so. Ich wußte sicher, wie bedeutend er war und ich glaube, ich wußte auch, daß er mir noch viel bedeuten würde. Es mochten zwei Jahre vergangen sein, seit ich den Band Büchner in der ›Vienna‹-Buchhandlung in der Bognergasse erblickt, gekauft, nach Hause gebracht und neben den Kleist gestellt hatte.

Zu den wichtigsten Dingen, die sich in einem vorbereiten, gehören hinausgeschobene Begegnungen. Es kann sich um Orte und um Menschen handeln, um Bilder wie um Bücher. Es gibt Städte, nach denen ich mich so sehne, als wäre es mir vorbestimmt, ein ganzes Leben von Anbeginn an in ihnen zu verbringen. Unter hundert Listen vermeide ich es hinzufahren und jede neue Gelegenheit zu einem Besuch, um die ich herumgekommen bin, steigert ihre Bedeutung in mir so sehr, daß man meinen könnte, ich wäre nur um ihretwillen noch auf der Welt und wenn es sie nicht gäbe, die mich weiter erwarten, längst schon vergangen. Es gibt Menschen, von denen ich gern sprechen höre, so viel und mit soviel Begierde, daß man meinen könnte, ich wisse schließlich mehr über sie als sie selbst – aber ich vermeide es, ein Bild von ihnen zu sehen und weiche jeder visuellen Vorstellung von

ihnen aus, so als läge ein besonderes und berechtigtes Interdikt darauf, ihr Gesicht zu kennen. Es gibt auch Menschen, die mir während Jahren auf ein und demselben Weg begegnen, über die ich nachdenke, die mir wie Rätsel erscheinen, die mir zu lösen aufgegeben sind, und ich richte kein Wort an sie, gehe stumm an ihnen vorbei wie sie an mir und beide blicken wir uns fragend an, beide halten wir fest unsere Lippen geschlossen, ich denke mir das erste Gespräch aus und bin erregt bei der Vorstellung, wieviel Unerwartetes ich dann erfahren werde. Und schließlich gibt es Menschen, die ich seit Jahren liebe, ohne daß sie eine Ahnung davon haben können, ich werde alt und älter und es muß schon wie eine unsinnige Illusion erscheinen, daß ich es ihnen je sagen werde, obwohl ich immer in der Vorstellung dieses herrlichen Augenblicks lebe. Ohne diese umständlichen Vorbereitungen auf Künftiges vermöchte ich nicht zu sein und sie sind mir, wenn ich mich sehr genau prüfe, nicht weniger wichtig als die plötzlichen Überraschungen, die wie von nirgends kommen und einen auf der Stelle überwältigen.
Ich möchte nicht die Bücher nennen, auf die ich mich noch immer vorbereite, einige der berühmtesten Bücher der Weltliteratur sind darunter, an deren Bedeutung ich nach dem Konsensus all derer in der Vergangenheit, deren Meinungen für mich bestimmend waren, nicht zweifeln dürfte. Es ist einleuchtend, daß nach zwanzigjähriger Erwartung ein Zusammenstoß mit einem solchen Werk zu etwas ganz Ungeheuerlichem wird, vielleicht ist es nur so möglich, zu geistigen Wiedergeburten zu gelangen, die einen vor den Folgen der Routine und des Verfalls bewahren. Damals jedenfalls war es so, daß ich als 26jähriger schon lange den Namen Büchner kannte und seit zwei Jahren einen höchst auffälligen Band mit seinen Werken bei mir stehen hatte.
Eines Nachts, in einem Augenblick schlimmster Verzweiflung – ich war sicher, daß ich nie mehr etwas schreiben, ich war sicher, daß ich nie mehr etwas *lesen* würde –, griff ich nach dem gelben Band und schlug ihn irgendwo auf: es war eine Szene des Wozzeck (so druckte man damals noch den Namen), die nämlich, in der der Doktor zu Wozzeck spricht. Es war, als hätte der Blitz in mich eingeschlagen, ich las diese Szene, alle übrigen des Fragments, ich las das ganze Frag-

ment immer wieder, wie oft, vermag ich nicht zu sagen. Mir scheint, es waren unzählige Male, denn ich las diese ganze Nacht, ich las nichts anderes im gelben Band, den Wozzeck immer wieder von vorn und war in solcher Erregung, daß ich vor sechs Uhr morgens das Haus verließ und zur Stadtbahn hinunterlief. Da nahm ich den ersten Zug, der in die Stadt fuhr, stürzte in die Ferdinandstraße und weckte Veza aus dem Schlaf.

Die Kette war nicht vorgelegt, ich hatte den Schlüssel zu ihrer Wohnung. So war es, für den Fall, daß irgendeine Unruhe mich frühmorgens hintreiben sollte, zwischen uns besprochen, aber in den sechs Jahren, während deren unsere Liebe schon bestand, war das nie geschehen, und als es jetzt zum erstenmal unter der Einwirkung von Büchner geschah, mußte es Veza alarmieren.

Sie hatte aufgeatmet, als das asketische Jahr des Romans zu Ende war und schwerlich war später je ein Leser so erleichtert wie sie, als der hagere Sinologe in Flammen aufging. Sie hatte neue Wendungen befürchtet, eine Wiederaufnahme und Fortsetzung der Abenteuer. Vor der Niederschrift des letzten Kapitels ›Der rote Hahn‹ hatte ich einige Wochen Pause eingelegt und diese Zögerung mißdeutete sie als *Zweifel* am Abschluß. Sie malte sich aus, daß Georges bei der Rückfahrt plötzlich Bedenken kämen, spät, aber noch rechtzeitig erkannte er die wahre Verfassung des Bruders, wie hatte er ihn alleine lassen können! Bei der nächsten Station stieg er aus und nahm den Zug zurück. Schon stand er wieder vor der Wohnung und erzwang sich Einlaß. Ohne viel Federlesens packte er Peter zusammen und entführte ihn nach Paris. Da wurde er nun zu einem der Patienten des Bruders, einem ungewöhnlichen, gewiß, der sich mit aller Macht dagegen sperrte. Aber es half nichts, allmählich fand auch er in Georges seinen Meister.

Sie witterte, wie sehr es mich gereizt hätte, den Kampf zwischen den Brüdern in dieser neuen Situation fortzusetzen, ihr verdecktes Gespräch, das in jenem langen Kapitel angeschnitten, doch keineswegs erschöpft war. Auf die Nachricht, daß ›Der rote Hahn‹ endlich geschrieben, daß dem Sinologen sein Vorhaben geglückt war, reagierte sie erst mit Unglauben. Sie dachte, ich wolle sie beruhigen, denn ihre

Zweifel an meiner Lebensführung während dieser ganzen Zeit waren mir wohl bewußt. Im dritten Teil des Romans war auch ihr vieles in die Knochen gegangen und es war ihre Überzeugung, daß dieses nie enden wollende Eindringen in den Verfolgungswahn des Sinologen für meinen eigenen Geisteszustand gefährliche Folgen haben müsse. So war es nicht verwunderlich, daß sie aufatmete, als ich ihr das letzte Kapitel vorlas und während die schlimmste Zeit, die ich die ›Wüstenzeit‹ genannt habe, für mich erst begann, hätte sie gern gedacht, das Ärgste sei vorüber.
Sie erlebte aber, daß ich jetzt erst recht ihr wie allen anderen Menschen aus dem Weg ging, und obwohl ich eigentlich im Augenblick nichts Bestimmtes tat, weder für sie noch für die wenigen Freunde Zeit aufbrachte. Wenn ich sie doch sah, war ich einsilbig und verdrossen, *diese* Art von Schweigen hatte es nie zwischen uns gegeben. Einmal verlor sie so sehr die Beherrschung, daß sie sagte: »Seit er tot ist, ist dein Büchermensch in dich gefahren und du bist wie er. Das ist wohl deine Art, um ihn zu trauern.« Sie hatte unendlich viel Geduld mit mir, ich verargte ihr die Erleichterung über jenen Feuertod, und als sie einmal sagte: »Schade, daß die Therese keine indische Witwe ist, sie hätte sich sonst auch ins Feuer werfen müssen«, parierte ich mit Ingrimm: »Er hatte bessere Angehörige als eine Frau, er hatte seine Bücher, die wußten was sich gehört und sind mit ihm verbrannt.«
Seither erwartete sie, daß ich eines Nachts oder Morgens plötzlich auftauchen könnte, mit der Nachricht, die sie mehr als alles fürchtete: daß ich mich nämlich anders besonnen hätte, das letzte Kapitel gelte nicht, es sei ohnehin in einem anderen Stil gehalten als das übrige Buch, ich hätte es *gestrichen*. Kant sei wieder zum Leben zurückgekehrt. Das Ganze beginne wieder von vorn, sozusagen als zweiter Band desselben Romans und damit hätte ich nun mindestens noch ein ganzes Jahr zu tun.
Sie erschrak sehr, als ich sie an diesem Büchner-Morgen aus dem Schlaf weckte. »Wunderst du dich, daß ich so früh komme? Das ist noch nie passiert!« »Nein«, sagte sie, »ich hab dich erwartet«, und dachte schon verzweifelt darüber nach, wie sie mich von einer Fortsetzung des Romans abbringen könne.

Ich begann aber gleich mit Büchner. Ob sie den ›Wozzeck‹ kenne? Natürlich kenne sie ihn. Wer kenne das nicht? Sie sagte es ungeduldig, das Schlimmere und Eigentliche erwartend, das sie für mein Anliegen hielt. Ihre Antwort hatte etwas Wegwerfendes im Ton – ich fühlte mich für Büchner beleidigt.
»Und davon hältst du nichts?« Ich sagte es drohend und böse, sie merkte plötzlich, worum es ging.
»Wer? Ich? Ich halte davon nichts? Ich halte es für das größte Drama der deutschen Literatur.«
Ich traute meinen Ohren nicht und sagte irgend etwas: »Es ist doch ein Fragment!«
»Fragment! Fragment! Nennst du das ein Fragment? Was darin fehlt, ist noch besser, als was in den besten anderen Dramen da ist. Man möchte sich mehr solche Fragmente wünschen.«
»Du hast mir nie ein Wort darüber gesagt. Kennst du Büchner schon lange?«
»Länger als dich. Ich habe ihn schon früher gelesen. Zur gleichen Zeit als ich auf Hebbels Tagebücher und auf Lichtenberg stieß.«
»Aber du hast über ihn geschwiegen! So oft hast du mir Stellen aus Hebbel und aus Lichtenberg gezeigt. Über den Wozzeck hast du geschwiegen. Warum nur? Warum?«
»Ich habe ihn sogar versteckt. Den Band Büchner hättest du bei mir nicht finden können.«
»Ich habe ihn die ganze Nacht gelesen. Den ›Wozzeck‹ immer wieder von vorn. Ich habe nicht glauben wollen, daß es so etwas gibt. Ich glaube es jetzt noch nicht. Ich bin hergefahren, um dich zu beschimpfen. Erst dachte ich, du kennst es vielleicht nicht. Aber das kam mir dann gleich unmöglich vor. Was wäre deine ganze Liebe zur Literatur wert, wenn du das nicht kennst. Natürlich kennst du's. Aber du hast es vor mir versteckt. Sechs Jahre reden wir über alle wunderbaren Dinge. Den Namen Büchner hast du nicht *einmal* vor mir genannt. Und jetzt sagst du, du hast den Band vor mir versteckt. Das ist nicht möglich. Ich kenne jeden Winkel deines Zimmers. Beweis es mir! Zeig mir den Band! Wo hast du ihn versteckt? Es ist ein großer gelber Band. Wie könnte man den verstecken?«

»Er ist weder groß noch gelb. Es ist eine Dünndruck-Ausgabe. Jetzt sollst du ihn selbst sehen.«
Sie öffnete den Schrank, der ihre liebsten Bücher enthielt. Ich dachte an den Augenblick, als sie mir ihn zuerst gezeigt hatte. Ich kannte mich darin besser als in meiner Tasche aus. Da sollte der Büchner versteckt sein? Sie holte einige Bände Victor Hugo heraus. Dahinter, flach gegen die Rückwand des Schrankes gepreßt, lag die Insel-Ausgabe des Büchner. Sie hielt mir den Band hin, es war mir nicht recht, ihn in diesem reduzierten Format zu sehen, ich hatte noch die großen Buchstaben der Nacht vor mir, und in dieser Größe wollte ich sie nun immer vor mir haben.
»Hast du noch andere Bücher vor mir versteckt?«
»Nein, das ist das einzige. Ich wußte, daß du keinen Victor Hugo herausziehen wirst, den liest du ja doch nicht, dahinter war der Büchner sicher. Er hat übrigens zwei Dramen von Victor Hugo übersetzt.«
Das zeigte sie mir, es ärgerte mich und ich reichte ihr den Band zurück.
»Aber warum nur? Warum hast du ihn vor mir versteckt?«
»Sei froh, daß du ihn nicht gekannt hast. Glaubst du, du hättest sonst selber etwas schreiben können? Er ist auch der *modernste* aller Dichter. Er könnte von heute sein, nur daß niemand so ist wie er. Man kann ihn sich nicht zum Vorbild nehmen. Man kann sich nur schämen und sagen: ›Wozu schreibe ich überhaupt?‹ Man kann dann nur noch den Mund halten. Ich wollte nicht, daß du den Mund hältst. Ich glaube an dich.«
»Trotz Büchner?«
»Darüber will ich jetzt nicht reden. Es muß Dinge geben, die unerreichbar sind. Aber das Unerreichbare darf einen nicht zermalmen. Jetzt bist du fertig mit dem Roman. Jetzt sollst du noch etwas anderes lesen. Es gibt noch ein Fragment von ihm, eine Erzählung: ›Lenz‹. Lies es gleich!«
Ich setzte mich hin und las ohne ein weiteres Wort das wunderbarste Stück Prosa. Nach der Nacht des ›Wozzeck‹ der frühe Morgen des ›Lenz‹, ohne einen Augenblick Schlaf dazwischen. Da zerfiel mir mein Roman, auf den ich so stolz gewesen war, er zerfiel mir zu Staub und Asche.
Es war ein harter Schlag, aber es war gut, daß das geschah.

Nach den Kapiteln von ›Kant fängt Feuer‹, die sie alle gehört hatte, hielt Veza mich für einen Dramatiker. Sie hatte in der Furcht gelebt, daß ich aus dem Roman nicht mehr herausfinden würde. Sie hatte erlebt, wie tief ich mich in ihn verstrickt und wie sehr er mich hergenommen hatte. Ob er es war, ob ein anderer, der neu begann, sie erkannte die fatale Neigung zu Aufgaben, die sich über Jahre hinzogen. Sie hatte die Entwürfe zu jener Romanreihe einer ›Comédie Humaine an Irren‹ in Erinnerung, über die ich oft zu ihr gesprochen hatte. Der Blick auf Steinhof von meinem Fenster, der ihr anfangs Eindruck gemacht hatte, gefiel ihr längst nicht mehr. Sie hatte das Gefühl, daß die Faszination, die besessene oder abseitige Menschen auf mich ausübten, mit der Niederschrift des Romans noch gewachsen war. Auch die Freundschaft mit Thomas Marek beunruhigte sie. Meine Parteinahme für ihn war heftig und aggressiv und als ich einmal mich zu der Behauptung verstieg, daß dieser Gelähmte wichtiger sei als sämtliche Leute, die undankbar und ahnungslos auf Beinen gingen, widersprach sie mir und zog über meine Verstiegenheit her.
Sie fürchtete wirklich um mich, und die Liebeserklärung an alle, die für wahnsinnig gelten, im Kapitel ›Ein Irrenhaus‹ des Romans gab ihr die Überzeugung, daß ich eine gefährliche Grenze überschritten hatte. Der Hang zu Isolation, die Bewunderung für alle, die ganz und gar anders waren, der Wunsch, sämtliche Brücken zu einer niederträchtigen Menschheit abzubrechen – alles das machte ihr sehr zu schaffen. Ich hatte mich über Wahngebilde mancher Menschen, die ich kannte, zu ihr so geäußert, als ob es vollkommene Kunstwerke wären und mich bemüht, die Entstehung eines solchen Wahngebildes, das ich erfand, Schritt für Schritt zu verfolgen. Sie hatte oft, auch aus ästhetischen Gründen, Unmut über die *Ausführlichkeit* in meiner Darstellung eines Verfolgungswahns geäußert und ich pflegte dann zu erklären, daß man es anders gar nicht machen *könne*, daß es eben auf jede Einzelheit, auf jeden kleinsten Schritt ankomme. Ich zog zu Felde gegen frühere Darstellungen von Wahnsinn in der Literatur und suchte ihr zu beweisen, wie wenig sie stimmten. Sie meinte, es müsse auch möglich sein, solche Zustände komprimiert und dadurch in einer Art von Steigerung vor-

zuführen. Dagegen aber opponierte ich am entschiedensten: in solchen Fällen ginge es immer um die Selbstgefälligkeit, um die Pfauenhaftigkeit von Autoren und nicht um die Sache selbst. Man müsse endlich begreifen, daß Wahnsinn nichts Verächtliches sei, ein Phänomen voll eigener Bedeutungen und Beziehungen, die in jedem Fall wieder andere wären. Sie bestritt das und verteidigte dann, was ganz gegen ihre Art war und nur aus Sorge um mich geschah, die herrschenden Klassifikationen der Psychiatrie, wobei sie eine besondere Schwäche für den Begriff des ›manisch-depressiven Irreseins‹ zeigte, während sie mit ›Schizophrenie‹, die damals daran war, zu einem Modebegriff zu werden, etwas zurückhaltender umging.
Ihre Absicht bei alledem: mich von dieser Art von Roman abzubringen, war mir wohlbekannt. Ich war von einer wilden Entschlossenheit, mich von niemandem, nicht einmal von ihr, beeinflussen zu lassen und setzte als Waffe dagegen den, wie ich dachte, gelungenen Roman ein. Wenn ich mich auch als Brandstifter schuldig fühlte und unter dieser Schuld schwer litt, so bedeutete das keinen Einwand gegen die Gültigkeit des Romans, von der ich felsenfest überzeugt war. Obwohl mich seit seinem Abschluß alles zum Drama drängte, scheint es mir durchaus nicht ausgeschlossen, daß ich mich nach einer Periode der Erschöpfung einem neuen, nicht weniger langen Roman zugewandt hätte, dessen Gegenstand wieder ein Wahn geworden wäre.
Jetzt aber wurde die Nacht, in der ich den ›Wozzeck‹ aufnahm, und der Morgen darauf, als mich in einem Erregungszustand der Erschöpfung der ›Lenz‹ überfiel, entscheidend. Auf wenigen Seiten fand ich da alles, was sich über die Besonderheit der Verfassung von Lenz sagen ließ, es wäre furchtbar gewesen, sich das als ausführlichen Roman vorzustellen. Hochmut und Trotz waren mir aus der Hand geschlagen. Ich schrieb keinen neuen Roman und es vergingen Monate, bevor ich das Vertrauen zu ›Kant fängt Feuer‹ wiedergewann. Als es soweit war, war ich schon besessen von der ›Hochzeit‹.
Wenn ich nun sage, daß ich die ›Hochzeit‹ jenem nächtlichen Eindruck vom ›Wozzeck‹ verdanke, so wird das zuallererst als Anmaßung erscheinen. Ich kann aber, bloß um diesen

Eindruck der Anmaßung zu vermeiden, um die Wahrheit nicht herumkommen. Ich *darf* sie nicht vermeiden. Die Untergangsvisionen, die ich bis dahin aneinandergereiht hatte, standen noch unter dem Einfluß von Karl Kraus. Alles was geschah, und es geschah immer das Ärgste, geschah ohne Begründung und es geschah nebeneinander. Es war von einem Schreibenden aus gehört und es wurde angeprangert. Es wurde von *außen* angeprangert, eben von dem, der schrieb, und über alle Szenen des Untergangs hielt *er* seine Peitsche. Sie gab ihm keine Ruhe, sie trieb ihn an allem vorbei, er hielt nur inne, wenn es etwas zu peitschen gab und kaum war die Strafe exekutiert, trieb sie ihn weiter. Im Grunde geschah immer wieder dasselbe: Menschen in ihren alltäglichsten Verrichtungen, während sie die banalsten Sätze von sich gaben, standen ahnungslos am Rande des Abgrunds. Da kam die Peitsche und trieb sie hinein, es war derselbe Abgrund, in den sie alle stürzten. Es gab nichts, das sie davor hätte bewahren können. Denn ihre Sätze änderten sich nie, sie waren ihnen angemessen, und der, der Maß für sie genommen hatte, war immer ein und derselbe, der Schreiber mit der Peitsche.

Am ›Wozzeck‹ erlebte ich etwas, wofür ich erst später einen Namen fand, als ich es *Selbstanprangerung* nannte. Die Figuren, die einem (außer der Hauptfigur) den größten Eindruck machen, stellen sich selber vor. Der Doktor oder der Tambourmajor schlagen nach außen. Sie greifen an, aber auf so verschiedene Weise, daß man ein wenig zögert, für beide dasselbe Wort Angriff zu verwenden. Es ist aber doch ein Angriff, denn auf Wozzeck wirkt er sich als solcher aus. Ihre Worte, die unverwechselbar sind, wenden sich gegen ihn und haben die schwersten Folgen. Aber diese haben sie nur, indem sie sich selbst, den Sprecher nämlich darstellen, der einem mit sich einen bösen Schlag versetzt, einen Schlag, den man nie vergißt, an dem man ihn immer und überall erkennen würde.

Die Figuren, wie gesagt, stellen sich selber vor. Sie sind von niemand hergepeitscht worden. Als wäre es das Natürlichste von der Welt, prangern sie sich selber an und es ist mehr von Gepränge darin als von Strafe. Sie sind, wie immer sie sind, da, bevor ein moralischer Spruch über sie gefällt wurde. Sicher, man denkt mit Abscheu an sie, aber er ist mit Wohlgefallen verquickt, weil sie sich vorführen, ohne zu ahnen, welchen Abscheu sie erregen. Es ist eine Art von Unschuld in der Selbstanprangerung, es ist noch kein juristisches Netz für sie ausgelegt, das mag, wenn es überhaupt kommt, später über sie geworfen werden, aber keine Anklage, auch die des gewaltigsten Satirikers nicht, könnte so viel bedeuten wie die Selbstanprangerung, denn diese enthält auch den Raum, in dem ein Mensch besteht, seinen Rhythmus, seine Angst, seine Atemzüge.

Es gehört wohl dazu, daß man ihnen das volle Wort ›Ich‹ ernsthaft gönnt, das der pure Satiriker niemandem wirklich zubilligt, außer sich selbst. Die Vitalität dieses unmittelbaren und uneingeklammerten ›Ich‹ ist ungeheuer. Es sagt mehr über sich als jeder Richter. Für den Urteilenden liegt das meiste in der dritten Person, selbst die direkte Anrede, in der das Schlimmste gesagt wird, ist usurpiert. Erst wenn der Richter in sein Ich verfällt, ist er in der vollen Schrecklichkeit dessen, was er verübt, da, aber dann ist er selbst zur Figur geworden und führt sich, er, der Urteilende, ahnungslos in *seiner* Selbstanprangerung vor.

Der Hauptmann, der Doktor, der dröhnende Tambourmajor treten wie von selbst in Erscheinung. Niemand hat ihnen ihre Stimme geliehen, sie sagen sich und schlagen mit sich auf ein und denselben los, eben auf Wozzeck, und entstehen, indem sie auf ihn schlagen. Er dient ihnen allen, er ist ihr Zentrum. Sie bestünden nicht ohne ihn, aber er weiß das so wenig wie sie, man möchte so weit gehen zu sagen, daß er seine Quäler mit seiner Unschuld ansteckt. Sie können nicht anders sein, als sie sind, es ist das Wesen der Selbstanprangerung, daß sie diesen Eindruck vermittelt. Die Kraft dieser Figuren, aller Figuren ist ihre Unschuld. Soll man den Hauptmann, soll man den Doktor hassen, weil sie anders sein könnten, wenn sie nur wollten? Soll man auf Bekehrung für sie hoffen? Soll das Drama eine Missionsschule sein, in die solche Figuren so lange gehen, bis sie sich *anders* schreiben lassen? Der Satiriker *erwartet* von den Menschen, daß sie anders seien. Er peitscht sie, als ob sie Schulbuben wären. Er richtet sie für moralische Instanzen her, vor denen sie irgendeinmal zu stehen kommen sollten. Er weiß sogar, wie sie besser wären. Woher bezieht er diese unumstößliche Sicherheit? Hätte er sie nicht, er könnte gar nicht zu schreiben beginnen. Es fängt damit an, daß er ungescheut wie Gott ist. Ohne das geradezu zu sagen, vertritt er ihn und fühlt sich wohl dabei. Er verliert keinen Augenblick an den Gedanken, daß er vielleicht gar nicht Gott ist. Denn da diese Instanz besteht, die höchste, leitet sich Vertretungsmacht aus ihr her, man muß sie nur ergreifen.

Es gibt aber eine ganz andere Haltung, die den Kreaturen und nicht Gott verfallen ist, die sich ihrer gegen ihn annimmt, die vielleicht so weit geht, ganz von ihm abzusehen und nur von Kreaturen handelt. Sie sieht ihre Unabänderlichkeit, obwohl sie sie anders haben möchte. Mit Haß wie mit Strafen ist den Menschen nicht beizukommen. Sie klagen sich an, indem sie sich darstellen, wie sie sind, aber es ist ihre Selbstanklage, nicht die eines anderen. Die Gerechtigkeit des Dichters kann nicht darin bestehen, sie zu verdammen. Er kann den erfinden, der ihr Opfer ist und alle ihre Spuren wie Fingerabdrücke auf ihm zeigen. Von solchen Opfern wimmelt die Welt, aber es scheint das Schwierigste zu sein, einen als Figur zu fassen und so sprechen zu lassen, daß die Spuren erkennbar bleiben und sich nicht zu Anklagen verwischen. Wozzeck ist diese Figur und man erlebt, was an ihm verübt wird, während es geschieht und es ist kein Wort der Anklage hinzuzufügen. Die Spuren der Selbstanprangerungen sind an ihm erkennbar. Die auf ihn losgeschlagen haben, sind da, und wenn es mit ihm zu Ende geht, bleiben *sie* am Leben. Das Fragment führt nicht vor, wie es mit ihm zu Ende geht, es führt vor, was er *tut*, *seine* Selbstanprangerung nach denen der anderen.

Auge und Atem

Meine Beziehung zu Hermann Broch war, mehr als es sonst üblich ist, von der Gelegenheit unserer ersten Begegnung bestimmt. Ich sollte bei Maria Lazar, einer Wiener Schriftstellerin, die wir beide unabhängig voneinander kannten, mein Drama ›Hochzeit‹ vorlesen. Einige Gäste waren geladen. Ernst Fischer und seine Frau Ruth waren darunter, ich weiß nicht mehr, wer die anderen Gäste waren. Broch hatte sein

Erscheinen zugesagt, man wartete auf ihn, er hatte sich verspätet. Ich wollte schon beginnen, da kam er im letzten Augenblick, mit Brody zusammen, seinem Verleger. Zu mehr als einer kurzen Vorstellung reichte die Zeit nicht: bevor wir noch zueinander gesprochen hatten, begann ich mit der Vorlesung der ›Hochzeit‹.

Maria Lazar hatte Broch erzählt, wie sehr ich die ›Schlafwandler‹ bewunderte, die ich während des Sommers dieses Jahres 1932 gelesen hatte. Er kannte von mir nichts; da nichts gedruckt war, hatte er nichts von mir kennen *können*. Er war für mich, nach dem Eindruck der ›Schlafwandler‹ und besonders des ›Huguenau‹, ein großer Dichter, ich für ihn ein junger, der ihn bewunderte. Es mochte Mitte Oktober sein, sieben oder acht Monate zuvor hatte ich die ›Hochzeit‹ beendet. Einzelnen Freunden hatte ich das Stück vorgelesen, es waren Freunde, die etwas von mir erwarteten und nie noch waren es mehrere von ihnen zusammen gewesen.

Broch aber, und darauf kommt es hier besonders an, bekam mit voller Wucht und bevor er sonst irgend etwas von mir erfuhr, die ganze ›Hochzeit‹ zu hören. Ich las dieses Stück mit Leidenschaft, die Figuren standen durch ihre akustischen Masken fest von einander abgegrenzt da, daran hat sich auch in Jahrzehnten nie mehr etwas geändert. Es dauerte über zwei Stunden und ich las in einem Zug. Es war eine dichte Atmosphäre, außer Veza und mir waren vielleicht ein Dutzend Menschen da, aber ihre Präsenz war so stark, daß es sich wie ein Vielfaches davon anfühlte.

Ich sah Broch gut vor mir, die Art, wie er dasaß, machte mir Eindruck. Sein Vogelkopf schien zwischen den Schultern ein wenig eingesunken. Während der Hausbesorgerszene, der letzten des Vorspiels, die mir die teuerste des ganzen Stückes geworden ist, bemerkte ich seine Augen. Der Satz der sterbenden Kokosch: »Du Mann, ich muß dir was sagen«, den sie immer wieder beginnen muß, den sie nicht vollenden kann, ist für mich der Augenblick der Begegnung mit den Augen Brochs. Wenn Augen atmen könnten, sie hätten den Atem angehalten. Sie warteten darauf, daß der Satz zu Ende gesprochen würde und dieses Einhalten und Verharren war angefüllt mit Kokoschs Worten aus Simson. Es war eine doppelte Lesung und zum lauten Dialog, der gar keiner war, denn Kokosch hörte nicht auf die Worte der Sterbenden, war ein unterirdischer hinzugetreten, zwischen Brochs Augen, die sich der Sterbenden angenommen hatten, und mir, der immer wieder zu ihren Worten ansetzte und sich darin von den biblischen Sätzen des Hausbesorgers unterbrechen ließ.

Das war die Situation in der ersten halben Stunde des Lesens. Dann kam die eigentliche ›Hochzeit‹, und sie setzte mit großer Schamlosigkeit ein, für die ich mich aber damals, da ich sie so sehr haßte, gar nicht schämte. Von der Naturwahrheit dieser ekelhaften Szenen hatte ich vielleicht keine komplette Vorstellung. *Eine* Quelle davon war Karl Kraus, aber es war auch anderes eingeflossen: George Grosz, dessen Ecce Homo-Mappe ich bewundert und verabscheut hatte. Das meiste hatte mit Selbstgehörtem zu tun.

Beim Vorlesen des wüsten, mittleren Teils der ›Hochzeit‹ achtete ich nie auf meine Umgebung. Es gehörte zu dieser Art von Besessenheit, daß man zu schweben vermeint, auf schrecklichen und gemeinen Sätzen, die nichts, gar nichts mit einem zu tun haben, die einen mehr und mehr aufblasen, so daß man auf ihnen fliegt, wie ein Schamane vielleicht, doch das hätte ich damals nicht gewußt.

An diesem Abend war es aber anders. Ich spürte während des ganzen mittleren Teils die Anwesenheit von Broch. Sein Schweigen war eindringlicher als das der anderen. Er hielt an sich, wie man Atem anhält, wie es genau damit beschaffen war, wußte ich nicht, aber daß es etwas mit Atem zu tun hatte, fühlte ich und ich glaube, es war mir bewußt, daß er anders atmete als alle anderen. Gegen den schrecklichen Lärm, den meine Figuren vollführten, stand seine Stille. Sie hatte etwas Körperliches, sie wurde von ihm bewirkt, es war eine Stille, die sich *erzeugte*, heute weiß ich, daß sie mit seiner Art zu atmen zusammenhing.

Im dritten Teil des Stücks, dem eigentlichen Untergang und Totentanz, spürte ich nichts mehr um mich. Die große Anstrengung nahm mich her, ich war im Rhythmus, der hier das Entscheidende ist, so sehr gefangen, daß ich nicht hätte sagen können, was mit diesem oder jenem Hörer geschah, und als ich zu Ende war, wußte ich nicht einmal, daß Broch da war. Mit der *Zeit* war inzwischen etwas passiert und ich

mag wieder dort gewesen sein, wo man auf sein Kommen gewartet hatte. Doch er äußerte sich und sagte: wenn er das gekannt hätte, hätte er sein Stück nicht geschrieben. (Es scheint, daß er damals gerade mit einem Stück beschäftigt war, es wird dasselbe gewesen sein, das dann in Zürich gespielt wurde.)
Dann sagte er etwas, das ich hier nicht wiedergeben mag, obwohl es viel Einsicht in die Genese des Stückes verriet. Ohne ihn zu kennen, wußte ich, daß er erschüttert, daß er wirklich mitgenommen war. Brody, sein Verleger, hatte für alles ein verbindliches Grinsen, das mißfiel mir sehr. Nichts war mit *ihm* passiert, vielleicht hatte er sich über die wütende Attacke auf Bürgerlichkeit geärgert, mochte sich das nicht anmerken lassen und verbarg es hinter Verbindlichkeit. Vielleicht war er aber immer so, vielleicht war er gar nicht zu erschüttern – was ihn wirklich mit Broch verband, denn er war zweifellos mit ihm befreundet, das vermag ich nicht zu sagen.
Die beiden blieben nicht lang, sie wurden schon wieder irgendwo erwartet. Broch, obschon er mitsamt seinem Verleger angerückt war, was als eine Art von Selbstbewußtsein wirkte, erschien mir am Ende der ›Hochzeit‹ als gebrechlich. Es war eine sehr schöne Gebrechlichkeit, nämlich eine, die von Ereignissen, Beziehungen, Schwankungen unter Menschen abhing, Empfindlichkeit war ihre Voraussetzung. Den meisten wird es als Schwäche erschienen sein, *ich* darf es so nennen, weil ich eine Schwäche dieses Bewußtseinsgrades als Vorzug, ja als Tugend empfinde. Wenn aber Menschen der kommerziellen Umwelt, in der er gelebt hatte, oder einer entsprechenden Daseinsform heute über ihn ›Schwäche‹ sagen, möchte ich ihnen auf den Mund schlagen.
Nicht leichten Herzens befasse ich mich mit Broch, denn ich weiß nicht, wie ich ihm gerecht werden soll. Da war die Erwartung, mit der ich an ihn herantrat, die stürmische Werbung von Anfang an, der er sich zu entziehen versuchte, die Blindheit, mit der ich alles an ihm gut finden wollte, die Schönheit seines Auges, in dem alles andere eher als Berechnung für mich zu lesen war: was habe ich *nicht* erhaben gesehen bei ihm und wie naiv und unbedacht ließ ich mich auf eine besessene Art gehen, ohne meine immense Ignoranz zu

verbergen! Denn wenn ich auch wirklich offen und wißbegierig war, Früchte hatte diese Wißbegier noch keine getragen. Ich hatte, wenn ich es heute zu bemessen versuche, noch wenig gelernt und jedenfalls nichts von dem, was sein besonderes Wissen ausmachte: die zeitgenössische Philosophie. Seine Bibliothek war hauptsächlich eine philosophische, er scheute im Gegensatz zu mir vor der Welt der Begriffe nicht zurück, er gab sich ihnen hin wie andere dem Besuch von Nachtlokalen.

Es war der erste ›Schwache‹, dem ich begegnet bin, es war ihm nicht um Siegen und nicht um Überwinden und schon gar nicht um Prahlen zu tun. Das Verkünden großer Absichten war ihm in tiefster Seele zuwider, während bei mir jeder zweite Satz lautete: »Darüber schreibe ich ein Buch« – ich konnte keinen Gedanken, vielleicht keine Beobachtung aussprechen, ohne gleich zu sagen: »Darüber schreibe ich ein Buch.« Nun war das aber nicht ganz leere Prahlerei, denn ein langes Buch ›Kant fängt Feuer‹ hatte ich geschrieben, es bestand im Manuskript, wenige wußten davon, und ein anderes, das mir viel wichtiger war, über Masse, hatte ich mir zum Lebenswerk bestimmt, davon gab es nicht viel mehr als Erlebnisse, die aber sehr tief reichten, und eine ausgebreitete, gierige Lektüre, von der ich dachte, daß sie mit ›Masse‹ zusammenhing – aber eigentlich bezog sie sich auf *›alles‹* nicht weniger als auf Masse. Mein Leben war auf ein großes Werk abgestellt, ich nahm es so ernst, daß ich ohne zu zögern zu sagen imstande war: »Das wird aber Jahrzehnte dauern.« Daß ich *alles* in meine Absichten und Pläne einbeziehen wollte, dieses Umfassend-Unerschöpfliche mußte er als Leidenschaft und als echt empfinden. Was ihn abstieß, war eine grausam-zelotische Art, die Besserung der Menschen von einer Züchtigung abhängig zu machen, zu deren ausführendem Organ ich mich ohne weiteres eingesetzt hatte. Das hatte ich von Karl Kraus gelernt, den ich *bewußt* nie nachzuahmen gewagt hätte, von dem aber unendlich viel in mich eingegangen war und besonders, in der Zeit, da ich die ›Hochzeit‹ schrieb, im Winter 1931/32, sein Furor.

Mit diesem Furor, der durch die ›Hochzeit‹ zu meinem eigenen geworden war, hatte ich mich bei der Vorlesung des Stückes Broch präsentiert. Er war ihm erlegen, aber es war das einzige bei mir, dem er je erlag, was er sonst, wie sich zeigte, übernahm, geschah auf jene Art, die ich viel später, eigentlich erst nach seinem Tod begriff: es war die Aneignung fremder Willensimpulse, deren er sich anders nicht erwehren konnte.

Broch gab immer nach, er nahm nur auf, indem er nachgab. Das war kein komplizierter Prozeß, das war seine Natur, und ich glaube, es war eine richtige Erkenntnis von mir, das auch mit der Art seines Atems in Verbindung zu bringen. Doch gab es unter unzähligen Dingen, die er aufnahm, manchmal welche, die zu gewalttätig waren, um sich ruhig aufbewahren zu lassen. Solche störenden Dinge, die er als peinliche Stöße empfand und moralisch mißbilligte, wurden dann, sei es bald, sei es später, zu seinen eigenen Initiativen. Als er später ein Emigrant in Amerika war und sich zur Befassung mit Massenpsychologie entschloß, hatte er sicher unsere Gespräche darüber nicht vergessen. Doch hatte ihn der Inhalt dessen, was ich sagte, die eigentliche Substanz, in keiner Weise berührt. Die *Unwissenheit* des Sprechenden, dessen Worte von keiner der herrschenden philosophischen Terminologien gefärbt waren, ließ ihn den Gehalt des Gesagten völlig übersehen, auch wenn es seine Eigenart hatte. Es war die *Kraft* der Absicht, was ihn traf, der Anspruch auf eine neue Lehre, die einmal dastehen würde, und obschon sie – außer in kümmerlichen Ansätzen – noch gar nicht bestand, empfand er diese Absicht als *Befehl* und ließ diesen Befehl, als wäre er an ihn gerichtet, in sich nachwirken. Wenn ich in seiner Gegenwart von dem zu sprechen begann, was ich vorhatte, hörte er daraus: »Tu du's!« wußte aber nicht gleich, wie sehr er es unter Zwang gehört hatte und verließ mich mit dem Keim zu einem Auftrag, der in einem neuen Milieu später aufblühte, aber keine Früchte trug.

Ich nehme gleich viel vorweg und verwirre so die klare Linie unserer Beziehung, die ja auch entstand, aber es ist jetzt, nach allen Jahrzehnten notwendig, daß ich ebenso sehe, was damals schon am Anfang wirklich zwischen uns geschah, ohne daß es einer von uns wußte, auch er nicht.

Auf seinen eiligen Gängen kam Broch nicht selten zu uns in die Ferdinandstraße. Ich sah ihn als einen großen, schönen Vogel, aber mit gestutzten Flügeln. Er schien sich einer Zeit zu entsinnen, da er noch fliegen konnte. Er hatte nie verwunden, was mit ihm geschehen war. Ich hätte ihn gern darüber befragt, aber ich wagte es damals noch nicht. Seine stockende Art täuschte, vielleicht sprach er gar nicht ungern über sich. Aber er überlegte, bevor er sprach, flüssige Geständnisse wie bei den meisten Menschen, die ich in Wien kannte, waren von ihm nicht zu erwarten. Geschont hätte er sich nicht, er neigte dazu, sich zu verklagen, von Selbstzufriedenheit hatte er keine Spur, er gab sich unsicher, aber es war, so schien mir, eine *erworbene* Unsicherheit. Meine *bestimmte* Art zu sprechen irritierte ihn, doch war er zu menschenfreundlich, es zu zeigen. Ich merkte es aber und wenn er gegangen war, blieb ich beschämt zurück. Ich machte mir Vorwürfe, weil er mich nicht mochte, so kam es mir vor. Er hätte mich gern zum Selbstzweifler gemacht, vielleicht wollte er mich vorsichtig dazu erziehen, aber das gelang ihm gar nicht. Ich stellte ihn sehr hoch, von den ›Schlafwandlern‹ war ich eingenommen, weil er darin das vermochte, wozu ich unfähig war. Das Atmosphärische in der Literatur hatte mich nie interessiert, ich hatte es als Sache der Malerei empfunden. Aber nun war es bei Broch auf eine Weise da, die einen dafür empfindlich machte. Ich bewunderte es, weil ich alles bewunderte, was mir versagt war. Es machte mich nicht irre an dem, was ich selber vorhatte, aber es war wunderbar zu sehen, daß es ganz anderes gab, das sein eigenes Recht hatte und einen im Lesen von einem selber befreite. Solche Verwandlungen im Lesen sind für einen Dichter unentbehrlich. Er findet wirklich nur zu sich zurück, wenn er sehr stark von anderen weggezogen wurde.

Broch brachte jedes neue Stück Prosa, das von ihm herauskam, gleich in die Ferdinandstraße. Besonders wichtig war ihm, was in der ›Frankfurter‹ und in der ›Neuen Rundschau‹ erschien. Es wäre mir nicht eingefallen zu denken, daß mein Urteil für ihn von Bedeutung war. Wie sehr er Zustimmung brauchte, habe ich erst später begriffen, als einige Jahre nach seinem Tod seine Briefe veröffentlicht wurden. So sehr ihn meine *behauptende* Art des Sprechens irritierte, die Entschiedenheit eines Urteils, wenn es ihn betraf, holte er sich gern und zitierte es sogar in Briefen an andere.

Für Brochs eilige Gänge hatte ich damals eine beinah mythi-

sche Deutung: er, der große Vogel kam nie darüber hinweg, daß ihm die Flügel gestutzt worden waren. Bis in die Freiheit der *einen* Atmosphäre über allen Menschen konnte er nicht mehr entschweben. Aber er holte sich statt dessen jeden vereinzelten Atemraum unter Leuten. Andere Dichter sammelten Menschen, er sammelte die Atemräume um sie, die die Luft enthielten, die in ihren Lungen gewesen war und die sie dann ausgestoßen hatten. Aus dieser bewahrten Luft schloß er auf ihre Eigenart, er charakterisierte Menschen durch die ihnen zugehörigen Atemräume. Das schien mir etwas vollkommen Neues, das mir noch nie begegnet war. Ich wußte von Dichtern, die vom Visuellen und solchen, die vom Akustischen bestimmt waren. Daß es einen geben könnte, der sich durch die Art seines Atems bestimmen ließe, wäre mir früher nicht eingefallen.
Er war sehr zurückhaltend und wirkte, wie ich schon sagte, unsicher. Worauf immer sein Blick fiel – er zog alles in sich, aber der Rhythmus dieses Einziehens war nicht der des Schlingens, sondern der des Einatmens. Er *stieß* an nichts, alles blieb wie es war, unveränderlich, und behielt seine besondere Aura von Luft. Er schien das Verschiedenartigste aufzunehmen, um es zu behüten. Heftigen Reden mißtraute er und wie immer gutmeinend die Absicht, mit der sie sich ankündigten, er witterte Böses dahinter. Jenseits von Gut und Böse war für ihn *nichts* und daß er sich sofort, vom ersten Satz an, zu einer verantwortlichen Haltung bekannte und sich nicht für sie schämte, nahm mich für ihn ein. Sie verriet sich auch in der Zurückhaltung seines Urteils, in dem, was ich schon früh sein ›Stocken‹ nannte.
Ich erklärte mir sein ›Stocken‹ – nämlich daß er lange nichts sagte, obschon ihm anzumerken war, wieviel er sich dachte – damit, daß er niemand bedrängen wollte. Es war ihm peinlich, auf seinen Vorteil bedacht zu sein. Ich wußte, daß er einer Industriellen-Familie entstammte, sein Vater hatte die Spinnerei in Teesdorf besessen. Broch, der eigentlich Mathematiker werden wollte, hatte in dieser Spinnerei gearbeitet, gegen seinen Willen. Als sein Vater starb, mußte er sie ganz übernehmen, nicht um seinetwillen, sondern weil es eine Mutter und andere Familienmitglieder zu versorgen gab. Aus einer Art von Trotz studierte er, er studierte spät noch

Philosophie und als ich ihn kennenlernte, ging er ins Philosophische Seminar der Wiener Universität und sprach davon wie von etwas sehr Ernstem. Ich witterte bei ihm ein ähnliches Verhältnis zur kommerziellen Herkunft wie das meine: eine tiefe Abneigung nämlich, die nach jedem Mittel griff, sich dagegen zur Wehr zu setzen. Da er sich so lange noch, als Erwachsener, als reifer Mann mit der väterlichen Fabrik abgeben mußte, brauchte er besonders starke Gegenmittel. In seinen Neigungen hielt er sich an strenge Wissenschaften und verschmähte es nicht, sie in ihrer akademischen Form auf sich wirken zu lassen. Ich stellte ihn mir als Studenten vor, diesen Mann von reich belebtem Geist. Wenn er so weise war, daß er unsicher blieb, wie fand er Sicherheit in Seminaren? Es war ihm um Zwiesprache zu tun, aber er verhielt sich so, als ob er immer der Lernende wäre und da ich annahm, daß er es in den häufigsten Umständen gar nicht sein konnte, denn es sprang in die Augen, daß er mehr wissen müsse als die Gesprächspartner, dachte ich, es sei seine Herzensgüte, die ihn davon abhalte, irgendwen zu *beschämen*.

Im Café Museum lernte ich Ea von Allesch kennen, die die Freundin Brochs war. Ich hatte ihn allein woanders getroffen. Er sei mit Ea verabredet und habe versprochen, mich mitzubringen. Er schien mir nicht ganz frei, er sprach anders als sonst und er hatte sich *stark* verspätet. »Sie wartet schon lange auf uns«, sagte er und ging rascher, zum Schluß war es beinahe, als flöge er durch die Drehtüre und zöge mich dabei mit sich ins Lokal hinein. »Wir haben uns verspätet«, sagte er gleich, beinahe devot, bevor er mich noch vorstellte, nannte meinen Namen und fügte in einem sachlichen Ton, der keine Besorgnis mehr verriet, »und das ist Ea Allesch« hinzu.
Ich hatte ihren Namen früher ein paarmal von ihm gehört und hatte beide Teile, das ›Allesch‹ und schon gar das ›Ea‹ merkwürdig, ja rätselhaft gefunden. Ich hatte ihn nicht gefragt, woher dieses ›Ea‹ komme, habe es auch später nie wissen wollen. Sie mochte in ihren Fünfzigern sein, sie war nicht jung, sie hatte den Kopf eines Luchses, aber aus Samt, mit rötlichen Haaren. Sie war schön und ich dachte etwas bestürzt, *wie* schön sie erst gewesen sein müsse. Sie sprach leise und sanft, aber doch so eindringlich, daß man sich gleich ein

wenig vor ihr fürchtete. Es war, als hätte sie, ohne es zu merken, ihre Krallen in einen geschlagen. Diesen Eindruck hatte man aber nur, weil sie Broch widersprach. Nicht einen einzigen seiner Sätze ließ sie gelten. Sie fragte, wo wir uns verspätet hätten, sie hätte gedacht, wir kämen nicht mehr, seit einer Stunde sitze sie da. Broch erklärte ihr, wo wir gewesen waren. Aber obwohl er mich dabei einbezog, als sei ich dazu da, es zu bezeugen, hörte sie sich's so an, als glaube sie ihm kein Wort. Sie machte keinen Einwand, aber es stimmte ihr nicht und sie kam, wir saßen schon längst, darauf zurück, durch einen Satz, in dem ihr Zweifel verarbeitet war, als sei er bereits Geschichte geworden und als wolle sie nur merken lassen, daß sie ihn zu allen übrigen Zweifeln dazulege.
Es entspann sich ein literarisches Gespräch. Broch wollte von unserem Fehltritt ablenken und erinnerte daran, daß er gleich nach der Vorlesung der ›Hochzeit‹ zu ihr in die Peregringasse gekommen sei und wie er damals zu ihr darüber gesprochen habe. Es war, als bitte er sie damit, mich ernst zu nehmen; und sie bestritt auch nicht, was bei dieser Gelegenheit geschehen war, wendete es aber gleich gegen ihn. Er sei ganz zerdrückt gewesen und habe darüber geklagt, daß er gar kein Dramatiker sei, wozu habe er nur ein Stück geschrieben, er hätte es am liebsten vom Züricher Theater, wo es lag, zurückgezogen. Seit einiger Zeit bilde sich der Broch nämlich ein, daß er schreiben müsse. Wer ihm das nur eingeredet habe, eine Frau wahrscheinlich. Es tönte sehr sanft, beinah einschmeichelnd, aber es war niemand da, in den sie sich einschmeicheln wollte und es war vernichtend. Denn sie fügte hinzu, sie habe ihm schon aus der Schrift gesagt, daß er kein Schriftsteller sei, sie sei nämlich Graphologin und es genüge, seine Schrift mit der von Musil zu vergleichen, um zu wissen, daß der Broch kein Schriftsteller sei.
Mir war das so peinlich, daß ich schleunig die Ablenkung auf Musil nutzte und sie fragte, ob sie ihn kenne. Den kenne sie seit Jahrzehnten, aus der Allesch-Zeit, noch früher sogar, *länger* als Broch. Der *sei* ein Schriftsteller, ihr Ton war ganz verändert, als sie das sagte und als sie gar hinzufügte, daß Musil nicht so viel von Freud halte und sich nicht leicht verführen lasse, begriff ich, daß ihre Animosität gegen alles ging, was für Broch zählte, während Musil für sie intakt bestand. Sie

hatte ihn in der Zeit ihrer Ehe mit Allesch, der Musils ältester Freund war, oft gesehen und sah ihn auch jetzt noch manchmal, lange nach der Trennung jener Ehe. Es bedeutete ihr etwas, daß sie Graphologin war und sie hatte auch ihre Position in der Psychologie. »Ich bin Adler«, sagte sie und zeigte auf sich, »er ist Freud« und zeigte auf Broch. Dieser war Freud wirklich verfallen, auf religiöse Weise, möchte ich sagen – ich meine damit nicht, daß er ein Zelot geworden war, wie so viele andere, die ich damals kannte, sondern er war von Freud durchdrungen wie von einer mystischen Lehre.

Es gehörte zu Broch, daß er seine Schwierigkeiten nicht verbarg. Er präsentierte sich nicht als Fassade. Ich weiß nicht, warum er mich so früh schon mit Ea zusammenbrachte. Daß sie ihn vor anderen nicht auszeichnete, war ihm immer bewußt. Vielleicht wollte er ihrer schroffen Ablehnung seines Schreibens meine Verehrung dafür entgegensetzen, was ich aber damals nicht begriff. Erst allmählich erfuhr ich, daß Broch als Mäzen gegolten hatte: ein Industrieller, dem geistige Dinge mehr bedeuteten als seine Fabrik und der für Künstler immer etwas übrig hatte. Seine Noblesse hatte er behalten, aber es war bald zu spüren, daß er kein reicher Mann mehr war. Er klagte nicht über seine Not, wohl aber über Zeitmangel. Jeder, der ihn kannte, hätte ihn gern oft gesehen.

Er brachte es dazu, daß man über sich sprach, in Rage geriet und nicht mehr aufhören mochte. Man hielt das für ein besonderes Interesse an der Person, die man war, die Absichten und Pläne, die man hatte, die großen Entwürfe. Man sagte sich nicht, daß dieses Interesse *jeder* Person galt, obwohl man das aus den ›Schlafwandlern‹ wohl erfaßt haben könnte. In Wirklichkeit war es seine Art des Zuhörens, der man verfiel. Man breitete sich in seiner Stille aus, nirgends stieß man auf Hindernisse. Man hätte alles sagen können, er wies nichts zurück, Scheu empfand man nur, solange man etwas nicht ganz und gar gesagt hatte. Während man sonst in solchen Gesprächen an eine Stelle gelangt, wo man sich mit einem plötzlichen Ruck ›Halt!‹ sagt, ›Bis hierher und nicht weiter!‹, da die Preisgabe, die man sich gewünscht hat, gefährlich wird – denn wie findet man wieder zurück zu sich und wie soll man danach wieder allein sein? –, gab es diesen Ort und diesen Augenblick bei Broch nie, nichts rief Halt, nirgends stieß man auf Warntafeln oder Markierungen, man stolperte weiter, rascher, und war wie betrunken. Es ist überwältigend zu erleben, *wieviel* man über sich zu sagen hat, je weiter man sich wagt und verliert, um so mehr fließt nach, von unter der Erde springen die heißen Quellen auf, man ist eine Landschaft von Geysiren.

Nun war mir diese Art von Ausbrüchen nicht unbekannt, ich hatte sie von anderen erlebt, die zu mir sprachen. Der Unterschied lag darin, daß ich auf andere zu *reagieren* pflegte: Ich mußte etwas darauf sagen, ich konnte nicht schweigen, und in dem, was ich sagte, bezog ich Stellung, urteilte, riet, ließ Anziehung oder Ablehnung spüren. Broch, in dieser Situation, ganz im Gegensatz dazu, *schwieg*. Es war kein kaltes oder machtgieriges Schweigen, wie es von der Analyse her bekannt ist, wo es darum geht, daß ein Mensch sich rettungslos einem anderen ausliefert, der sich kein Gefühl für oder gegen ihn erlauben *darf*. Brochs Zuhören war von kleinen, vernehmlichen Atemstößen unterbrochen, die einem bezeugten, daß man nicht nur gehört, daß man *aufgenommen* worden war, so als wäre man mit jedem Satz, den man sagte, in ein Haus getreten und lasse sich da umständlich nieder. Die kleinen Atemlaute waren die Honneurs, die einem der Gastgeber erwies: ›Wer immer du bist, was immer du sagst, tritt ein, du bist mein Gast, bleib solange du willst, komm wieder, bleib immer!‹ Die kleinen Atemlaute waren ein Minimum an Reaktion, voll ausgebildete Worte und Sätze hätten ein Urteil bedeutet und wären einer Stellungnahme gleichgekommen, bevor man sich noch ganz mit allem, was man mit sich herumschleppt, ins gastliche Haus eingebracht hatte. Der Blick des Gastgebers war immer auf einen selbst und zugleich auf das Innere der Räume gerichtet, in die er einen einlud. Obwohl sein Kopf dem eines großen Vogels glich, war sein Auge nie auf Greifen, auf Erbeuten aus. Der Blick ging in eine Ferne, die das Nahe des Gegenübers meistens mitenthielt und was im Blickenden zuinnerst war, lag in ein und derselben Nähe und Ferne.

Es war eine geheimnisvolle Aufnahme, die er einem gewährte, um derentwillen man Broch verfiel und ich kannte damals keinen Menschen, der nicht süchtig danach wurde.

Diese Aufnahme hatte keine ›Vorzeichen‹, keine Bewertung, bei Frauen wurde sie zu Liebe.

Beginn eines Gegensatzes

Im Laufe der fünfeinhalb Jahre, die Broch in meinem Leben präsent war, ist mir allmählich nur eingegangen, was heute, da es um eine einschneidende Bedrohung allen Lebens geht, als selbstverständlich gilt: die *Nacktheit* des *Atems*. Der eigentliche Sinn, der Hauptsinn, durch den Broch die Welt um sich aufnahm, war der Atem. Wenn andere immerzu sehen oder hören müssen, nie zu Ende kommen damit und nur nachts, auf den Schlaf zurückgezogen, sich davon ausruhen, war Broch seinem Atem unaufhörlich ausgeliefert, den er nicht abstellen konnte und durch gerade noch vernehmlich knurrende Laute, die ich seine Atem-Interpunktion genannt habe, zu gliedern versuchte. Ich begriff bald, daß er niemanden abzuschütteln vermochte. Ich habe nie ein Nein von ihm gehört. Es war ihm leichter, ein Nein zu schreiben, wenn der, dem es galt, nicht vor ihm saß und ihm nicht seinen Atem sandte.

Auf der Straße hätte ein Fremder ihn ansprechen und beim Ellbogen fassen können, er wäre ihm ohne Widerstand gefolgt. Ich hatte das nicht erlebt, aber ich stellte mir's vor und fragte mich, *wohin* er einem solchen Fremden gefolgt wäre: bis in einen Raum, der von dessen Atem bestimmt war. Was man gemeinhin Neugier nennt, hatte bei ihm eine besondere Form, die man Atemgier nennen möchte. Daß die Getrenntheit der Atmosphären, ihre Abgesondertheit etwas ist, woran man nicht denkt, daß man ein Leben verbringen kann, ohne sich dessen bewußt zu werden, habe ich damals an ihm begriffen. Jeder Atmende, also überhaupt jeder konnte Broch verhaften. Die *Ausgesetztheit* eines Menschen seines Alters, der so lang schon im Leben stand, der sich mit weiß Gott wieviel Dingen schon herumgeschlagen hatte, war etwas Stupendes. Jede Begegnung war für ihn eine Gefahr, denn er konnte sich ihr nicht mehr entziehen. Um loszukommen, brauchte er Leute, die anderswo schon auf ihn warteten.

Er legte Stützpunkte an, die über die Stadt verstreut waren, sie konnten recht weit auseinanderliegen. Wenn er irgendwo ankam, bei Veza in der Ferdinandstraße zum Beispiel, ging er gleich zum Telefon und rief Ea Allesch an. »Ich bin bei Canettis«, sagte er, »ich komme gleich.« Er wußte, daß er dort schon erwartet wurde und gab einen respektablen Grund für seine Verspätung an. Aber das war das Motiv für seinen Anruf, das an der Oberfläche lag und das durch die feindselige Haltung Eas bestimmt war. Er rief nicht nur Ea an – auch wenn er gerade von ihr kam und sie wohl wußte, zu wem er gegangen war, fragte er Veza, die ihn eben begrüßt hatte: »Darf ich anrufen?«, und es war dann jemand anderer, dem er meldete, wo er sich eben befand. Es war immer der Mensch, der ihn erwartete, den er anrief und da er seine unabänderliche Verspätung entschuldigen mußte, schien das natürlich. Aber in Wirklichkeit war es, glaube ich, etwas ganz anderes, was er auf diese Weise zu bewerkstelligen suchte. Er sicherte sich den Weg, der ihn vom einen zum anderen führte. Er bereitete sich darauf vor, ihn in Eile angehen zu müssen. Kein Überfall sollte ihn davon abhalten dürfen, keine Verhaftung.
Die Eile, in der man ihn sah, wenn man ihn zufällig auf der Straße traf, war sein einziger Schutz. Er sagte als erstes – und obwohl es statt eines Grußes war, war es freundlich –, »Ich bin in Eile«, er bewegte die Arme, seine abgestutzten Flügel, so als ob sie sich zum Flug erheben möchten, schlug mit ihnen ein paarmal und senkte sie dann mutlos wieder. Er tat mir dann leid und ich dachte: der Arme, wie schade, daß er nicht fliegen kann! So muß er immer laufen! Es war eine doppelte Flucht, in der er sich so befand: von denen, mit denen er gerade beisammen war, mußte er sich losreißen, denn er wurde erwartet, und auf dem Weg mußte er allen entlaufen, die ihm begegnen konnten und ihn festzuhalten suchten. Ich sah ihm manchmal nach, wenn er auf der Straße entschwand: seine Pelerine hob sich im Wind wie Flügel. Es sah nur rasch aus, ohne wirklich rasch zu sein, der Vogelkopf und die Pelerine zusammen ergaben das Bild eines verhinderten Fluges, der aber nie unwürdig oder häßlich wirkte, es war zu einer natürlichen, zu einer eingefleischten Art von Fortbewegung geworden.

Ich habe zuerst von dem gesprochen, was das *Unvergleichliche* bei Broch war, was ihn von allen Menschen, die ich gekannt habe, unterschied. Denn abgesehen von diesen geheimnisvollen Atemvorgängen, die sein Aussehen und seine physischen Reaktionen bestimmten, führte man Gespräche mit ihm, die einen beschäftigten und die man gern öfters fortgesetzt hätte. Ich hatte mich ihm mit unverbrauchter Verehrungslust zugewandt, ein wahrer Ansturm von Meinungen, Überzeugungen, Vorhaben prasselte auf ihn nieder, aber was immer ich vorbrachte, was immer ich bei ihm unternahm, der erste gewalttätige Eindruck der ›Hochzeit‹, die über zwei Stunden lang auf ihn eingewirkt hatte, war nicht auszulöschen. Dieser Eindruck stand hinter allem, was er mir während der nächsten Jahre sagte, aber er war zu menschenfreundlich, um es mich merken zu lassen. Er sprach nie etwas aus, woraus ich schließen konnte, daß ich ihm nicht geheuer war.

Das Haus bei der ›Hochzeit‹ war eingestürzt und alle waren untergegangen. Wohl erkannte er die Verzweiflung, die mir dieses Stück eingegeben hatte. Es war die Verzweiflung nicht weniger Menschen während jener Jahre, auch seine eigene. Aber daß sie sich in dieser schonungslosen Form äußerte, stimmte ihn bedenklich, so als wäre ich selbst ein Teil dessen, was uns alle bedrohte. Ich glaube nicht, daß er zu einem Schluß darüber kam. Er hatte, früher als ich, denn er war 19 Jahre älter, Karl Kraus erlebt, der um vieles gewalttätiger war als ich und er hatte ihm etwas bedeutet. In unseren Gesprächen kam er wohl selten vor, aber nie nannte er seinen Namen ohne Respekt. Zu meiner Zeit habe ich Broch in keiner Vorlesung von Kraus gesehen. Einen Kopf wie seinen hätte ich nicht vergessen. Vielleicht mied er die Vorlesungen, seit er sich seinen eigenen Werken zugewandt hatte, vielleicht hatte er das Erstickende daran nicht mehr ertragen. Dann hätte ihm die Begegnung mit einem Werk wie der ›Hochzeit‹, das von verwandten apokalyptischen Ängsten bestimmt war, lästig fallen müssen. Aber das sind Vermutungen, ich werde nie bestimmen können, worauf Brochs heimliche Gegenregungen beruhten, vielleicht war es nur meine heftige Werbung um ihn, der er sich wie jeder Werbung zu entziehen versuchte.

Die ersten Gespräche, die ich mit ihm hatte, im Café Museum, waren um die Mittagszeit angesetzt, wobei aber weder er noch ich etwas zu essen pflegten. Es waren animierte Gespräche, an denen auch er sich beteiligte. (Sein Schweigen fiel mir erst später mehr und mehr auf.) Aber sie dauerten nicht lang, vielleicht eine Stunde, immer wenn es so interessant geworden war, daß man es für sein Leben gern fortgesetzt hätte, stand er plötzlich auf und sagte: »Ich muß zur Frau Dr. Schaxl.« Das war seine Analytikerin, er war seit Jahren in Analyse und da er es so einrichtete, daß wir uns unmittelbar vorher trafen, hatte ich den Eindruck, daß er jeden Tag in die Analyse ging. Ich empfand es wie einen Schlag auf den Kopf, je freier und offener ich zu ihm gesprochen hatte – jeder Satz, der von ihm kam, hatte meinen Schwung gesteigert –, je wissender und bohrender seine Antworten waren, um so tiefer empfand ich den Schnitt, auch fühlte ich mich durch den lächerlichen Namen Schaxl beleidigt.
Da waren zwei Leute in einem solchen Gespräch, er, der eine von ihnen, nach dessen Worten ich mich sehnte, der ein Werk wie die ›Schlafwandler‹ geschrieben hatte, erhob sich, unterbrach sich mitten im Satz und rannte davon, um wieder wie jeden Tag (so dachte ich) zu einer Frau zu sprechen, die Schaxl hieß und Analytikerin war. Ich war sehr betroffen und schämte mich für ihn und wagte kaum, mir vorzustellen, daß er sich da auf eine Couch legen müsse und daß er ihr Dinge sagen würde, die sonst kein Mensch zu hören bekam, die er vielleicht nicht einmal aufschrieb. Man muß den Ernst, die Würde, die Schönheit seines Sitzens und Zuhörens gekannt haben, um zu begreifen, wie demütigend es einem vorkam, daß er sich zum Sprechen niederlegte und niemandem dabei – mit *seinen* Augen ins Gesicht sah.
Es ist aber, so denke ich heute, durchaus möglich, daß Broch sich vor dem Ansturm meiner Worte zu retten suchte, daß er ein längeres Gespräch mit mir gar nicht ertragen hätte und darum mit Absicht unsere Begegnung auf die Zeit unmittelbar vor seiner Analyse ansetzte.
Er stand übrigens so sehr zu Freud, daß er auch gar nicht davor zurückscheute, dessen Termini in ihrer vollen, unangezweifelten Bedeutung in einem ernsten und spontanen Gespräch zu verwenden. Angesichts seiner großen philo-

sophischen Belesenheit mußte mir das Eindruck machen, so unangenehm ich es empfand, denn es bedeutete, daß er Freud selbst Kant, den er sehr verehrte, Spinoza und Plato gleichstellte. Was im damaligen Wiener Wortgebrauch zu alltäglichster Banalität geraten war, sprach er neben Worten aus, die durch die Verehrung von Jahrhunderten, auch durch seine eigene, geheiligt waren.

Wenige Wochen, nachdem wir uns kennengelernt hatten, fragte mich Broch, ob ich nicht Lust hätte, in der Volkshochschule Leopoldstadt vorzulesen. Er habe selbst schon einige Male dort gelesen und würde mich gerne einführen. Ich fühlte mich durch diesen Vorschlag sehr geehrt und nahm an. Die Vorlesung wurde von Dr. Schönwiese, dem Veranstalter, für den 23. Januar 1933 angesetzt. Noch im alten Jahr brachte ich Broch das Manuskript von ›Kant fängt Feuer‹. Einige Wochen später, es war schon im Januar, bat er mich um meinen Besuch in der Gonzagagasse, wo er wohnte.
»Was wollen Sie damit sagen?«
Das waren seine ersten Worte, er zeigte mit einer unbestimmten Geste auf das Manuskript des Romans, das neben ihm auf dem Tisch lag. Ich war so erstaunt über seine Frage, daß ich nichts zu antworten wußte. Jede andere Frage hätte ich eher erwartet. Was konnte man mit einem Roman sagen wollen, das sich in wenigen Sätzen fassen ließ. Ich stotterte etwas Halbverständliches daher, viel Sinn mochte es nicht haben, aber etwas mußte ich doch schließlich antworten. Er entschuldigte sich und nahm seine Frage zurück.
»Wenn Sie das wüßten, hätten Sie den Roman nicht geschrieben. Das war eine schlechte Frage von mir.«
Er sah ein, daß ich mit keiner fixen Rede herausrücken würde und versuchte, den Gegenstand langsam einzukreisen, indem er alles ausschloß, was als Absicht dieses Schreibens nicht in Betracht kommen konnte.
»Sie wollten doch nicht nur die Geschichte eines Narren schreiben? Das kann nicht Ihre eigentliche Absicht gewesen sein. Sie hatten auch nicht einfach vor, eine skurrile Gestalt in der Art von E. T. A. Hoffmann oder E. A. Poe zu geben?«
Er schloß sich meiner Meinung an, als ich diese Frage verneinte. Ich brachte die Sprache auf Gogol, denn da ihm das

Groteske der Figuren im Roman aufgefallen war, mußte ich mich auf das Vorbild berufen, das wirklich eines war.

»Ich war eher von Gogol beeinflußt, es sollten sehr extreme Figuren sein, so weit wie möglich auf die Spitze getrieben, komisch und schrecklich zugleich, so daß das Schreckliche vom Komischen gar nicht zu scheiden ist.«

»Sie machen einem schon angst. Wollen Sie einem angst machen?«

»Ja. Alles um uns ist angsterregend. Es gibt keine gemeinsame Sprache mehr. Keiner versteht den anderen. Ich glaube, keiner *will* den anderen verstehen. An Ihrem ›Huguenau‹ hat mich so sehr beeindruckt, daß die Menschen innerhalb verschiedener Wertsysteme angesiedelt sind, daß zwischen ihnen ein Verständnis nicht möglich ist. Huguenau ist beinahe eine Figur in meinem Sinn. Das drückt sich in seiner Sprache zwar nicht aus. Er führt noch Gespräche mit anderen. Es gibt aber ein Dokument am Ende des Buches, den Brief Huguenaus mit seiner Forderung an die Witwe Esch, der ganz in seiner eigenen Sprache gehalten ist: die Sprache des ausschließlich kommerziellen Menschen. Da treiben *Sie* die Sonderung dieses Menschen von allen übrigen des Romans auf eine äußerste Spitze. Das entspricht genau dem, was ich meine. So wollte ich es *immer* halten, mit jeder Figur und an jeder Stelle meines Romans.«

»Das sind dann gar keine wirklichen Menschen mehr. Das wird zu etwas Abstraktem. Wirkliche Menschen bestehen aus vielem. Sie haben widersprechende Regungen in sich, die sich bekämpfen. Gibt man ein wahrhaftes Bild der Welt, wenn man davon absieht? Darf man Geschöpfe so sehr verzerren, daß sie nicht mehr als Menschen zu erkennen sind?«

»Es sind *Figuren*. Menschen und Figuren sind nicht dasselbe. Der Roman als literarische Gattung hat mit Figuren begonnen. Der erste Roman war der Don Quixote. Was halten Sie von der Hauptfigur? Scheint sie Ihnen etwa nicht glaubwürdig, weil sie so extrem ist?«

»Das war eine andere Zeit. Damals, in einer Zeit, als die Ritterromane noch grassierten, war es eine glaubwürdige Figur. Heute wissen wir mehr über den Menschen. Es gibt eine moderne Psychologie und sie sagt Dinge über den Menschen aus, über die wir nicht einfach hinwegsehen können. Literatur muß geistig auf der Höhe ihrer Zeit sein. Wenn sie hinter ihrer Zeit zurückbleibt, wird sie zu einer Art von Kitsch und dient irgendwelchen Zwecken, die *jenseits* von Literatur, also unerlaubt sind.«

»Das würde bedeuten, daß der Don Quixote uns nichts mehr sagt. Für mich ist er nicht nur der erste, sondern noch immer der größte Roman. Ich vermisse nichts darin, keine moderne Erkenntnis. Ich würde sogar so weit gehen zu sagen, daß er gewisse Fehler der modernen Psychologie *vermeidet*. Der Autor nimmt sich keine Untersuchung des Menschen darin vor, er will nicht alles zeigen, was sich in einem einzelnen Menschen vielleicht findet, sondern er schafft gewisse Einheiten, die er scharf umreißt und gegeneinander aufstellt. Aus ihrer Wechselwirkung entsteht, was er über den Menschen zu sagen hat.«

»Dabei kann vieles von dem, was uns heute beschäftigt und bedrängt, gar nicht zur Sprache kommen.«

»Gewiß nicht, Dinge, die es damals nicht gab, können nicht zur Sprache kommen. Aber es lassen sich heute neue Figuren konzipieren und wer mit ihnen zu operieren versteht, drückt die Dinge aus, die uns heute beschäftigen.«

»Es muß auch in der Kunst neue Methoden geben. Im Zeitalter von Freud und von Joyce kann nicht alles beim alten bleiben.«

»Ich glaube auch, daß der Roman heute *anders* sein muß, aber nicht weil wir im Zeitalter von Freud und von Joyce leben. Die *Substanz* der Zeit ist eine andere, das läßt sich nur in neuen Figuren zeigen. Je mehr sie sich voneinander unterscheiden, je extremer sie angelegt sind, um so größer sind die Spannungen zwischen ihnen. Auf die Art dieser Spannungen kommt es an. Sie machen uns angst, die Angst, die wir als unsere eigene erkennen. Sie dienen der *Einübung* dieser Angst. In der psychologischen Ergründung geraten wir ja auch an die Angst und stellen sie fest. Dann werden neue oder wenigstens neu erscheinende Mittel eingesetzt, die uns von ihr befreien sollen.«

»Das ist nicht möglich. Was könnte uns von der Angst befreien? Sie läßt sich vielleicht verringern, das ist alles. Was Sie in Ihrem Roman und auch in der ›Hochzeit‹ getan haben, ist eine *Steigerung* der Angst. Sie stoßen den Menschen auf seine Schlechtigkeit, so als ob sie ihn dafür bestrafen wollten. Ich weiß, Ihre tiefere Absicht ist, ihn zur Umkehr zu zwingen. Man denkt an eine Bußpredigt. Sie drohen aber nicht mit der Hölle, Sie führen sie vor, und zwar in diesem Leben. Sie führen sie nicht objektiv vor, damit man ihrer genauer gewahr wird, damit man sie wirklich kennt, sondern Sie führen sie so vor, daß man sich in ihr fühlt und sich vor ihr ängstigt. Ist es aber die Aufgabe des Dichters, *mehr* Angst in die Welt zu bringen? Ist das eine menschenwürdige Absicht?«

»Sie haben eine andere Methode des Romans. In der Struktur des ›Huguenau‹ haben Sie sie konsequent durchgeführt. Sie setzen verschiedene Wertsysteme gegeneinander, gute und böse, so daß sie sich voneinander abheben. Hart neben der kommerziellen Welt des Huguenau ist die religiöse des Heilsarmeemädchens. Damit schaffen Sie einen Ausgleich und nehmen einem etwas von der Angst, die Sie durch die Figur des Huguenau erzeugen. Ich war von Ihrer Trilogie, die ich in einem Zug las, erfüllt, sie hat viele Räume in mir geschaffen, die sich bewahrt haben und auch heute, ein halbes Jahr nach der Lektüre, in mir bestehen. Man kann ohne jeden Zweifel sagen, daß Sie mich dadurch erweitert und bereichert haben. Aber Sie haben mich auch *beruhigt*. Einsicht beruhigt. Ist es erlaubt, daß Einsicht einen allein beruhigt?«

»Sie sind dafür, die Beunruhigung bis zur Panik zu steigern. Das ist Ihnen in der ›Hochzeit‹ bestimmt gelungen. Darauf kann nur eines folgen: Zerstörung und Untergang. *Wollen* Sie diesen Untergang? Es ist zu spüren, daß Sie genau das Gegenteil wollen. Sie würden gern etwas dazu tun, um einen Ausweg zu zeigen. Aber Sie zeigen keinen, in beiden Werken, der ›Hochzeit‹ wie dem Roman, enden Sie hart und erbarmungslos in der Zerstörung. Es ist etwas Kompromißloses darin, das man achten muß. Aber heißt das, daß Sie die Hoffnung aufgegeben haben? Bedeutet das, daß Sie selbst den Ausweg nicht finden oder heißt es, daß Sie an einem Ausweg überhaupt zweifeln?«

»Wenn ich daran zweifeln würde, wenn ich die Hoffnung wirklich aufgegeben hätte, könnte ich nicht mehr leben. Nein, ich glaube einfach, daß wir noch zu wenig *wissen*. Sie berufen sich gern auf die moderne Psychologie, mir scheint,

daß Sie stolz auf sie sind, weil Sie sozusagen in Ihrem engeren Milieu, in diesem besonderen Bereich der Wiener Welt entstanden ist. Sie haben eine Art von Heimatgefühl für diese Psychologie. Es ist Ihnen vielleicht zumute, als hätten Sie sie selbst erfinden können. Was immer sie ausspricht, finden Sie auf der Stelle in sich. Sie brauchen gar nicht danach zu suchen. Mir scheint eben diese Psychologie völlig unzulänglich. Sie befaßt sich mit dem einzelnen, da ist sie wohl auf einiges gekommen, womit sie aber nichts anfangen kann ist die Masse, und das ist das Wichtigste, worüber man etwas wissen müßte, denn alle neue Macht, die *heute* entsteht, speist sich bewußt aus der Masse. Praktisch weiß jeder, der auf politische Macht aus ist, wie er mit der Masse operieren muß. Nur die, die sehen, daß diese Operationen stracks in den neuen Weltkrieg führen, wissen nicht, wie sie auf die Masse einwirken sollen, damit sie nicht zu unser aller Unglück mißbraucht wird. Diese Gesetze des Massenverhaltens wären zu finden. Darauf kommt es an, das ist die wichtigste Aufgabe, die es heute gibt, zu dieser Wissenschaft gibt es noch nicht einmal Ansätze.«
»Es kann keine geben. Da ist alles vage und ungewiß. Sie sind auf einem falschen Weg. Sie können keine Gesetze für die Masse finden, weil es keine gibt. Es ist schade um die Zeit, die Sie daran wenden. Sie haben mir schon einige Male gesagt, daß Sie das als Ihre eigentliche Lebensaufgabe betrachten, daß Sie fest entschlossen sind, Jahre, Jahrzehnte, ja wenn es sein muß, Ihr ganzes Leben daran zu wenden. Es wäre ein vergeudetes Leben. Schreiben Sie lieber Ihre Dramen. Sie sind ein Dichter. Sie können sich nicht einer Wissenschaft widmen, die keine ist und nie eine sein wird.«

Dieses Gespräch, soweit es um die Erforschung der Masse ging, haben wir mehr als einmal geführt. Broch, wie ich schon früher gesagt habe, ging immer behutsam mit einem Gesprächspartner um, so als könne er etwas an ihm beschädigen, wenn er Dinge zu fest sage. Es war ihm immer zuallererst um die Art des anderen zu tun, seine Beschaffenheit und die Voraussetzungen, unter denen er funktionierte. So kam es eigentlich selten zu *harten* Gesprächen mit ihm, es war ihm unmöglich, jemand zu demütigen und darum vermied er es, zu sehr recht zu behalten.

Um so mehr stachen die gezählten Gelegenheiten heraus, bei denen es hart auf hart ging. Er war unerbittlich gegen den Namen der Hauptfigur des Romans, die im Manuskript, das ich ihm zu lesen gab, noch den Namen Kant trug. Auch der Titel ›Kant fängt Feuer‹ irritierte ihn, so als wolle ich damit implizieren, daß der *Philosoph* Kant ein kaltes, fühlloses Geschöpf gewesen sei und nun in diesem grausamen Buch gezwungen werde, Feuer zu fangen. Das sprach er allerdings nicht aus, wohl aber, daß die Verwendung dieses Namens, den er aufs höchste verehrte, ihm als unstatthaft erschien. Darum war schon die erste kritische Bemerkung, die er zu mir machte: »Sie müssen den Namen ändern«, und er blieb kompromißlos dabei und beinahe jedesmal, wenn ich ihn sah, fragte er: »Haben Sie den Namen geändert?«
Es genügte ihm nicht, daß ich ihm erklärte, Name und Titel seien von jeher provisorisch gewesen, ich sei, auch zur Zeit, als ich *ihn* noch gar nicht kannte, entschlossen gewesen, beides im Fall einer Publikation zu ändern. Er aber sagte dann unzufrieden: »Warum nicht gleich jetzt? Tun Sie es lieber schon im Manuskript.« Dagegen empfand ich Widerstand, es war wie ein Befehl, von einem Menschen, dem es ganz und gar nicht gemäß war, Befehle zu erteilen. So lange wie möglich wollte ich an meinem ursprünglichen, wenn auch provisorischen Titel festhalten. Ich beließ alles im Manuskript, wie es war, und erwartete den Augenblick, da ich die Änderungen gern und nicht unter Druck vornehmen würde.
Das zweite, worauf Broch bestand, war das, wovon ich schon gesprochen habe: die Unmöglichkeit einer Massenpsychologie. Mit seiner Meinung machte er mir nicht den geringsten Eindruck und so sehr ich ihn als Dichter und Mensch verehrte, so sehr und so vergeblich ich mich auch um seine Zuneigung mühte, es wäre mir nicht im Traum eingefallen, ihm aus Respekt in diesem Punkt recht zu geben. Ich trachtete im Gegenteil, ihn davon zu überzeugen, daß man auf ganz neue Dinge kommen könne, daß es da Zusammenhänge gebe, die merkwürdigerweise noch nie bedacht worden waren. Er schien wenig interessiert und lächelte meist, doch hörte er mich an. Er schien ungehalten, wenn ich Freudsche Auffassungen kritisierte. Einmal versuchte ich klarzumachen, daß man zwischen Panik und Massenflucht

unterscheiden müsse, da die Panik zwar ein echter Zerfall der Masse sei, daß es aber auch, wie man zum Beispiel bei Tierherden gut sehen könne, fliehende Massen gäbe, die keineswegs zerfielen, die beisammen blieben und denen das Massengefühl, von dem sie erfüllt wären, bei der Flucht zustatten käme. »Woher wissen Sie das?« sagte er dann, »waren Sie schon eine Gazelle in einer fliehenden Herde?«
Hingegen kam ich bald drauf, daß es etwas gab, was ihm immer Eindruck machte, und das war das Wort ›Symbol‹. Als ich das Wort ›Massensymbol‹ gebrauchte, horchte er auf und ließ sich von mir genau erklären, was ich darunter verstünde. Ich hatte damals über den Zusammenhang zwischen Feuer und Masse nachgedacht und da er sich wie jeder in Wien an den 15. Juli 1927 erinnerte, überlegte er, was ich gesagt hatte und kam manchmal darauf zurück. Was ihm aber wirklich gefiel, war, was ich über das Meer und seine Tropfen in ihrer Vereinzelung zu sagen hatte. Ich erzählte ihm, wie ich für isolierte Tropfen an meiner Hand etwas wie Mitleid empfunden hätte, weil sie vom großen Zusammenhängenden, zu dem sie gehörten, abgetrennt waren. Was in die Nähe von religiösen Gefühlen geriet, hier besonders auch das Wort ›Mitleid‹, das ich für die Isolierung der Tropfen gebrauchte, bestach ihn und er gewöhnte sich daran, in meinem Massenunternehmen etwas Religiöses zu sehen und in diesem Sinn davon zu sprechen. Ich empfand das als eine Reduktion meines Anliegens und wehrte mich dagegen, gab es aber schließlich auf, darüber mit ihm zu diskutieren.

Der Dirigent

Er hielt die Lippen fest zusammengepreßt, damit ihnen kein Lob entfuhr. Über alles ging ihm die Genauigkeit des Auswendiglernens. Sehr jung, unter beengten Verhältnissen, machte er sich an schwierige Texte und eignete sie sich zerstückt in den kümmerlichen Augenblicken an, die ihm seine Brotarbeit ließ. Während er als Stehgeiger in Nachtcafés spielte, ein bleicher, unausgeschlafener Bursche von 15 Jahren, hatte er unter seinen Noten Spinoza auf dem Pult und lernte in kürzesten Zwischenpausen Satz um Satz von dessen

›Ethik‹ auswendig. Was er lernte, hatte mit dem, was er trieb, nichts zu tun, es stand unvermittelt als Stufe des Lernens daneben. Solcher Dinge gab es bei ihm viele, und außer der Anstrengung, die alles gleichermaßen kostete, hing nichts wirklich, von innen mit etwas anderem zusammen. Immer überwog der Wille, er war unverwüstlich, er brauchte Neues, an dem er sich übte, und fand es während eines ganzen Lebens. Bis ins Alter war der Wille entscheidend, er war Appetit, er war nicht aufzuzehren, aber durch seine ständige Befassung mit Musik war es ein rhythmischer Appetit geworden.
Der Lerneifer, durch den er sich als junger Mensch erhob, blieb der gleiche später in allen Lebenslagen. Man könnte sagen, daß er ihn als Berufung erhielt, als er schon einen Beruf hatte. Er wurde allen Schwierigkeiten zum Trotz früh Dirigent, begnügte sich aber nicht mit dem, was er vorfand. Vielleicht erfüllte ihn dieses nicht ausschließlich genug und vielleicht ist er darum nie ein wirklich großer Dirigent geworden. Er hielt Ausschau nach dem, was *verschieden* war, denn das war noch zu erlernen. Die Zeit, in der die Musik sich erneuerte und um sich zu erneuern, auf unerhörteste Weise *verzweigte*, kam ihm wie gerufen. Jede Schule, wenn sie nur neu war, stellte ihm Aufgaben und was er konnte und am meisten wollte, war, neue Aufgaben lösen. Doch keine Aufgabe, auch die größte nicht, konnte für ihn so sein, daß andere neben ihr verschwanden. Er nahm sich ihrer an, er verbiß sich in sie, keine war ihm zu schwer, doch behielt er sich neben ihr alle anderen vor, die sich auf andere Weise für neu ausgaben und alle, die sich noch in Zukunft erst herausbilden würden. Es war ihm um zweierlei zu tun: um das Erlernen neuer Dinge, die er sich ganz zu eigen machte (soweit man das kann, ohne anderes vollkommen auszuschließen); aber dann ging es ihm – das war das Wichtigste – darum, dieses Neue auch *durchzusetzen*, nämlich es so perfekt wie möglich vor ein Publikum hinzustellen, das keinerlei Übung darin hatte, für das es neu und erst unerkennbar, ungewohnt und abstoßend, anscheinend häßlich war. Es war eine Machtfrage für ihn, die ihr doppeltes Gesicht hatte: die Vergewaltigung der Musiker, die er zu ihrer Ausführung zwang, und sobald er die Musiker einmal in der Hand hatte, die Vergewaltigung des Publikums, und zwar dann am liebsten, wenn es besonders widerspenstig war.

Seine Eigenheit, man könnte auch sagen seine Freiheit, bestand darin, daß er mit immer anderem, Neuem vergewaltigte, daß er sich auf keine Richtung festlegte, sondern jeder sich zuwandte, die ihm eine schwierige Aufgabe bot. Er war dann der erste, der diese wie jene völlig unvertraute Sache dem Publikum vorgestellt hatte, vor jedem anderen, man könnte sagen: ihr Entdecker. Er achtete darauf, daß diese Entdeckungen sich summierten, daß es ihrer mehr und mehr gab, und da sein Appetit an ihrer Zahl und Vielfalt wuchs, genügte ihm manchmal die Musik nicht und er verspürte große Lust, sein Machtgebiet zu erweitern, das Drama z. B. einzubeziehen, er dachte dann daran, Festspiele zu organisieren, die einem neuen Drama ebensogut gelten würden wie neuer Musik. Es war in einem solchen Augenblick seines Lebens, daß ich ihm begegnete.

Hermann Scherchen war immer auf der Suche nach *Neuem*. Wenn er in eine Stadt kam, wo er zum erstenmal Konzerte zu absolvieren hatte, hörte er darauf, von wem man *sprach*. Er kannte den Akzent des Schockierenden, des Unerwarteten, der auf einem Namen lag und trachtete mit seinem Träger in Berührung zu kommen. Er bestellte sich Leute in Proben und richtete es so ein, daß er einen ›Neuen‹ in voller Tätigkeit empfing, so daß ihm kaum zu einem Händeschütteln Zeit blieb, denn draußen wartete die Probe auf ihn, die fortgesetzt werden mußte. Das Gespräch mit dem Neuen, der ihn – wie er ihm ausrichten ließ – interessierte, mußte auf ein nächstes Mal verschoben werden, wobei es gar nicht sicher war, daß dann *mehr* Zeit dazu sein würde. Der Neue fühlte sich aber geehrt, weil ihm von den Zwischenträgern dringlich mitgeteilt worden war, wie sehr dem Dirigenten an einer Begegnung liege. Die erste Begrüßung war dann kalt, aber das mochte am Zeitmangel liegen, jeder konnte sich selbst davon überzeugen, wie schwierig die Aufgabe war, die der Dirigent sich gestellt hatte, noch dazu in einer Stadt wie Wien, die für ihren eingefleischt konservativen Geschmack in Dingen der Musik verrufen war. Da konnte man es dem Vorkämpfer fürs Neue unmöglich verargen, wenn er auf seine Arbeit konzentriert war und war ihm eigentlich noch dankbar dafür, daß er den Wunsch nach einer zweiten, zeitlich günstiger gelegenen

Begegnung äußerte. Man hatte Verständnis dafür und sah das begeistert ein. Sogar in diesem Arbeitsgetümmel war man sich dessen bewußt, daß er etwas von einem *erwartete*, und da er sich nur um Neues kümmerte, war das, was er erwartete, etwas Neues, und man fühlte sich, noch bevor er etwas von einem kannte, als einer von denen, die ein Recht darauf hatten, sich zu den *Neuen* zu halten. Es konnte passieren, daß man ihn noch einige Male sah, ohne daß es zu einem Gespräch gekommen wäre, es wurde von Mal zu Mal verschoben und dadurch immer wichtiger.

Wenn aber ein weibliches Wesen, das ihn reizte, unter den Zwischenträgern war, dauerte es nicht allzulange und er kam nach einer Probe mit einigem Gefolge ins Café Museum und hörte sich den Kandidaten schweigend an. Er zwang ihn, von dem zu sprechen, was ihm am wichtigsten war, gewöhnlich von einer Komposition, in meinem Fall von einem Drama, hütete sich aber davor, selbst auch nur ein einziges Wort dazu zu sagen. Bei einer solchen Gelegenheit fielen einem zuerst die dünnen, fest zusammengepreßten Lippen auf. Man hätte daran zweifeln können, daß er zuhörte, so wenig gab er von sich, sein Gesicht war glatt und beherrscht, kein Mienenspiel, das ein Für oder Wider verraten hätte, er trug den Kopf sehr aufrecht und gerade auf einem etwas dicklichen Hals und unbeugsamen Schultern. Je wirkungsvoller er schwieg, um so mehr sprach der andere und war, bevor er sich's versah, in die Rolle des Bittstellers gedrängt, vor einem Potentaten, der sich seine Entscheidung länger als möglich, vielleicht für immer vorbehielt.

Doch war Hermann eigentlich gar kein schweigsamer Mensch. Denn wenn man ihn besser kannte, staunte man darüber, wieviel und wie rasch er sprach. Es war aber hauptsächlich Selbstlob, Siegesgesänge möchte man sagen, wenn es nicht so farblos und monoton geklungen hätte. Auch gab es Augenblicke, in denen er plötzlich alles, was ihm zufällig gerade untergekommen war, willkürlich zu verbinden pflegte. Er reihte es dann so aneinander, als sei er befugt und entschlossen, ihm Gesetzeskraft zu geben. »Um 1100 vor Christus hat es eine Explosion in der Menschheit gegeben.« Er meinte eine Explosion künstlerischer Kraft, für das Wort Explosion hatte er viel übrig. Man war mit ihm in einem

Museum gewesen und ziemlich eilig, wie es seine Art war, an Gegenständen verschiedenster Herkunft vorübergegangen; kretischen, hethitischen, syrischen, babylonischen. Unter den Schildern mit Jahreszahlen war ihm zwei- oder dreimal die Zahl 1100 v. Chr. aufgefallen. Als rasch entschlossener und eigenwilliger Kopf war er mit seinem Ergebnis gleich zur Hand. »Um 1100 vor Christus hat es eine Explosion in der Menschheit gegeben.«

Schweigsam, unerbittlich schweigsam war er, wenn einer vor ihm war, den er zu entdecken oder zu fördern gedachte. Da wurde es zur Lebensfrage für ihn, sich kein Lob entschlüpfen zu lassen. Da stand er mit zusammengepreßten Lippen da und so sehr hatte er es sich angewöhnt, mit jedem Wort und somit auch besonders mit Lob zu geizen, daß sein Gesichtsausdruck davon recht eigentlich bestimmt war.

H. war es, der mich mit einem Brief zu Anna Mahler schickte. Er ließ nichts ungenützt. Er hatte sie schon in ihrer frühesten Zeit gekannt, als sie mit Ernst Krenek verheiratet war. Er war noch nicht weit genug, um Beachtung von ihr zu erwarten. Auch fand er sie nicht voll ausgebildet, denn sie *unterwarf* sich Krenek. Sie diente ihm bei seiner Arbeit. Er komponierte sehr rasch, eigentlich unaufhörlich, und sie kauerte neben ihm und kopierte, was er komponierte. Es war noch ihre rein musikalische Zeit. Sie hatte sieben oder acht Instrumente spielen gelernt und übte sie alle abwechselnd weiter. Sie war früh von Fruchtbarkeit beeindruckt, der Überfluß, das Unaufhörliche, die Pausenlosigkeit der Niederschrift galten ihr als Beweis von Genie. Dieser Kult des rastlosen Überschwangs blieb ihr auch in allen späteren Perioden ihres Lebens. Verehrung hatte sie nur für Schöpfer oder was sie dafür hielt. Wenn es um Literatur statt um Musik ging, imponierten ihr lange Romane und zwar so, daß immer welche nachkamen, wenn einer zu Ende war. In den Krenek-Jahren beschränkte sich der Fruchtbarkeitskult noch auf Musik und sie schien bereit, dem jungen Schöpfer zu dienen.

H., in dessen Galerie von Entdeckten Krenek als einer der ersten gehörte, bemerkte sie damals wohl, aber als Dienerin eines anderen reizte sie ihn gar nicht. Als er nun nach Wien kam, mit hochfliegenden Plänen, und wie es seine Art war, jede frühere Verbindung wieder anknüpfte, wurde er in das

Palais in der Maxingstraße, das dem Verleger Paul Zsolnay gehörte, eingeladen. Da fand er Anna als Herrin eines hochmögenden Hauses vor, die Haare hellgelb, mit eigenem Anspruch auf Kunst, zur Bildhauerin aufgeblüht, vielleicht sah er sie auch im Atelier, doch ist das unwahrscheinlich. Aber sicher sah er sie bei einer Einladung im Hause Zsolnay. Ihre Mutter, deren Macht im Musikleben Wiens er kannte, hielt von ihm nichts. Um so mehr hielt er sich an die Tochter. Er streckte die Fühler aus und schrieb einen Werbebrief für Anna, den ich ihr persönlich in ihrem Atelier übergeben sollte.

Er war mir auf seine Weise gut gesinnt und kündigte meinen Besuch bei Alban Berg an. Eine Vorlesung der ›Hochzeit‹ in der Wohnung der Bella Band, einer idealen Umgebung, ins Großbürgerliche übertragen das gleiche Milieu wie das der ›Hochzeit‹ selbst, hatte ihm Eindruck gemacht. Nicht daß er sich mit einem Wort dazu geäußert hätte: er blieb – nach zwei Stunden betrunkener Hochzeitsgesellschaft und ihrem stürmischen Untergang – stumm wie ein Fisch. Seine Züge, wie eh und je, blieben kalt und unbewegt, die Lippen, ich sagte es schon, fest geschlossen. Trotzdem merkte ich, daß eine Veränderung mit ihm vorgegangen war. Er kam mir – beinahe unmerklich – geschrumpft vor. Er gab danach nicht *ein* herrisches Wort von sich, nahm keine Erfrischungen an und verließ sehr bald die Wohnung.

Was immer geschah, H. pflegte plötzlich abzubrechen. Er stand auf, er ging, mit ganz wenigen Worten, nur denen, die je nach der Gelegenheit unerläßlich waren. Die Hand, die er einem gab, hielt er nah bei sich, nicht einmal darin wollte er einem entgegenkommen. Er hielt die Hand hoch, nicht nur nah, man mußte sich, um bis zu ihr zu gelangen, strecken und heben. Sie war eine Gnade, die er einem erwies, und zu dieser Gnade gehörte ein kurzer Befehl, wann und zu welcher Gelegenheit man sich bei ihm einzustellen habe. Da immer Leute um ihn waren, empfand man es als Auszeichnung und Demütigung zugleich. Bei solchen Verabschiedungen waren auch die geringen Spuren eines Lächelns von seinem Gesicht verschwunden. Er schien leblos und ernst, es war ein Staatsakt, vor einer Statue ausgeführt, die sich aber ruckartig und doch kraftvoll bewegte. Er pflegte sich dann auf der Stelle umzudrehen; gleich nach der Äußerung des letzten Befehls, wann man wieder vor ihm zu erscheinen habe, hatte man seinen breiten Rücken vor Augen, der sich bestimmt, aber nie zu rasch in Marsch setzte. Als Dirigent war er es zwar gewöhnt, mit seiner Rückenansicht zu operieren, aber man kann nicht sagen, daß er über einen Reichtum an Rückenregungen verfügte. Er schien im Rücken so reglos wie im Gesicht, ein Mienenspiel hatte er nirgends, Entschlossenheit, Hochmut, Urteil, Kälte war alles, was er von sich preisgeben wollte. Schweigen war das Mittel, mit dem er am sichersten unterdrückte. Er begriff bald, daß es bei mir mit Musik im Sinn einer Kunstfertigkeit oder gar eines geistigen Mediums nicht weit her war, so konnte er für mich keinen Meister vorstellen, der mir etwas beibrachte. Eine Lehrer-Schüler-Beziehung, in der er exzellierte, kam gar nicht in Frage, ich spielte kein Instrument, ich war in keinem Orchester, aber ich war auch kein Komponist. Er mußte also an andere Unterjochungsmöglichkeiten denken. Im Zusammenhang mit Festspielen, die er für moderne Musik organisieren wollte, dachte er auch an Drama. Er hörte sich, wie ich schon sagte, die ›Hochzeit‹ von mir an und *vereiste*. Er hätte auf alle Fälle geschwiegen. Aber diesmal wurde das Schweigen dadurch verstärkt, daß er sich sogleich entfernte, um eine Spur rascher, als es sonst seine Art war, und hätte ich ihn schon besser gekannt, ich hätte daraus auf eine gewisse Ratlosigkeit in seinem Eindruck geschlossen.

Ich nahm an, die Atmosphäre dieser Wohnung sei ihm zuwider, die schwarze, orientalisch üppige Dame des Hauses breit auf einer Couch hingelagert, die sie kaum faßte, der Länge nach, aber sie quoll über. Es war mir gar nicht geheuer, vor ihr die Johanna Segenreich vorzuführen. Trotzdem Bella Band als reiche Großbürgerin einem ganz anderen, einem Diamanten-Milieu entstammte und sie die Segenreich, mit ihr konfrontiert, keines Blickes gewürdigt hätte, spürte ich bei jedem ihrer Worte, daß es um dieselbe Art Frau ging. Ich glaube aber nicht, daß sie sich betroffen fühlte, sie hörte sich die Sache als Gastgeberin an, ihr Sohn, den ich kannte, hatte die Lesung bei ihr arrangiert. Soweit man in Wien von moderner Musik überhaupt Notiz nahm, galt die Ehre der Einladung H., der als Vorkämpfer, aber nicht als mehr auch hier bekannt war. Genauso verhielt sich die mit weiblicher Masse

beladene Couch, sie entzog sich nicht, sie blieb liegen bis zum Schluß, sie lächelte so wenig wie H. selbst, sie huldigte ihm durch keinerlei Blicke, es wäre unmöglich zu sagen, was während der Untergangsszenen in diesem Fleische vorging, ganz sicher bin ich, daß sie keinen Schrecken empfand, aber ich glaube auch nicht, daß H. sich vor dem Erdbeben fürchtete.
Es waren einige jüngere Leute zugegen. Auch sie fühlten sich wahrscheinlich durch H.'s Kälte und die unerschütterliche Liebesbereitschaft der Bella Band geschützt. So war ich schon der einzige, der sich beim Lesen *fürchtete*. Ich habe die ›Hochzeit‹ nie sprechen können, ohne mich zu fürchten. Sobald der Kronleuchter schwankt, fühle ich das Ende nahen und es ist mir unbegreiflich, wie ich alle die Szenen des Totentanzes – immerhin ein Drittel des ganzen Stückes – richtig zu Ende bringe.

Ende Juni 1933 bekam ich einen Brief von H. aus Riva. Er habe die ›Hochzeit‹ nochmals gelesen und einen Schreck bekommen über die hilflose, eisige Abstraktion, in der das alles sich abspiele. Er sei erschlagen gewesen von der Kraft, die dem Schreiber zu Gebote stehe und von dem Gebrauch, den diese Kraft von ihm mache. »Kommen Sie bald zu mir – am besten nach dem 23. VII. in Straßburg, damit wir das gemeinsam durchkämpfen.«
Er halte den Schreiber für des Größten fähig, als Dichter, aber nie noch habe er so alles von dem Menschen selbst abhängig gesehen wie bei mir. So Neues zu können, eine so somnambul-sichere andere Technik zu beherrschen, gejagt von den Triebkräften des klingenden wie des gedachten Wortes sei eine große Aufforderung. Ich müsse ihr ganz entsprechen.
Er bat mich, ›Anni‹, wie er sie nannte, ihr allein, einen inliegenden Brief zu geben. »Können Sie mit dem gleichzeitigen Prospekt etwas anfangen? Werben Sie! Herzlichst H. Sch.«
Es kostet mich Überwindung, den Inhalt dieses Briefes im wesentlichen wiederzugeben. Aber ich kann ihn nicht verschweigen, denn seine Wirkung in meinem Leben war entscheidend. Dieser Brief war es, der mich nach Straßburg lockte, und ohne die Menschen, die ich durch den Straßbur-

ger Aufenthalt traf, wäre es nicht zur Publikation des Romans gekommen. Er ist aber auch die beste Charakterisierung H.s, seine Art, Menschen für sich zu gewinnen, an sich zu binden, zu usurpieren, zu verwenden, ließe sich auf weniger Raum nicht darstellen.
Es ist nicht alles Berechnung darin und auch nicht alles Befehl. Der Schreck, von dem er spricht, über die hilflose, eisige Abstraktion, ist nicht erfunden. Er bringt mehr Sätze darüber vor, als ich erwähne, und *meint* sie. Aber es würde ihm nie genügen, sie zu meinen. Den, den er eben erhoben hat, bestellt er gleich zu sich, nach Straßburg, zu seiner Tagung für moderne Musik, wo der eigentlich gar nichts zu suchen hat, wohin er unzählige andere bestellen wird, die aber Musiker sind, deren Werke er als erster aufführt, mit denen er arbeitet. »Kommen Sie bald zu mir« – wozu eigentlich, wozu? »Damit wir das gemeinsam durchkämpfen.« Es ist eine ungeheure Anmaßung darin, was gibt es, das er mit dem Dichter gemeinsam durchkämpfen könnte? Er will ihn dort haben, etwas, das er als vielversprechend ausgeben kann, eine Randzier an seiner Veranstaltung, die von Musikern, die sich bewähren werden, wimmelt. Was für ein Kämpfen kann das schon sein? Um eine Legitimation dazu zu haben – obwohl er weiß, daß ihm keine Minute Zeit dafür bleiben würde, selbst wenn er den Kampf führen könnte –, rechtfertigt er seinen Gestellungsbefehl durch ein pompöses Urteil, das er auf der Stelle durch die angebliche Gefährdung des Beurteilten revoziert. So wird sich der Empfänger, hin- und hergeworfen, wenigstens über eines klar: wie sehr er H. braucht. Ein Brief an ›Anni‹, geheim, wird mitgeschickt. Auch sie wird irgendwohin beordert, zu anderen Zwecken. Es kommt noch praktischer: der gleichzeitige Prospekt für die Tagung und ›werben Sie!‹.
Ich gäbe viel darum, hätte ich auch Briefe an andere gesehen, die zu dieser Tagung hinbestellt wurden. Die Musiker kamen, sie hatten guten Grund dazu. Ein besonderer Einfall waren die fünf Witwen, die H. bei dieser Tagung versammeln wollte. Es waren die Witwen von fünf berühmten Komponisten und ich kann mich nur an drei von den fünf erinnern, die eingeladen wurden: die Witwen von Mahler, von Busoni und von Reger. Keine kam. Statt ihrer war eine

da, die gar nicht hingehörte, die frischgebackene Witwe von Gundolf, die sich ganz in Schwarz sehr heiter und aufgeschlossen gerierte.

Trophäen

Ich war schon einige Male auf der Hohen Warte gewesen, als Annas privater Besuch von ihr selbst durch eine Hintertüre empfangen, bevor sie beschloß, mich ihrer Mutter vorzuführen. Beide waren wir aufeinander neugierig, aber aus sehr verschiedenen Gründen: sie, weil sie noch nie etwas von mir gehört hatte, von der Menschenkenntnis ihrer Tochter wenig hielt und sich vergewissern wollte, daß ich ungefährlich war; ich, weil überall in Wien auf penetranteste Weise von der Alma Mahler die Rede war.

Über einen offenen Hof – mit Fliesen belegt, zwischen denen in absichtlicher Natürlichkeit Gras zu wachsen erlaubt war – wurde ich in eine Art Allerheiligstes geführt, in dem Mammi mich empfing. Eine ziemlich große, allseits überquellende Frau, mit einem süßlichen Lächeln ausgestattet und hellen, weit offenen, glasigen Augen. Ihre ersten Worte klangen so, als hätte sie schon lange auf diese Begegnung gewartet, denn was hatte sie nicht alles von einem gehört. »Annerl hat mir erzählt«, sagte sie gleich und verkleinerte damit ihre Tochter vom ersten Wort an, keinen Augenblick ließ sie einen darüber im Zweifel, wer hier, wer überhaupt das wichtige war.

Sie ließ sich nieder, mit einem vertraulichen Blick wurde einem bedeutet, daß man sich nah neben sie setzen sollte. Ich gehorchte zögernd, nach dem ersten Blick auf sie war ich entsetzt, man sprach überall von ihrer Schönheit, als das schönste Mädchen Wiens, so hieß es, habe sie den viel älteren Mahler so sehr beeindruckt, daß er um sie anhielt und sie zur Frau nahm und das Gerücht von ihrer Schönheit hatte sich nun mehr als dreißig Jahre weitergetragen, jetzt aber stand sie da und ließ sich schwer nieder, eine angeheiterte Person, die viel älter aussah, als sie war und alle ihre Trophäen um sich versammelt hatte.

Denn der abgegrenzte Raum, in dem sie einen empfing, war so eingerichtet, daß die wichtigsten Stücke ihrer Karriere

greifbar waren: es ließ sich nichts übersehen, sie selbst war der Führer in diesem Privat-Museum. Keine zwei Meter von ihr entfernt fand sich die Vitrine, in der die Partitur von Mahlers unvollendeter 10. Symphonie aufgeschlagen lag, man wurde darauf hingewiesen, stand auf, trat nahe heran und las die Notschreie des Kranken – es war sein letztes Werk –, an seine Frau: »Almschi, geliebtes Almschi«, und ähnliche intime, verzweifelte Ausrufe, diese Stellen größter Intimität waren es, die man in der Partitur aufgeschlagen hatte. Es muß ein erprobtes Mittel gewesen sein, Besucher zu beeindrucken. Ich las diese Worte in der Handschrift eines Sterbenskranken und blickte auf die Frau, der sie gegolten hatten. Sie nahm sie, 23 Jahre später, als gälten sie ihr jetzt. Von jedem Betrachter dieses Schaustücks erwartete sie den bewundernden Blick, der ihr für die Huldigung des Sterbenden in seiner Not gebührte, und so sicher war sie der Wirkung seiner Worte in der Partitur, daß sich das nichtssagende Lächeln auf ihrem Gesicht zu einem Grinsen verbreitete, mit dem sie die Huldigung entgegennahm. Sie spürte nichts vom Abscheu und vom Ekel, die in meinem Blicke lagen. *Ich* lächelte nicht, aber sie mißdeutete meinen Ernst als Andacht, wie sie einem todkranken Genie gebührte und da es sich alles in dieser Gedenkkapelle abspielte, die sie ihrem Glück errichtet hatte, gehörte auch die Andacht ihr.
Nun war aber der Moment für das Bild gekommen, das direkt gegenüber von ihr an der Wand hing, ein Porträt von ihr, wenige Jahre nach den letzten Worten des Komponisten gemalt. Ich hatte es gleich bemerkt, es ließ mich vom Augenblick des Eintretens an nicht los, es hatte etwas mörderisch Gefährliches und in der Bestürzung über die aufgeschlagene Partitur verwirrte sich mein Blick und das Bild erschien als das Porträt der Mörderin des Komponisten. Es blieb mir keine Zeit, diesen Gedanken zurückzuweisen, denn sie selbs erhob sich, bewegte sich drei Schritte auf die Wand zu, wies, sobald sie neben mir stand, auf das Bild und sagte: »Und das bin ich als Lucrezia Borgia, von Kokoschka gemalt.« Es war ein Bild aus seiner großen Zeit. Von ihm selbst, der ja noch am Leben war, distanzierte sie sich gleich, indem sie mitleidsvoll hinzufügte: »Schad, daß nichts aus ihm geworden ist!« Kokoschka hatte Deutschland ganz verlassen, ein ›entarteter

Maler‹, und war nach Prag gegangen, wo er den Präsidenten Masaryk malte. Ich gab meinem Erstaunen über ihre verächtliche Bemerkung nach und fragte: »Wieso ist nichts aus ihm geworden?« »Jetzt sitzt er eben in Prag, als armer Emigrant. Er hat nichts Rechtes mehr gemalt«, und mit einem Blick auf Lucrezia Borgia: »Da hat er noch was können. Die Leute fürchten sich direkt vor dem Bild.« Ich hatte mich wirklich gefürchtet, aber ich fürchtete mich jetzt noch mehr, weil ich erfahren mußte, daß aus dem Maler nichts geworden war. Er hatte seinen Zweck erfüllt, mit verschiedenen Bildern der ›Lucrezia Borgia‹, und jetzt, schad um ihn, war er verkommen, denn er war den neuen Herrschern Deutschlands nicht genehm und daß er den Präsidenten Masaryk malte, hatte wenig zu bedeuten.

Sehr viel Zeit gönnte aber die Witwe der zweiten Haupttrophäe nicht, denn sie dachte schon an die dritte, die im Heiligtum nicht zugegen war und die sie vorzuführen wünschte. Sie klatschte fest in ihre fetten Hände und rief: »Ja wo ist denn meine Mutz?«

Es dauerte nicht lang und eine Gazelle kam ins Zimmer getrippelt, ein leichtes, braunes Geschöpf, als junges Mädchen verkleidet, unberührt von der Pracht, in die es gerufen wurde, in seiner Unschuld jünger als die 16 Jahre, die es haben mochte. Es verbreitete Scheu mehr noch als Schönheit um sich, eine Engels-Gazelle vom Himmel, nicht aus der Arche, ich sprang auf, um ihr den Eintritt in diesen Lasterraum oder wenigstens den Blick auf die Giftmörderin an der Wand zu verstellen, aber schon hatte diese, die nie aus der Rolle fiel, unverwüstlich das Wort ergriffen:

»Schön ist sie, was? Also das ist Manon, meine Tochter. Vom Gropius. Da kann eben keine mithalten. Du gönnst ihr's, Annerl, gell? Warum soll man nicht eine schöne Schwester haben! Der Apfel fällt nicht weit vom Stamm. Haben Sie den Gropius einmal gesehen? Ein schöner, großer Mann. Genau was man arisch nennt. Der einzige Mann, der rassisch zu mir gepaßt hat. Sonst haben sich immer kleine Juden in mich verliebt, wie der Mahler. Ich bin eben für beides. Jetzt kannst wieder gehen, Mutz. Wart einmal, schau mal oben nach, ob der Franzl dichtet. Stör ihn nicht, wenn er dabei ist. Aber wenn er nicht grad dichtet, soll er kommen.«

Mit diesem Auftrag schlüpfte Manon die dritte Trophäe aus dem Raum, so unberührt, wie sie gekommen war, ihr Auftrag schien sie nicht zu belasten. Ich verspürte große Erleichterung beim Gedanken, daß nichts sie berühren könne, daß sie immer so bleiben würde, wie sie jetzt war, daß sie nie wie ihre Mutter werden würde, nicht das Giftbild an der Wand, nicht die glasige, zerflossene Alte auf dem Sofa.
(Ich wußte nicht, auf wie entsetzliche Weise ich recht behalten würde. Ein Jahr später war diese Leichtfüßige eine Gelähmte und wurde auf das Klatschen ihrer Mutter, das sich gleich blieb, im Rollwagen herumgeschoben. Noch ein Jahr später war sie tot. »Dem Andenken eines Engels« widmete Alban Berg sein letztes Werk.)
In einem der Zimmer oben unterm Dach stand Werfels Pult, an dem er stehend schrieb. Anna hatte mir dieses Dachzimmer einmal gezeigt, als ich sie oben besuchte. Die Mutter wußte nicht, daß ich ihn schon in einem Konzert, in das ich Anna begleitete, kennengelernt hatte. Da saß sie zwischen uns beiden und ich spürte während der Musik ein glotzendes Auge auf mir, seines. Er hatte sich ganz weit nach rechts gedreht, um mich besser zu sehen, und um in gleicher Fasson den Ausdruck seines Auges besser beobachten zu können, hatte sich mein linkes Auge beinah ebenso weit nach links gewendet. Da begegneten sich die beiden starrenden Augen, wichen sich erst aus, da sie sich ertappt fühlten, blieben aber schließlich, als dieses wechselseitige Interesse nicht mehr zu verbergen war, ganz bei der Sache.
Ich weiß nicht, was gespielt wurde, wäre ich Werfel gewesen, ich hätte mir das vor allem gemerkt, aber ich war kein Tenor, ich war Anna verfallen und sonst nichts. Sie schämte sich meiner nicht, obwohl ich in Sporthosen war und gar nicht konzertmäßig angezogen, erst im letzten Augenblick hatte ich erfahren, daß eine Karte frei wurde, auf die sie mich mitnehmen könne. Sie saß links von mir und es war sie, auf die ich, wie ich dachte, unbeirrbar verstohlen sah, aber eben in derselben Richtung stieß ich auf Werfels rechtes Froschauge. Es fiel mir ein, daß sein Mund dem eines Karpfens glich und wie sehr sein glotzendes Auge dazu paßte. Bald verhielt sich mein linkes Auge so wie sein rechtes. Es war unsere erste Begegnung und sie spielte sich während einer Musik zwi-

schen zwei Augen ab, die sich – durch Anna getrennt – nicht näher kommen konnten. Ihre eigenen Augen, das Schönste an ihr, Augen, die niemand vergaß, der je von ihnen erblickt worden war, blieben aus dem Spiel, eine groteske Verzerrung des wahren Bestands, wenn man bedenkt, wie nichtssagend, wie bar jeder Ausstrahlung Werfels und meine eigenen Augen waren.

Aus dem Spiel blieben aber auch, da wir im Konzert stumm dasaßen, die Worte, in deren pathetischer Geläufigkeit er ein Meister war. (Friedl Feuermaul ist der Name, den ihm der Größte seiner Zeitgenossen, Musil, gab.) Auch ich war sonst – vor Anna etwa – nicht auf den Mund gefallen, aber beide schwiegen wir, konzertergeben, und vielleicht war schon in dieser ersten Begegnung unsere Feindschaft entschieden, mit der er auf das schwerste in meinem Leben eingegriffen hat, seine Feindschaft und mein Widerwille.

Aber jetzt sitze ich noch bei der Alma unter ihren Trophäen und sie hat, nichts von der Begegnung im Konzert wissend, eben die dritte Trophäe nach der vierten geschickt, um sie – sie heißt Franzl – herunterzuholen, wenn er nicht grad dichtet. Es scheint, daß er gerade dichtete, denn er kam diesmal nicht, und das war mir lieber, denn ich stand unter dem fressenden Eindruck der strotzenden Witwe und ihrer früheren Trophäen. An diesem Eindruck hielt ich fest, ihn wollte ich mir bewahren, kein O-Mensch!-Gerede von Werfel sollte daran etwas ändern. So geschah es denn auch und ich weiß nicht mehr, wie ich weg kam, wie ich mich verabschiedete, in meiner Erinnerung sitze ich noch neben der Unsterblichen und höre unveränderlich ihre Worte über ›kleine Juden wie der Mahler‹.

Straßburg 1933

Ich weiß nicht, was Hermann Scherchen sich unter meiner Beteiligung an seiner Straßburger Arbeitstagung für moderne Musik vorgestellt hat. Zum reichen Programm hatte ich nichts beizutragen. Die Veranstaltungen fanden zweimal täglich im Konservatorium statt. Musiker aus aller Welt waren gekommen, einige wohnten in Hotels, die meisten waren in den Häusern von Straßburger Bürgern eingeladen.

Mein Gastgeber war Professor Hamm, ein bekannter Gynäkologe. Er wohnte in einem Haus der Altstadt, nicht weit von der Thomaskirche, in der Salzmanngasse. Er war ein vielbeschäftigter Mann, aber er holte mich persönlich im Büro des Conservatoire ab, wo ich ihm zugeteilt worden war, und führte mich zu Fuß in die Salzmanngasse, wobei er mir gleich einige Eigenarten der alten Stadt erklärte. Ich war betroffen, als wir vor dem schönen, stattlichen Haus stehenblieben. Ich spürte die Nähe des Münsters – das hatte ich mir nicht träumen lassen, daß ich so nah am Ziel meiner Wünsche wohnen würde, denn hauptsächlich wegen des Münsters hatte ich die Einladung nach Straßburg angenommen. Wir betraten die Vorhalle, sie war geräumiger, als man es in dieser engen Gasse erwartet hätte. Professor Hamm führte mich über eine breite Treppe in den ersten Stock und öffnete die Tür zum Gastzimmer: ein großes, sehr behagliches Zimmer, nach dem Geschmack des 18. Jahrhunderts eingerichtet. Ein Gefühl, daß es mir nicht zukomme, in diesem Zimmer zu schlafen, erfaßte mich schon auf der Schwelle, es war so intensiv, daß ich verstummte. Professor Hamm, sehr lebhaft, sehr französisch wirkend, hatte einen Ausruf des Entzückens von mir erwartet, denn wer hätte sich ein schöneres Gastzimmer wünschen können? Er empfand die Notwendigkeit, mir zu erklären, wo ich mich befand, er zeigte mir den Blick auf den Münsterturm, der zum Greifen nahe schien und sagte dann: »Dieses Haus war im 18. Jahrhundert ein Gasthaus, es hieß damals ›Auberge du Louvre‹. Herder hat während eines Winters hier gewohnt. Er war krank und konnte nicht ausgehen und hier war es, wo Goethe ihn täglich besuchte. Wir wissen es nicht sicher, aber es besteht eine Tradition, daß Herder in diesem Zimmer gewohnt hat.«
Ich war von der Vorstellung überwältigt, daß Goethe in diesem Zimmer mit Herder gesprochen hatte.
»War es wirklich hier?«
»Es war sicher in diesem Haus.«
Ich sah erschreckt auf das Bett. Ich blieb beim Fenster stehen, wo man mir die Aussicht aufs Münster gezeigt hatte, und wagte mich kaum ins Zimmer zurück. Ich behielt die Tür im Auge, durch die wir eingetreten waren, als erwarte nun ich jenen Besuch. Aber ich hatte noch nicht alles erfahren. Pro-

fessor Hamm hatte, wie sich zeigte, an mehr noch als an die legendäre Tradition dieses Hauses gedacht. Er trat flink auf das Nachttischchen neben dem Bett zu und hob einen kleinen Band von dort auf, einen alten Taschenalmanach (ich glaube, aus den siebziger Jahren jenes Jahrhunderts), und hielt ihn mir hin.

»Ein kleines Gastgeschenk«, sagte er, »ein Musenalmanach, er enthält auch Gedichte von Lenz.«

»Von Lenz? Von Lenz?«

»Ja, Erstveröffentlichungen. Ich dachte, das könnte Sie interessieren.«

Wie hatte er das erfahren? Diesen jungen Dichter hatte ich wie einen Bruder ins Herz geschlossen, er war mir auf eine andere Weise vertraut als jene Großen, wie jemand, an dem ein Unrecht begangen worden war, den man um seine Größe betrogen hatte. Lenz, noch immer ein Dichter der Avantgarde, den ich aus dem wunderbarsten Stück deutscher Prosa, jener Erzählung von Büchner kennengelernt hatte, Lenz, den der Tod verstörte, dem es nicht gegeben war, mit dem Tod fertig zu werden. Hier in Straßburg, wo sich zur Zeit eine Avantgarde traf, wenn auch eine der Musik, war Lenz an seinem Ort. Hier hatte er seinen Abgott Goethe getroffen, an dem er zugrunde ging; und hier, sechzig Jahre später, war Büchner gewesen, sein Schüler, der dank ihm das deutsche Drama in einem Fragment zur Vollendung brachte. Soviel wußte ich damals und es kam hier zusammen. Aber woher wußte Professor Hamm, daß mir das soviel bedeutete? Er wäre vor Schreck erstarrt, hätte er die ›Hochzeit‹ gelesen und vielleicht hätte er dann auch sogar gezögert, mich in sein Haus einzulassen. Aber mit dem Stolz auf dieses Haus verband er den Instinkt eines wahren Gastgebers und behandelte mich, wie es mir – vielleicht – später gebühren würde. Zwar hatte er mich eingeladen, im Zimmer zu schlafen, in dem Herder Goethe empfangen hatte und wem auf der Welt könnte eine solche Ehre gebühren? Aber er hatte mir auch den Almanach hingelegt, der Lenz enthielt. Das berührte mich brüderlich nahe, denn da war noch etwas gutzumachen, in das Heiligtum, in das auch er gehörte, war Lenz noch nicht wirklich aufgenommen worden. Mein Koffer wurde hinaufgetragen und ich ließ mich hier nieder.

Tagsüber geschah unendlich viel bei der Tagung, zwei Konzerte pro Tag, keineswegs leichte Musik, Vorträge (etwa die von Alois Hába über seine Viertelton-Musik), Gespräche mit neuen Menschen, sehr interessanten darunter, und was mir besonders an solchen Gesprächen gefiel, war, daß es sich um Musik handelte und nicht um Dichtung, denn öffentliche Gespräche über Dichtung ertrug ich schon damals nicht. Es gab Einladungen bei den Honoratioren der Stadt und Zusammenkünfte abends nach den Konzerten. Ich hatte das Gefühl einer sehr ausgefüllten Zeit, obwohl ich – im Gegensatz zu den Musikern – eigentlich gar nichts tat. Aber ich galt als Scherchens persönlicher Gast, meine Anwesenheit wurde von niemandem in Frage gestellt. Es ist zu verwundern, daß keiner mich fragte: »Was haben Sie geschrieben?« Ich kam mir keineswegs wie ein Schwindler vor, denn ich hatte ›Kant fängt Feuer‹ und ›Hochzeit‹ geschrieben und war mir dessen bewußt, daß ich damit, wie die anwesenden Komponisten, etwas *Neues* getan hatte. Es störte mich nicht, daß außer H. niemand etwas von diesen Werken kannte.
Spät nachts kam ich aber in jenes Zimmer zurück, das nur für mich ganz bestimmt das Herders in der Auberge du Louvre gewesen war und das Gefühl, daß mir das nicht gebührte, wollte mich nicht verlassen. Es war Nacht für Nacht dieselbe Aufregung, eine Art von Schrecken, das Bewußtsein einer Profanierung und ihre Bestrafung durch Schlaflosigkeit. Doch ich stand, wenn es morgens Zeit war, nicht etwa müde auf, ich stürzte mich gern wieder in das Treiben der Tagung und dachte untertags nie an das, was mir nachts wieder bevorstehen würde. Für die Unruhe über diese Vergangenheit, in die ich sozusagen irrtümlich geraten war, in die ich aber für mein Leben gern gehört hätte, gab es nur einen Ausgleich, und dieser allerdings war so wunderbar, daß ich mir täglich zur Konfrontation damit Zeit nahm: das Münster.
Ich war ein einziges Mal in Straßburg gewesen, im Frühjahr 1927, auf einer Rückreise von Paris nach Wien. Ich hatte im Elsaß Station gemacht, um das Münster und in Kolmar den Isenheimer Altar zu sehen. Ich war nur wenige Stunden in Straßburg und hatte nach dem Münster gesucht, plötzlich, es war am späten Nachmittag, stand ich in der Krämergasse davor, das rote Leuchten des Steins an der ungeheuren Westfas-

sade hatte ich nicht erwartet, alle Bilder, die ich zuvor gesehen hatte, waren schwarzweiß gewesen.
Nun, nach sechs Jahren, kam ich wieder nach Straßburg, nicht auf wenige Stunden – auf Wochen, auf einen Monat. Es hatte sich alles sehr zufällig oder scheinbar zufällig ergeben. In seiner ruhelosen Suche nach Personal hatte H. mich eingeladen, ich nahm die Einladung an und zerriß damit, gegen meinen Willen, die heftige Leidenschaft für Anna, die erst seit kurzem bestand und für die auch H., der versucht hatte, mich als Briefboten zu verwenden, verantwortlich war. Ich zögerte nicht wirklich, zuzusagen, allen äußeren Schwierigkeiten zum Trotz. Ich hatte mit der ›Komödie der Eitelkeit‹ begonnen und steckte noch im ersten Teil. Es gab demnach zwei Dinge, die mich in Wien festhielten, zwei sehr gewichtige Dinge, die erste Leidenschaft, seit ich Veza begegnet war und – nach dem Roman und der ›Hochzeit‹ – eine dritte dichterische Arbeit, die unter dem Eindruck der Ereignisse in Deutschland stand, nach der Bücherverbrennung brannte mir die ›Komödie‹ unter den Fingern. Mit Anna begann es erst schlechtzugehen, als die Abreise beschlossene Sache war und sich wegen Paß-Schwierigkeiten verzögerte. Die Komödie wurde aber immer dringlicher, als ich auf Ämtern herumsaß und wartete. Die Predigt des Brosam schrieb ich, während ich auf mein Visum wartete, auf dem französischen Konsulat.
Wenn ich mich heute frage, was den Ausschlag für Straßburg gab, so war es – außer dem starken Willen Scherchens, der jeden bezwang –, der Name Straßburg selbst, jener kurze Blick auf das Münster gegen Abend, und alles was ich über Herder, Goethe und Lenz in Straßburg wußte. Ich glaube nicht, daß ich mir das deutlich sagte, so unwiderstehlich wie jenes Abbild des Münsters in mir war wohl nichts, aber mein Gefühl für den Sturm und Drang in der deutschen Literatur war sehr stark und an die Vorstellung jener kurzen Periode in Straßburg gebunden. Diese Literatur war nun eben in Gefahr, was sie damals am meisten ausgezeichnet hatte: ihr Drang nach Freiheit, war bedroht und das war auch der eigentliche Inhalt des Dramas, von dem ich jetzt erfüllt war. Straßburg aber, die Brutstätte von damals, war noch frei. War es ein Wunder, daß es mich samt meiner Komödie hin-

zog, von der erst ein kleiner, aber kräftiger Teil geschrieben war? Und war nicht auch Büchner dort gewesen, durch den ich Lenz kannte, und war nicht Büchner seit zwei Jahren für mich die Quelle *allen* Dramas?

Die Altstadt war nicht groß, und wie von selbst fand man sich immer wieder vor der Fassade des Münsters. Es geschah ohne Absicht und war doch, was man sich eigentlich wünschte. Die Figuren an den Portalen zogen mich an, die Propheten und besonders die törichten Jungfrauen. Von den weisen Jungfrauen war ich nicht berührt, ich glaube, es war das Lächeln der törichten, was mich für sie einnahm. In eine von ihnen, die mir die schönste schien, habe ich mich verliebt. Ich bin ihr später in der Stadt begegnet und führte sie vor ihr Abbild, das ich ihr als erster wies. Verwundert betrachtete sie sich in Stein, so hatte der Fremde das Glück, sie in ihrer Stadt zu entdecken und überzeugte sie davon, daß sie lange vor ihrer Geburt dagewesen war, lächelnd am Portal des Münsters, als törichte Jungfrau, die in Wirklichkeit, wie sich zeigte, gar nicht töricht war, es war ihr Lächeln, das den Künstler dazu verführt hatte, sie unter die sieben Linken ins Portal zu reihen. Unter den Propheten aber fand ich einen Bürger der Stadt, auch ihm bin ich während dieser Wochen begegnet. Er war ein Historiker des Elsaß, ein zögernder, skeptischer Mann, der nicht viel sprach und noch weniger schrieb, Gott weiß, wie er unter diese Propheten geraten war, aber er stand da, und wenn ich ihn auch nicht selber vors Portal führte, so habe ich es ihm und seiner aufgeweckten Frau doch gesagt, wo er zu finden sei, und während er, wie immer skeptisch, sich über diese Entdeckung ausschwieg, so hat doch die Frau mir zugestimmt.
Doch das eigentliche, was in diesen reichen Wochen geschah, in denen es an Menschen, Gerüchen und Tönen wimmelte, war die Besteigung des Münsters. Sie wiederholte ich täglich, ich ließ sie keinen Tag aus. Nicht bedächtig, nicht geduldig gelangte ich auf die Plattform oben, ich hatte es eilig, ich nahm mir nicht Zeit, atemlos kam ich oben an, ein Tag, der damit nicht begann, war für mich kein Tag, und die Zählung der Tage bestimmte sich nach diesen Aufenthalten oben. So war ich mehr Tage in Straßburg, als der Monat zählte, denn

manchmal gelang es, trotz allem, was es zu hören gab, auch am Nachmittag wieder auf den Turm zu verschwinden. Ich beneidete den Mann, der seine Wohnung oben hatte, denn für den weiten Weg auf die Schnecken hinauf hatte er einen Vorsprung. Ich war dem Blick auf die rätselhaften Dächer der Stadt verfallen, aber auch jedem Stein, den ich beim Hinaufsteigen streifte. Ich sah Vogesen und Schwarzwald zusammen und täuschte mich nicht über das, was sie in diesem Jahr schied. Ich war noch von dem Krieg bedrückt, der vor fünfzehn Jahren geendet hatte und fühlte, daß wenige Jahre mich vom nächsten trennten.
Ich ging in den vollendeten Turm hinüber, da stand ich in wenigen Schritten vor der Tafel, in der Goethe und Lenz mit ihren Freunden ihren Namen eingeschrieben hatten. Ich dachte an Goethe, wie er hier oben Lenz erwartete, der es knapp vorher in einem glückseligen Brief Caroline Herder vermeldete. »Ich kann nicht mehr schreiben, Goethe ist bei mir und wartet mein schon eine halbe Stunde auf dem hohen Münsterthurm.«

Nichts war dem Geiste dieser Stadt fremder als Scherchens Tagung. Ich war kein Feind der Moderne, jedenfalls nicht der modernen Kunst, wie hätte ich es sein können. Aber wenn ich nachts nach der letzten Veranstaltung im ›Broglie‹ saß, im vornehmsten Lokal der Stadt, unter den fremden Musikern, von denen die meisten sich keine teuren Gerichte erlauben konnten, sah ich H. beim Verzehren seines Kaviars zu, immer bestellte er Kaviar auf Toast, er als einziger, und ich fragte mich, ob er überhaupt bemerkt habe, daß es in dieser Stadt ein Münster gab. Von der langen Tagesarbeit erschöpft, aber ohne sich's anmerken zu lassen, aß er seinen Kaviar und bestellte einen zweiten. Er hatte es gern, wenn man ihm zusah, wie er seinen Kaviar aß, er, der einzige, und wenn man begierig genug zusah, bestellte er auch eine dritte Portion, für sich natürlich, für den schwerarbeitenden Mann eine konzentrierte Nahrung. Gustel, seine Frau, war so spät beim Kaviar-Essen selten dabei, sie wartete dann schon im Hotel, wo sie vielerlei Schreibereien für ihn zu verrichten hatte. Er litt es nicht, daß jemand in seiner Umgebung untätig war, für alle hatte er, wie in einem Orchester, Verwendung.

Über diese kontinuierliche Anspannung konnte er sich schon darum keine Vorwürfe machen, weil seine die jedes anderen übertraf. Nachts bis gegen 12 Uhr saß er im ›Broglie‹ bei Kaviar und Champagner, für 6 Uhr früh hatte er sich schon eine Sängerin zu Proben ins Hotel bestellt. Keine Zeit war ihm zu früh, immer stückelte er noch vorn am Tag etwas an und da er mit seinem schreckenerregenden Fleiße voranging, hätte es niemand gewagt, sich über eine frühe Zeit aufzuhalten. Alle Arbeit bei dieser Tagung wurde ohne Honorar geleistet. Aus Begeisterung, der neuen Musik zu Ehren, waren die Musiker erschienen. Das Konservatorium, die Konzerträume darin wurden ohne Miete zur Verfügung gestellt. Schließlich arbeitete auch der wichtigste Mann, der weitaus am meisten, ja, wie er dachte, mehr als alle übrigen zusammen leistete, umsonst. Es kam zu zahllosen Konzerten, die alle funktionierten, es war ungewohnte und schwierige Musik, die nicht von selber lief, wie ein Teufel paßte der Hauptmann auf alles auf und ließ nichts Ungewolltes passieren. Es war eine imponierende Leistung, wobei es letzten Endes mehr auf den Dirigenten als auf die Komponisten ankam, denn er war es, der alles, das Verschiedenste, oft zum erstenmal vorstellte, und ohne ihn wäre nie etwas daraus geworden. Einzelne ausgewählte, kulturliebende Bürger der Stadt durften nachts ins Lokal an der Place Broglie kommen und an Scherchens Tische sitzen. Sie hatten sich durch Einladungen von Teilnehmern der Tagung, die bei ihnen zu Hause wohnten, oder auch durch größere Gesellschaften, die sie gaben, verdient gemacht. Es war ihnen vergönnt, H. zuzusehen, wenn er seinen Kaviar aß. Jeder empfand ihn als wohlverdient, auch den Champagner, und einer von ihnen, den ich als ungläubigen Mediziner kannte, wandte sich eines Nachts bewundernd zu mir und sagte: »Er kommt mir vor wie Christus.«
Auch damit war der Tag noch nicht zu Ende. In der Maison Rouge, H.s Hotel, setzte man das Beisammensein noch spät nach Mitternacht fort, in viel kleinerem Kreise. Da gab es sozusagen nur noch Eingeweihte, weder Bürger noch gewöhnliche Musiker, da waren die Oberen untereinander, denen es zukam, in der Maison Rouge zu wohnen. Der jüngere Jessner mit seiner Frau, auch er Regisseur (er sollte im Stadttheater den ›Pauvre Matelot‹ von Milhaud inszenieren); die

Witwe Gundolf, die Heidelberg schon verlassen hatte, Gundolf war vor kurzem gestorben, sie nahm aber gern an den heiteren, manchmal ausgelassenen Gesprächen der Nacht teil. Wenn H. nicht schweigsam war oder nichts erklärend anordnete, wurde er zynisch, die ausgewählten Anwesenden fühlten sich dadurch geehrt und machten mit.

Es ist der Mühe wert, den Moment zu besehen, in dem diese Tagung für moderne Musik stattfand. Es war einige Wochen nach der Bücherverbrennung in Deutschland. Seit einem halben Jahr war der Mann mit dem unaussprechlichen Namen an der Macht. Zehn Jahre zuvor hatte in Deutschland eine wüste Inflation geherrscht. Zehn Jahre danach standen seine Truppen tief in Rußland und hatten auf dem höchsten Gipfel des Kaukasus ihre Fahne aufgepflanzt. Straßburg, die Gastgeberin der Tagung, war eine französisch verwaltete Stadt, in der man einen deutschen Dialekt sprach.
Sie hatte in ihren Gassen und Häusern einen ›mittelalterlichen‹ Charakter bewahrt, der durch einen wochenlangen Streik der Kehrichtabfuhr den Nasen der Besucher überaus lästig wurde. Selbst aus diesem Gestank hob sich das Münster hoch hervor und es stand jedem frei, sich auf seine Plattform hinauf zu retten. Der Veranstalter der Tagung, als Dirigent zu diktatorischem Gehaben selbsterzogen, weigerte sich aber trotzdem, im neuen Deutschland aufzutreten, wo er es angesichts einer unbefleckten Herkunft und seiner teutonischen Arbeitskraft zu hohen Ehren gebracht hätte. Er war einer von nicht sehr vielen und dieser Punkt ist zu seinen Ehren hervorgehoben worden. Es gelang ihm, damals in Straßburg eine Art Europa zusammenzuziehen, ein Europa aus lauter Musikern, die neuen Versuchen huldigten, ein mutiges, ein zuversichtliches Europa, denn was wären das für Versuche gewesen, wenn sie nicht mit einer Zukunft gerechnet hätten.

Ich lebte zu dieser Zeit in sehr verschiedenen Welten. Ein Zentrum war das Conservatoire, in dem ich mich während des Tages die meiste Zeit aufhielt. Wenn man das Gebäude betrat, wurde man von einem ohrenbetäubenden Lärm empfangen. In jedem Zimmer wurde geübt, das ist in Konserva-

torien natürlich, wenn auch hier wirklich jeder kleinste Raum ausgenützt war. Es waren aber auch meist unerwartete Dinge, die hier geübt wurden, in anderen Konservatorien glaubt man zu kennen, was geübt wird. Es ist meist ein Durcheinander aus wohlbekannten Einzelheiten, man verspürt Lust davonzurennen, von der Trivialität des Vertrauten verjagt, das sich zu einem Chaos zusammenbraut, in dem doch jede Einzelheit erkennbar und unzerstörbar bleibt. Hier war im Gegenteil alles neu und fremd, das einzelne so gut wie der Zusammenklang des Ganzen, und vielleicht war es eben das, was einen faszinierte und immer wieder hinzog. Ich staunte über das Unverwüstliche dieser Musiker, die sich nicht nur in den Schwierigkeiten ihrer neuen Unternehmungen auskannten, sondern in dieser Hölle arbeiteten, nämlich übten und in allem Lärm zu beurteilen vermochten, ob sie besser wurden oder nicht.
Vielleicht verließ ich das Konservatorium so oft, um es öfters wieder betreten zu können. Denn wenn ich den Lärm hinter mir ließ, stürzte ich mich in den Gestank der Gassen. Der Streik in der Kehrichtabfuhr hatte seit Wochen angedauert. Man gewöhnte sich nie daran, er blieb einem immer bewußt, einen solchen Gestank hatte man noch nie erlebt, und da er von Tag zu Tag stärker wurde, gab es nichts, was sich damit an sinnlicher Kraft vergleichen ließ als eben das akustische Chaos des Konservatoriums.
Es war damals in diesen Gassen, daß mich der Gedanke der *Pest* überkam. Urplötzlich, ohne Übergang und Vorbereitung, fand ich mich im 14. Jahrhundert: eine Zeit, die mich durch ihre Massenbewegungen immer beschäftigt hatte, die Geißler, die Pest, die Judenverbrennungen, in der Limburger Chronik hatte ich zuerst und dann immer wieder davon gelesen. Nun wohnte ich selbst mittendrin, im erlesen eingerichteten Haus eines Arztes und war mit einem Schritt auf den Gassen, wo der Abfall und Gestank herrschten. Statt sie zu meiden, belebte ich sie mit den Bildern meines Schreckens. Ich sah Tote überall und die Hilflosigkeit der noch Lebenden. Es schien mir, daß Menschen in der Enge dieser Gassen einander auswichen, als hätten sie vor Ansteckung Angst. Ich ging nie den kürzesten Weg, der mich aus der Altstadt hinausführte und an die neuen pompösen Plätze brachte, wo

auch das Hauptgebäude der Tagung stand. Ich ging kreuz und quer durch alle möglichen Gassen, es ist erstaunlich, wieviel Wege sich auf so beschränktem Areal aneinanderfügen lassen. Ich sog mich voll mit jener Gefahr, und mein Trachten war, ihr um keinen Preis zu entkommen. Die Haustüren, an denen ich vorbeiging, blieben geschlossen. Ich sah keine von ihnen sich öffnen und sah im Geiste die Häuser innen voll Sterbender und Toter. Was drüben überm Rhein als Aufbruch empfunden wurde, empfand ich hier schon als das Ergebnis des Krieges, der nirgends noch begonnen hatte. Ich sah nicht voraus, auch nicht um zehn Jahre – wie hätte ich das voraussehen können –, ich sah um sechs Jahrhunderte zurück, und da war die Pest, die Masse der Toten, die unwiderstehlich um sich griff und wieder von drüben drohte. Alle Bittprozessionen mündeten im Münster, und sie haben gegen keine Pest geholfen. Denn in Wirklichkeit war das Münster um seiner selbst willen da, daß man davor stehen durfte, war die Hilfe, daß man darin gestanden war, und daß es selbst weiter bestand und in keiner der Pesten eingestürzt war. Es war die alte Bewegung der Prozession, die sich mir mitteilte, in allen Gassen hatten wir uns versammelt und zogen zusammen ins Münster. Da standen wir dann alle, ich allein, vielleicht war es ein Dank und keine Bitte, ein Dank, daß wir hier stehen durften, denn über uns war nichts zusammengefallen, und die herrlichste der Herrlichkeiten stand, der Turm. Als letztes durfte ich ihn besteigen und von oben alles noch Unzerstörte besehen und wenn ich oben tief aufatmete, schien die Pest, die sich wieder auszubreiten versuchte, in ihr altes Jahrhundert zurückgestoßen.

Anna

Die Widerstandslosigkeit von Frauen H. gegenüber war erstaunlich. Sie wurden in Liebe zu ihm förmlich hinein*dirigiert* und dann fallengelassen, wenn sie ihre Stelle bei ihm noch kaum angetreten hatten. Sie nahmen es hin, weil sie in ihrer musikalischen Arbeit für ihn weiterbestanden. Er blieb genau und gewissenhaft, wenn sie für ihn zu tun hatten. So war etwas von der alten Atmosphäre immer gerettet, und keine verlor die Hoffnung, daß es ihn plötzlich wieder nach ihr gelüsten könnte. Eifersucht bestand unter ihnen kaum, jede empfand sich, bei jeder einzelnen Gelegenheit, als von ihm ausgezeichnet und trachtete, das Geheimnis dieser Auszeichnung für sich zu bewahren. Die Ermöglichung solcher Gelegenheiten, ihr Schutz vor aller Öffentlichkeit waren wichtiger als eine eifersüchtig-gehässige Gesinnung gegen andere. Mit Aktionen, die sich aus Eifersucht ergaben, wäre bei ihm nichts auszurichten gewesen. Er war unbeeinflußbar, empfand sich als Autokrat, der tat, was er wollte, und war es.

Eine Ausnahme allerdings gab es: eine Frau, die – man möchte sagen aus historischen Gründen – zu Eifersucht verpflichtet war und ausgiebigen Gebrauch von dieser Pflicht machte. Gustel, die während der Straßburger Tage offiziell zu H. gehörte, war seine vierte Frau, sie war es noch nicht lange, sie war erst wenige Wochen vor Straßburg ganz zu ihm gestoßen. Vorher hatte sie ziemlich lange gezögert, seine vierte Frau zu werden, mit gutem Grund, denn sie war auch schon seine erste Frau gewesen. In seiner frühen Berliner Zeit hatte sie ihm zur Seite gestanden, als er noch niemand war und durch Arbeit allein jemand werden wollte. Sie war seine Indianerin und erinnerte an eine bis in die rötliche Farbe ihrer Haut. Es war etwas Gegerbtes an ihr, ihre Schweigsamkeit und ihre Treue hatten dieses Gegerbte an ihr bewirkt. Sie sprach sehr selten, aber wenn sie sprach, kam es herb und gepreßt aus ihr heraus. Es war dann, als stünde sie am Marterpfahl, auf das äußerste dazu entschlossen, nichts preiszugeben, und zu dieser Zurückhaltung auch fähig. Sie half ihm von Anfang an durch ihre Arbeit, keine Schreiberei, die sie ihm nicht abnahm, Briefe, Abmachungen, Daten, alles Organisatorische ging damals durch sie, und sie hörte nicht auf, an allen Erreichbarkeiten mitzuwirken. Selbst als diese anfingen, näherzurücken, selbst als sie zu Wirklichkeit wurden und sie sah, daß sie sich mit jedem seiner Erfolge nie berechenbare und unzählige Qualen auflud, stand sie weiter an ihrem Pfahl und schuf sich neue Qualen. Denn auch er war schweigsam, und es war aus ihm so wenig herauszubringen wie aus ihr. Sie schwieg über ihr Unglück, er über sein Glück. Beide hatten schmale, streng geschlossene Lippen.

Als er, ziemlich jung noch, als Nachfolger Furtwänglers nach

Frankfurt kam und die Leitung der Saalbaukonzerte übernahm, lernte er Gerda Müller kennen, die Penthesilea meiner Jugend, eine der faszinierendsten Schauspielerinnen ihrer Zeit. Um ihretwillen verließ er Gustel, ohne viel Federlesens, und als er sich mit Gerda Müller verband, war er mit dem genauen Gegenteil von Gustel gesegnet. Hier gab es offene, starke Passion, gewaltige und gewalttätige Rollen und eine Kraft, die um ihretwillen bestand, in niemandes Dienst, hier war der Marterpfahl keine Tugend, denn er hätte Unfähigkeit bedeutet. Vielleicht ist H.s Interesse an Theater und Drama zu dieser Zeit wachgeworden. Es muß auch in seinem Privatleben eine turbulente Zeit gewesen sein, wenn auch nicht die turbulenteste. Gustel trat ganz zurück und mußte ein gleichmäßiges und ungeschundenes Leben versuchen. Sie fand einen Freund, mit dem sie sieben Jahre zufrieden lebte.

H. sprach zu mir kaum über Gerda Müller, wohl aber über die nächste Frau, die für einige Zeit in seinem Leben war, die einzige, die ihm gegen seinen Willen entkam. Auch sie war Schauspielerin, aber während Gerda Müller in den Alkohol flüchtete, lebte Carola Neher für Abenteuer und wirklich reizten sie nur solche tollkühner Art.

Es war einige Zeit nach Straßburg, ein, zwei Jahre später, ich war zu Besuch in Winterthur, wo H. das Orchester Werner Reinhardts leitete. Ich hörte dort ein Konzert von ihm an, spätnachts saß ich danach mit ihm in seinem Zimmer. Ich spürte eine Unruhe anderer Art in ihm als die, die ihm eigentlich gemäß war: zu unterdrücken und zu herrschen. Er schien selber gedrückt, als habe jemand ihn besiegt, dabei war das Konzert gut verlaufen, bestimmt nicht schlechter als sonst. Er bat mich, noch zu bleiben, obwohl es schon sehr spät war. Er sah sich auf sonderbare Weise im Zimmer um, so als sähe er Gespenster, sein Blick blieb auf nichts lange haften, sondern irrte unruhig hin und her, mich sah er nicht einmal an, es war ihm darum zu tun, daß ich ihn hörte. Ich war etwas erschrocken über dieses Schweifende, das ich an ihm so gar nicht kannte, und blieb ruhig. Plötzlich brach es aus ihm heraus und er sagte mit einer Leidenschaft, die ich von ihm nicht erwartet hatte: »Hier war es, in diesem Zimmer war es, da hatten wir das letzte Gespräch. Da sprachen wir die ganze

Nacht«, und dann kam stoßweise, beinah keuchend, ein Bericht über das letzte Gespräch zwischen Carola Neher und ihm.
Sie wollte weg von ihm, er beschwor sie zu bleiben. Sie wollte etwas tun, dieses Leben war ihr zu wenig. Sie wollte alles stehenlassen, ihre Schauspielerei, ihren Ruhm, und ihn, H., den sie als Popanz von einem Dirigenten verhöhnte. Sie hatte Verachtung für ihn, weil er vor einem Konzertpublikum auftrat, für wen dirigierte er, daß ihm der Schweiß heruntertroff, was für ein Schweiß war das, ein falscher Schweiß, der nicht zählte, für sie zählte ein bessarabischer Student, den sie kennengelernt hatte, der sein Leben aufs Spiel setzen wollte, der nichts fürchtete, kein Gefängnis und keine Erschießung. H. fühlte, daß es ihr ernst war, aber er war sicher, daß er sie halten könne. Er hatte bis jetzt alles bezwungen, auch jede Frau, und wenn jemand wegging, so war *er* es. Er ging nur, wann es ihm paßte. Er setzte alle Mittel ein, sie zum Bleiben zu bewegen. Er drohte ihr damit, daß er sie einsperren werde. Er müsse sie vor sich selber schützen. Sie renne in ihren sicheren Tod. Dieser Student sei niemand, ein grüner Junge, ohne jede Lebenserfahrung. Er beschimpfte ihn und gab ihr alles zurück, was sie eben noch gegen ihn und sein Dirigieren gesagt hatte. Sie schien unsicher zu werden, wenn er etwas gegen den Studenten als *Person* sagte. Sie behauptete, es sei seine Sache, die sie ernst nehme, nicht ihn. Wenn es ein anderer wäre, mit einer solchen Sache und ihr so eng verfallen, würde er ihr nicht weniger Eindruck machen. Der Kampf dauerte die ganze Nacht. Er wollte sie durch Übermüdung kleinkriegen, sie war von einer unverwirrbaren Zähigkeit und gab seiner physischen Attacke fluchend nach. Schließlich, es wurde schon Morgen, glaubte er sie bezwungen zu haben, denn sie schlief ein. Er sah sie noch befriedigt an, bevor er selber einschlief. Als er aufwachte, war sie verschwunden und kam nie wieder.
Während Tagen und Wochen wartete er auf ihre Rückkehr. Er wartete auf eine Nachricht, es kam kein Wort. Er wußte nicht, wo sie war. Kein Mensch hatte eine Spur von ihr. Er ließ nachforschen und man fand heraus, daß auch der Student verschwunden war. Sie war also, wie sie gedroht hatte, mit ihm durchgegangen. Von allen Theaterorten, wo man sie

kannte, kam dieselbe Auskunft. Sie war spurlos verschwunden und schrieb niemandem ein Wort. *Er* wußte noch am meisten, nach dem Kampf jener Nacht, und es war ihm zumute, als wäre sie ihm unterm Leib weggerissen worden. Er verwand es nicht und konnte nicht mehr arbeiten. Er hatte einen Zusammenbruch und fühlte sich am Ende.
Seine Verfassung war so hoffnungslos, daß er Gustel darum bat, zu ihm zurückzukehren. Er brauche sie, er schwöre, daß er sie nie wieder verlassen werde. Sie könne jede Bedingung stellen. Er werde sie auch nie wieder betrügen. Sie müsse aber kommen, sofort, sonst sei es um sein Leben geschehen. Gustel zerbrach die siebenjährige Freundschaft mit einem Mann, der ihr nur Gutes getan hatte und kam zu H. zurück, von dem sie das Schlechteste erfahren hatte. Sie stellte schwere Bedingungen, auf die er einging. Er versprach ihr die Wahrheit über alles zu sagen und sie sollte immer wissen, was passiere.

Meine Beobachtung H.s in den Straßburger Wochen war durch Umstände geschärft, über deren ganze Tragweite keiner von uns sich Rechenschaft abzulegen vermochte. Er hatte mich in Wien als Boten verwendet und mich mit einem Brief zu Anna geschickt, die ich auf diese Weise kennenlernte. Ich kannte den Inhalt seines Briefes nicht, aber er hatte mir aufgetragen, ihn ihr persönlich und niemand anderem zu übergeben. Dieser Auftrag war strikt, ohne daß er ein besonderes Wesen daraus gemacht hätte. Ich hatte bei ihr angerufen und war in ihr Hietzinger Atelier bestellt worden.
Ich sah sie zuerst. Ich sah ihre Finger, wie sie sich in den Lehm einer überlebensgroßen Figur drückten. Von ihrem Gesicht sah ich nichts, sie wandte mir noch den Rücken zu. Das Knirschen im Kies, das mir laut in die Ohren ging, schien sie nicht zu hören. Vielleicht mochte sie es nicht hören, sie war in ihre noch wenig geformte Figur vertieft. Vielleicht kam ihr der Besuch, der angekündigt war, jetzt nicht besonders gelegen. Ich hielt mich an den Brief, den ich überbringen sollte. Ich hatte das Glashaus, das als Atelier diente, betreten, als sie sich mit einem plötzlichen Ruck umwandte und mir ins Gesicht sah. Ich stand nicht mehr weit von ihr und fühlte mich von ihrem Blick ergriffen. Von diesem Augenblick an ließen

mich ihre Augen nicht los. Es war kein Überfall, denn ich hatte Zeit gehabt, mich zu nähern, aber es war eine Überraschung: eine Unerschöpflichkeit, auf die ich nicht gefaßt war. Sie bestand aus Augen, was immer sonst man in ihr sah, war Illusion. Man fühlte das auf der Stelle, aber wer hätte die Kraft und Einsicht gehabt, sich das zu sagen. Wie soll man dieses Ungeheuerliche wahrhaben: daß Augen geräumiger sind als der Mensch, dem sie zugehören. In ihrer Tiefe hat Platz, was man sich je gedacht hat und nun, da sich der Raum dafür anbietet, will es alles gesagt sein.
Es gibt Augen, die man fürchtet, weil sie auf Zerfleischen aus sind, sie dienen dem Erspüren von Beute, die, einmal gewahrt, nichts anderes sein kann; selbst wenn es ihr gelingt zu entkommen, bleibt sie als Beute gezeichnet. Die Starre des unerbittlichen Blicks ist furchtbar. Sie ändert sich nie, kein Opfer hat Einfluß darauf, sie ist für immer vorgebildet. Wer in ihr Feld gerät, ist zum Opfer geworden, nichts gibt es, das er vorbringen könnte und zu retten vermöchte er sich nur durch vollkommene Verwandlung. Da sie in der Wirklichkeit nicht möglich ist, sind ihr zuliebe Mythen und Menschen entstanden.
Ein Mythos ist auch das Auge, das nicht auf Zerfleischen aus ist, obwohl es nie losläßt, was es erblickt hat. Dieser Mythos ist wahr geworden und wer ihn erlebt hat, denkt mit Schrekken und Ergriffenheit an das Auge zurück, das ihn dazu zwang, sich in ihm zu ertränken. Das ist die Geräumigkeit und Tiefe, die angeboten wird: stürze dich in mich mit allem, was du denken und sagen kannst, sag es, und ertrinke!
Die Tiefe solcher Augen ist bodenlos. Nichts, was darin versinkt, erreicht den Grund. Nichts wird wieder ausgespült, wo bleibt es. Der See dieses Auges hat kein Gedächtnis, er fordert und empfängt. Alles, was einer hat, wird ihm gegeben, alles, worauf es ankommt, woraus einer im Innersten besteht. Es ist nicht möglich, diesem Auge etwas vorzuenthalten. Keine Gewalt wird geübt, da ist kein Entreißen. Es gibt sich glücklich, als wäre es aus keinem anderen Grunde zu sich gekommen, aus keinem anderen Grunde geworden.
Ein Bote war ich nicht mehr, als ich Anna den Brief übergab. Sie nahm ihn nicht an, sondern wies mit dem Kopf auf einen Tisch in der Ecke des Raumes, den ich nicht beachtet hatte,

ich ging seitlich drei Schritte auf ihn zu und legte ungern den Brief hin, ungern vielleicht, weil eine Hand jetzt für sie frei war, die ich ihr nicht geben mochte. Jetzt streckte ich sie halb hin, sie sah auf *ihre* Rechte, die mit Lehm verschmiert war und sagte: »Ich kann Ihnen so die Hand nicht geben.«
Ich weiß nicht, was dann gesagt wurde. Ich habe mich bemüht, die ersten Worte, ihre wie meine, wiederzufinden. Sie sind untergegangen. Anna war ganz in den Augen enthalten und sonst beinahe stumm, ihre Stimme, obwohl sie tief war, hat mir nie etwas bedeutet. Vielleicht sprach sie nicht gern, sie verzichtete, wann immer sie konnte, auf ihre Stimme, immer lieh sie sich die Stimme anderer aus, sei es in der Musik, sei es unter Menschen. Ihr selber lag es näher zu *handeln* als zu sprechen und da sie nicht zu den Handlungen berufen wurde, die ihr Vater vollbrachte, versuchte sie es, mit ihren Fingern zu *formen*. Ich habe die erste Begegnung mit ihr bewahrt, indem ich sie von allen Worten befreit habe, von ihren, weil es in ihnen vielleicht nichts zu bewahren gab, von meinen, weil das Staunen über sie noch keine vernehmlichen Worte gefunden hatte.
Aber ich weiß, daß einiges schon gesagt worden war, bevor sie mich an den Tisch bat und wir uns beide setzten. Sie wollte etwas von mir lesen und ich sagte, ohne mich vor ihr zu schämen, daß es kein Buch von mir gäbe, nur das Manuskript eines langen Romans. Ob ich ihr nächstes Mal das Manuskript mitbringen würde. Sie läse gern lange Romane, kurze Erzählungen möge sie nicht. Sie nannte den Namen ihres Lehrers Fritz Wotruba, bei dem sie Bildhauerei erlerne. Ich hatte von ihm gehört, er war für seine Unabhängigkeit bewundert und für seine Gewalttätigkeit gefürchtet. Er sei aber zur Zeit nicht in Wien. Früher sei sie Malerin gewesen und habe bei de Chirico in Rom studiert.
Den Brief H.s beachtete sie nicht. Er lag ungeöffnet auf dem Tisch, sie konnte ihn nicht übersehen. Ich besann mich auf meinen Auftrag, als hätte ich eben einen *Einsatz* von H. bekommen und sagte zögernd: »Wollen Sie nicht den Brief lesen?« Sie nahm ihn unlustig in die Hand, überflog ihn, als bestünde er aus drei Zeilen, es war aber ein längerer Brief, und obwohl H.s Schrift, wie ich wußte, schwer zu lesen war, schien sie es alles auf einen ersten Blick aufgefaßt zu

haben, sie legte den Brief mit einer wegwerfenden Bewegung hin, wobei er aber mehr in meine Nähe zu liegen kam, sagte: »Das ist uninteressant«, ich sah sie erstaunt an. Ich hatte angenommen, daß da etwas wie eine Freundschaft bestünde und daß er ihr Wichtiges mitteilen wolle, so wichtig, daß es nicht über die Post gehen konnte und daß er es darum mir anvertraut habe. »Sie können es lesen«, sagte sie. »Aber es lohnt sich nicht.« Ich las es nicht.

Wie hätte ich noch an eine Botschaft denken sollen, die sie auf diese Weise wegwischte. Ich war mir der Schmählichkeit ihres Verhaltens, der Verachtung, die sie ihm damit bewies, nicht bewußt. Aber ich war nicht mehr ein Bote. Ich fühlte mich nicht mehr eingeschränkt, denn sie hatte mich meines Amtes enthoben. Die Leichtigkeit, mit der sie seinen Brief beiseite schob, ohne das geringste Zeichen von Zorn oder Mißfallen, teilten sich mir mit. Es fiel mir nicht ein, noch zu fragen, ob sie mir eine Antwort für ihn geben wolle oder ob sie ihm direkt, ohne den Umweg über mich, schreiben werde.

Ich verließ sie, mit einem neuen Auftrag: den, bald wiederzukommen, um ihr mein Manuskript zu bringen. Ich meldete mich nach drei Tagen, es fiel mir schwer, so lange zu warten. Sie las den Roman gleich, ich glaube nicht, daß er von irgendwem anderen so rasch gelesen wurde. Seither war ich eine eigene Person für sie und sie behandelte mich, als wäre ich mit allem versehen, selbst mit Augen. Sie erwartete viele solche Bücher von mir und sprach darüber zu anderen. Sie drängte darauf, mich zu sehen und schickte Briefe und Telegramme. Noch nie hatte ich erlebt, daß Liebe mit Telegrammen begann, ich war davon erschüttert. Ich begriff anfangs nicht, daß ein Satz von ihr mich so rasch erreichen konnte.

Sie forderte mich auf, ihr zu schreiben und gab mir eine Adresse an, unter der Briefe sie erreichen konnten. Man legte sie in ein Kuvert, das man mehrfach und sicher verschloß und steckte es in ein anderes Kuvert, das an Frl. Hedy Lehner in der Porzellangasse adressiert wurde. Das war der Name eines jungen Modells, das täglich zu ihr kam, ein schönes, rothaariges Mädchen mit einem Fuchsgesicht, ich sah sie, wenn ich ins Atelier kam, kurz bei ihr, sie lächelte kaum merklich, schwieg und verschwand. Manchmal hatte sie eben einen

Brief von mir überbracht, als ich erschien, und Anna hatte dann den Brief noch nicht geöffnet, geschweige denn gelesen. Sie war vorsichtig damit, denn immer konnte jemand unerwartet ins Atelier kommen. Sie gestand mir, daß es sie eine Überwindung kostete, mit mir zu sprechen, bevor sie den Brief gelesen hatte, und es wäre ihr in solchen Augenblicken lieber gewesen, ich wäre nicht gekommen. Zwar erzählte ich ihr viel und sie hatte für Erzählungen etwas übrig, aber noch näher gingen ihr die Briefe, in denen ich sie verherrlichte. ›Pauken und Trompeten‹, so nannte sie, was ich ihr schrieb, und übertrug meine Sätze in das ihr geläufigere Medium. Solche Briefe hatte sie noch nie bekommen, es kamen viele, manchmal drei an einem Tag, nicht immer konnte Fräulein Hedy Lehner jeden auf der Stelle überbringen. Es wäre aufgefallen, wenn sie mehrmals am Tag erschienen wäre, und da Anna unter strikter Bewachung stand (in die sie eingewilligt hatte), war es ein Zugeständnis, daß man ihr ein Modell erlaubt hatte und dieses Zugeständnis mochte sie nicht verscherzen. Auf so viel überschwengliche Beredsamkeit antwortete Anna immer, oft in Telegrammen (die Hedy nach dem Verlassen des Ateliers für sie aufgab). Sie machte nicht leicht Worte, und Telegramme waren ihr angemessen, aber sie war stolz und wollte auch in Briefen für so viel erfinderische Verherrlichung danken.

Ich fand Anna geheimnisvoll, da sie voller Geheimnisse steckte, ich bedachte nicht, wieviel sie zu verschweigen hatte, und daß es für sie lebenswichtig geworden war, neben allem Verschwiegenen zu bestehen. Zwar vergaß sie sehr leicht, und das war ihr Glück, aber andere konnten sie an das Vergangene erinnern. Am verschwiegensten waren ihre Figuren, an die sie viel Mühe wandte. Schwere Arbeit galt ihr als ehrenvoll, das hatte sie schon von ihrem Vater geerbt, aber nun war sie von ihrem jungen Lehrer Wotruba, der in hartem Stein arbeitete, sehr nachdrücklich daran erinnert worden. Natürlich modellierte sie auch, besonders Köpfe, und das war dann nicht harte Arbeit, sondern etwas ganz anderes, das war ihr einziger Zugang zu Menschen, der nicht durch die Herrsch- und Liebesgewohnheiten ihrer Mutter verstellt war.
In Briefen gab sie sich nicht aus, sondern suchte zu *reagieren*

und solange sie zu diesen Versuchen besimmt wurde, war sie es zufrieden. Wenn sie nicht mehr reagieren mochte, in Zeiten der Enttäuschung, die häufig waren, da sie für Menschen, die sie nicht gerade modellierte und besonders für solche, die sie zu lieben beschlossen hatte, blind war – in solchen Zeiten der Enttäuschung wandte sie sich ganz der Musik zu. Sie spielte viele Instrumente, aber ans Klavier zog sie sich zurück. Ich hörte sie kaum je spielen, Gelegenheiten dazu wich ich aus und es ist mir darum rätselhaft geblieben, was ihr diese einsamen Abläufe wirklich bedeuteten. Ich mißtraute einer Musik, die für Bildhauerei Raum gewährte.
Die Leuchtkraft des Ruhms, der um Anna lag, war so groß, daß ich nichts Übles von ihr geglaubt hätte. Es hätte einer kommen können und mir in ihrer eigenen Handschrift die abscheulichsten Dinge vorweisen können, die sie gedacht, getan und gestanden hätte, ich hätte ihm und auch ihrer Handschrift nicht geglaubt. Sie als unantastbar zu bewahren, fiel mir um so leichter, als ich sehr bald schon das Gegenbild ihrer Mutter vor Augen hatte, auf die ich alles Peinliche werfen konnte, das in dieser Umgebung zu bemerken war. Da waren sie beide: auf der einen Seite das stumme Licht, das sich von Meißelhieben und lauter Verherrlichung nährte, auf der anderen die unersättliche, angeheiterte Alte. Ihre nahe Verbindung machte mich nicht irre, ich sah die Tochter als Opfer und wenn es darum geht, daß man das Opfer dessen ist, was man von früh auf unaufhörlich um sich gesehen hat, so sah ich richtig.
Daß H. mich als Boten gewählt hatte, mochte als Beweis dafür gelten, für wie ungefährlich er mich hielt. Er nahm *sich* so selbstverständlich ernst, daß das Gewicht eines handgeschriebenen Briefes von ihm das jedes Boten um ein Vielfaches überwog. Es mag aber auch sein, daß er mich für besonders ungefährlich hielt, weil er die ›Hochzeit‹ von mir gehört hatte. Die Luft dieses Stückes war ihm eisig erschienen und den Schreiber hielt er für einen eingefleischten Feind aller Lust. Es mag ihm sogar witzig erschienen sein, ein solches Geschöpf als Überbringer eines Liebesbriefes zu verwenden. Aber er bekam keine Antwort, nicht einmal eine Absage. Als ich ihn gleich nach der Ankunft in Straßburg zwischen Probe und Probe sah, war einer von drei Sätzen, die er auf seine

gepreßte Weise vorbrachte, der, ob ich ›Anni‹, wie er sie nannte, seine beiden Briefe überbracht hätte. »Natürlich«, sagte ich und fügte sehr erstaunt hinzu: »Hat sie Ihnen denn nicht geantwortet?« Aus dieser Antwort schloß er, daß ich sie mehr als einmal gesehen hatte und daß sie mir vielleicht gar nahestand. Es war ein Argwohn, vorläufig, als Machthaber neigte er auf alle Fälle zu Argwohn. »Hat sie denn nicht geantwortet?« klang ihm so, als kenne ich sie gut genug, um zu wissen, daß es ihre Art sei zu antworten. Er war im Recht, das zu glauben. Aber seine Verachtung für einen namen- und gewichtlosen jungen Menschen war andererseits so groß und ihm so natürlich, daß er seinen Verdacht sofort zerstören wollte. Mit allen Mitteln legte er es darauf an, herauszubekommen, daß es nichts herauszubekommen gäbe.
Im Laufe der ersten Tage suchte er mich durch höhnische Sätze über Anna zu provozieren. Ihr gelbes Haar sei gefärbt, es sei früher mausgrau gewesen, wobei er Nachdruck auf ›grau‹ legte, als habe sie schon als zwanzigjährige Frau Ernst Kreneks, so hatte er sie kennengelernt, graue Haare gehabt, frühzeitig gealtert. Ob mir der Gang nicht aufgefallen sei, das könne doch keine Frau sein, die so gehe. Ich war fassungslos über *jede* seiner Bemerkungen und verteidigte sie mit solcher Leidenschaft und Wut, daß er bald alles wußte. »Sie sind nicht schlecht verliebt«, sagte er, »das hätte ich Ihnen gar nicht zugetraut.« Ich gab nichts zu, weniger aus Diskretion, als weil ich ihn für seine Bemerkungen haßte. Aber ich sprach von ihr in den höchsten Tönen, er wäre schwachsinnig gewesen, nicht zu merken, daß ich sie liebte. Es war ein sonderbarer Augenblick, in dem er mich zwang, mich zu ihrem Paladin aufzuwerfen, denn nicht lange nach der Ankunft in Straßburg fand ich Telegramm und Brief von ihr vor, in denen sie mir kalt den Laufpaß gab. Nach zwei Monaten, wenig mehr, war für sie zu Ende, was mich Jahre verfolgen sollte. Sie warf mir nichts vor, sie begründete nichts, den entscheidenden Brief begann sie mit dem Satz: »Ich glaube, M., daß ich Dich nicht liebe.« Ein irischer Name, den sie mir gegeben hatte, war so unwirklich wie die Briefe, in denen sie früher Liebe beteuert hatte. Und nun kam H., ahnungslos über dieses Unglück, das mich getroffen, das er – so dachte ich – verursacht hatte, denn ich nahm an, daß es meine Reise nach

Straßburg sei, die sie so enttäuscht haben müsse – H. kam und unternahm es, mit jedem Satz ihr Bild zu zerstören. Sein Vergnügen an diesem häßlichen Werk war offensichtlich. Er sagte jedesmal Schlechteres von ihr und manchmal dachte ich, er warte nur darauf, mir mehr und noch Ärgeres über sie zu sagen.
Zwischen seinen Proben und Konzerten sahen wir uns kurz, wenn er im ›Broglie‹ Toast und Kaviar hinunterschlang, oder länger spätnachts in seinem Hotel, wenn nur der innerste Kreis beisammensaß und Bosheiten austauschte. Er zog es aber vor, mir die peinlichen Dinge über sie zu sagen, wenn er mit mir allein war. Schließlich, es hatte aber nicht lange gedauert, kam seine eigentliche Warnung: »Lassen Sie die Finger davon, das ist nichts für Sie, Sie sind zu unerfahren und naiv.« Jeder Satz war eine Beleidigung, und ich empfand sie, aber noch mehr traf mich jede Beleidigung, die gegen sie gerichtet war. Das hatte er bald heraus, und als er wieder einmal beim Gang war, mit dem etwas nicht stimme, kam er mit etwas so Abscheulichem, daß ich es auch heute noch nicht über mich bringe, es niederzuschreiben. Ich starrte ihn entsetzt an, aber auch fragend, als hätte ich falsch gehört. Er ließ sich das Vergnügen nicht entgehen, seinen Satz zu wiederholen. »Aber warum, warum?« sagte ich jetzt, so erschrocken, daß ich nicht gleich auf ihn losfuhr. Es war so ungeheuerlich, was er da behauptete, daß er mehr sich als sie damit traf. Er merkte, daß er zu weit, daß er viel zu weit gegangen war. »Jetzt regen Sie sich nur nicht auf darüber, es gibt mehr zwischen Himmel und Erde, als Sie sich träumen lassen.«
Ich fragte nicht, wie er das erfahren habe. Ich wußte, daß er log, und ich wußte auch, warum. Ich erinnerte mich daran, wie Anna seinen Brief beiseite geschoben und dazu gesagt hatte: »Das ist nicht wichtig.« Er war ihr gleichgültig. Sie hatte ihn schon immer beiseite geschoben, wie seinen Brief vor mir. Er interessierte sie nicht, auch nicht als Musiker, geschweige denn als Mann. Es *gab* Dirigenten, die sie interessierten, mit denen sie Umgang hatte und als Tochter ihres Vaters hatte sie ein Recht darauf zu bestimmen, wen sie für einen guten Dirigenten hielt. H. war für sie eine Art Militär-Kapellmeister, sein Aussehen und sein Gebaren spielten ihm da einen bösen Streich. Er, der sich Mühe gab, neue und

schwierige Werke zu entdecken, wurde hinter solchen zurückgestellt, die sich wohl davor gehütet hätten, ein modernes, unvertrautes Werk auch nur in die Hand zu nehmen. Ihre Ablehnung traf ihn besonders schwer. Er versuchte in Wien Fuß zu fassen, ihrer Mutter, die großen Einfluß hatte, bedeutete er nichts. Da wäre es für ihn um so wichtiger gewesen, der Tochter Mahlers etwas zu bedeuten. Da sie nichts von ihm wissen wollte, mußte er das Schimpflichste über sie sagen.

Es war eine zum Zerreißen gespannte Situation, in der ich mich plötzlich befand, und hätte nicht Straßburg selbst, die literarische Geschichte der Stadt und auch die reiche Anzahl prononcierter Musikerfiguren, die ich in wenigen Tagen alle zugleich kennenlernte – hätte mich das alles zusammen nicht so sehr in Anspruch genommen, ich weiß nicht, ob ich die Kraft aufgebracht hätte zu bleiben. Es war der Absturz aus einem hellen Himmel, in den ich gehoben worden war. Eine Frau, die ich aufs höchste bewunderte, die ich schön fand und für die schöpferische Ausgeburt eines großen Mannes hielt, hatte mich in ihre Welt aufgenommen, sie hatte meinen Roman gelesen und fand ihn ihrer Liebe würdig. Der Roman bestand noch nicht einmal als Buch, und wenige nur wußten davon. Wenige wußten auch von dem Drama, das ich dem Dirigenten vorgelesen hatte und um dessentwillen er mich auf eine Tagung der neuen Musiker lud. Der ›Hochzeit‹ verdankte ich diese Einladung, und ›Kant fängt Feuer‹ verdankte ich Annas Liebe. Gleich nach der Ankunft in Straßburg stieg ich auf die Plattform, wo Goethe auf Lenz gewartet hatte. Ich stand oben vor der Tafel, auf der sie ihre Namen eingeschrieben hatten. Zu Füßen des Münsters, in der Altstadt wurde ich in einem der schönen Häuser empfangen, und man nahm mich im Zimmer auf, in welchem dem Vernehmen nach Herder krank gelegen war und den Besuch Goethes empfangen hatte. Vielleicht hätte die eigentümliche Durchdringung meines Glücksgefühls mit der Ehrfurcht für die Geister, die hier gelebt hatten, zu einer gefährlichen Hybris geführt. Vielleicht hätte ich im Zimmer, in dem ich schlafen sollte, ein neuer Tempelträumer, unerhörte Absichten gefaßt und das eigentliche, Mühevolle, das ich mir vorgenommen hatte, aufgegeben. Aber mein Glück wollte es, daß ich beinahe im

selben Augenblick vom Unglück überfallen wurde. Drei Tage nach meiner Ankunft empfing ich Annas Brief und Telegramm, im Büro des Konservatoriums. Mitten im höllischen Betrieb der Proben, unter hundert Augen riß ich sie auf und las ihre eiskalten Worte. Sie warf mir nichts vor, aber sie fühlte nichts mehr für mich, und sie sprach es ohne Zurückhaltung und Schonung aus, daß sie nicht mich, sondern nur meine Briefe gemocht habe. Sie spreche zu niemandem, sie habe sich zu ihrem Klavier zurückgezogen und spiele allein für sich und obwohl es nicht den geringsten emotionalen Unterton in diesem Brief gab, spürte man doch eine – sehr verhaltene – Trauer über ihre Enttäuschung. Sie wünschte sich auch weitere Briefe von mir, aber ohne Gegenbriefe in Aussicht zu stellen. Auf mich kam es nicht mehr an, ich war auf die Erde abgestellt worden, aber es stand mir frei, ihre Luft durch Briefe, durch Briefe allein zu erreichen. Es war etwas beinahe Erhabenes in der Art, wie sie mit einem umging, als habe sie ein natürliches Recht darauf, zu erheben und abzusetzen, ohne Erklärung und ohne Behutsamkeit, als habe der, den es so treffe, selbst für den härtesten Schlag dankbar zu sein, weil er von ihr kam.
Das Gefühl der Vernichtung, das sich in mir ausbreitete, wurde aber in Schwebe gehalten durch einen ritterlichen Kampf, den ich zur selben Zeit für sie führen mußte. Von Mal zu Mal suchte H. sie tiefer hinunterzustoßen, und am schwersten war dabei zu ertragen, daß seine Beschimpfungen von einer merkwürdigen Art von Lüsternheit durchsetzt waren, die meine Eifersucht erregen sollte. Er selbst handelte aus Eifersucht und befand sich in einer Täuschung über ein Glück, das er bei mir voraussetzte und das ich nicht mehr besaß, denn ich war tief hinuntergestoßen worden. Ich wies alles zurück, was er sagte, jede einzelne Gemeinheit warf ich ihm in seinen Rachen zurück, ich war so hartnäckig wie er, wenn auch meines Giftes lange nicht so sicher wie er des seinen. Anfangs war ich noch zurückhaltend, um sie und mich, um uns – als ob es das noch gäbe – ihm nicht preiszugeben. Dann aber, als es immer schlimmer wurde, als seine Beschimpfungen keine Grenzen mehr fanden, warf ich alle Rücksicht ab und sprach von Anna so wie in den Briefen, die ich ihr früher geschrieben hatte und die ich ihr jetzt nicht

mehr schreiben durfte. Im Kampf gegen H.s Niedertracht bestand alles, was zwischen ihr und mir vermeintlich gewesen war, intakt und unerschüttert weiter. Ich konnte nicht klagen, die neue Wahrheit konnte ich ihm nicht sagen, aber die alte verkündete ich mit solcher Kraft und Überzeugung, daß es ihm schließlich die Rede verschlug und er voller Ärger über meinen unerschütterlichen Glauben verstummte.
Da alles was H. sagte, öffentlich geschah oder für die Öffentlichkeit bestimmt war, muß es die vielen, die um ihn waren, den ganzen Hofstaat, sonderbar berührt haben, daß er manchmal mit mir allein sein wollte, nicht für lange, aber immerhin zog er sich expressis verbis mit mir zurück. »Ich muß mit C. sprechen«, sagte er dann. Es tönte so, als ob es sich um etwas Wichtiges handle. Diese wenigen, der ungeheuren Arbeitsaktivität abgepreßten Minuten galten aber ausschließlich den Auseinandersetzungen über Anna. Meine heftigen Gegenattacken genoß er, denn es waren nie Angriffe gegen seine Person, sondern Verteidigungsreden zu Ehren der Angegriffenen, die so sehr von seinen eigenen unflätigen Verleumdungen abstachen, daß er sie *brauchte*. Er konnte ohne sie nicht sein, er brauchte beides, vielleicht – aber das denke ich mir erst heute – brauchte auch ich beides, um über die Pein der Demütigung durch Anna hinwegzukommen.
Für die anderen aber, die vom Inhalt dieser Gespräche nichts ahnten, sah es so aus, als *berate* sich H. über gewisse Dinge mit mir, als bestünde ein Vertrauensverhältnis zwischen uns, das für seine kraftvolle Wirksamkeit während dieser Musikwochen notwendig sei.
Selbst Gustel, die ihn auf ihre Weise zu überwachen hatte, war dieser Meinung. Er hatte sie als unentbehrlich zurückberufen und um sie davon zu überzeugen, wie sehr sie es sei, um ihr Lust auf ihre neue Funktion zu machen, hatte er ihr absolute Wahrhaftigkeit zugesichert. Es sei ihre Pflicht, darüber zu wachen, daß er in keine neuen Verwicklungen gerate. Sein Zusammenbruch nach der Flucht der Carola Neher, die ihn aufs schmählichste und ohne alle »Milderungsgründe« verlassen hatte, war noch nahe. Es war das erste Mal, daß eine Frauengeschichte, genauer gesagt: eine Niederlage bei einer Frau, ihn um seine Arbeitsfähigkeit gebracht hatte. Darüber war er, der Unerschrockene, zu Tode erschrocken und suchte

wirklich Zuflucht bei seiner ersten, seiner frühesten Frau, bei Gustel. Er täuschte sie nicht, als er ihr das neue Amt übertrug, ihn so zu bewachen, daß keine Frau ihm etwas anhaben könnte.
Es war also Gustels Recht, auch versuchsweise in Erfahrung zu bringen, was er in jenen vertrauten Minuten mit mir besprach und sie näherte sich mir, und um meine Freundschaft zu gewinnen und vielleicht auch meine Hilfe, sprach sie, die ein herber, sehr verschlossener Mensch war, über sich. Sie litt unsäglich unter allem, was er tat, wenn nämlich eine Frau dabei mit im Spiele war, und bei der Tagung gab es auch viele Musikerinnen: einige Sängerinnen, darunter eine überaus verführerische, ausgelassene und zu allem bereite Person, aber auch eine wunderbare Geigerin, die er schon von Wien her kannte, ein kindhaftes Wesen, das einen durch die Originalität seiner Sätze, durch eine Natürlichkeit, die aber vergeistigt und anspruchsvoll war, vollkommen verzauberte. Sie entstammte einer hochmusikalischen Familie und einen der Vornamen, die sie trug, hatte man ihr nach Mozart gegeben. Er kam ihr auch zu, sie war Musik in jeder Fiber und in jedem Atemzug, was ein Mann wie H. sich durch unmenschlichen Fleiß erarbeitet hatte, war bei ihr Natur. Die Rhythmen, die sie zu spielen hatte, gingen bei ihr als eine Form des Gehorchens ein. Partituren waren für sie im wahrsten Sinne des Wortes Vorschriften. Dirigent und Partitur waren für sie ein und dasselbe, und was auch immer ein Dirigent anordnete, eine Fortsetzung, eine Ausdehnung der Partitur. Sie hätte ihr Leben für eine Partitur hergegeben und natürlich dann auch für den Meister einer Partitur. Amadea – ich nenne sie bei ihrem zweiten, ihrem Mozart-Namen, den man eigentlich nur abgekürzt verwandte – machte keinen Unterschied zwischen den ausübenden Herrschern der Musik. Sie unterschied sehr wohl zwischen den Werken selbst und hatte eigenwillige Einstellungen und Überzeugungen darüber. Ihre Fähigkeiten waren nicht einfach technischer Art, sie verstand sich auf Bach, der vielleicht ihr Hauptgott war, und auf Mozart, aber auch auf ganz neue Dinge, vor denen das geübte musikalische Wiener Publikum wie vor dem Gottseibeiuns zurückschreckte. Sie war eine der ersten, die Werke von Alban Berg und Anton von Webern spielte und wurde zu

ihrer Ausführung sogar nach London berufen. Den Anweisungen der eigentlichen Nutznießer aller Werke, den Dirigenten, war sie aber ausgeliefert, nicht ihren Personen, denn über diese wußte sie nichts, wohl aber ihren machtbewußten Anordnungen. In Straßburg wurde sie von H., der bereits in Wien mit ihr zusammengearbeitet hatte, früh um sechs schon zu Proben bestellt und da sie ein durch und durch lauteres und offenes Wesen war, vermochte sie die Hörigkeit, die sie an ihn band, nicht zu verbergen und wurde zum eigentlichen Gegenstand von Gustels eifersüchtiger Überwachung.

Ich verstand nicht viel von Musik. Theoretisch hatte ich mich nie damit befaßt. Ich hörte wohl gern, aber ein Urteil stand mir nicht zu. Ich war von ganz Verschiedenartigem beeindruckt, von Satie und von Strawinsky, von Bartók und von Alban Berg, auf eine kenntnislose Weise, die ich mir in literarischen Dingen wohl verbeten hätte.
Um so wichtiger war es für mich, die Menschen genau zu betrachten, und zwar in der Vielfalt, mit der sie bei solchen Gelegenheiten aufeinander reagieren. Meine Eindrücke von ihnen waren unauslöschlich, die meisten von ihnen sah ich nie wieder, doch nach 50 Jahren stehen sie mir klar und eindringlich vor Augen und wohltuend wäre es, jedem von ihnen jetzt sagen zu können, wie er mir damals erschien. Der Hauptgegenstand meiner Erfahrung während dieser Tagung war der, der sie berufen hatte, ihr arbeitendes Herz. Ihn habe ich genau und erbarmungslos, wie er selbst war, studiert, nicht ein Wort, nicht ein Schweigen, nicht eine Regung von ihm ist mir entgangen, endlich hatte ich in Reinkultur nah vor mir, was ich begreifen und darstellen wollte: einen Machthaber.
Nach dem Gelingen der Tagung, als ihr Abschluß und als letztes Beisammensein der Teilnehmer war ein Fest angesagt, das in Schirmeck in den Vogesen stattfinden sollte. Manche wären gern schon früher abgereist, aber man wollte doch auch H. etwas wie einen Dank für seine enorme Leistung erweisen, er sollte bei diesem Fest gefeiert werden und drum blieben beinahe alle.
Da saßen wir in einem Gasthof im Freien an langen Tischen beisammen. Etliche Reden wurden gehalten. H. bat mich

ausdrücklich, ein paar Worte über meine Eindrücke von der Tagung zu sagen, gerade als Nicht-Musiker, als Dichter, sei es wichtig, daß ich mich dazu äußere. Ich fand mich in der schwierigen Situation, etwas sagen zu müssen, das der Wahrheit entsprach, ohne etwas von den tieferen Dingen merken zu lassen, die ich an H. erkannt hatte und die auch in mir selbst noch keineswegs spruchreif waren. Ich schilderte also die Art, wie er Leute zusammenbrachte und die Unwiderstehlichkeit, mit der er Menschen zwang, etwas Gemeinsames zu leisten. Meine Worte mögen ihm zu sachlich, zu neutral gewesen sein, er wünschte sich wohl eher ein Lobgehudel, wie er es an diesem Abend von den meisten Rednern zu hören bekam. Gegen Ende des Festes, als das Offizielle vorüber war und er sich auf seine Weise gehenlassen konnte, nahm er seine Rache.
Er war als Meister des Dirigierens gefeiert worden, und wirklich, was hatte er nicht in wenigen Wochen der Tagung mit seinen Schülern zustande gebracht. Aber nun, nachdem er gehörig getrunken hatte, wollte er seine Entspannung. Er schrieb sich noch eine andere Meisterschaft zu, von der keiner der Anwesenden etwas geahnt hatte. Plötzlich rückte er damit heraus, daß er allen die Hand lesen wolle, nicht einem, nicht wenigen, allen. Er brauche nur die Hand eines Menschen zu sehen, um sein Schicksal zu kennen. Aber man solle sich nicht drängen, jeder käme dran, am besten stelle man sich in einer Reihe auf. Das geschah auch, erst etwas zögernd, aber sobald er mit seinem Geschäft begonnen hatte, erhob sich etwa die Hälfte der Anwesenden von den langen Tischen und bildete die geforderte Reihe. Er konzentrierte sich auf jeden einzelnen, die in seiner Nähe gesessen hatten, kamen zuerst dran. Er war rasch, wie in allem auch darin, eine dargebotene Hand hielt er nicht lange, ein kurzer Blick genügte ihm; entschieden, wie es seine Art war, sprach er sein Verdikt aus. Er beschränkte sich darauf zu bestimmen, wie lange man leben würde, andere Dinge, Eigenschaften, Aussichten interessierten ihn nicht, jedem diktierte er eine Lebenszeit zu und erklärte nicht, wie er zu seiner Zahl gelangte. Er sprach nicht lauter als sonst, nur die nächsten hörten, was er sagte.
Unter den Abgefertigten sah man zufriedene, man sah auch betroffene Gesichter. Alle gingen dann an ihre Plätze zurück

und setzten sich still nieder. Es wurde nicht darüber diskutiert und niemand fragte einen Nachbarn, der zurückkam: »Was hat er gesagt?« Doch war es auffallend, wie die Stimmung sich änderte. Es wurden keine Späße mehr gemacht. Die Glücklichen, die eine lange Lebenszeit erwartete, behielten ihr Glück für sich. Aber auch die anderen, die kurz gehalten worden waren, verfielen nicht in Auflehnung oder Klage. H., der scheinbar in den Anblick von Händen vertieft war, achtete genau darauf, wer kam und wer nicht. Die meisten Hände gehörten solchen, die ihm gleichgültig waren und er fertigte sie nur pro forma ab. Auf andere aber wartete er und da ich mich lange zurückhielt, bekam ich sein Lauern zu spüren. Ich saß ziemlich nah bei ihm, schräg gegenüber, und machte keine Miene, mich zu erheben und in die wartende Schlange zu stellen. Einige Male blickte er rasch, zwischen Hand und Hand zu mir hinüber. Dann sagte er plötzlich scharf und so laut, daß der ganze Tisch es hörte: »Was ist mit Ihnen, C., fürchten Sie sich?« Ich mochte nicht auf mir sitzenlassen, daß ich seinen Ausspruch fürchte, stand auf und machte ein paar Schritte in die Richtung zum Ende der Schlange. »Kommen Sie lieber gleich«, sagte er, »sonst rennen Sie mir noch davon!« Ich rückte ungern näher, er durchbrach, dieses einzige Mal, die Ordnung der Reihe, ergriff gierig meine Hand und dekretierte, er hatte noch kaum einen Blick darauf geworfen: »Sie werden keine Dreißig.« Er fügte, was er noch bei keinem getan hatte, eine Erklärung dazu: »Die Lebenslinie bricht ab, hier!« Er ließ meine Hand wie etwas Unnützes fallen, sah mich strahlend an und zischte: »Ich werde 84. Ich habe erst die Hälfte meines Lebens hinter mir. Ich bin erst 42.« »Und ich 28.« »Keine Dreißig! Sie werden keine Dreißig!« Er wiederholte es und zuckte die Achseln. »Nichts zu machen. Wozu ist das gut?« Mit einem solchen Leben konnte man nichts mehr anfangen. Selbst die zwei Jahre, die er mir zuschrieb, waren nichts wert, was ließ sich damit schon tun?

Ich trat ab, er hielt mich für erledigt, aber das Spiel war nicht zu Ende. Jeder mußte dran, über jeden mußte er bestimmen. Bei den meisten ging die Sache mechanisch weiter, einfach weil sie da waren. Sie hätten auch Fliegen sein können. Auf einige hatte er es wirklich abgesehen. Ich wußte nicht immer warum. Mein Platz ihm gegenüber war nah, ich saß wieder und hörte zu. Einige entzogen sich ihm und stellten sich betrunken. Diese reagierten auf keinen Appell. Die meisten kamen und erhielten wechselnde Schicksale zugeteilt. Für die, die ihn nie durch Widerstand geärgert hatten, genügte seine Laune und sie durften mehr oder weniger mittlere Jahre erreichen. 84 wurde keiner. Eine Reihe von harmlos-gefügigen Naturen brachte es auf sechzig und etliche Jahre. Das waren aber nicht seine Lieblinge, denn die nahm er genauer aufs Korn. Es kam ihm sichtlich darauf an, daß er über alle bestimmte. Mit Frauen, deren es einige gab, ging er nicht besser um als mit Männern. Sie starben alle früher als die Männer, zu denen sie gehörten. Von Witwen hielt er wenig, Frauen, die er niemand wegnahm, dämpften seine Begierde. Mit dreißig mußte außer mir niemand sterben.

Teil 2

DR. SONNE

Geschenk eines Zwillings

In diesem Jahr 1933, unter dem Eindruck der Ereignisse in Deutschland, ist die ›Komödie der Eitelkeit‹ entstanden. Ende Jänner war Hitler zur Macht gekommen. Von diesem Augenblick an schien jedes Ereignis, das diesem ersten folgte, unheimlich und von dunkler Bedeutung. Es ging einem alles nahe, man fühlte sich an allem beteiligt, als wäre man bei jeder Szene, von der man erfuhr, zugegen. Vorausgesehen worden war nichts, Erklärungen und Erwägungen, auch kühne Prophezeiungen erschienen, an der Wirklichkeit gemessen, wie leeres Stroh. Was geschah, war in jeder Einzelheit unerwartet und neu. Die Geringfügigkeit des gedanklichen Gehalts, der als Antrieb diente, stand in einem unbegreiflichen Gegensatz zu seiner Wirkung. Eines aber wußte man bei aller Unbegreiflichkeit wohl: daß es nur in Krieg münden könne, nicht einen verschämten und seiner selbst unsicheren Krieg, sondern einen, der mit stolzem und gefräßigem Anspruch auftrat, wie die biblischen Kriege der Assyrer.
Man wußte es und trug sich doch mit der Hoffnung, daß es sich noch verhindern ließe. Aber wie sollte es verhindert werden, bevor es begriffen war?
Seit dem Jahre 1925 hatte ich mir zur Aufgabe gemacht, herauszufinden, was Masse ist, und seit 1931 noch dazu, wie Macht aus Masse entsteht. Es gab schon während dieser Jahre selten einen Tag, an dem meine Gedanken sich nicht dem Phänomen der Masse zuwandten. Ich wollte es mir nicht leichtmachen und nicht vereinfachen, es erschien mir sinnlos, ein oder zwei Aspekte herauszugreifen und alles andere darüber zu vernachlässigen. Es war darum nicht zu verwundern, daß ich noch nicht sehr weit gekommen war. Einigen Zusammenhängen war ich auf der Spur, dem zwischen Masse und Feuer zum Beispiel oder der Tendenz der Masse zu wachsen – eine Eigenschaft, die sie mit dem Feuer teilt –, aber

je mehr ich mich damit befaßte, um so sicherer schien es, daß ich mich an eine Aufgabe gemacht hatte, deren Bewältigung den besten Teil meines Lebens erfordern würde.
Zu dieser Geduld war ich bereit, doch die Ereignisse waren nicht so geduldig. Als 1933 die große Beschleunigung in die Welt kam, die alles mit sich fortreißen sollte, hatte ich ihr theoretisch noch nichts entgegenzusetzen und empfand die starke innere Nötigung, darzustellen, was ich nicht verstand.
Schon ein, zwei Jahre vorher und ursprünglich gar nicht im Zusammenhang mit den Ereignissen der Zeit hatte mich der Einfall eines Spiegelverbots beschäftigt. Wenn ich im Friseursalon saß, wo einem die Haare geschnitten wurden, war es lästig, immer auf das eigene Bild vor sich zu schauen, dieses immerselbe Gegenüber empfand ich als Zwang und Beengung. So irrten meine Blicke nach rechts und links ab, wo Leute saßen, die von sich fasziniert waren. Sie betrachteten sich eingehend, sie studierten sich, einer genaueren Kenntnis ihrer Züge zuliebe schnitten sie Grimassen, sie ermüdeten nicht, sie schienen nie genug von sich zu haben, und was mich am meisten wunderte: sie achteten nicht darauf, daß ich sie während dieser ganzen Zeit beobachtete, so sehr und so ausschließlich waren sie mit sich beschäftigt. Es waren alles Männer, junge und alte, würdige und weniger würdige, so verschieden voneinander, daß man's beinahe nicht glauben konnte, und doch so gleichartig in ihrem Verhalten: jeder war in Andacht vor sich selber, vor seinem eigenen Bilde versunken.
Es war besonders die Unersättlichkeit in dieser Befassung mit sich, was mich frappierte; und einmal, bei der Betrachtung zweier grotesker Exemplare, fragte ich mich, was die Folge wäre, wenn Menschen dieser teuerste aller Augenblicke plötzlich verboten würde. Gab es überhaupt ein Verbot, das stark genug war, den Menschen von seinem Ebenbild abzulenken? Und auf welche Abwege verfiel die Eitelkeit, wenn man ihr gewaltsam auf den Leib rückte? Es war ein amüsantes Spiel, sich diese Folgen auszumalen, noch war es unverbindlich. Aber als es zu den Bücherverbrennungen in Deutschland kam, als man sah, was für Verbote plötzlich erlassen und durchgeführt wurden, mit welch unbeirrbarem Eigensinn sie sich

zur Erzeugung von begeisterten Massen verwenden ließen, da war's, als hätte mich der Blitz getroffen und das spielerische Spiegelverbot wurde für mich Ernst.
Ich vergaß, was ich über Masse gelesen, ich vergaß das wenige, das ich über sie erkannt hatte, ich warf es alles irgendwo hinter mich, ich begann ganz neu, als wäre ich zum erstenmal mit einem Geschehen dieses allgemeinen Charakters konfrontiert, und erfand den ersten Teil der ›Komödie der Eitelkeit‹, die große Verführung. Gegen dreißig Figuren, Wiener bis in den letzten Laut ihrer unterschiedlichen Sprachmanieren, bevölkern ein Areal, das einem so vertraut erscheint wie der Wurstelprater. Aber es ist ein Wurstelprater, wie man ihn noch nie erlebt hat, von einem Feuer beherrscht, das immer größer wird während der Szenen, die sich vor einem abspielen, von den agierenden Figuren geschürt und genährt. Als akustische Begleitung hört man das Klirren der Spiegel, die in eigens aufgestellten Buden mit Bällen zerschlagen werden. Die Leute schleppen selbst ihre Spiegel und Bilder herbei, zum Zerschlagen die einen, die anderen zum Verbrennen. Zu dieser Volksbelustigung liefert ein Ausrufer die Parolen, und das Wort seiner Rede, das man am häufigsten und heftigsten hört, lautet »Wir!«. Die Szenen sind wie in einer Spirale angeordnet, erst längere Szenen, in denen Figuren und Ereignisse sich aneinander erklären, dann immer kürzere. Mehr und mehr bezieht sich alles auf das Feuer; erst aus der Ferne, dann näher und näher, bis eine Figur schließlich selbst zum Feuer wird, indem sie sich hineinstürzt.
Die Besessenheit jener Wochen fühle ich heute noch in den Knochen. Es war eine Hitze in mir, als wäre ich diese Figur, die zu Feuer wird. Aber der rasenden Bewegung zum Trotz, die mich weiter trieb, mußte ich mich jedes unpräzisen Wortes enthalten und spürte schmerzlich den Zaum im Mund. Vor meinen Augen, in meinen Ohren entstand die Masse, die ich gedanklich noch lange nicht bewältigt hatte. Wie der alte Dienstmann Franzl Nada brach ich unter der Last von Spiegeln zusammen. Wie Franzi, seine Schwester, wurde ich um des verlorenen Bruders willen verhaftet und eingesperrt. Als Ausrufer Wondrak peitschte ich die Masse an, als Emilie Fant schrie ich herzlos und heuchlerisch nach meinem herzlosen Kinde. Ich wurde selbst zu den abscheulichsten Figuren und

suchte meine Rechtfertigung in den getretenen, die ich liebte.
Keine von diesen Figuren ist mir verlorengegangen. Jede von ihnen ist mir lebendiger geblieben als die Menschen, die ich zu jener Zeit kannte. Alle Feuer, die mich von Kind an beeindruckt hatten, sind in das Feuer der Bilderverbrennung eingegangen. Die Hitze dieser Niederschrift hatte mich nicht verlassen, als ich nach Straßburg fuhr. Ich war noch mitten im ersten Teil begriffen, als ich die Reise unternahm und das Erstaunliche ist, daß ich trotz der hektischen Wochen in dieser Stadt nichts von der Komödie verlor. Sie war so bestimmt in mir vorgebildet wie nichts, das ich sonst je unternommen habe. Ich verbrachte den September nach der Tagung in Paris und nahm die Arbeit genau dort auf, wo ich sie in Wien abgebrochen hatte. Ich schloß den ersten Teil ab und war wie berauscht davon. Es war mir, so dachte ich, etwas Neues gelungen, eine Masse nämlich dramatisch darzustellen, ihre Bildung, ihre zunehmende Dichte, ihre Entladung. Auch viele Szenen des zweiten Teils wurden in Paris geschrieben. Ich wußte sehr wohl, wie es weiterging, selbst der dritte Teil stand mir klar vor Augen.

Nicht als Geschlagener kam ich nach Wien zurück. Annas kalte Absage hatte mich getroffen, aber sie verstörte mich nicht, wie es zu einem anderen Zeitpunkt vielleicht geschehen wäre. So sicher fühlte ich mich unter dem Schutz der Komödie, daß ich Anna anrief, als ob nichts geschehen wäre und ihr meinen Besuch in ihrem Atelier ankündigte. Ich gab mich – am Telefon – kühl und unbeteiligt, das gefiel ihr, *sie* war es wirklich. Sie war erleichtert, daß ich mit keinem Wort berührte, was zwischen uns geschehen war, sie haßte alle peinlichen Szenen, Vorwürfe, Bitternis und Klagen. Daß sie nach ihrem stärksten Impuls gehandelt hatte, der auf Freiheit ging, befriedigte sie, ich aber erwähnte die Komödie, von der ich vor meiner Abreise zu ihr gesprochen hatte, und obwohl ihr Dramen kaum etwas bedeuteten, fand sie ein interessiertes Wort dafür, wirkliche Teilnahme hatte ich von ihr nicht erwartet. Seit sie mich kannte, wollte sie mich mit Fritz Wotruba, ihrem jungen Lehrer, zusammenbringen, er war, bevor ich nach Straßburg fuhr, nicht in Wien gewesen, jetzt sei er wieder

da. Sie werde ihn für den Tag meines Besuches zu kommen bitten, wir könnten bei ihr im Atelier zu Mittag essen.
Das war ein kluger Gedanke von ihr, es war das erstemal nach dem Bruch, daß ich sie wiedersehen sollte. Der Weg durch den Garten, das Knirschen des Kieses, das mir viel lauter vorkam, als ich es in Erinnerung hatte, das Gewächshaus, das ihr als Atelier diente, Anna im selben blauen Kittel, aber etwas abseits von der Figur, die in der Mitte stand. Ihre Finger nicht im Ton, ihre Arme gesenkt, ihr Blick auf einen jungen Menschen gerichtet, der vor der Figur kniete und sich mit den Fingern unten an ihr zu schaffen machte. Er kehrte mir den Rücken und stand nicht auf, als ich das Atelier betrat und Anna meinen Namen nannte. Er nahm die Finger nicht vom Lehm und knetete an diesem weiter, wandte mir kniend den Kopf zu und sagte mit tiefer, gerundeter Stimme: »Knien Sie auch vor Ihrer Arbeit?« Es war ein Scherz, der als Entschuldigung dafür diente, daß er nicht gleich aufsprang und mir nicht die Hand geben konnte. Aber selbst ein Scherz bei ihm hatte Gewicht und Bedeutung. Mit dem ›auch‹ hieß er mich willkommen. Seine und meine Arbeit waren damit gleichgestellt, mit dem ›Knien‹ drückte er eine Erwartung aus, nämlich daß ich meine Arbeit so ernst nehme wie er seine.
Es war ein guter Beginn, von diesem ersten Gespräch habe ich nur den einen Satz, mit dem es begann, in Erinnerung behalten. Wohl aber sehe ich ihn vor mir, wie er bald danach am Tisch saß, mir gegenüber, mit seinem Schnitzel beschäftigt. Anna hatte das Essen für uns auftragen lassen, sie selbst nahm nicht daran teil, sie stand, ging manchmal im Atelier herum und näherte sich dann wieder dem Tisch, um dem Gespräch zuzuhören. Sie war nur halb beteiligt, Essen bedeutete ihr nichts, sie konnte tagelang arbeiten, ohne an Essen zu denken. Aber diesmal war es auch Rücksicht, sie wollte mir etwas bieten, doch dachte sie dabei auch an Wotruba, den sie wegen seiner Arbeit in härtestem Stein, seiner Entschlossenheit und Unablenkbarkeit schätzte; darum hatte sie sich um ihn bemüht und war seine erste Schülerin geworden. Sie hatte den Gedanken, mit dieser Begegnung etwas zu stiften und überließ uns ganz unserem ersten Gespräch, ohne sich einzumischen oder die Aufmerksamkeit auf sich abzulenken. Sie bewies viel Takt bei dieser Gelegenheit, denn hätte sie sich

ganz entfernt, wir wären uns wie Domestiken vorgekommen, denen man abseits in der Ecke ein Essen auftischt. Sie machte sich da und dort im Atelier zu schaffen, kam aber immer zu uns zurück und folgte stehend dem Gespräch, als stünde sie da, um uns aufzuwarten; blieb aber nicht lange, um durch ihre Gegenwart nicht zu stören. Vor wenigen Monaten noch hätte sie sich kein Wort eines solchen ersten Gespächs oder auch eines späteren entgehen lassen. Damals hatte sie beschlossen, mich nicht für gleichgültig zu halten und richtete sich nach diesem Beschluß. Jetzt, da sie den gegenteiligen Beschluß gefaßt hatte, konnte sie Takt üben und uns in die Freiheit dieses Gesprächs entlassen.
Seit wir aßen, war aber das Gespräch lädiert. Mir stachen Wortrubas Hände in die Augen, länglich nervige, kraftvolle, doch unerhört empfindliche Gebilde, wie Wesen für sich, mit eigener Sprache, der ich statt seinen Worten zuzuschauen begann, die schönsten Hände, die ich je gesehen hatte. Seine Stimme, die mir mit jenem einen Satz gefallen hatte, verließ mich, für den Augenblick, unter dem ersten Eindruck dieser Hände besagte sie nichts. Vielleicht habe ich darum das Gespräch vergessen. Er schnitt sich klare Stücke Fleisch heraus, von regelmäßiger, fast quadratischer Gestalt und führte sie rasch entschlossen in den Mund. Es wirkte mehr bestimmt als gierig, das Schneiden schien noch wichtiger als das Schlucken, doch war es unvorstellbar, daß die Gabel auf halbem Wege steckengeblieben wäre, daß er etwas gefragt oder den Mund nicht geöffnet hätte, weil der andere sprach. Der Bissen verschwand unerbittlich und auf der Stelle, in raschem Rhythmus folgten die nächsten.
Die Schnitzel waren flachsig, ich gab mir Mühe, das Flachsige zu entfernen, bevor ich aß, ich fand immer mehr davon und schnitt am Fleisch herum, was ich fortgeschnitten hatte, blieb auf dem Teller liegen. Dieses Drehen, Wenden, Zweifeln, dieses Herumstochern und Säbeln, diese offenkundige Unlust, zu mir zu nehmen, was vor mir lag, stand in solchem Gegensatz zu seiner Art, daß er bei aller Konzentriertheit auf den Teller vor ihm darauf aufmerksam wurde. Seine Bewegungen verlangsamten sich etwas, er besah sich die Verwüstung auf meinem Teller, es war, als hätten wir etwas völlig Verschiedenes vorgesetzt bekommen oder als gehörten

wir zweierlei Gattungen an. Das Gespräch, das ohnehin von den seriösen Verrichtungen seines Essens unterbrochen worden war, gewann einen anderen Charakter: er staunte.
Er staunte über dieses Geschöpf vor ihm, das Fleisch unwürdig behandelte. Schließlich fragte er mich, ob ich das alles *stehen* lasse. Ich sagte etwas über die Flachsen, das machte ihm wenig Eindruck, er aß Flachsen und alles, was zu einem quadratischen Bissen gehörte. An einer Form, die so klar war, wurde nicht gemäkelt. Das Herumstochern am Fleisch war ihm zuwider. Ein Eindruck von Zerfahrenheit blieb ihm von dieser Begegnung und wie ich später erfuhr, resümierte er seinen Eindruck gleich danach vor seiner Frau zuhause.

In dieser Zeit, als Fritz Wotruba mein naher Freund wurde – wir betrachteten uns bald als Zwillingsbrüder –, erreichte mein Selbstgefühl als Dichter einen Höhepunkt. Zur Angriffslust, die ich bei Karl Kraus erlebt und bewundert hatte, kam die des Bildhauers, dessen Arbeit aus täglichem Schlagen in härtestem Stein bestand. Wotruba war die wildeste Figur in meinem Leben, was immer wir zusammen besprachen oder taten, hatte dramatischen Charakter. Groß war die Verachtung für andere, die sich's leichtmachten, Kompromisse nicht scheuten oder vielleicht gar nicht wußten, worauf sie aus waren. Wie zwei Einzige stürzten wir durch die Gassen Wiens, Wotrubas Fortbewegung war wirklich ein Stürzen, heftig und rasch war er da, forderte oder holte sich, was er wollte und war schon weitergestürzt, bevor man noch wußte, ob er's zufrieden war. Ich mochte diese Art der Bewegung, die manche an ihm fürchteten und alle kannten.
Am nächsten fühlte ich mich Wotruba in seinem Atelier. Zwei Bögen unter dem Viadukt der Stadtbahn waren ihm von der Gemeinde Wien als Atelier zugewiesen worden. Im einen – oder bei gutem Wetter davor – schlug er auf seinen Stein los. Als ich das erstemal hinkam, war er mit einer liegenden weiblichen Figur beschäftigt. Er schlug hart zu und machte es deutlich, wie sehr es ihm auf die Härte des Steins ankam; plötzlich sprang er von einer Stelle der Figur zu einer anderen, die weit davon ablag, und setzte den Meißel mit neuer Wut an. Es war klar, wie sehr er mit den Händen arbeitete, wieviel von ihnen abhing, trotzdem hatte man den Ein-

druck, daß er sich in den Stein *verbeiße*. Ein schwarzer Panther, so kam er mir vor, ein Panther, der sich von Stein nährte. Er riß am Stein und verbiß sich in ihn. Man wußte nie, auf welche Stelle er als nächstes losgehen würde. Es waren diese Sprünge, die am meisten an eine Raubkatze erinnerten, aber sie setzten nicht von irgendwelcher Entfernung ein, sondern von einer Stelle der Figur zur anderen. Jeder Stelle wandte er sich mit konzentrierter Energie zu, die Kraft, mit der er angriff, stand wie am Ende eines Sprungs von einiger Weite.

Damals, bei jener ersten Gelegenheit – er arbeitete an der weiblichen Grabfigur für die Sängerin Selma Kurz – kamen diese Sprünge von oben, vielleicht mußte ich darum an einen Panther denken, der von einem Baum auf sein Opfer herunterspringt. Ich hatte den Gedanken, daß er sein Opfer zerfleische – aber ein Zerfleischen, das in Granit vor sich geht, was ist das für ein Zerfleischen? Keinen Augenblick vergaß man, seiner finsteren Konzentration zum Trotz, womit er sich da herumschlug. Ich sah ihm lange zu. Er lächelte nicht *einmal*. Er wußte, daß man ihm zusah, aber er zeigte sich nicht als gefällig. Es war eine blutigernste Tätigkeit, die in Stein vor sich ging. Ich begriff, daß er sich darstellte, wie er wirklich war. Seine Natur war so stark, daß er sich das Schwerste ausgesucht hatte. Härte und Schwere fielen für ihn zusammen. Wenn er plötzlich wegsprang, war es, als erwarte er, daß der Stein zurückschlage, und käme dem zuvor. Es war ein Mord, den er einem vorführte. Es dauerte lange, bis ich erkannte, daß er morden mußte. Es war kein versteckter Mord, der verwischte Spuren zurückließ, er verübte ihn so lange, bis er als Monument zurückblieb. Für gewöhnlich war er allein dabei, aber er empfand auch das Bedürfnis, manchmal vor den Augen anderer zu agieren, ohne sich zu verändern, ganz er selbst, nicht als Schauspieler, sondern als Täter. Er wollte jemanden, der begriff, wie ernst es ihm damit war. Wenn Kunst immer wieder als Spiel bezeichnet worden ist, diese war keines. Mit seinen Taten hätte er die Stadt und die Welt bevölkert. Ich war mit der landläufigen Meinung hingegangen, daß es ihm um die *Dauer* des Steins zu tun wäre, daß nichts, was er damit mache, sich auflösen und vergehen könne. Aber als ich den *Prozeß* vor Augen hatte, jene unerklärliche Aktion, verstand ich, daß es um die *Härte* des Steins ging und um nichts anderes. Er mußte sich damit herumschlagen. Er brauchte einen Stein wie andere einen Bissen Brot. Aber es mußte der härteste Brocken sein, und er führte die Härte vor.

Auf den ersten Anhieb nahm ich Wotruba ernst, er war meist ernst. Worte hatten für ihn immer Bedeutung, er sprach, wenn er etwas *wollte*, dann *forderten* seine Worte, oder er sprach zu mir über etwas, das ihn bedrängte, da gab es nicht zweierlei Worte – wie wenig Menschen man kennt, deren Worte *gelten*! Es wird mein Haß gegen den Handel gewesen sein, der mich trieb, nach solchen Worten zu suchen. Das Hin und Her der Worte, daß man mit ihnen herausrückt, um sie dann gleich wieder zurückzunehmen, ihr lockerer Rand, ihr Verfließen, ihre Auflösung, obwohl sie noch da sind, ihre prismatische Brechung, ihr Farbenschillern, ihr Vorwagen, bevor sie es selber wollen, die Feigheit, zu der man sie anhält, ihr sklavenhaftes Gebaren – wie hatte ich diese Erniedrigung der Worte satt, denn ich nahm sie so ernst, daß es mir sogar widerstrebte, sie zu spielerischen Zwecken zu entstellen, ich wollte sie *intakt* und ich wollte sie in ihrer Kraft. Ich anerkannte, daß jeder sie auf seine eigene Art gebrauchte; eine Entstellung, die nicht wider besseres Wissen, die nicht spielerisch geschah, die dem Wort eben die falsche Gestalt gab, die der des Sprechers entsprach, die ihn ausmachte und zu ihm wurde – eine solche Entstellung respektierte ich und beließ ich intakt, an sie hätte ich nicht zu rühren gewagt, und am meisten wiederstrebte es mir gar, sie zu *erklären*. Ich war dem furchtbaren Ernst der Worte verfallen, er galt in jeder Sprache und durch ihn wurde jede Sprache zu einer unantastbaren.

Diesen furchtbaren Ernst der Worte hatte Wotruba. Ich traf ihn, nachdem ich beinahe anderthalb Jahre das Gegenteil erlebt hatte, an F., einem anderen Freunde. Bei diesem hatten Worte keinen unantastbaren Sinn, da wurden sie um und um gewendet und dienten der Verführung. Da hieß es so und wieder anders sein, das konnte sich im Lauf von Stunden ändern und dabei ging es um scheinbar so hartnäckige Dinge wie Überzeugungen. Ich erlebte, wie F. Dinge, die ich sagte, aufnahm, wie meine Worte zu seinen wurden, so sehr, daß ich

selber ihnen ihre Herkunft nicht angemerkt hätte. Da konnte es passieren, daß er mit meinen Worten laut gegen mich oder, was noch auffallender war, gegen sich selbst polemisierte. Da lächelte er mich verzückt an, wenn er mich mit einem Satze überraschte, den er tags zuvor von mir gehört hatte, und forderte Beifall dafür, vielleicht hielt er es sogar wirklich für überraschend. Da er aber ungenau war, war etwas daran immer anders, so daß mein eigener Gedanke mich in dieser Fassung ärgerte. Dann polemisierte ich dagegen, und er schien davon überzeugt, daß wir gegeneinander stritten, daß Meinung gegen Meinung stand, während in Wirklichkeit eine Meinung gegen ihre Entstellung stritt, und er sich durch nichts anderes als die Leichtigkeit der Entstellung hervorgetan hatte.
Wotruba aber wußte, was er gesagt hatte, und vergaß es nicht. Er vergaß auch nicht, was der andere gesagt hatte. Es war wie bei einem körperlichen Ringen. Beide Leiber waren immer da, sie verschwanden nicht, sie blieben undurchdringlich. Es mag unverständlich klingen, wenn ich sage, daß ich erst im leidenschaftlichen Gespräch mit ihm begriff, was *Stein* ist. Ich erwartete bei ihm nicht Erbarmen für andere zu finden, Güte bei ihm wäre einem lächerlich erschienen. Es ging um zwei Dinge bei ihm, und um diese zwei allein: die Macht des Steins und die Macht der Worte, auf jeden Fall also um Macht, aber in einer so ungewöhnlichen Verbindung ihrer Elemente, daß man es hinnahm wie eine Naturgewalt und daran so wenig aussetzte wie an einem Gewitter.

Der ›Schwarze Stehende‹

In den ersten Monaten unserer Freundschaft hatte ich Marian nie ohne Fritz Wotruba gesehen. Zusammen kamen sie auf einen hergestürzt, zusammen blieben sie dicht vor einem stehen. Da denn immer gleich von einem Unternehmen die Rede war, von etwas, das man durchsetzen müsse, von einem hartnäckigen Feind, der einem Auftrag im Wege stand, einer Kreatur des offiziellen Wien, gegen die man eine andere, günstig gesinnte einsetzen mußte, da Marian der

Sturmbock war, der entschlossen gegen jede Mauer anrannte, da sie die Einzelheiten ihres Kampfes haargenau berichten mußte und nicht die kleinste Kleinigkeit davon überging, überließ Wotruba ihr die ausführliche Rede und begleitete sie nur hie und da durch eine knurrende Bestätigung. Aber selbst das wenige, das er bei solchen Gelegenheiten vorbrachte, klang wienerisch bis ins letzte Tüpfelchen, während Marians eilige Suada, die durch niemand und nichts zu unterbrechen war, auf Schriftdeutsch daherkullerte, man merkte ihr kaum das Rheinische an, sie war Düsseldorferin, doch hätte sie ihrer Sprache nach von überall in Deutschland herstammen können, wenn es nur nicht der Süden war. Sie sprach dringlich und monoton, ohne Hebung oder Senkung der Stimme, ohne Interpunktion oder Gliederung, besonders ohne Pause, es war ein erbarmungsloses Ratschen, wenn sie einmal dastand und begann, war es unmöglich zu entkommen, bevor sie *alles* gesagt hatte, und es war immer ein ausführlichster Bericht, einen kurzen hat nie ein Mensch von ihr vernommen. Eine Rettung davor gab es nicht, vor ihr erstarrte jeder, es war, als hätte sich ein Stein auf einen gelegt oder als wäre man selbst zu Stein geworden. Es konnte auch keine Rede davon sein, daß man *weghörte*. Ihre Wortstöße waren so, daß man jeden Satz aufnehmen mußte, es war aber – das wird mir jetzt erst klar – ein gleichmäßiges Meißeln, das man über sich ergehen lassen mußte. Dabei war ich selbst doch nie der Mensch, von dem sie etwas erzwingen wollte, sondern der Freund, dem sie berichtete. Wie es den eigentlichen Gegenständen ihrer Attacken zumute war, wage ich kaum auszudenken. Es gab für diese eine einzige Möglichkeit, sie loszuwerden: wenn man gewährte, was sie für Fritz forderte. Wurde sie doch unterbrochen, sei es, daß ein Amt zu einer bestimmten Zeit schloß, sei es, daß ihr Opfer von einem Höhergestellten oder telefonisch in Anspruch genommen wurde, so kam sie wieder und wieder und wieder, kein Wunder, daß sie schließlich siegte.

Als ganz junges Mädchen kam sie nach Wien und wurde Schülerin von Anton Hanak, wo sie Fritz Wotruba, den jungen Lehrling, als Mitschüler traf. Von Wien, wo sie dann blieb, hatte sie nicht einen Ton angenommen. Man muß sich vorstellen, daß sie tagtäglich, während Jahrzehnten Wotrubas tiefstes Wienerisch zu hören bekam. Er war der Sprache, die er als Kind auf dem Wiener Pflaster erlernt hatte, mit einem Fanatismus treu, wie ich es noch nie erlebt hatte. Eine andere Sprache erlernte er nie. Er wirkte lächerlich, wenn er – später – ein paar Worte Englisch oder Französisch versuchte, wie ein stammelnder Bittsteller, wie ein verstümmelter Bettler. Er konnte, wie jeder Wiener, wenn es sein mußte, ein offiziöses Schriftdeutsch vorbringen, und da er gescheit war und ein gutes Deutsch *schrieb*, klang das nicht lächerlich. Aber er tat es so ungern, er stand dabei unter solchem Zwang, daß man mit ihm darunter litt und erleichtert aufatmete, wenn er wieder zu sich und seinen eingeborenen Tonfällen zurückkehrte. Von keinem dieser Laute hatte Marian, die immer für ihn und seine Sachen lebte, die ihre eigene Bildhauerei sehr früh um seinetwillen aufgab, die nie ein Kind hatte, die *in seinem Sinne* unablässig sprach und sprach, nie auch nur das geringste angenommen. Was sie von ihm hörte, setzte sich bei ihr gleich in Aktion um. Wenn sie auf ihre Unternehmungen ausging, hörte sie nichts, sie hatte nichts im Sinn, als was sie für Fritz eben erreichen wollte. Sie sprach und sprach, alles andere glitt an ihr ab, wenn er dabei war, störte es ihn – damals jedenfalls – gar nicht. War ich mit ihm allein, so sagte er mir, glaube ich, schließlich alles, was ihm durch den Kopf ging oder ihn bedrängte. Aber nicht ein einzigesmal hat er sich über Marians *Redeweise* beschwert. Von Zeit zu Zeit brach er aus und verschwand während einiger Tage, Marian war dann in größter Angst um ihn und ging ihn, manchmal mit mir zusammen, überall suchen. Aber ich glaube nicht, daß es ihre Suada war, vor der er floh, es war der frühe Ruhm, das Kunsttreiben, in dem er sich gefangen sah, vielleicht sogar etwas viel Tieferes, der *Stein*, mit dem er sich herumschlug, der ihm eine Art Gefängnis war, nichts fürchtete er mehr als Gefängnis und das tiefste Mitleid, das er je empfand, war für Raubkatzen im Gitterkäfig.

Sie luden mich zum Mittagessen in die Florianigasse 31 ein, da hatte er immer schon gewohnt, der Jüngste einer großen Familie von acht Brüdern und Schwestern. Jetzt lebten nur noch er und Marian dort mit seiner Mutter und der jüngsten Schwester. Die Mutter würde kochen, damit wir drei ruhig

sitzen und essen könnten. Sie hätten der Mutter schon von mir erzählt. Die war sehr neugierig und hatte ein zorniges Temperament. Wenn ihr etwas nicht paßte, warf sie einem Teller an den Kopf, da müsse man sich blitzschnell bücken beim Vorbeigehen, sonst erwischt's einen. Man mußte durch die Küche durch, um in ihr Zimmer zu kommen. Ihr Zimmer sei aber schön, die Marian habe das nach ihrem Geschmack eingerichtet, da konnte man gut sitzen und reden. Er werde mich holen, damit ich nicht allein durch die Küche müsse, sonst hätte ich plötzlich einen Teller am Kopf. Ob es denn der Mutter nicht recht sei, daß ich komme, fragte ich. Sie freut sich drauf, sagte er, drum macht sie selbst die Schnitzel, sie kocht gut. Ja, warum soll sie einem dann einen Teller an den Kopf werfen? Das weiß man nie voraus, sagte er, das kommt wegen nichts, sie hat das gern, eine Wut. Zum Beispiel, wenn er zu spät zum Essen kommt. Wenn er bei der Arbeit ist, draußen unterm Viadukt, da denkt er an nichts und kommt dann zwei Stunden später zum Essen, als er gesagt hat. Da fliegen die Teller, aber es hat ihn noch keiner erwischt. Er ist dran gewöhnt, sie hat eben Temperament, eine Ungarin, sie kommt vom Land, die ist noch zu Fuß nach Wien gewandert, als junges Mädchen, war dann in guten Häusern in Stellung. Da hat sie sich ihr Temperament verbeißen müssen bei ihren Herrschaften, das hat sie aufgespart für die acht Kinder. Leicht hat sie's mit denen nicht gehabt, an denen hat sie's auslassen müssen. »Und wenn wir spät sind, wird sie uns anschreien, sie wirft nicht immer mit Tellern.«
Wir waren also verabredet, er bestand darauf, mich zu eskortieren, er sprach mehr darüber, als es seine Art war. Er, der Unbekümmerte, der mit seiner Kraft nie hinterm Berg hielt, gab sich besorgt und machte viele Worte. Er hatte Respekt vor der Mutter und achtete sie für eben die Dinge, vor denen er mich warnte. Ich hatte das Gefühl, daß er mir mit ihr Eindruck machen wollte. Sie sieht abgezehrt aus, aber das täuscht, sie ist sehnig und zäh und kann es mit jedem aufnehmen. Die Ohrfeigen, die man von ihr bekommt, vergißt man nicht. Das Kopftuch trägt sie immer, wie in Ungarn auf dem Land. Sie hat sich nie verändert, in all den Jahren in Wien ist sie sich gleich geblieben. Ob sie nicht stolz auf ihn sei? Da ist

man nie sicher, sie läßt sich nichts anmerken, bei einem Besuch noch am ehesten. Schriftsteller, das imponiert ihr schon. Sie liest gern Bücher, man müsse aber trotzdem aufpassen.
Als er mich abholen sollte, kam er fast eine Stunde zu spät. Ich war unruhig, nach allem, was er mir gesagt hatte. Er schien es auf einen Zusammenstoß mit der Mutter abgesehen zu haben. »Heute gibt's was«, sagte er, als er endlich auftauchte, »wir müssen laufen.« Er entschuldigte sich nie für eine Verspätung, diesmal hätte er sie schon erklären können. Ich war ärgerlich und spürte den Teller am Kopf, lange bevor wir in die Florianigasse einbogen. Als wir die Küche betraten, hob er noch einmal warnend den Finger. Die Mutter stand vor dem Herd, ich sah erst das Kopftuch, dann die kleine, etwas gebeugte Gestalt. Sie schwieg, sie drehte sich nicht einmal um. Der Sohn verzog besorgt den Mund und sagte ganz leise zu mir: »Oha! Aufpassen!« Wir mußten die Küche durchqueren, um an den Eingang zum Zimmer zu gelangen. Er bückte sich und zog mich mit einem heftigen Ruck hinunter. Als wir im offenen Eingang zum Wohnzimmer standen, kam der Teller, gut gezielt über seinem Kopf, aber zu hoch. Dann wischte sie sich die Hände an der Schürze ab und kam auf uns zu. »Mit dem red i net«, sagte sie mit hoher Stimme, in ungarischem Tonfall und bewillkommnete mich auf das herzlichste. Das macht er absichtlich, sagte sie, er führt gern seine Mutter im Zorn vor. Sie hat gewußt, daß er besonders spät kommen wird, damit sie ihre Nummer vorführt. Sie hat eben ganz spät erst mit den Schnitzeln begonnen, ausgetrocknet ist nichts und jetzt soll es uns schmecken.
Im Zimmer glänzte die Glasplatte des Tisches und das Stahlrohr der Sessel, eine etwas programmatische Modernität, die zu Marians Absichten, wenn auch nicht zu ihrer Person paßte. An den weißen Wänden hingen Bilder von Merkel und von Dobrowsky, Geschenke dieser beiden Maler an den jungen Bildhauer, der die Avantgarde der Secession verkörperte, ihr jüngstes und umstrittenstes Mitglied. Es war kein überflüssiger Gegenstand in diesem Zimmer, um so mehr hoben sich die Bilder heraus: Merkels arkadische Landschaften, die mir schon früher aufgefallen waren, zogen mich hier an. Es bestand keine Verbindungstür zur Küche, nur der offene

Rahmen. Die Mutter betrat das Zimmer nicht, doch sie hörte jedes Wort in der Küche und nahm, mit den Ohren wenigstens, intensiv am Gespräch teil. Die Teller wurden durch die fürs Essen bestimmte Luke hereingezogen. Marian holte sie von dort und stellte sie auf die Glasplatte. Da lagen die riesigen Schnitzel, das Essen bestand daraus. Wotruba versicherte, daß da nichts Flachsiges dran sei, ich solle lieber nicht drin herumstochern wie bei der Anna damals, sonst sei die Mutter beleidigt. Dann beugte er sich über sein Fleisch und aß es wortlos in großen, quadratischen Bissen auf. Er ließ es nicht *ein*mal aus den Augen und nahm, solange etwas auf dem Teller war, mit keiner Silbe und keiner Geste am Gespräch teil.
Marian bestritt das Gespräch allein. Erst erging sie sich über meine Sünde im Atelier der Anna, als ich das flachsige Fleisch in ganz kleine Stücke zerschnitten und dann gar noch stehengelassen hätte, der Teller sei von verschmähten Fleischstükken übersät gewesen, der Fritz habe so was in seinem Leben noch nie gesehen. »Da war ein nervöser Hund bei der Mahler«, hatte er gesagt, gleich als er nach Hause kam und hatte ihr dann vorgemacht, was ich mit dem Fleisch aufgeführt hatte, jeden Tag beim Essen war wieder die Rede darauf gekommen, er hatte sie ganz neugierig gemacht damit, sie seien zum Schluß gekommen, daß ich nicht nur ein Flachs-Feind, daß ich überhaupt ein Fleisch-Feind sei und jetzt wird man ja sehen, ob das stimmt. Sie merkte aber bald, daß es bei ihnen gar nicht stimmte, und als ich fertig war, kam, ohne daß ich gefragt wurde, ein zweites, ebenso riesiges Schnitzel auf meinen Teller. Marian entschuldigte sich dafür, es gab wenig anderes bei ihnen, es hapert besonders mit dem Dessert, der Fritz rührt nie einen Käse an, seit der Kindheit ißt er keinen Käse, aber auch keinen Kompott, er kann es nicht leiden, wenn man Früchte in kleine Stücke zerschneidet. Wenn ich ihn auf solche Behauptungen hin zweifelnd ansah, kam von ihm als Bestätigung ein Grunzen, zu einem Wort brachte er es, solange er Fleisch auf dem Teller hatte, nicht. Ich war aber an allem interessiert, was ihn betraf, gerade auch an allen körperlichen Dingen, sonst wäre ich bei solchen Gesprächen davongelaufen, hier hörte ich zu, als ob es um seine Plastiken ginge. Die Mutter rief von der Küche herein: »Tut er's essen

oder hat er's schon wieder zerwutzelt?« Auch sie war über die Ereignisse bei der ersten Begegnung informiert. Marian trug meinen leeren Teller hinaus, um persönlich zu beweisen, daß ich alles aufgegessen hatte, daraufhin bekam ich ein drittes Schnitzel angeboten, das ich aber unter Lobesworten für die ersten beiden ablehnte.

Fritz fand, als er fertig war, seine Stimme wieder, und nun bekam ich interessante Dinge zu hören. Ich fragte ihn, ob es bei ihm gleich mit den *Steinen* begonnen habe: seine Hände waren ganz und gar nicht von Stein gezeichnet. Ich sagte schon, wie sehr sie von Empfindung geladen waren, ihre Berührung, wenn wir uns begrüßten, war mir nie gleichgültig, ich fühlte sie neu in allen Jahrzehnten unserer Freundschaft, aber im Anfang weckten sie in mir die Erinnerung an zwei verschiedene Hände, die sich in nächster Nachbarschaft auf *einem* Bild beisammen fanden, jede so eindringlich, daß keine von ihnen die Oberhand behielt. Ich dachte an Gottes Finger bei der Erschaffung Adams auf der Sixtina-Decke oben und kann es nicht erklären, denn es ist ein einzelner Finger, von dem Leben auf Adams Hand übergeht, und hier wurde einem eine ganze Hand geboten, aber es muß wohl so sein, daß ich die Kraft der Belebung empfand, die von jenem Finger auf den künftigen Menschen übergeht. Ich dachte auch an Adam selbst, an seine ganze Hand.

Steine, sagte er, seien früh gekommen, doch es hatte nicht mit Steinen begonnen. Er war noch ganz klein, keine sechs Jahre alt, da hatte er den Fensterkitt herausgekratzt, um damit zu modellieren. Die Scheiben lockerten sich, eine fiel heraus und zerbrach. Man kam ihm drauf, und er wurde geschlagen. Er tat es wieder, er hatte sonst nichts, er mußte mit etwas modellieren. Es war schwerer zu Brot zu gelangen, sie waren acht Kinder, der Fensterkitt lag besser in den Fingern als Brot, er wurde wieder geschlagen, aber von der Mutter, das war nichts verglichen damit, wie der Vater schlug.

Der Vater nahm die ältesten Brüder her und schlug sie so hart, daß sie zu Verbrechern wurden. Aber das erfuhr ich erst später, er sprach selten vom Vater, den alle Geschwister haßten, und vor den Ohren der Mutter, die diesmal die Küche nicht verließ, wurde er nicht erwähnt. Er war ein tschechischer Schneidergehilfe und schon vor langem gestorben. Der älteste Bruder war wegen Raubmord zu Zuchthaus verurteilt worden und in Stein an der Donau elend zugrunde gegangen. Das vertraute er mir erst an, als wir Zwillinge geworden waren. Am Stigma der Gewalttätigkeit trug er schwer, seine unheimliche Art, sich mit dem Stein herumzuschlagen, begann ich zu begreifen, als ich vom Schicksal dieses Bruders erfuhr. Die Polizei hatte die Wotruba-Söhne immer im Auge. Fritz, der Jüngste, viel jünger als die aufsässigen Brüder, konnte nicht auf die Florianigasse gehen, ohne einem Polizisten in die Arme zu laufen. Ganz klein noch erlebte er die Züchtigungen der Brüder durch den Vater. Es waren Exekutionen mit Ledergurt und furchtbarem Geschrei. Die Erbarmungslosigkeit des Vaters machte ihm mehr Eindruck als alles, was die Brüder verbrochen hatten. Er war überzeugt davon, daß der Vater die Söhne durch solche Züchtigungen zu Verbrechern abgerichtet hatte. Aber er sagte sich auch, da er die Roheit und Härte des Vaters vor Augen hatte, daß es sich alles von ihm auf die Söhne *vererbt* haben könnte.

Die Furcht vor diesem Erbe hat ihn nie verlassen, sie wurde zu panischer Angst vor Gefängnis und ging ein in seinen täglichen Umgang mit Stein. Der Stein, das Härteste und Dichteste, hielt ihn gefangen, er verbiß sich in ihn und schlug sich immer tiefer in ihn hinein. Täglich, viele Stunden, schlug er sich mit ihm herum, Stein wurde ihm so wichtig, daß er ohne ihn nicht leben konnte, so wichtig – nicht wie Brot, sondern wie Fleisch. Es ist fast nicht zu glauben: aber dem Kampf zwischen Vater und Brüdern, dem Schicksal der Brüder verdankt sich sein Werk. Nichts davon ist an diesem abzulesen, die Verbindung ist eine so tiefe, daß es in das Wesen seines *Materials* eingegangen ist. Man muß seine Geschichte kennen, auch die Ausbrüche, die es in seinem Leben immer gab, die passionierte Liebe für gefangene Raubtiere – kein Mensch konnte ihm so leid tun wie ein gefangener Tiger –, seine Furcht vor Nachkommenschaft, denn die Mordlust könnte sich vererben, statt eines Sohnes hielt er sich einen *Kater*. Das alles hätte man zu wissen (und es käme noch, wäre man genau, viel mehr dazu), um zu begreifen, warum er von der Fleischheit des Steins, die es ganz zu Anfang, im berühmten frühen Torso, auch bei ihm gab, so weit abkommen mußte.

Als ich ihn in diesem Zimmer sah, nach Bauhaus-Grundsätzen eingerichtet, aber arkadische Bilder von Georg Merkel und elegante von Dobrowsky an den Wänden, die übrige Wohnung, besonders die Küche, noch wie zu Zeiten des schlagenden Vaters, die Mutter darin statt seiner herrschend – aber was waren nachgeworfene, zerschellende Teller gegen die nie endenden, harten Hiebe des Vaters! –, als mir ihr rabiater Kampf gegen das Zuspätkommen vorgeführt wurde, das Bücken unter den Tellern, ahnte ich nicht, daß es hier schon um eine *Zivilisierung*, um eine Errungenschaft ging, der Vater entfernt, der Bruder im Zuchthaus, vielleicht schon gestorben – statt dessen das Spiel mit der Mutter, der Akzent auf ihr, die es alles bestanden hatte und nun durch den Jüngsten zu einem anderen, ihrer würdigen Leben gelangt war, ohne daß von der früheren Lokalität, von Wohnung und Küche und Pflaster der Florianigasse das geringste aufgegeben worden wäre.

Unterm Viadukt der Stadtbahn, wo das Atelier war, sah ich bei meinem ersten Besuch die große stehende Figur eines Mannes aus schwarzem Basalt. Kein Werk eines lebenden Bildhauers hatte mich je so sehr getroffen. Ich stand davor und hörte das Rollen der Stadtbahn, die über den Viadukt fuhr. Ich hörte sie einige Male, so lange stand ich davor. Ich kann in meiner Erinnerung die Figur von diesem Geräusch nicht trennen. Sie war, eine lange, sehr schwere Arbeit, unter diesen Geräuschen hier entstanden. Es waren genug andere Figuren zu sehen, wenn auch nicht zu viele. Das Atelier wirkte nicht vollgestopft, es bestand aus zwei großen Bogen des Stadtbahnviadukts, im einen standen Figuren, die ihn bei der Arbeit im anderen gestört hätten. Am liebsten, wenn das Wetter nicht zu schlecht war, arbeitete er draußen. Anfangs fühlte ich mich von der Nüchternheit der Lokalität und dem Lärm der Züge abgestoßen, aber da es nichts Überflüssiges zu sehen gab, da alles, was immer hier vorhanden war, einen anzog und zählte, fand man sich rasch in den Ort und spürte, daß er richtig war, er hätte gar nicht geeigneter sein können.

Ich sah mir aber kaum etwas genau genug an, obwohl mir dran lag, dem Künstler Achtung zu erweisen, denn der

›Schwarze Stehende‹, wie wir ihn seither immer nannten, ließ mich nicht los. Es war, als wäre ich nur um seinetwillen gekommen. Ich versuchte, mich von ihm loszureißen, er schlug mich mit Stummheit und ich sollte doch etwas sagen. Aber wo immer ich mich aufstellte, was immer ich ins Auge zu fassen suchte, es war doch der ›Schwarze Stehende‹, zu dem meine Blicke zurückkehrten, und so sah ich ihn von allen erdenklichen Seiten und bewies ihm durch das Schweigen, mit dem er mich angesteckt hatte, die größte Ehre.
Diese Figur ist verschwunden. Sie war während des Krieges, wie mir Wotruba sagte, vergraben und wurde später nicht mehr gefunden. Sie war viel kritisiert worden und es ist möglich, daß er sich nicht mehr zu ihr bekennen wollte. Vielleicht beengte ihn später, als die Emigration uns trennte – er lebte in der Schweiz, ich in England –, die Erinnerung an die Leidenschaft, die ich für diese Figur gefaßt hatte, und da er in der Emigration ganz andere Wege gegangen war, mochte er bei der Rückkehr nach Wien nicht an eine Arbeit anknüpfen, die er als 25jähriger gemacht hatte. Es ist wahr, diese Figur, so wie ich über sie zu ihm zu sprechen pflegte, verstellte ihm den Weg zu neuen Dingen. Ich war hartnäckig wie er und wurde ihm damit lästig. Als er mich zum erstenmal nach dem Krieg in London besuchte, maß ich alles, was er zu dieser Zeit machte, am ›Schwarzen Stehenden‹ und ließ ihn meine Enttäuschung merken. Seine wirklich neue Periode, mit der er, nur für mich erkennbar, auch an die frühe anknüpfte, die er dann weit übertraf, begann nicht vor 1950. So ist das Werk verschwunden, das mich an ihn band, es bestimmte, vom Herbst 1933, als ich es zuerst sah, die Vorstellung, die ich von ihm hatte, bis zu jenem Augenblick 21 Jahre später, Ende 1954, als ich den Essay über ihn schrieb, an dem ich nie etwas ändern möchte.
Was am ›Schwarzen Stehenden‹ auszusetzen wäre, ist mir heute wohl bewußt. Ich kann darum nur vom Erlebnis jenes ersten Tages sprechen.
Die Figur, die schwarz und überlebensgroß vor einem stand, hielt eine Hand, die linke, hinterm Rücken verborgen. Der Oberarm stand auffällig vom Körper ab und stieß auf den Unterarm in einem rechten Winkel. So hob sich der Ellbogen wuchtig vom Körper ab, als bereite er sich darauf vor, jeden,

der zu nahe komme, wegzustoßen. Das leere Dreieck zwischen Brust und beiden Teilen des Armes, das einzig auffallend Leere, das sich an der Figur zeigte, hatte etwas Bedrohliches: es galt der Frage nach der Hand, die nicht zu sehen war, der man gern nachgegangen wäre. Es schien, als sei sie versteckt, nicht etwa abgeschlagen. Man wagte nicht, nach ihr zu suchen, der Bann, unter dem man war, verbot einem, den Standort zu verlassen. Bevor man die Suche aufnahm, zu der es kommen mußte, überzeugte man sich von der Sichtbarkeit der anderen Hand. Auf der rechten Seite herrschte Frieden. Der rechte Arm lag der Länge nach ausgestreckt am Körper, die offene Hand reichte bis in die Nähe des Knies, sie schien ruhig und von keiner feindlichen Absicht geladen. So ruhig war sie, daß man an sie nicht dachte, weil die andere Hand sich in solcher Auffälligkeit entzog.

Das Ei des Kopfes saß auf einem starken Hals, der sich ein wenig nach oben verjüngte, er wäre sonst breiter als der Kopf gewesen. Das schmale Gesicht nach vorn abgeflacht, bei aller Vereinfachung mehr Gesicht als Maske, herb und stumm, der Schlitz des Mundes stark und schmerzlich gegen ein Geständnis geschlossen. Brust und Bauch in klare Bezirke gegliedert, flach wie das Gesicht, von starken zylindrischen Schultern beherrscht, das Gelände der Knie beinahe zu Halbkugeln gesteigert, die großen Füße deutlich nach vorn gestellt, nebeneinander, vergrößert, unentbehrlich für die Last dieses Basalts; das Geschlecht nicht verborgen und nicht aufdringlich, einer eigenen Formung am wenigsten unterworfen.

Aber es kam der Augenblick, da man sich losriß, auf der Suche nach der entzogenen Hand. Man fand sie – unerwartet – quer und ungeheuer über den unteren Teil des Rückens ausgestreckt, die Handballen nach außen, überlebensgroß auch an dieser Figur gemessen, und es ist wahr, daß ich vor der Gewalt dieser Hand erschrak. Es war ihr nichts Böses nachzusagen, aber sie war zu allem fähig. Bis zum heutigen Tage bin ich davon überzeugt, daß um dieser Hand willen die Figur entstand, und daß der, der sie aus dem Basalt schlug, sie verbergen mußte, weil sie übermächtig war, und daß der Mund, der nicht sprechen wollte, *sie* verschwieg und der Ellbogen, der drohend nach außen gerichtet war, den Zugang zu ihr schützte.

Unzählige Male war ich im Viadukt. Meine Passion für diese Figur wurde zum Kern unserer Freundschaft. Ich sah Wotrubas Hand bei der Arbeit zu und erlahmte während Stunden so wenig wie er. Aber wie aufregend immer das Neue war, woran er eben arbeitete – nie wandte ich mich ihm zu, ohne dem ›Schwarzen Stehenden‹ vorher meine Reverenz zu erweisen. Manchmal fand ich ihn im Freien schon vor, man wußte, daß ich kommen würde und hatte ihn mir zuliebe hinausgerollt. Manchmal stellte man ihn hinter die offene Tür des einen Bogens, wo man ihn ganz allein sah und keine andere Figur störte. Über die *Hand* sprach ich nie, über wie vieles sonst haben wir nicht gesprochen, aber er war viel zu gescheit, um nicht zu merken, daß ich etwas begriffen hatte, was er im Basalt sagen mußte, er war zu stolz, es in Worten zu sagen. Einer seiner Brüder war Kain, der getötet hat und sein Leben lang trug er selbst sich mit der Furcht, einmal töten zu müssen. Daß er es nie getan hat, verdankte er dem Stein und diesmal, im ›Schwarzen Stehenden‹, hat er, wenigstens für mich, zu verstehen gegeben, was ihn bedrohte.
Vielleicht war es das Unveränderlichste an ihm, was an dieser Figur zum Ausdruck kam. Zu seinem Unveränderlichen gehörte auch seine Sprache. Seine Worte waren von der Kraft geladen, mit der er sie zurückhielt. Er war nicht schweigsam und äußerte sich zu vielem. Aber er wußte, was er sagte, ein müßiges Geplätscher habe ich von ihm nie gehört. Auch wenn es nicht um seine eigentlichsten Anliegen ging, hatten seine Sätze immer *Richtung*. Wenn er um jemanden warb, konnte er Dinge sagen, die wie krasse Berechnung wirkten. Er sorgte dann durch auffällige Übertreibung dafür, daß man die Sache als Spaß nahm, obwohl er eine handfeste Absicht damit verband. Aber er konnte auch alle Ziele von sich abtun und so deutlich und dabei gewaltig sprechen, daß man ihm verfiel und so wie er, nämlich deutlich und gewaltig wurde. Er lieh sich dazu nie eine andere Sprache aus, es waren immer die Worte des Wiener Reviers, mit dessen Pflastersteinen er als Kind gespielt hatte, und man erlebte verblüfft, daß sich mit diesen Worten alles, buchstäblich alles sagen ließ. Es war *nicht* die Sprache Nestroys, an der ich mich längst schon davon überzeugt hatte, daß es ein Wiener Idiom voll staunenswerter Möglichkeiten gab, ein Idiom, das zu den rasche-

sten und bestechendsten Einfällen reizte, so komisch wie tiefsinnig, unerschöpflich, variabel, von erhabener Schärfe, der nie ein Mensch dieses geschlagenen Jahrhunderts ganz nachzukommen vermag – Wotrubas Sprache hatte mit Nestroy vielleicht nur das eine gemein: die Herbheit, eben das Gegenteil dessen, was sonst als Wiener Süße überall in der Welt beliebt und verrufen ist.

Ich spreche von ihm, wie er *damals* war, 26jährig, als ich ihn kennenlernte, von Stein und Absichten, die nicht von Stein zu trennen waren, besessen, ohne jede Macht, von einem Ehrgeiz erfüllt, an dessen Sinn er keinen Augenblick zweifelte, seiner Sache so sicher wie ich meiner, so daß wir uns gleich, ohne jede Scheu, ohne Zögerung, ohne Scham, ohne Anmaßung als Brüder empfanden. Wir konnten einander Dinge sagen, die kein anderer begriffen hätte, denn was vor der Welt noch zu bewähren war, gestanden wir einander als das Natürlichste zu. Seine Grausamkeit stieß mich ab so wie ihn meine ›Moral‹. Aber wir kamen auf großmütigste Weise damit zu Rande. Ich erklärte mir seine Grausamkeit mit der Härte seiner Arbeitsprozesse. Er deutete meine ›Moral‹ als die Reinheit einer künstlerischen Absicht, über die ich wachte und nahm sie wie seinen Ehrgeiz, für den nichts hoch genug war. Wenn er seinen Haß gegen Kitsch bekundete, waren wir ein Herz und eine Seele. Ich hörte es dann so, als spräche er von Bestechlichkeit. Für mich war Kitsch, was man bloß um des Geldes willen tat, für ihn, was weich und zu leicht zu formen war. Ich war von Geld bedroht aufgewachsen, er vom Gefängnis seines Bruders.

Ich gab ihm das Manuskript von ›Kant fängt Feuer‹ zu lesen. Er war nicht weniger davon gepackt als ich vom ›Schwarzen Stehenden‹. Die Figur des Fischerle schlug er ins Herz. Er kannte das Milieu, in dem Fischerle lebte und noch besser kannte er das Obsessive dieses Ehrgeizes. Gegen die Skrupellosigkeit des Schach-Zwergs hatte er nicht das geringste einzuwenden, er selbst wäre vor nichts zurückgeschreckt, wenn es darum ging, sich einen Stein zu verschaffen. Therese war für ihn nicht ›übertrieben‹, er hatte schon Härteres gesehen. Das scharf Umrissene der Figuren lag ihm, natürlich schien ihm Benedikt Pfaff, der pensionierte Polizist, richtig, aber auch der geschlechtslose Sinologe, das wunderte mich sehr, und nur dessen Bruder, den Psychiater, konnte er nicht leiden. Er fragte mich, ob ich mich da nicht *geirrt* hätte, aus Liebe zu meinem eigenen jüngsten Bruder, von dem ich ihm erzählt hatte. Soviel Häute, meinte er, könne kein Mensch haben, ich hätte da eine Idealfigur aufgestellt, was ein Dichter in seinen Büchern mache, das verrichte Georges Kien in seinem Leben. Er mochte den ›Gorilla‹ und gemessen an diesem erfüllte ihn der Arzt mit Widerwillen. Im Grunde sah er den ›Gorilla‹ wie Georges Kien selbst ihn sah, aber er verargte diesem, daß er sich zu einer Bekehrung hergab, er war damals von Mißtrauen gegen Bekehrungen erfüllt und erklärte, daß ihm sogar Jean der Schmied, dieser beschränkte alte Mann, lieber sei als der erfolgreiche Irrenarzt. Er rechnete es mir hoch an, daß er zum Schluß des Buches scheitert und durch eine verfehlte Rede den Feuertod des Sinologen auslöst. Daß er so kläglich versage, sagte er mir einmal, habe ihn mit der Figur schließlich versöhnt.

Schweigen im Café Museum

Im Café Museum, wohin ich täglich ging, seit ich wieder in der Stadt wohnte, sah ich einen Mann, der mir auffiel, weil er immer allein saß und mit niemandem sprach. Das wäre nichts so Seltenes gewesen, es gab manche, die ins Kaffeehaus gingen, um unter vielen allein zu sein, aber er fiel mir auf, weil er sich so beharrlich hinter seinen Zeitungen verbarg. Selten nur, sehr selten, sah er hinter diesen hervor und dann staunte ich über das wohlbekannte Gesicht von Karl Kraus. Daß er es nicht war, wußte ich, in diesem Lokal, das von Malern, Musikern, Dichtern besucht wurde, hätte er sich keinen Augenblick Ruhe zu schaffen vermocht, es sei denn, er wäre in Gesellschaft von anderen gewesen. Trotzdem, obwohl er es nicht war, schien er beharrlich darauf bedacht, sich zu verstecken. Es war ein sehr ernstes Gesicht und es war nicht in Bewegung, etwas, was ich bei Karl Kraus selbst nie erlebt hatte. Einen beinah unmerklichen, schmerzlichen Zug, den ich manchmal zu erkennen vermeinte, führte ich auf die Zeitungslektüre zurück. Ich ertappte mich dabei, daß ich auf die seltenen Augenblicke wartete, in denen sein

Gesicht zum Vorschein kam. Oft unterbrach ich die Lektüre meiner Zeitung, um mich zu vergewissern, daß er selbst noch in seine vertieft war. Wenn ich das Café Museum betrat, suchte ich zuerst nach ihm und erkannte ihn, da sein Gesicht nicht zu sehen war, an der Starre, mit der sein Arm die Zeitung hielt – etwas Gefährliches, an das er sich klammerte, das er gern von sich gestoßen hätte, aber trotzdem auf das genaueste las. Ich trachtete mich so zu setzen, daß ich ihn immer im Auge behielt, am liebsten schräg gegenüber von ihm. Ich hatte Scheu vor seinem Schweigen, das mir bald wichtig geworden war, und an einen freien Tisch neben ihn hätte ich mich nie gesetzt. Meist war ich selbst allein, ich kannte noch kaum einen Menschen unter den Habitués des Lokals und es war mir so wichtig wie ihm ungestört zu sein. Eine Stunde oder länger saß ich ihm schräg gegenüber, immer in Erwartung der Augenblicke, da ich ihn zu Gesicht bekam. Es war Distanz zwischen uns, ich hatte großen Respekt vor ihm, ohne zu wissen, wer er war, ich empfand seine Konzentration, als wäre er doch Karl Kraus, aber so, wie ich diesen nie erlebt hatte: schweigend.

Er war täglich da, meist fand ich ihn schon vor, wenn ich kam, ich wagte nicht, mir zu sagen, daß er mich erwarte. Wohl aber, wenn er einmal nicht da war, verspürte ich Ungeduld, als ob *ich* ihn erwarte. Nur zum Schein vertiefte ich mich dann in meine Zeitung, ich hätte gar nicht zu sagen gewußt, was ich las und blickte immer wieder auf in die Richtung des Eingangs. Er kam dann immer, eine hohe, schmale Gestalt, er ging sehr steif und abweisend, beinahe hochmütig, als wünsche er nicht, daß man ihm nahekomme und halte sich alles geschwätzige Wesen vom Leibe. Ich entsinne mich meines Staunens, als ich ihn so das erstemal gehen sah, es war ein wenig, als reite er auf mich zu, er hätte auch zu Pferde nicht gerader sitzen können. Ich hatte einen kleineren Mann erwartet, mit gekrümmtem Rücken, aber es war der Kopf, der jene verblüffende Ähnlichkeit hatte; sobald er Platz genommen hatte und saß, war er wieder Karl Kraus, verborgen hinter den Zeitungen, auf die er Jagd machte.

Da ich nichts über ihn wußte, hatte ich nichts über ihn zu sagen.

Anderthalb Jahre sah ich ihn so, er wurde zu einem stummen

Stück meines Lebens. Ich erwähnte ihn zu niemand und fragte nie nach ihm. Wäre er ausgeblieben, ich hätte mich wohl schließlich beim Ober nach ihm erkundigt.
Ich spürte damals, bevor es ganz geschehen war, eine Wende, die sich Karl Kraus gegenüber in mir vorbereitete. Ich sah ihn nicht sehr gern und ging nicht mehr in jede Lesung. Doch ich tastete ihn in Gedanken nicht an und hätte es wohl auch nicht gewagt, ihm zu widersprechen. Ich ertrug keine Inkonsequenz bei ihm und auch wenn sie noch nicht eigentlich zu greifen war, wünschte ich mir sein Schweigen. So wurde sein Abbild im Café Museum, das ich täglich sah, eine Notwendigkeit für mich, die ich nicht mehr entbehren mochte. Ein Abbild war es und nicht ein Doppelgänger, denn wenn er stand oder ging, hatte er nichts mit ihm gemeinsam, im Sitzen aber, beim Zeitunglesen, sah er ihm zum Verwechseln ähnlich. Er schrieb sich nie etwas auf, er machte sich nie Notizen. Er las und verbarg sich. Er las nie ein Buch und obwohl man das Gefühl hatte, daß er viel gelesen haben müsse, las er nur Zeitung.
Ich pflegte mir manches im Kaffeehaus aufzuschreiben und es war mir gar kein angenehmer Gedanke, daß er mich dabei sehen könne. Es schien mir unverschämt, in seiner Gegenwart zu schreiben. Wenn er flüchtig hervorsah, ließ ich sacht den Bleistift fallen. Ich war immer auf dem qui vive, meine eigentliche, oberste Aufmerksamkeit galt dem Erscheinen seines Gesichts, das rasch wieder verschwand. Die Unschuldsmiene, die ich aufsetzte, muß ihn getäuscht haben, ich glaube nicht, daß er mich ein einziges Mal beim Schreiben ertappte. Ich war aber der Meinung, daß er alles sah, nicht nur mich, daß er mißbilligte, was er sah und sich darum so eilig zurückzog. Ich hielt ihn für einen Meister des Durchschauens, vielleicht weil ich wußte, daß Karl Kraus es war. Lang brauchte er dazu nicht, er verharrte auch nicht dabei und vielleicht, das hoffte ich, war es ihm gar nicht so wichtig, er war mit den wichtigsten Dingen beschäftigt, es war zu spüren, wie sehr ihn die Zeitung ekelte. Druckfehler waren ihm gleichgültig geworden. Er sang nichts von Offenbach, er sang überhaupt nicht, er hatte eingesehen, daß seine Stimme sich zum Singen nicht eignete. Er las auch fremde Zeitungen, nicht nur Wiener, nicht nur deutsche. Auf dem

Stoß, den der Ober ihm brachte, lag immer zuoberst eine englische Zeitung.
Es war mir recht, daß er keinen Namen hatte. Denn sobald ich ihn gekannt hätte, wäre er nicht mehr Karl Kraus gewesen und der Prozeß einer Verwandlung des großen Mannes, den ich mir so sehnlich wünschte, hätte sein Ende gefunden. Ich erkannte erst später, daß sich im Verlauf dieser stummen Beziehung etwas in mir teilte. Die Kräfte der Verehrung lösten sich allmählich ab von Karl Kraus und wandten sich dem stummen Abbild zu. Es war eine tief eingreifende Wandlung meines seelischen Haushalts, in dem Verehrung immer eine zentrale Rolle gespielt hat; daß diese Veränderung schweigend vor sich ging, erhöhte ihre Bedeutung.

Komödie in Hietzing

Drei Monate nach der Rückkehr aus Straßburg und Paris war ich mit der Vollendung der ›Komödie der Eitelkeit‹ beschäftigt. Die Sicherheit, mit der ich den zweiten und dritten Teil niederschrieb, hatte etwas Beglückendes für mich. Es war eine Arbeit, die nicht unter Schmerzen entstand. Ich schrieb nicht gegen mich, es war kein Gerichtstag über mich, keine Selbstverhöhnung. Die Eitelkeit, um die es vordergründig ging, hatte mir selber wenig zu schaffen gemacht, es war ein freier Blick auf die Welt, der mir keine Skrupel verursachte. In der Art der Abwandlung des Grundeinfalls, des Spiegel- und Bilderverbots, hatte ich im zweiten Teil dem Einfluß eines Mannes nachgegeben, den ich für den reichsten und erregendsten aller Komödienschreiber hielt, der es unzweifelhaft auch war: Aristophanes, und daß ich das offen sagte, daß ich das nicht verbarg, trotz des ungeheuren Abstandes, der mich wie jeden von ihm trennte, war vielleicht das eigentlich Befreiende dieser Niederschrift.
Denn mit Bewunderung für das Vorangegangene, mit Einsicht in seine Unerreichbarkeit ist es nicht getan. Man muß auch Sprünge in seine Richtung wagen und die Gefahr auf sich nehmen, daß sie mißlingen und einen in Lächerlichkeit begraben. Hüten muß man sich davor, das Unerreichbare zu *benützen*, als ob es für eigene Absichten noch gerade gut ge-

nug wäre, wohl aber soll man sich von ihm erregen und befeuern lassen.
Es mag auch mit diesem Vorbild zusammenhängen, daß ich eine unmittelbare Wirkung der Komödie erhoffte. Die Dringlichkeit war groß, die Dinge in Deutschland gingen immer rascher weiter, aber noch immer hielt ich die Situation nicht für irreversibel. Was durch Worte im Gang gehalten wurde, konnte durch Worte aufgehalten werden. Ich hielt die Komödie, sobald sie abgeschlossen war, für eine legitime Entgegnung auf die Bücherverbrennung. Nun mußte sie gespielt werden, überall, rasch, aber ich hatte keine Verbindungen zur Theaterwelt, durch das Verdammungsurteil von Karl Kraus noch immer gelähmt, hatte ich das zeitgenössische Theater mißachtet und vernachlässigt. Zwar hatte ich im Herbst 1932 die ›Hochzeit‹ an den S. Fischer Verlag nach Berlin geschickt, der das Stück in seinen Theater-Vertrieb übernommen hatte, aber es kam zu spät und konnte nicht mehr gespielt werden. Der Lektor, der damals im Verlag für die Annahme der ›Hochzeit‹ eingetreten war, hatte Berlin verlassen und die Leitung der Theaterabteilung des Zsolnay-Verlags in Wien übernommen.
Um die Komödie zu erfassen, mußte man sie *hören*, sie war aus dem aufgebaut, was ich akustische Masken nannte, jede Figur war durch Wortwahl, Tonfall, Rhythmus streng gegen alle anderen abgesetzt und es gab keine Notenschrift für Dramen, in der sich das festhalten ließ. Meine Intentionen konnte ich nur durch eine vollständige Vorlesung des Stückes klarmachen. Nun schlug Anna mir vor, die Komödie erst einmal im Hause Zsolnay vorzulesen, vor einer kleinen, urteilsfähigen und in praktischen Dingen auch des Theaters erfahrenen Gesellschaft. Da wäre dann auch jener Lektor dabei, der die ›Hochzeit‹ kenne und sich in Berlin damals spontan, ohne irgend etwas über mich zu wissen, für meine Form von Drama eingesetzt habe. Dieser Vorschlag leuchtete mir ein, mein einziges Bedenken war die *Länge*.
»Es dauert vier Stunden«, sagte ich, »ich lasse keine Szene aus. Ich streiche keinen Satz. Wer hält das aus?«
»Man muß es in zwei Malen zu je zwei Stunden machen«, meinte Anna, »am besten an zwei Tagen hintereinander. Wenn das nicht geht, das zweite Mal eine Woche später.«

Sie kannte das Stück nicht, aber nach der Lektüre des Romans, dessen Manuskript sie überall mit Überzeugung verfocht, war sie sicher, daß ein Stück, von dessen Inhalt ich ihr so viel erzählt hatte, sich vertreten lasse. Zwar interessierte sie sich gar nicht für Dramen, eine Abneigung gegen diese Form war ihr, glaube ich, eingeboren. Aber in diesem Fall hatte sie durch meine Erzählung Bekanntschaft damit gemacht und es war dieses Erzählen allein, was sie an mir mochte.

Paul Zsolnays Mutter, von Anna ›Tante Andy‹ genannt, war die Hauptperson im Hause, sie hatte großen Einfluß auf ihren Sohn. Der Verlag war besonders auf ihren Wunsch hin entstanden, als Hausverlag für Werfel. Eine ganze Reihe von damals angesehenen, aber auch einige wirklich gute Autoren, Heinrich Mann darunter, waren für den Verlag gewonnen worden. Anna hatte ihrer Schwiegermutter das Manuskript von ›Kant fängt Feuer‹ zu lesen gegeben und sie, die einiges Böse von Frauen mitangesehen hatte, war davon angetan gewesen. Sie war die eigentliche Gastgeberin, das Palais in der Maxingstraße war ihr Haus, wenn auch die Einladungen zur Vorlesung offiziell von Anna ausgingen. Ich hatte den kräftigen Wunsch geäußert, daß Alma, ihre Mutter, *nicht* komme. Anna versicherte mir, daß da gar keine Gefahr bestünde, ich sei doch völlig unbekannt, in solchen Fällen denke ihre Mutter gar nicht daran zu kommen. Aber statt ihrer werde wohl Werfel erscheinen. Er sei neugierig, er habe früher, als er noch bei Kurt Wolff war, viel damit zu tun gehabt, junge Dichter zu entdecken. »Ich glaube nicht, daß er jetzt noch Lust auf solche Entdeckungen hat«, sagte ich und ahnte nicht, einen wie geringen Teil der Wahrheit ich damit ausgesprochen hatte. Ich sah seinem Erscheinen mit Neugier entgegen und fürchtete ihn nicht, obwohl mir seine Bücher gar nicht lagen und ich ihn bei unserer Begegnung in einem Konzert nicht gerade gemocht hatte.

Als wichtiger Gast war Hermann Broch geladen. Seit über einem Jahr betrachtete ich ihn als meinen Freund. Ich spürte, daß er am meisten von mir als Dramatiker erwartete. Nach der Rückkehr aus Paris im Spätherbst, hatte ich ihn bei Anna im Atelier eingeführt. Zusammen waren wir auch bei ihrer Mutter auf der ›Hohen Warte‹ gewesen. »Du Annerl, der

Broch hat miestische Augen«, hatte sie in Brochs Gegenwart gesagt, sie meinte ›mystisch‹, und wir anderen drei, Anna, Broch und ich, waren über die Form, in der sich dieses allerhöchste Wohlgefallen geäußert hatte, sehr verlegen gewesen. Daß Broch dieses Stück, von dem ich ihm immer wieder erzählt hatte, wirklich kennenlernen wollte, war mir wohl bewußt. Nach dem Eindruck, den die ›Hochzeit‹ auf ihn gemacht hatte, war ich sicher, daß die Komödie ihm etwas ›sagen‹ würde. Ich setzte große Hoffnung auf ihn. In diesem Kreise, für den ich nichts bedeutete, der mich vielleicht sogar als Störenfried empfand, war er – außer Anna – mein einziger ernst zu nehmender Verbündeter. Denn im übrigen war es der Verlag, der bei der Lesung vertreten sein sollte: Paul Zsolnay selbst, den ich nicht für voll nahm, sein Direktor Costa, ein ewig lächelnder Bonvivant, und außerdem jener Leiter der Theaterabteilung.

Die Lesung fand an einem Nachmittag statt, vor einem ganz kleinen Kreis, ich glaube nicht, daß mehr als ein Dutzend Leute da waren. Ich war schon einige Male in diesem Haus zu Besuch gewesen, von der alten Frau Zsolnay wohlwollend empfangen, sie hatte etwas übrig für Dichter und es hatte lange gedauert, bis sie durch die Schaffung des Verlags im Namen ihres Sohnes auch in den Stand gesetzt worden war, etwas für Dichter zu tun. Diesmal, da ich die Komödie vorlesen sollte, empfand ich die Inkongruenz des eleganten Salons: der erste Teil des Stückes spielt in einer Art Wurstelprater, unter derben Figuren, die sich kein Blatt vor den Mund nahmen und alles ungescheut heraussagten. Ich fürchtete, daß ich unwillkürlich, unter dem Einfluß eines solchen Salons, leiser und behutsamer lesen könnte, als es den Figuren entsprach. Das durfte auf keinen Fall passieren, und ich sagte darum, bevor ich begann, zur alten Dame des Hauses gewandt: »Es ist eine Art Volksstück, da geht es nicht sehr fein zu.« Diese Bemerkung wurde huldvoll, wenn auch ein wenig zweifelnd aufgenommen. Für ›Volksstück‹ war ein anderer Liebling des Hauses zuständig. Zuckmayer, der aber nicht anwesend war, und da man bei ›Volksstück‹ hier unweigerlich an ihn dachte, hätte ich etwas weniger Treffendes gar nichts sagen können.

Ich fühlte mich fremd in diesem Kreis. Ich war zu unerfahren, um zu wissen, warum man mich überhaupt anhörte. Hätte ich es gewußt, ich hätte mich gehütet hinzugehen. Ich verließ mich auf die zwei, die ich für Freunde hielt, von deren Hilfe ich alles erwartete: Broch und Anna. Ihn verehrte ich, sie liebte ich und wenn sie auch kurzen Prozeß mit mir gemacht und mir den Laufpaß gegeben hatte, an meinem Gefühl für sie hatte das nichts ändern können. Die beiden saßen in einiger Entfernung voneinander, aber so, daß sie sich gut sehen konnten. An ihrer Zustimmung war mir gelegen, ich behielt sie immer im Auge. Unmittelbar vor mir saß Werfel, recht ausgebreitet, so daß mir keine Regung seines Gesichts entging, nicht weiter als zu mir hatte er's bis zur Tür des Salons, durch die er eingetreten war, er kam, wie es sich für ihn als die Hauptperson dieses Kreises gehörte, als letzter. Auffallend war, wie gespannt ihn alle anderen, besonders die Angehörigen des Verlags, auf seine Reaktionen hin beobachteten. Er hatte eine zutrauliche Art, beim Eintritt in den Salon »Grüß Gott« zu sagen, als wäre er noch ein Kind, offen, arglos, keines häßlichen Gedankens fähig, mit Gott wie mit Menschen auf Du und Du, ein frommer Beter, der für alles Lebende in seinem Herzen Platz fand, und obwohl ich für seine Bücher gar nichts und für ihn ziemlich wenig übrig hatte, war *ich* kindlich genug, seinem »Grüß Gott« Glauben zu schenken und mir gerade jetzt, in dieser Situation des Vorlesens keine Feindschaft von ihm zu erwarten.

Ich begann mit dem Ausrufer. »Und wir, und wir, und wir, meine Herrschaften!«, es setzte mit aller Kraft ein, und so gewalttätig ging es gleich von Anfang an in meinem Wurstelprater zu, daß ich Tante Andys Salon und den ganzen Paul Zsolnay-Verlag, den ich eigentlich nicht leiden konnte, vollkommen vergaß. Ich las für Anna und für Broch. Ich stellte mir vor, daß ich für Fritz Wotruba las, der zwar nicht da war, ihm hätten diese Figuren gefallen. Da ich an ihn dachte, lieh ich mir für den Ausrufer etwas von seinem Tonfall aus, was nicht ganz richtig war, aber es gab mir vielleicht noch einen besonderen Schutz, dessen ich an dieser Stätte bedurfte.

Auf Werfel achtete ich erst gar nicht, bis er sich bemerkbar machte und ich seine Gesten nicht mehr übersehen konnte, aber da war ich schon weit im ersten Teil, beim Prediger Brosam. Die Heftigkeit dieser Predigt, ihr barocker Ton, der wie

so manches Polternde in der deutschen Literatur Abraham a Sancta Clara entstammt, muß ihn besonders geärgert und gereizt haben: er schlug sich patsch! mit der offenen Hand auf die feiste Backe, als gäbe er sich selber eine Ohrfeige, ließ die Hand fest an die Backe gepreßt liegen und sah sich hilfeheischend im Kreise um. Ich hatte das ›Patsch!‹ gehört und war so auf ihn aufmerksam geworden. Nun saß er da vor mir, mit unglücklichem Gesicht, die Hand unverrückbar an das entstellte Gesicht gedrückt, fest dazu entschlossen, in diesem gepeinigten Ausdruck zu verharren. Ich ließ mich nicht beirren und las weiter, obwohl dieses leidend-fette Gesicht unmittelbar vor mir mich sehr irritierte.
Ich wich mit dem Blick aus und suchte Anna, in der Hoffnung, bei ihr Zustimmung und Hilfe zu finden. Aber sie sah nicht auf mich, sie beachtete mich nicht, ihre Augen hatten sich in die Brochs versenkt und seine in ihre. Ich kannte diesen Blick, so hatten ihre Augen einmal mich gesehen und, wie ich dachte, erschaffen. Aber ich hatte keine Augen, mit denen ich hätte erwidern können, und was ich jetzt sah, war neu: denn Broch *hatte* Augen, und so wie sie ineinander versenkt waren, wußte ich, daß sie mich nicht hörten, daß außer ihnen nichts bestand, daß der leere Lauf der Welt, den meine lauten Figuren für sie vorstellten, für sie nicht existierte, daß es nicht notwendig war für sie, diesen Leerlauf zu verleugnen, sie fühlten sich nicht gequält durch ihn, sie waren so fehl an diesem Ort wie ich mit meinen Figuren, sie würden auch später nicht zu ihnen finden, sie waren von allem abgelöst, ineinander.
Annas Augenspiel war so wirksam, daß ich auf Werfel nicht mehr achtete. Ich vergaß ihn, während ich weiterlas. Als ich die furchtbaren Dinge vorlas, mit denen der erste Teil der Komödie endet – eine Frau, die sich ins Feuer stürzt, wird im letzten Augenblick gerettet –, wurde Annas Augenspiel wieder wach in mir, von dem ich noch nicht frei war. Ich bot ihr die Gelegenheit dazu, es an einen anderen zu wenden und dieser andere war ein verehrter Dichter, um den ich mit einer Art von Inbrunst und, wie mir oft schien, vergeblich warb. Sie hatte das beste Mittel, ihn sich zu gewinnen, ich selbst hatte ihn zu ihr gebracht und war jetzt Zeuge dessen, was geschehen mußte. Die Begleitmusik zu diesem, dem eigent-

lichen Ereignis der nächsten Zukunft, war mein Stück, auf das ich soviel Hoffnung gesetzt hatte.
Nach dem ersten Teil machte ich eine Pause. Werfel stand auf und sagte zurückhaltend, aber immerhin, als hätte er die gequälte Reaktion von früher vergessen, mit der leutseligen ›Grüß Gott‹-Stimme zu mir: »Sie lesen's gut!« Es entging mir nicht, wie sehr der Ton auf dem *Lesen* lag, über die Sache selbst sagte er nichts. Vielleicht spürte er, daß gerade die unter den Anwesenden, auf die es mir wenig ankam, von der Steigerung der immer kürzer werdenden Szenen auf das Feuer hin betroffen waren und behielt sich sein eigentliches Urteil noch vor. Anna schwieg, sie hatte kein Wort gehört, sie war beschäftigt, diese ordinären Töne hätten sie auf alle Fälle abgestoßen, aber so wie die Situation war, mit Broch vor Augen, brauchte sie keinen Gedanken daran zu verlieren. Auch Broch schwieg, ich spürte, daß es kein interessiertes und auch kein wohlwollendes Schweigen war. Ich erschrak und obwohl ich nach dem, was ich zuvor beobachtet hatte, nichts mehr und schon gar nicht Hilfe von ihm erwartete, empfand ich die offenbare Lähmung, in der er sich befand, als schweren Schlag und hätte mich in dieser Pause schon verloren gegeben, hätten die anderen, die nicht meine Freunde waren, nicht eifrig in mich gedrängt, weiterzulesen. Jemand sagte: »Aber laßt ihn doch verschnaufen. Er muß ganz erschöpft sein. Das ist keine Kleinigkeit, so zu lesen.« Es war ›Tante Andy‹, die sich nicht scheute, Mitleid für den Leser zu verraten. Und gerade von ihr hatte ich den größten Widerstand, ja entschiedene Abneigung gegen diese ›Volksfiguren‹, wie ich sie zu ihr genannt hatte, erwartet. Aber bei den Schreien des Säuglings vor dem Feuer hatte sie laut aufgelacht und ihr Sohn, der wie an einer Nabelschnur mit ihrem Lachen verbunden war, der das bißchen Leben, das er hatte, ganz und gar von ihr empfing, hatte mitgelacht, und vielleicht war das auch der Grund für die vorläufige Zurückhaltung Werfels, der mit seinen Gesten früher etwas Höhnisches angekündigt hatte.
Ich begann mit dem zweiten Teil und spürte, daß von Anfang an eine ganz andere Stimmung herrschte. Kaum fand man sich mit den drei besten Freundinnen, Witwe Weihrauch, Schwester Luise und Fräulein Mai in der Wohnung des Pak-

kers Barloch, wurde der Kontrast zwischen den Verhältnissen dort und dem Salon des Palais in der Maxingstraße, in dem wir alle, Leser und Hörer saßen, unerträglich. Es war nicht nur armselig in dieser Szene, es war häßlich und dazu unmoralisch auf eine in Wien ungewohnte Weise. Frau und Nebenfrau in der gleichen Wohnung, wenn man so etwas Wohnung nennen wollte, und auch zwei Mädchen wurden genannt, die da mitlebten, allerdings nicht auf die Bühne kamen. Nun waren gar noch die Freundinnen bei der Witwe Weihrauch zu Besuch, die erstaunlichen Lebensverhältnisse dieser Enge wurden besprochen, ja von der Witwe auf ihre Weise laut verkündet, der Hausierer mit seinem Spiegelscherben erschien und sein Verkaufsjargon, eben weil er exakt und wohlbekannt war, mußte besonderes Ärgernis erregen.

Werfel hatte seine Kampagne gleich eröffnet, er gab sich zwar keine Ohrfeige mehr, fuhr sich aber bald mit der einen, bald mit der anderen Patschhand ins Gesicht, vergrub seine Augen in die Hand, als wäre ein Blick auf den Lesenden nicht mehr zu ertragen, schaute aber dann doch wieder auf und suchte die Augen der anderen, besonders seiner Verlags-Hörigen, denen er sein Mißfallen übermitteln wollte, schüttelte bei jedem Schimpfsatz ernst mit dem Kopf, rutschte massiv auf seinem Stuhl hin und her und rief plötzlich mitten in die Rede des Hausierers hinein: »Ein Tierstimmenimitator, das sind Sie!«, womit er mich meinte. Er hielt das für einen Schimpf, gröber, rücksichtsloser, störender hätte es gar nicht kommen können, er wollte es mir unmöglich machen, weiterzulesen, aber er hatte die gegenteilige Wirkung, das war es ja genau, was ich vorhatte, jede Figur sollte gegen die andere so klar abgesetzt sein wie ein besonderes Tier und an ihren Stimmen sollte es zu erkennen sein, die Geschiedenheit der Tiere übertrug ich in die Welt der Stimmen und es traf mich, als ich seine Beschimpfung aufnahm, wie der Blitz, daß er etwas Richtiges erkannt hatte, allerdings ohne eine Ahnung davon zu haben, wozu diese ›Tierstimmenimitation‹ diente.

Ich ließ mich nicht beirren und las weiter, nun gegen eine offene Feindschaft, mit der er die anderen anzustecken suchte. Die Szene ging zu Ende, unter dem Gebrüll des Pakkers Barloch, der den Hausierer laufen ließ. Werfel sagte: »Das kommt einem vor wie der Breitner mit seiner blödsinnigen Luxussteuer.« Aber er blieb noch sitzen, weil er etwas Effektvolleres vorhatte. In der nächsten Szene hörte man den alten Dienstmann, Franzl Nada, der an einer Straßenecke steht und sich sein Brot als Schmeichler verdient. Die Stimmung unter den Zuhörern schlug um, ich spürte, daß plötzlich etwas wie Wärme mir entgegenwehte, die Szene war noch nicht zu Ende, da sprang Werfel auf, rief: »Das ist nicht auszuhalten«, drehte mir den Rücken zu und machte sich auf den Weg zur Tür, die aus dem Salon hinausführte. Ich hörte mit dem Lesen auf; schon in der Tür, wandte er sich mir wieder zu und rief: »So lassen Sie doch die Finger davon!« Diese letzte Beleidigung, die mich wie das Stück vernichten sollte, weckte das Mitleid der alten Frau Zsolnay und sie rief ihm laut nach: »Du mußt den Roman lesen, Franzl!« Er zuckte mit den Schultern, sagte: »Ja, ja«, und ging.

Das Schicksal der Komödie war damit entschieden. Vielleicht war er um dieser Erledigung willen gekommen. Vielleicht hatte es ihn aber auch aufgebracht, daß er während der Vorlesung einen Schüler von Karl Kraus in mir erkannte, mit dem er in bitterer Feindschaft lebte. Ich wußte sehr wohl, was geschehen war, aber ich mochte mich nicht öffentlich geschlagen geben und las weiter. Ich achtete auf niemanden, ich blieb innerhalb des Stücks, ich weiß nicht, ob Anna sich durch Werfels Verhalten beirrt fühlte und das Augenspiel auf eine andere Gelegenheit verschob. Ich würde eher glauben, daß sie den Eklat nicht weiter beachtete und bei der Sache blieb, die ihr im Augenblick die wichtigste war. Ich unterbrach die Lesung in der Mitte, wie geplant, nach dem Laden der Therese Kreiss, ihre letzten besessenen Worte waren: »Der Teufel! Der Teufel!«

Als ich aufhörte, ließ sich Broch zum erstenmal hören. Auch er hatte, wie die alte Frau Zsolnay, Mitleid mit mir empfunden und sagte drum etwas, womit er meinen Anspruch wiederherstellte: »Es fragt sich, ob das das Drama der Zukunft ist.« Er nahm damit nicht eigentlich Partei, er warf nur die Frage auf und räumte mir immerhin ein, daß ich etwas Neues versucht hatte. Der alten Frau Zsolnay war das zuviel Anspruch und sie sagte: »Es muß ja nicht gleich das Theater der

Zukunft sein. Aber sagen Sie, nennen Sie das ein Volksstück?« Nichts, was man jetzt noch sagen konnte, hatte etwas zu bedeuten. Der eigentlich Mächtige in diesem Haus war Werfel. Deutlicher hätte er seine Meinung nicht sagen können. Aber die Höflichkeit wurde auch dann noch gewahrt. In einer Woche, wieder am Nachmittag, sollte ich das Stück zu Ende lesen.
Außer der Hauptperson erschienen dieselben Menschen. Ich las um der Figuren willen, die ich noch selten laut gehört hatte. Hoffnung hatte ich keine, man würde mit dem Stück nichts unternehmen. Aber mein Glaube an die Komödie wurde – ich kann das gar nicht erklären – durch diese Lesung, mit der sich keine Hoffnung und kein Zweck verband, unermeßlich gestärkt. Es sind Niederlagen dieses katastrophalen Ausmaßes, die einen Dichter am Leben erhalten.

Auffindung des Guten

Es gab etliche Menschen in Wien, mit denen ich damals umging, die ich öfters sah, denen ich mich nicht verweigerte und sie zerfielen in zwei einander entgegengesetzte Gruppen. Die einen, es waren vielleicht sechs oder sieben, bewunderte ich für ihre Arbeit und den Ernst, mit dem sie zu ihr standen. Es waren Menschen, die ihre eigenen Wege gingen und sich von niemandem davon abbringen ließen, denen alles Gefällige verhaßt war, die vor Erfolg im ordinären Sinne des Wortes zurückschreckten, die ihre Wurzeln, wenn auch nicht immer die frühesten, wohl in Wien hatten, die anderswo schwer zu denken waren, die sich aber von Wien nicht korrumpieren ließen. Diese bewunderte ich, von ihnen lernte ich, wie man etwas zustande bringt und keinen Zoll davon abgeht, auch wenn die Welt nichts davon wissen will. Zwar hofften sie alle, noch zu ihren Lebzeiten Anerkennung zu finden, aber sie waren einsichtig genug zu wissen, wie unsicher das war und sie waren entschlossen, bei dem zu bleiben, was sie unternehmen mußten, auch wenn der Hohn, den man für sie hatte, ihnen bis an ihr Lebensende entgegenschlagen sollte. Es klingt vielleicht heroisch, wenn man ihre Position so kennzeichnet, und sie waren alle zu ernst und zu klug, um sich in

dieser Positur zu sehen, aber Mut hatten sie schon und eine Geduld, die manchmal ans Übermenschliche grenzte.
Dann gab es aber noch die anderen, die eben das Entgegengesetzte vertraten, die für Geld, Ruhm oder Macht zu allem bereit waren. Auch von ihnen war ich fasziniert, allerdings auf ganz andere Weise. Ich wollte sie ganz erkennen, ich wollte wissen, wie es in ihnen aussah, sie bis in jede Faser ergründen, es war, als hinge mein Seelenheil davon ab, sie zu erfassen und als komplette Figuren zu erleben. Ich sah sie nicht weniger oft als die anderen, die Gier auf sie mag sogar größer gewesen sein, denn da ich eigentlich nie ganz glauben konnte, was ich von ihnen sah, mußte ich es mir immer wieder bestätigen. Es war aber durchaus nicht so, daß ich mir in ihrer Gesellschaft etwas vergab, ich paßte mich ihnen nicht an und machte mich nicht angenehm, doch sie erfuhren nicht immer gleich, wie ich wirklich über sie dachte. Auch hier gab es sechs oder sieben Hauptfiguren, die ausgiebigste von ihnen war die Alma Mahler.
Am schwierigsten zu ertragen waren für mich die Beziehungen von der einen Gruppe zur andern. Alban Berg, den ich liebte, war eng mit der Alma Mahler befreundet, er ging bei ihr aus und ein, bei jeder größeren Gesellschaft auf der Hohen Warte war er zugegen, immer fand ich ihn da in einer Ecke mit seiner Frau Helene und gesellte mich erleichtert zu ihm. Wohl war er abgesondert von den anderen und am aktiven Treiben der Alma, wenn sie neue oder ›besondere‹ Gäste vorführte, nicht beteiligt. Wohl machte er Bemerkungen über gewisse Anwesende, die so scharf waren wie aus der ›Fackel‹ und mein Herz nicht weniger als seines erleichterten, aber er war da, er war immer da und nie hörte ich aus seinem Mund ein Wort gegen die Frau des Hauses.
Auch Broch suchte alle möglichen Menschen auf und obwohl er mir, wenn wir allein waren, offen sagte, was er über sie dachte, wäre es ihm nicht eingefallen, sie zu meiden. So war es auch mit den anderen, die man ernst nahm und achtete. Sie hatten alle auch eine zweite gemeine Welt, in der sie sich bewegten, ohne sich zu besudeln, ja es sah oft so aus, als sei die zweite Welt *notwendig*, um die andere rein zu erhalten.
Am meisten von allen sonderte sich wohl Musil ab. Er suchte sich auf das genaueste aus, wen er sah und wenn er sich wider

Erwarten, im Kaffeehaus oder sonstwo, unter Leuten fand, die er mißbilligte, verstummte er und war durch nichts dazu zu bewegen, etwas zu *sagen*.

In den Gesprächen mit Broch tauchte eine Frage auf, die verwunderlich erscheinen könnte: gab es einen *guten* Menschen? Wie müßte er sein, wenn es ihn gäbe? *Fehlten* ihm gewisse Eigenschaften, von denen andere sich treiben ließen? War es jemand, der abseits stand oder konnte er sich frei unter anderen bewegen, auf ihre Herausforderungen reagieren und trotzdem ›gut‹ sein? Es war eine Frage, die ihm wie mir naheging. Wir wichen ihr nicht durch eine Suche nach Definitionen aus. Wir zweifelten beide daran, ob im Leben, wie wir es – jeder auf seine Weise – um uns sahen, ein guter Mensch überhaupt möglich sei. Wir zweifelten nicht daran, wie er wäre, *wenn* es ihn gäbe. Könnte man ihm begegnen, man hätte ihn auf der Stelle erkannt. Beiden Teilnehmern an diesem Gespräch, das etwas merkwürdig Dringliches hatte, war die Überzeugung gemeinsam, daß man genau wisse, was man meine. Es gab keine sterilisierende Diskussion darüber, was gut sei. Das war schon darum verwunderlich, weil wir über sehr viele Dinge verschiedener Meinung waren und es dabei bewenden ließen. Doch der gute Mensch bestand in ihm wie in mir, ein unantastbares Bild. War er nur ein Bild? Gab es ihn wirklich? Wo war er?

Das Gespräch spielte sich so ab, daß wir alle Menschen, die wir kannten, Revue passieren ließen. Wir hatten uns erst über Menschen unterhalten, von denen wir wußten ohne sie zu *kennen*. Da aber zeigte es sich, daß wir über sie zu wenig wußten. Welchen Sinn hatte es, Vorurteile für oder gegen sie zu übernehmen, die wir nicht durch eigene Anschauung kontrollieren konnten. Wir beschlossen also, nur über Leute zu reden, die wir kannten, die wir *gut* kannten. Einer nach dem anderen tauchte auf, sei es vor Broch, sei es vor mir, und wurde einer Prüfung unterworfen.

Das klingt schulmeisterlich, aber praktisch bedeutete es nur, daß man Umstände aus seinem Leben berichtete, deren Zeuge man gewesen war, für die man sozusagen gutstehen konnte. Es war klar, daß wir nicht auf der Suche nach einem *Einfältigen* waren, der Gute, den wir meinten, mußte *wissen*, was er tat. Viel Lebendiges, zwischen dem er wählen konnte, mußte in ihm vorrätig sein. Er war kein simpler oder reduzierter Mensch, er befand sich nicht in einem Zustand der Ahnungslosigkeit über die Welt, er hatte die Fähigkeit, andere zu durchschauen. Er ließ sich von ihnen nicht täuschen oder einschläfern, er war wach und aufmerksam, empfindlich, lebendig, rege, und erst wenn er all diesen Voraussetzungen *genügte*, durfte man die Frage stellen: war er trotzdem gut? An Figuren, die wir hernahmen, weil wir sie kannten oder einmal gekannt hatten, war weder bei Broch noch bei mir ein Mangel. Aber eine nach der anderen wurde umgelegt wie ein Kegel und das ganze Unternehmen hatte bald einen schlechten Geschmack wie von einem Henkerspiel, denn wer waren die, die sich dieses Urteil anmaßten? Ich spürte Scham vor Broch, daß ich keinen gelten ließ, vielleicht spürte auch er, obwohl er von Natur weniger heftig war, etwas wie Scham vor mir, da sagte er plötzlich: »Ich kenne einen! Ich kenne einen! Mein Freund Sonne! Das ist der gute Mensch! Der ist es!« Ich hatte den Namen nie gehört und fragte: »Heißt er wirklich Sonne?« »Ja, Sie können auch Dr. Sonne sagen. Das klingt weniger mythisch. Er ist genau das, was wir suchen. Er ist es so sehr, daß er mir darum nicht gleich eingefallen ist.« Ich erfuhr, daß Dr. Sonne zurückgezogen lebe, daß er einige wenige Freunde zu treffen pflege und – selten – sogar besuche. »Sie haben doch gerade den Maler Georg Merkel genannt«, er war einer unserer ›Kandidaten‹ gewesen. »Den besucht er manchmal, in Penzing draußen. Da können Sie ihn kennenlernen. Das ist am einfachsten. Das kommt so von selbst.«

Georg Merkel, ein Maler, dessen Bilder mich auf Ausstellungen schon öfters angezogen hatten, ein Mann etwa im Alter von Broch, war mir im Café Museum, wo er aber seltener als andere Maler hinkam, durch ein tiefes Loch in der Stirn aufgefallen, gleich überm linken Auge. In Wotrubas Eß- und Wohnzimmer hatte ich Bilder von ihm bewundert, die sehr französisch wirkten, sie waren früh von den Neo-Klassizisten beeinflußt worden, in ihrer Palette waren sie eigenartig und für Wien ungewöhnlich. Ich hatte damals nach ihm gefragt und mir über ihn erzählen lassen. Später lernte ich ihn wie die meisten Maler der Zeit, die von Bedeutung waren, durch Wotruba im Café Museum kennen. Sein Deutsch, das sehr gewählt war, hatte mich auf der Stelle verzaubert. Es hatte einen polnischen Ton, war langsam und gehoben, jeder Satz war von tiefer Überzeugung und Bedeutung getragen, er sprach wie in der Bibel, als ob er um Rahel freie. Es waren ganz andere Dinge, über die er sprach, die mit der Bibel nichts zu tun hatten, aber der Ton lag auf Begrüßung, auf Huldigung und Ehre, die er dem Angesprochenen erwies, dieser mußte sich gehoben und geachtet fühlen, wenn er das Wort an ihn richtete, aber es war auch deutlich zu spüren, wie sehr sich der Maler selber ernst nahm, ohne überheblich zu wirken. Einen Namen, den er einmal aussprach, hatte man von dann ab auf seine Weise im Ohr, man fühlte sich manchmal versucht, ihn auf seine Weise zu sagen, das wäre aber lächerlich gewesen, denn was bei jedem anderen als Pathos wirkte, war bei ihm natürliche Würde. Seine Überzeugungen waren bis an den Rand mit Gefühl geladen, es wäre niemandem eingefallen, mit ihm über etwas zu diskutieren. *Ein* Satz von ihm, den man in Frage stellte, hätte ihn ganz in Frage gestellt. Einer gemeinen Handlung, eines gemeinen Wortes wäre er nicht fähig gewesen. Bei einem so emphatischen, einem so leidenschaftlichen Menschen erscheint das unglaubwürdig. Man mußte ihn aber erleben, wie er eine Beleidigung abwehrte, mit welcher Entschiedenheit und Kraft, ohne sich das geringste zu vergeben, wie er sich dabei umsah, ob es auch jeder gehört habe, so daß die tiefe Wunde auf der Stirn wie ein drittes, ein zyklopisches Auge wirkte. Man fühlte sich versucht, ihn in Zorn zu versetzen, weil es so wunderbar klang, was er im Zorn sagte, man hatte aber zuviel Respekt und Liebe für ihn, um dieser Versuchung nachzugeben.

Das Selbstbewußt-Slawische, an dem Wien so reich war, war für mich in Georg Merkel auf sprechendste Weise verkörpert. Er hatte in Krakau studiert, bei Wyspianski, das mag die Dauerhaftigkeit seiner sprachlichen Assimilation ans Polnische erklären, den Klang dieser Sprache verlor er nie, nach Jahrzehnten seines Lebens in Wien und in Frankreich, er ist sehr alt geworden, klang sein Französisch wie sein Deutsch immer polnisch. Gewisse Vokale meisterte er nie, ein »ö« hat er vor mir nicht über die Lippen gebracht. Zwei Worte, die zu den wichtigsten in seinem Leben gehörten, »schön« und

»Österreich« hat er nie richtig auszusprechen vermocht. Er sagte: »Esterreich« und er sagte, was noch verwunderlicher klang, wenn er hingerissen über die Schönheit einer Frau nicht an sich zu halten vermochte: »Ist sie nicht schén! Schén ist sie!« Das bekam Veza von ihm zu hören, so emphatisch, daß wir davon angesteckt wurden. Nie, ob er zu uns kam, ob wir zu ihm gingen, ob wir uns im Café Museum trafen, konnte er sich enthalten, beim Anblick Vezas »Schén ist sie!« zu sagen, es wirkte um so auffallender, weil alles, was er sonst von sich gab, in gewähltem und wohlgesetztem Deutsch gesagt war.

Ich hatte Georg Merkel nicht lange vor jenem Gespräch mit Broch kennengelernt und es lag nahe, von ihm zu reden, als wir nach dem ›guten‹ Menschen suchten. Es hatte vieles gestimmt und doch stimmten wir beide nicht für ihn: denn entscheidend für ihn war sein Selbstbewußtsein als Maler. Damit stand er sozusagen von Natur gegen die übrige Menschheit, die von Kunst nichts wissen wollte und tat sich selbst wie seinem Anspruch Genüge. Der ›Gute‹, wie wir ihn uns dachten, stellte sich zurück.

Merkel war etliche Jahre vor dem Ausbruch des Ersten Weltkrieges nach Paris gegangen und hatte als junger Mann dort lange genug gelebt, um den Stempel dieser Pariser Jahre nie mehr zu verlieren. Eine vielfältigere und reichere Gesellschaft von Malern hat es vielleicht nie gegeben. Sie kamen von überall her und waren voller Erwartung. Sie versuchten nicht, es sich leichtzumachen, den Weg zu Anerkennung und Ruhm durch irgendwelche Tricks zu erschleichen. Das Malen selbst war ihnen so wichtig, daß sie nichts anderes taten. An Anregungen war kein Mangel, die Stadt füllte sich mit Malern, östliche und afrikanische Einflüsse waren wirksam, aber auch die ortseigenen Traditionen, mittelalterlicher oder klassischer Art, behielten schon als Gegenpol dazu ihre Bedeutung. Es gab mehr als je zu sehen, da so viele junge Maler Neues und Eigenes versuchten. Es gehörte Kraft dazu, in Armut durchzuhalten, aber vielleicht war eine andere Kraft noch dringlicher: die, den verschiedenartigsten Reizen nicht so leicht nachzugeben, nur das davon anzunehmen, was einem entsprach und das übrige für andere links liegenzulassen. Es entstand damals in Paris eine neue Nation, die der

Maler. Wenn man heute die Namen derer Revue passieren läßt, deren Werk für uns die Zeit ausmacht und wohl immer ausmachen wird, so staunt man über die Vielfalt ihrer Ursprünge, jedes Land hatte seine jungen Leute in Paris, als hätte die Stadt, die Stadt selbst als oberste Instanz, sie zu einem Maldienst einberufen. Aber nicht einberufen waren sie worden, sie drängten sich als Freiwillige und für die Entbehrungen, die sie ohne Scheu auf sich nahmen, lockte die Aussicht, hier mit ihresgleichen zu sein, die es nicht weniger schwer hatten, die aber alle wie sie selbst von der gläubigen Hoffnung erfüllt waren, hier, in der Weltkapitale der Maler, Ruhm zu gewinnen.
Der Ausbruch des Ersten Weltkriegs überraschte Merkel in Paris, wo er mit seiner Frau Luise, die auch Malerin war, leidenschaftlich gern lebte. Eine Atmosphäre, die ihm gemäßer gewesen wäre, hätte sich schwer gefunden, er hat immer wieder nach Paris zurückgesteuert und alles in allem gut ein Drittel seines Lebens dort verbracht. Damals aber, Ende Juli 1914, hatte er einen einzigen Gedanken: den, sich mit seiner Frau nach Österreich durchzuschlagen, um als Soldat zu dienen. Es war eine abenteuerliche Reise, die mehr als einige Tage in Anspruch nahm, schließlich war er zuhause, meldete sich und kam an die Front. Unter gebildeten galizischen Juden gab es damals etwas wie österreichischen Patriotismus. Man hatte die russischen Pogrome nah vor Augen. Kaiser Franz Joseph wurde von den Juden als Schützer empfunden. Ein Mann wie Merkel war damals von österreichischer Gesinnung erfüllt. Es hätte ihm nicht genügt, in irgendeinem Kriegspressequartier zu dienen und von dort in Sicherheit andere mit Kriegslust zu erfüllen. Es war für ihn selbstverständlich, Soldat zu sein, seine Flucht aus Paris gelang, wenn auch mit Listen und Schwierigkeiten, und er wurde Soldat.
Für seine österreichische Gesinnung zahlte er mit einer schweren Kopfverletzung. Ein Granatsplitter traf ihn knapp überm Auge in der Stirn und er wurde blind. Einige Monate, ich weiß nicht genau, wie lange, verbrachte er in Blindheit. Für ihn, den Maler, war es die schlimmste Zeit seines Lebens. Er hat nie zu mir und ich glaube auch nicht zu anderen darüber gesprochen. Die tiefe Narbe blieb, man sah ihn nie, ohne an seine Zeit der Blindheit zu denken. Er gewann das

Augenlicht wieder und was immer er später gemalt hat, war von diesem Wunder bestimmt. Daß er sah, war sein Paradies, was ihm verloren war, konnte er als wiedergewonnen nie anders sehen. Ihm ist es nicht zu verargen, daß er ›das Schöne‹ malte, seine Bilder wurden zu einem immerwährenden Dank für das Licht der Augen.

Es traf sich, daß ich bald nach jenem spielerisch-erwartungsvollen Gespräch mit Broch zum erstenmal bei Georg Merkel in Penzing eingeladen war. Hier hatte er Wohnung und Atelier und pflegte manchmal an Sonntagnachmittagen Freunde zu sich zu bitten, denen er Bilder zeigte. Ich kannte ihn noch wenig, seine Geschichte, besonders die der Verwundung und des erschreckenden Lochs in der Stirn, waren mir aber vertraut. Ich fühlte mich von seiner singenden Sprache angezogen und obwohl die Bilder, die ich von ihm kannte, dem Reiz seiner Palette zum Trotz, alles andere waren, als was mich sonst an moderner Malerei faszinierte, war ich begierig darauf, mehr von ihm in seinem Atelier zu sehen. Die Art, wie Maler ihre Bilder bei sich zeigen, hatte mich immer beschäftigt. Es ist eine Geste, in die sich Stolz, Verschwendung und Empfindlichkeit teilen, und das Verhältnis dieser drei zueinander war bei jedem ein anderes.

Ich kam etwas spät, man war noch beim Tee, einige der Besucher waren mir persönlich schon begegnet, von anderen kannte ich Namen oder Werke. Abseits von allen, halb im Dunkel, scheu, beinah versteckt, saß ein Mann, dessen Gesicht ich seit anderthalb Jahren kannte. Er saß jeden Nachmittag im Café Museum, hinter Zeitungen versteckt. Er sah aus wie Karl Kraus (ich habe es schon erzählt), ich wußte, daß er es nicht sein konnte, aber mir lag so sehr daran, Karl Kraus *still* zu sehen, ohne Anklage und Zerschmetterung, daß ich mir vorzustellen versuchte, er sei es. Die tägliche Begegnung mit seinem Gesicht, die stumm verlief, verwandte ich dazu, mich von der überwältigenden Macht dieses Kopfs, wenn er sprach, zu befreien.

Nun saß der Kopf da, ich erschrak und verstummte. Merkel spürte, daß etwas passiert war, nahm mich behutsam am Arm, führte mich hin vors Gesicht und sagte: »Und das ist mein lieber Freund Dr. Sonne.« Seine Art, Leute vorzustellen, hatte etwas Gefühlvolles, trockene Bekanntschaften lagen ihm nicht, und wenn er zwei Menschen zusammenbrachte, war es fürs Leben. Er konnte nicht wissen, daß ich jede Bewegung dieses Mannes seit anderthalb Jahren auf das genaueste beobachtet hatte. Er wußte auch nicht, daß eine Woche zuvor Broch diesen Namen vor mir zum erstenmal genannt hatte. Das hartnäckige Spiel um den guten Menschen, das wir beide vollkommen ernst genommen hatten, war Wirklichkeit geworden und es hatte auch seinen Sinn, daß Name und Gesicht, die in mir getrennt bestanden, bei diesem Maler mit der singenden Stimme eins wurden.

Sonne

Was war es, was mich an Sonne so sehr bestochen hat, daß ich ihn täglich sehen wollte, täglich aufsuchte, daß er zur heftigsten Sucht wurde, die ein geistiger Mensch je für mich war?

Da war zuerst einmal das Fehlen alles Persönlichen. Er sprach nie von sich. Er sagte nie etwas in der ersten Person. Er sprach einen aber auch kaum direkt an. Alles wurde in der dritten Person gesagt und dadurch distanziert. Man muß sich diese Stadt und dieses Kaffeehausleben in ihr vorstellen, diese Schwemme von Ich-Reden, Beteuerung, Bekenntnis und Selbstbehauptung. Jeder floß über vor Mitleid mit sich und von seiner eigenen Bedeutung. Jeder klagte, jeder röhrte und trompetete. Aber alle lebten auch öffentlich in kleinen Gruppen beisammen, weil sie einander für ihre Reden brauchten und sie ertrugen. Es wurde über alles diskutiert, den allgemeinen Gesprächsstoff gaben die Zeitungen her. Es war eine Zeit, in der genug geschah, aber viel mehr noch war es eine Zeit, in der man spürte, wieviel geschehen *würde*. Man war unglücklich über die Ereignisse im damaligen Österreich, war sich aber dessen bewußt, um wieviel schwerer die Ereignisse im gleichsprachigen Nachbarland wogen. Eine Katastrophe war in der Luft. Ihr Ausbruch verschob sich wider Erwarten von Jahr zu Jahr. Im Land selbst ging es schlecht, wie sehr, war an der Zahl der Arbeitslosen abzulesen. Wenn es schneite, hieß es: »Da freuen sich die Arbeitslosen.« Zum Schneeschaufeln wurden Arbeitslose von der Gemeinde

Wien eingestellt und hatten kurzweilig etwas Verdienst. Man sah sie beim Schaufeln, um ihretwillen wünschte man mehr Schnee.
Für mich war diese Zeit nur erträglich, wenn ich Dr. Sonne sah. Er war eine Instanz, zu der ich täglich Zutritt hatte. Unzählige Dinge, die geschahen, auf allen Seiten, und noch mehr, die zu geschehen *drohten*, kamen zur Sprache, während man mit ihm war. Man hätte sich geschämt, sie als persönliche Reden vorzubringen. Kein Mensch hatte das Recht, sich angesichts der Dinge, die sich ankündigten, für bevorzugt zu halten, es war nicht *seine* Gefahr, es war die aller. Es war kein Verdienst, sie zu gewahren und darüber zu sprechen, es ging um *Einsicht*, um nichts sonst, aber eben diese war am schwersten zu gewinnen. Man legte sich vorher nie zurecht, worüber man Dr. Sonne befragen würde. Man nahm sich nie etwas vor. Die Themen, die sich stellten, ergaben sich so spontan wie seine Erklärungen. Was er sprach, war immer der Quelle des Denkens nahe. Es schien mir nie von Gefühl verfälscht und war doch nicht kalt und fühllos. Es war auch nie parteiisch. Man hatte nicht den Eindruck: jetzt spricht er für die oder für jene. Man muß dazu sagen, daß die Zeit schon damals von Schlagwörtern verseucht war und es schwerfiel, einen Fleck zu finden, der von ihnen *frei* war, auf dem man sich nicht beengt fühlte. Die höchste Tugend seiner Rede war, daß er zwar präzis, aber nie knapp war. Er sagte, was zu sagen war, klar und sehr scharf umrissen, aber ohne etwas zu überspringen. Er ließ nichts aus, er war ausführlich, wenn es nicht so faszinierend gewesen wäre, hätte man sagen können, daß er zu allem ein *Gutachten* abgab. Aber es war doch viel mehr als ein Gutachten, denn es enthielt, ohne daß er sie je beim Namen genannt hätte, die Keime zu jeder möglichen Verbesserung.
Es gab kaum ein Thema, über das nicht gesprochen wurde. Ich erwähnte etwas, das mir aufgefallen war, er wollte vielleicht mehr darüber wissen, doch empfand man auch eine Bitte um Auskunft von ihm nie als Frage. Er näherte sich so einer Materie, aber der Gefragte selbst blieb völlig davon ausgespart. Es sah vielleicht so aus, als ob es auf die Person dessen, mit dem er beisammen saß, gar nicht ankäme, nur auf die Dinge, die ihn geistig beschäftigten, aber das war ein Irr-

tum, denn wenn ein Dritter da war, war seine Art, sich an diesen zu wenden, wieder eine andere. Er machte also wohl Unterschiede, aber für den Betroffenen waren sie nie spürbar, es war unvorstellbar, daß jemand sich in seiner Gegenwart zurückgesetzt fühlte. Unter Dummheit litt er sehr und er mied dumme Leute, aber einmal in seiner Gesellschaft – durch Umstände, auf die er keinen Einfluß hatte – hätte keiner je gemerkt, wie dumm er war.

Nach den ersten leichten Voranschlägen, kam dann immer der Augenblick, da er eine Materie ergriff und erschöpfend und angemessen über sie zu sprechen begann. Es wäre mir dann nie eingefallen, ihn zu unterbrechen, auch nicht durch Fragen, was ich bei anderen gern tat. Ich legte alle äußere Reaktion ab wie ein schlecht sitzendes Maskenkostüm und hörte mit gespanntester Aufmerksamkeit zu. Auf diese Weise habe ich sonst nie zugehört. Ich vergaß, daß es ein Mensch war, der sprach, ich lauerte nicht auf die Eigentümlichkeiten seiner Redeweise, er wurde mir nie zur Figur, er war das Gegenteil einer Figur. Hätte mich jemand dazu aufgefordert, ihn nachzuahmen, ich hätte es nicht nur aus Respekt verweigert, ich wäre tatsächlich nicht dazu imstande gewesen, ihn zu *spielen*, ja die bloße Vorstellung kommt mir noch heute nicht nur wie eine arge Lästerung vor, sondern sie erscheint mir auch als komplettes Versagen.

Was er über einen Gegenstand zu sagen hatte, war wohl ausführlich und erschöpfend, aber man wußte auch, daß er es nie zuvor gesagt hatte. Es war immer neu, es war eben entstanden. Es war nicht ein Urteil über die Dinge, es war ihr Gesetz. Das erstaunliche war aber, daß es sich nicht um eine bestimmte Materie handelte, in der er gut beschlagen war. Er war kein Spezialist oder vielleicht sollte man besser sagen: kein Spezialist für ein bestimmtes Gebiet, sondern er war der Spezialist für alle Dinge, über die ich ihn je sprechen gehört habe. Durch ihn erfuhr ich, daß es möglich ist, sich mit den verschiedenartigsten Materien zu befassen, ohne zum Nichtsnutz und Schwätzer zu werden. Das ist ein sehr großes Wort und es wird nicht glaubwürdiger, wenn ich hinzufüge, daß ich eben darum nicht wiedergeben kann, wovon er sprach, denn jede seiner Reden wäre eine ernste und überaus lebendige Abhandlung, so komplett, daß ich mich an keine von ihnen vollständig erinnere. Irgendwelche Bruchstücke von ihm zu geben, wäre aber eine arge Verfälschung. Er war kein Aphoristiker, in Verbindung mit ihm bekommt das Wort, für das ich Achtung habe, beinahe etwas Frivoles. Er war zu vollständig, um Aphoristiker zu sein, es fehlte ihm an Einseitigkeit und auch an der Lust, andere zu überraschen. Wenn er etwas ganz gesagt hatte, fühlte man sich erleuchtet und gesättigt, es war dann etwas Abgeschlossenes, das nicht mehr zur Sprache kam, was wäre darüber noch zu sagen gewesen.

Aber wenn ich mich auch nicht vermessen möchte, wiederzugeben, worüber er sprach, so gibt es doch ein literarisches Phänomen, mit dem er sich wohl vergleichen läßt. Ich las in jenen Jahren Musil und konnte mich am ›Mann ohne Eigenschaften‹, von dem damals die ersten zwei Bände, etwa tausend Seiten, vorlagen, nicht ersättigen. Es schien mir, daß es in aller Literatur nichts gäbe, das sich damit vergleichen ließe. Aber es wunderte mich auch, daß ich ein Gefühl von Vertrautheit hatte, wo immer ich einen der beiden Bände aufschlug. Es war wie eine Sprache, die ich kannte, ein Rhythmus des Denkens, den ich erfahren hatte, und doch gab es, das wußte ich sicher, keine Bücher wie diese. Es dauerte eine Weile, bis ich den Zusammenhang begriff: Dr. Sonne *sprach* so, wie Musil *schrieb*. Es war aber nicht etwa so, daß Sonne für sich zuhause Dinge aufschrieb, die er aus irgendeinem Grunde nicht veröffentlichen mochte und daß er dann in seinen Gesprächen aus dem bereits fertig Gestalteten und Gedachten schöpfte. Er schrieb *nicht* für sich zuhause und was er sagte, entstand, während er es sprach. Aber es entstand in jener vollkommenen Durchsichtigkeit, die Musil sich erst im Schreiben abgewann. Was ich Tag für Tag, ein wahrhaft Privilegierter, zu hören bekam, waren Kapitel aus einem anderen ›Mann ohne Eigenschaften‹, von denen niemand sonst erfuhr. Denn wenn er auch zu anderen sprach – nicht täglich, aber doch von Zeit zu Zeit –, so waren das *andere* Kapitel.

Für die amorphe Sucht der Vielwisserei, des Ausgreifens in diese und jene Richtung, des Wiederfahrenlassens eines erst Berührten, kaum noch Ergriffenen, für diese Neugier, die gewiß mehr als Neugier ist, denn sie hat keine Absicht und endet in nichts, für dieses Zucken und Ziehen nach allen Sei-

ten findet sich ein Heilmittel allein: der Umgang mit einem, der die Gabe hat, sich innerhalb alles Wißbaren zu bewegen, ohne es fahrenzulassen, bevor es ermessen ist, und ohne es aufzulösen. Nichts, wovon Sonne sprach, wurde durch ihn abgeschafft und erledigt. Es war interessanter als zuvor, es war gegliedert und erleuchtet. Er legte ganze Länder in einem an, wo zuvor nur dunkle, aber fragende Punkte gewesen waren. Einen Menschen, der für das öffentliche Leben von Bedeutung war, konnte er so genau schildern wie ein Wissensgebiet. Er vermied es, von Leuten zu sprechen, die wir beide persönlich kannten, so war das, was Gespräche zu Klatsch machen kann, von seiner Darstellung ausgeschlossen. Aber sonst hatte er für Sachen und Menschen dieselben Methoden. Vielleicht war es das, was mich am meisten an Musil erinnerte: seine Auffassung von Menschen als jeweils eigenen Wissensgebieten. Die Ödigkeit einer einzigen Theorie, die sich auf alle Menschen anwenden ließe, war ihm so fremd, daß er sie nicht einmal erwähnte. Jeder war etwas Besonderes, nicht nur abgesondert. Er haßte, was von Menschen gegen Menschen gerichtet war, einen weniger barbarischen Geist als ihn hat es nie gegeben. Selbst wenn er aussprechen mußte, was er haßte, so klang es nie wie Haß, sondern es war eine Unsinnigkeit, die er aufdeckte, weiter nichts.
Es fällt ungemein schwer, begreiflich zu machen, wie sehr er alles Persönliche vermied. Man mochte zwei Stunden mit ihm verbracht haben, in denen man unermeßlich viel gelernt hatte, und zwar so, daß man sich durch das Erfahrene immer überrascht fühlte. Wie hätte man angesichts dieser unantastbaren Überlegenheit sich selbst über andere setzen können? Demut war gewiß nicht ein Wort, das er gebraucht hätte, aber man verließ ihn in einer Verfassung, die nicht anders zu bezeichnen wäre: es war aber eine *wache* Demut und nicht die eines Schafes.
Ich war es gewohnt, auf Menschen zu hören, Wildfremde, mit denen ich nie ein Wort gewechselt hatte. Mit wahrem Ingrimm horchte ich auf solche, die mich nichts angingen und am besten bewahrte ich den Tonfall eines Menschen, sobald es ausgemacht schien, daß ich ihn nie wieder sehen würde. Ich scheute nicht davor zurück, ihn durch Fragen oder gar durch eine Rolle, die ich spielte, zum Sprechen anzu-

reizen. Ich hatte mich nie gefragt, ob mir ein Recht darauf zustand, alles, was sich über einen Menschen erfahren ließ, von ihm selber abzuhören. Die Naivität, mit der ich mir ein solches Recht anmaßte, erscheint mir heute unbegreiflich. Zweifellos gibt es letzte Eigenschaften, die unauflöslich sind, und jeder Versuch, sie zu erklären, *soll* müßig bleiben. Eine solche letzte Eigenschaft ist eben diese, meine Passion für Menschen. Sie läßt sich schildern, sie läßt sich vorführen – ihr Ursprung muß immer im dunkeln bleiben. Ich kann von Glück reden, daß mir wenigstens ihre Fragwürdigkeit durch die vierjährige Lehrzeit bei Dr. Sonne bewußt wurde.
Es zeigte sich, daß er alles Nahe aussparte, ohne daß es ihm entging. Wenn er über die Leute, die Tag für Tag um uns saßen, nie ein Wort verlor, so war das Takt: er tastete niemanden an, das galt selbst für einen, der es nie erfahren würde. Sein Respekt für die Grenzen jedes anderen war unabänderlich. Ich nannte es sein ›Ahimsa‹, das indische Wort für Schonung jedes Lebens. Es hatte aber, wie ich heute erkenne, eher etwas *Englisches*. Er hatte ein wichtiges Jahr seines Lebens in England verbracht, diese Tatsache gehörte zu den zwei oder drei Umständen, die ich seinen Worten entnehmen konnte. Denn eigentlich wußte ich nichts über ihn, und auch wenn man mit anderen, die ihn kannten, über ihn sprach, hatte kaum einer etwas Konkretes zu sagen. Vielleicht war es Scheu, über ihn wie über irgendjemand anderen zu sprechen, denn die eigentlichen Dinge, die ihn ausmachten, ließen sich sehr schwer sagen und da auch solche, die selber kein Maß hatten, an ihm Maß bewunderten, enthielt man sich, wenn von ihm die Rede war, mit einer Art von Beflissenheit jeder Verzerrung seiner Proportionen.
Man stellte ihm keine Fragen, so wenig wie er einen selber fragte. Man machte seine Vorschläge, das heißt, man erwähnte einen Gegenstand so, als ginge er einem schon seit langem durch den Kopf, zögernd eher als dringlich. Zögernd nahm er ihn auf. Während er weiter von etwas anderem sprach, erwog er noch ein wenig den Vorschlag. Dann, mit einem Hieb, scharf wie ein Messer, schnitt er den Gegenstand an und legte in glasheller Klarheit und überwältigender Vollständigkeit dar, was über ihn zu sagen war. Es ist nicht irreführend, diese Klarheit als eisig zu bezeichnen. Es ist die

Klarheit dessen, der durchsichtige Gläser schleift, der mit Trübem nicht umgeht, bevor es geklärt ist. Er untersuchte einen Gegenstand, indem er ihn auseinandernahm, doch blieb er trotzdem als Ganzes erhalten. Er sezierte nicht, er durchleuchtete. Aber er suchte einzelne Teile zum Durchleuchten aus, die er vorsichtig abnahm und nach erfolgter Verrichtung vorsichtig wieder ins Ganze fügte. Das Neue, das Unerhörte für mich war, daß ein Geist von solcher Kraft des Durchdringens kein Detail scheute. Jede Einzelheit wurde schon darum wichtig, weil sie zu *schonen* war.
Er war kein Sammler, denn obwohl er alles kannte, behielt er nichts als Besitz für sich. Ich sah ihn, der alles gelesen hatte, nie mit einem Buch. Er war selber die Bibliothek, die er nicht hatte. Er wirkte so, als habe er alles, worüber man sprach, vor langer Zeit schon gelesen. Er machte nie den Versuch zu verbergen, daß er sich's gemerkt hatte. Er prahlte nicht damit, er rückte nie zur Unzeit damit heraus. Aber es war unfehlbar da, wenn seine Gelegenheit kam, erstaunlich war, daß nie etwas daran fehlte. Es gab Leute, die er durch diese Präzision irritierte. Er änderte auch vor Frauen seine Sprechweise nicht, er war nie *leicht*, seine Geistigkeit ließ sich so wenig verleugnen wie sein Ernst, er schäkerte nie, für Schönheit, die er nicht etwa übersah, hatte er unverhohlene Verehrung, doch hätte er sich um ihretwillen nie verändert. Er blieb auch in ihrer Gegenwart unverwandelt der gleiche. Es kam vor, daß er vor Schönheit, die andere beredt machte, verstummte und die Sprache erst wiederfand, wenn jene sich entzogen hatte. Das war das Höchste einer Huldigung, zu der er imstande war, und es gab selten eine Frau, die das begriff. Vielleicht war die Art, in der man Frauen auf ihn vorbereitete, eine verfehlte. Man begann damit, daß man ihn unermeßlich weit über sich stellte und verstörte dadurch eine Frau, deren Liebe zu einem selbst ein Element von Verehrung enthielt und die darin wie in einer Atmosphäre lebte. Wie hätte sie es dann hinnehmen können, von einer anderen Verehrung zu hören, die die eigentliche und einzig richtige sei, wie hätte sie sich diese Desorientierung ihres Glaubenshaushaltes gefallen lassen sollen?
So stand es mit Veza und sie weigerte sich standhaft, Sonne anzuerkennen. Sie, die Broch herzlich zugetan war, mochte

von Sonne nichts wissen. Als sie ihn das erstemal sah, in einer Gesellschaft beim Maler Georg Merkel, sagte sie zu mir: »Er sieht *nicht* aus wie Karl Kraus, wie kannst du so etwas sagen? Wie Karl Kraus als Mumie, so sieht er aus!« Sie meinte das Asketisch-Eingefallene seines Gesichts und sie meinte auch sein Schweigen. Denn in Gesellschaft, unter vielen Leuten, sagte er kein Wort. Ich spürte, wie beeindruckt er von Vezas Schönheit war, aber wie hätte sie das der Starre seiner Züge anmerken sollen. Sie änderte ihre Meinung nicht, als sie von anderen und natürlich auch von mir erfuhr, wie unerwartet die Dinge waren, die er über ihre Schönheit sagte.

Ich kam, nach einem herrlichen Gespräch mit ihm, vom Café Museum nach Hause und sie empfing mich feindselig: »Du warst mit dem Siebenmonatskind, ich sehe dir's an, erzähl mir nichts davon. Es macht mich nur unglücklich, wie du dich an eine Mumie vergeudest!« Mit ›Siebenmonatskind‹ meinte sie, daß er nicht voll ausgebildet war, daß ihm zu einem kompletten, normalen Menschen etwas fehle. Ihre extremen Reaktionen war ich gewöhnt, wir ereiferten uns über Menschen, etwas Richtiges sah sie immer und übertrieb es dann auf ihre leidenschaftlich-unnachgiebige Weise. Da ich ähnlich reagierte und dasselbe tat, kam es zu den heftigsten Zusammenstößen, die wir aber beide liebten, denn sie waren ein immerwährender Beweis für die volle Wahrheit, die wir einander gaben, das Mark unserer Beziehung. Nur wenn es um Dr. Sonne ging, spürte ich einen tiefen Groll bei ihr, Groll gegen mich, der ich mich nie unterworfen hatte, selbst vor Karl Kraus hatte ich, wie sie erkannte, ganze Territorien meiner Natur geschützt, hier aber unterwarf ich mich ohne Zögern, immer, unbedingt, sie hatte nie von mir einen Zweifel an einem Satz Sonnes zu hören bekommen.

Ich wußte nichts über Sonne, er bestand aus seinen Sätzen und er war so sehr in ihnen enthalten, daß man davor zurückgeschreckt wäre, etwas von ihm außerhalb seiner Sätze zu finden. Es lag nichts von ihm herum, wie bei allen anderen Menschen, auch keine Krankheit und keine Klage. Er war Gedanke, so sehr, daß nichts anderes an ihm zu bemerken war. Man war mit ihm nicht verabredet und wenn es dann doch einmal geschah, daß er ausblieb, fühlte er sich nicht verpflichtet, seine Abwesenheit zu erklären. Ich dachte dann na-

türlich an Krankheit, er hatte eine fahle Gesichtsfarbe und wirkte nicht gesund, aber während mehr als einem Jahr wußte ich nicht einmal, wo er wohnte. Ich hätte Broch oder Merkel nach seiner Adresse fragen können. Ich tat es nicht, es schien mir angemessener, daß er keine habe.
Ich wunderte mich nicht, als ein Schwätzer, den ich immer gemieden hatte, sich einmal an meinen Tisch setzte und unvermittelt fragte, ob ich den Dr. Sonne kenne? Ich sagte rasch nein, aber er ließ sich nicht zum Schweigen bringen, denn er war von etwas erfüllt, das ihm keine Ruhe gab und das er nicht begriff: von einem verschenkten Vermögen. Dieser Dr. Sonne, sagte er, sei der Enkel eines sehr reichen Mannes aus Przemysl und habe das ganze Vermögen, das er von seinem Großvater erbte, für wohltätige Zwecke verschenkt. Er sei aber nicht der einzige Verrückte. Da gäbe es auch den Ludwig Wittgenstein, einen Philosophen, den Bruder des einarmigen Pianisten Paul Wittgenstein, der habe dasselbe getan, aber der habe das Geld von seinem Vater geerbt, nicht von seinem Großvater. Er kenne noch andere Fälle. Er zählte sie auf, mit Namen und genauer Angabe des Erblassers, er war ein Sammler ausgeschlagener oder verschenkter Erbschaften, ich habe die Namen, die mir nichts sagten, vergessen, vielleicht mochte ich auch von anderen nichts wissen, so sehr war ich von dieser Nachricht über Sonne erfüllt. Ich nahm sie ohne weitere Nachforschungen an, sie gefiel mir so gut, daß ich ihr Glauben schenkte, um so mehr als ja auch die Geschichte über Wittgenstein stimmte. Daß Sonne den *Krieg* kannte, aus nächster Nähe, aber ohne selber Soldat gewesen zu sein, hatte ich aus vielen Gesprächen geschlossen. Er wußte, was *Flüchtlinge* sind, so genau, als wäre er selber einer gewesen, aber mehr noch so, als habe er für Flüchtlinge Verantwortung getragen, als habe er ganze Transporte von ihnen gesammelt, geleitet und dorthin verpflanzt, wo ihr Leben nicht mehr in Gefahr war. Ich schloß also aus dem, was ich von dem Schwätzer vernommen hatte, daß er sein geerbtes Vermögen für Flüchtlinge verwendet hatte.
Sonne war Jude, es war der einzige äußere Umstand, der mir von Anfang an bekannt war, und man kann es eigentlich schwer als einen *äußeren* Umstand bezeichnen. Es war bei unseren Begegnungen oft von Religionen die Rede, von indi-

schen, von China, von solchen, die sich auf die Bibel gründen, über jeden Glauben, auf den zwischen uns die Rede kam, bewies er in seiner konzisen Art souveräne Kenntnisse, aber was mir am meisten Eindruck machte, war seine Meisterschaft über die hebräische Bibel. Er hatte jede Stelle aus welchem Buch immer im Wortlaut zur Hand und übersetzte sie ohne Schwanken und Zögern in ein Deutsch von größter Schönheit, das mir wie das Deutsch eines Dichters vorkam. Solche Gespräche ergaben sich aus einer Prüfung der Buberschen Bibelübersetzung, die damals im Erscheinen war und gegen die er Einwände hatte. Ich brachte gern die Rede darauf, es war die Gelegenheit für mich, den Wortlaut in der Ursprache kennenzulernen. Ich hatte das bisher vermieden, es hätte mich beengt, von den Dingen Genaueres zu erfahren, die mir meiner Herkunft nach so nahe waren, während ich mich mit einem Eifer, der nie nachließ, jeder anderen Religion zugewandt hatte.

Die Klarheit und Entschiedenheit von Sonnes Diktion waren es, was mich an Musils Schreibweise erinnerte. Von einem Wege, der einmal eingeschlagen war, wurde nicht abgewichen, bis man den Punkt erreicht hatte, von dem aus er auf natürliche Weise in andere Wege mündete. *Willkürliche* Sprünge wurden gemieden. Im Laufe der vielleicht zwei Stunden, die man täglich zusammen verbrachte, wurde über Verschiedenes gesprochen und eine Liste der Gegenstände, die an die Reihe gekommen waren, sähe – im Gegensatz zum eben Gesagten – bunt und abenteuerlich aus. Doch wäre das eine optische Täuschung, denn hätte man den vollen Wortlaut vor sich, gäbe es auch nur ein einziges Protokoll solcher Gespräche, so wäre zu erkennen, daß jeder der Gegenstände, der zur Sprache kam, erschöpft wurde, bevor ein anderer dran war. Es ist aber nicht möglich zu reproduzieren, wie das geschah, es sei denn, man würde sich erkühnen – ein aberwitziges Unterfangen! –, *Sonnes* ›Mann ohne Eigenschaften‹ zu verfassen. Was darin vorkäme, hätte so bestimmt und durchsichtig zu sein wie Musil selbst, es nähme einen vollkommen, vom ersten bis zum letzten Wort in Anspruch, es wäre von Schlaf wie von Dämmerung gleich weit entfernt und es ließe sich an jeder Stelle aufschlagen, ohne weniger zu fesseln. Ein

Ende hätte Musil nie erreichen können, wer sich einmal der Verfeinerung dieses Präzisionsprozesses hingegeben hat, bleibt für immer in ihm befangen; wäre ihm ewig zu leben gewährt, er müßte auch ewig daran weiterschreiben. Das ist die wahre, die eigentliche Ewigkeit eines solchen Werkes, es liegt in ihrer Natur, daß sie sich auf den Leser überträgt, der sich mit keinem Schlußpunkt abfindet und immer wieder liest, was sonst zu Ende ginge.

Das also habe ich damals doppelt erlebt, an Musils tausend Seiten und an hundert Gesprächen mit Sonne. Daß eines sich zum anderen fand, war ein Glück, wie es sonst wohl niemandem widerfuhr. Denn wenn es in seinem geistigen Gehalt wie im sprachlichen Rang nicht unvergleichlich war, war es doch seiner innersten Absicht nach konträr. Musil stak in seinem Unternehmen, wohl war ihm jede Freiheit des Denkens gewährt, aber er fühlte sich einem Ziel untergeordnet, was immer ihm geschah, er *verzichtete* darauf nie, er hatte einen Körper, den er anerkannte und blieb durch diesen Körper der Welt zugetan. Er beobachtete das Spiel der anderen, die sich anmaßten zu schreiben, obwohl er selbst schrieb, und durchschaute ihre Nichtigkeit, die er verdammte. Er anerkannte Disziplin, die der Wissenschaft besonders, versagte sich aber auch andere ihrer Formen nicht, das Werk, das er unternahm, stand auch für eine *Eroberung*; er gewann ein Reich zurück, das untergegangen war, nicht etwa seine Glorie, seinen Schutz, sein Alter, sondern was er zurückgewann, waren im Geistigen alle Verzweigungen seiner größeren und kleineren Wege, aus Menschen eine *Landkarte*. Die Faszination seines Werks läßt sich mit der einer Landkarte wohl vergleichen.

Sonne aber wollte nichts. Daß er sich so hoch und gerade hielt, war ein Schein. Die Zeit, in der er an die Rückgewinnung eines Landes gedacht hatte, war vorüber. Daß er dazu die Rückeroberung einer Sprache unternommen hatte, wußte ich lange nicht. Er schien selber keinem Glauben zugetan, obwohl alle Gläubigkeiten offen vor ihm lagen. Er war von jeder Absicht frei und maß sich mit niemandem. Aber an den Absichten der anderen nahm er teil, bedachte und kritisierte sie und wenn er auch mit den höchsten Maßstäben maß und viel, vielleicht das meiste, nicht gutheißen konnte, so galt sein Urteil nie dem Unterfangen, sondern dem Ergebnis.

Er wirkte wie der sachlichste aller Menschen, aber nicht weil ihm Sachen wichtig gewesen wären, sondern weil er nichts für sich selber wollte. Viele wissen, was Uneigennützigkeit ist, und manche ekelt der Eigennutz, den sie um sich sehen, so sehr, daß sie sich von ihm zu befreien suchen. Aber nur einen einzigen, eben ihn, habe ich in jenen Wiener Jahren gekannt, der vollkommen frei von Eigennutz war. Es ist mir auch später keiner von seiner Art begegnet. Denn zu der Zeit, als die östlichen Weisheiten unzählige Adepten fanden, als Verzicht auf weltliche Ziele zu einer Massenerscheinung wurde, ging es immer auch um eine Feindschaft gegen den *Geist*, wie er sich in den europäischen Kulturen entwickelt hatte. Alles wurde abgetan, es war besonders die *Schärfe* des Geistes, die verpönt war, mit der Aufgabe der Anteilnahme an die Welt, wie sie einen umgab, entzog man sich auch der Verantwortung für sie. Für das, womit man nichts zu tun haben wollte, mochte man sich nicht schuldig fühlen. »Es geschieht euch recht«, wurde zu einer weitverbreiteten Haltung. Sonne hatte seine Tätigkeit in der Welt aufgegeben, warum er darauf verzichtet hatte, sich um sie zu mühen, wußte ich nicht. Aber er *blieb* in ihr, mit seinen Gedanken jeder ihrer Erscheinungen verhaftet. Er ließ die Hände fallen, doch wandte er ihr nicht den Rücken zu, selbst in der ausgewogenen Gerechtigkeit seiner Rede war seine Leidenschaft für diese Welt zu fühlen, und mein Eindruck war, daß er bloß darum nichts *tat*, weil er niemandem ein Unrecht zufügen wollte.

An Sonne erfuhr ich zum erstenmal bewußt, was die Integrität einer Person ausmacht: daß sie unberührt bleibt, auch von Fragen, und über sich selbst bestimmt, ohne ihre Motive und ihre Geschichte preiszugeben. Nicht einmal selbst stellte ich mir Fragen über seine Person, unantastbar blieb er mir, auch in Gedanken. Er sprach über vieles und sparte nicht an Urteilen, wenn ihm etwas mißfiel. Aber ich suchte nie nach Motiven für seine Worte, sie standen für sich, klar abgegrenzt selbst gegen ihren Ursprung. Das war, auch abgesehen von ihrer Qualität, damals etwas Seltenes geworden. Die psychoanalytische Verseuchung hatte Fortschritte gemacht, wie sehr, erlebte ich eben damals an Broch. Es störte mich bei Broch weniger als bei anderen, gewöhnlicheren Naturen, denn seine Sinne waren, wie ich schon gesagt habe, von so besonderer Beschaffenheit, daß auch die banalsten Erklärungen, wie sie eben im Umlauf waren, seine Eigenart nicht beeinträchtigt hätten. Im allgemeinen war es aber so, daß zu jener Zeit in Gesprächen nichts gesagt werden konnte, ohne daß es durch die Motive, die dafür sofort bei der Hand waren, entkräftet wurde, die unsägliche Langeweile, die sich von ihnen verbreitete, die Sterilität, die daraus resultierte, schien wenige zu stören. Die erstaunlichsten Dinge spielten sich ab in der Welt, aber es war immer der gleiche, öde Hintergrund, vor den man sie stellte, von diesem sprach man und hielt sie für erklärt und sie waren nicht mehr erstaunlich. Wo das Denken *einsetzen* sollte, quakte ein vorlauter Chor von Fröschen.

Musil war in seinem Werk von dieser Infektion vollkommen frei, und frei davon war in seinen Gesprächen Dr. Sonne. Er fragte mich nichts, das an Privates grenzte. Ich erzählte nichts von selbst und hütete mich vor Konfessionen. Ich hatte das Beispiel seiner Würde vor Augen und benahm mich wie er, und so leidenschaftlich Dinge dargelegt wurden, alles, was ihn bloß selber betraf, blieb von solchen Erörterungen ausgeschlossen. Anklagen, an denen es nicht fehlte, bereiteten ihm keine Lust. Er sah das Schlimmste vorher, sprach es auf das genaueste aus, aber er freute sich nicht, wenn es dann eintraf. Das Böse blieb böse für ihn, obschon er recht behalten hatte. Den Gang der Dinge erkannte er so klar wie niemand. Ich hätte Scheu davor, alles Furchtbare auszusprechen, das er damals schon wußte. Er gab sich Mühe, nicht merken zu lassen, wie sehr ihn die Dinge, die er voraussah, quälten. Er hütete sich davor, einen damit zu bedrohen oder zu strafen. Seine Behutsamkeit für den Hörer war dessen Empfindlichkeit, die er kannte, angemessen. Er bot keine Rezepte an, obwohl er viele wußte. Er war so entschieden, als hätte er ein Urteil zu fällen, doch verstand er, durch eine schlichte Handbewegung, sein Gegenüber von diesem Urteil auszunehmen. So müßte man von mehr als Behutsamkeit, man müßte auch von seiner Zartheit sprechen, über die Verbindung dieser Zartheit mit unerbittlicher Strenge staune ich bis zum heutigen Tage.

Erst heute weiß ich, daß mir ohne das tägliche Beisammensein mit Sonne die Loslösung von Karl Kraus nie gelungen wäre. Es war dasselbe Gesicht: wie gern würde ich durch Bilder (die es aber nicht gibt) eine visuelle Vorstellung von der Gleichartigkeit dieser Gesichter geben! Aber es war – und ich weiß nicht, wie ich das glaubhaft machen soll – ein anderes Gesicht zugleich da, eines, das mir drei Jahre später als das von Karl Kraus vor Augen gekommen war, als Totenmaske, das Gesicht von Pascal. Der Zorn war hier zu Schmerz geworden und vom Schmerz, den man sich selber zufügt, ist man gezeichnet. Die Verquickung dieser beiden Antlitze: das des prophetischen Eiferers und das des Dulders, der die Kraft hat, sich über alles, was einem Geiste möglich ist, zu verbreiten, ohne daran überheblich zu werden – diese Verquickung löste mich von der Herrschaft des Eiferers, ohne mir zu nehmen, was ich von ihm empfangen hatte und erfüllte mich mit Respekt vor dem, was mir unerreichbar war: in Pascal hatte ich es geahnt, in Sonne hatte ich es vor mir.

Sonne hatte vieles auswendig im Kopf, vollständig, wie ich schon sagte, die Bibel und vermochte ohne Zögern und Überlegen jede Stelle aus ihr hebräisch zu zitieren. Er hielt aber mit diesen mnemotechnischen Taten zurück, sie wurden nie zu Ereignissen. Ich kannte ihn über ein Jahr, bevor ich einen Einwand gegen das Deutsch der Buberschen Bibelübersetzung vorbrachte und er diesen Einwand nicht nur guthieß, sondern mit einer großen Zahl von Beispielen auf den hebräischen Urtext einging. An der Art, wie er manche kurze Absätze sprach und deutete, fiel es mir plötzlich wie Schuppen von den Augen: Ich erkannte, daß er ein Dichter sein müsse, eben in dieser hebräischen Sprache, die er mir vorführte.

Ich wagte es nicht, ihm eine Frage darüber zu stellen, denn wenn er einer Feststellung selbst aus dem Wege ging, vermied man es, daran zu rühren. Doch ging mein Takt diesmal nicht so weit, andere, die ihn schon vor Jahren gekannt hatten, nicht danach zu befragen. Ich erfuhr – und es klang, als sei das seit einiger Zeit schon zum Geheimnis geworden –, daß er einer der Begründer der neuhebräischen Dichtung war.

Als ganz junger Mensch, im Alter von 15 Jahren, habe er

unter dem Namen Abraham ben Yitzchak eine Anzahl von hebräischen Gedichten geschrieben, die von Kennern der beiden Sprachen mit Hölderlin verglichen wurden. Es seien ganz wenige Gedichte gewesen, vielleicht nicht einmal zwölf hymnenartige Gebilde von solcher Vollkommenheit, daß man ihn unter die Meister der neubelebten Sprache gezählt habe. Er habe dann aber gleich damit aufgehört und nie wieder sei ein Gedicht von ihm an die Öffentlichkeit gelangt. Man war der Meinung, daß er's sich seither *versagt* habe, Gedichte zu schreiben. Er spreche nie davon, wie über so vieles bewahre er auch darüber ein unverbrüchliches Schweigen.
Ich fühlte mich schuldig, weil ich das gegen seinen Wunsch in Erfahrung gebracht hatte und ging eine ganze Woche lang nicht ins Café Museum. Er war mir ein Weiser geworden, wie ich noch keinen erlebt hatte, und was ich über die Gedichte seiner Jugend erfuhr, so ehrenvoll es klang, war wie eine Einschränkung davon. Er wurde weniger, weil er etwas getan hatte. Er hatte aber noch mehr getan und auch das erfuhr ich zufällig und allmählich. Von allem hatte er sich abgewendet und obwohl ihn nichts berührte, was er nicht als Meister tat, hatte es seinen Bedenken nicht genügt und er hatte es aus strengen Gewissensgründen aufgegeben. Nun war er aber, um nur vom ersten zu sprechen, zweifellos ein Dichter geblieben. Worin bestand denn der Zauber seiner Rede, die Genauigkeit und Anmut, mit der er seinen Weg zwischen den schwierigsten Gegenständen fand, nichts ausließ, das der Betrachtung wert war (mit Ausnahme seiner Person), das zu Schauende auf das präziseste ins Auge faßte, ohne sich mit ihm gemein zu machen, worin die Bändigung des Entsetzens, das er empfand, die verborgene Einsicht in jede Regung dessen, zu dem er sprach, die Zartheit seiner Schonung? Jetzt wußte ich aber, daß er auch als Dichter *gegolten* und diese Geltung von sich abgeworfen hatte, während ich daran war, mir diese Geltung, die ich noch nicht hatte, zu gewinnen. Ich schämte mich dessen, dieses Wissen erworben zu haben: daß er einmal etwas Großes gewesen war, das er nicht mehr dafür hielt. Wie sollte ich ihm nun entgegentreten, ohne nicht nach dem Grund dieser Geringschätzung zu fragen? Mißbilligte er mich, weil für mich das Schreiben so sehr zählte? Er hatte nichts von mir gelesen, es gab kein Buch von mir, er konnte

mich nur nach unseren Gesprächen kennen, von denen er beinahe alles und ich das wenigste bestritt.
Es war fast unerträglich, ihn nicht zu sehen, denn ich wußte, daß er zu dieser Stunde dort saß und vielleicht auf die Drehtür blickte, ob ich komme. Von einem Tag zum anderen spürte ich mehr, daß ich es ohne ihn nicht aushalten würde. Ich mußte den Mut fassen, ihm vor die Augen zu treten, ohne von dem zu sprechen, was ich nun wußte, dort anknüpfen, wo ich ihn zuletzt verlassen hatte und so lange darauf verzichten, seine Meinung über den Inhalt meines Lebens zu kennen, bis das Buch da war, das ich seinem Urteil, und seinem Urteil allein, unterbreiten wollte.

Ich kannte die Intensität von Obsessionen, das Einschneidende des immer Wiederholten, das tausendmal Geübte, das doch nie seine Kraft verlor: eben das war es, wodurch Karl Kraus auf einen wirkte. Und hier saß ich nun mit einem Mann beisammen, der *sein* Gesicht trug, der nicht weniger streng war, aber ruhig, denn es war kein Fanatismus in ihm und er wollte einen nicht überwältigen. Es war ein Geist, der nichts verschmähte, der sich mit derselben gesammelten Kraft jeder Art von Erfahrung zuwandte. Die Scheidung der Welt in das Böse und das Gute bestand auch für ihn, es war nie zweifelhaft, was zu diesem und was zu jenem gehörte, aber die Entscheidung darüber und besonders über die eigene Reaktion darauf wurde einem selbst überlassen. Nichts wurde gemildert oder verschönt, alles wurde mit einer Klarheit dargestellt, die man bestürzt und auch ein wenig beschämt als Geschenk empfand, für das von einem nichts als ein offenes Ohr gefordert wurde.
Erspart wurde einem die Anklage. Man muß sich vorstellen, mit welcher Gewalt die unaufhörlichen Anklagen von Karl Kraus auf einen eingewirkt hatten, wie sie eindrangen und von einem Besitz ergriffen und einen nie wieder verließen (noch heute entdecke ich die Wunden, die sie in mir verursacht hatten, nicht alle sind zu Narben verheilt), sie hatten die volle Kraft von *Befehlen* und da man sie im vorhinein guthieß und ihnen nie auszuweichen suchte, wäre es vielleicht besser für einen gewesen, wenn ihnen auch die Dringlichkeit von Befehlen eigen gewesen wäre, dann wären sie ausführbar ge-

wesen und man hätte nicht mehr als die Stacheln von ihnen behalten, auch das wäre nicht leicht gewesen. So aber wie die dichtgefügten Festungssätze von Karl Kraus gemauert waren, blieben sie als Ganzes schwer und ungefüg auf einem liegen, es war eine lähmende Last, die man mit sich herumtrug, und obwohl ich in der Fron jener Jahresarbeit an dem Roman und im Ausbruch des Dramas später viel davon losgeworden war, bestand immer noch die Gefahr, daß meine Befreiungskämpfe fehlschlügen und in einer ernsten seelischen Versklavung ihr Ende fänden.

Die Befreiung kam durch dieses Gesicht, das so sehr dem des Unterdrückers glich, aber alles *anders*, komplexer, reicher, verzweigter sagte. Statt Shakespeare und Nestroy bekam ich die Bibel, aber sie war kein Zwang, unter zahllosen Gegenständen *einer*, auch sie war intakt, in ihrem genauen Wortlaut vorhanden. Wenn in irgendeinem Zusammenhang die Rede auf sie kam, bekam ich eine längere Stelle zu hören, ohne sie zu verstehen, und dann rasch Satz um Satz die leuchtende, aber in jeder Einzelheit begründete Übersetzung eines Dichters, um die mich die ganze Welt beneidet hätte. Ich bekam sie allein und ohne danach zu fragen, ich bekam sie, so wie sie sich ergab, und natürlich bekam ich auch anderes in Zitaten, aber von diesen war mir vieles bekannt, und ich hatte bei ihnen auch nicht das Gefühl, daß es die eigentliche, die Kindheits- und Weisheitsessenz des Sprechenden war. Damals erst kamen mir die Propheten der Bibel in ihrem Wortlaut nahe, die ich 15 Jahre zuvor als Bilder Michelangelos erlebt hatte, und der Eindruck dieser Gestalten war ein so ungeheurer gewesen, daß sie mich von ihren Worten ferngehalten hatten. Jetzt lernte ich sie aus dem Munde *eines einzigen* Mannes kennen, als wäre er sie alle zusammen. Er glich ihnen, aber indem er ihnen nicht glich, nicht als Eiferer glich er ihnen, sondern als einer, der von der Qual des Kommenden erfüllt war, über das er scheinbar ohne Emotion mit mir sprach, dem jedenfalls die eine, schrecklichste Emotion der Propheten fehlte, die recht behalten wollen, auch wenn sie das Schlimmste verkünden. Sonne hätte jeden seiner Atemzüge dafür hergegeben, *nicht* recht zu behalten. Er sah den Krieg, den er haßte, er sah seinen Verlauf. Er wußte, wie er noch zu verhindern wäre und was hätte er nicht getan, um seine furchtbare Voraussage zu entkräften. Als wir uns nach vierjähriger Freundschaft trennten, ich fuhr nach England, er nach Jerusalem, beide schrieben wir keine Briefe, geschah Schritt um Schritt, in jeder Einzelheit, was er mir vorhergesagt hatte. Ich war von den Ereignissen doppelt betroffen, denn ich erlebte, was ich aus seinem Munde schon kannte. So lange trug ich es schon in mir und dann, erbarmungslos, wurde es wahr.

Den Grund für Sonnes mehr als aufrechte, für seine etwas steife Haltung beim Gehen erfuhr ich lange nach seinem Tode. Als junger Mensch war er beim Reiten, ich glaube, es war in Jerusalem, vom Pferde gestürzt und hatte sich das Rückgrat verletzt. Wie es dann zur Verheilung kam, ob er auch später immer etwas tragen mußte, um den Rücken zu stützen, weiß ich nicht zu sagen. Aber es war die Ursache für seine Haltung, die manche in poetischer Übertreibung als das ›Königliche‹ an ihm bezeichneten.
Wenn er mir Psalmen übersetzte oder die Weisheitssprüche, erschien er mir als königlicher Dichter. Daß dieser selbe Mann, Prophet und Dichter zugleich, so vollkommen verschwinden konnte, daß er hinter Zeitungen verborgen nicht zu bemerken war, aber selbst alles um sich herum gewahrte, dieses Fehlen einer Farbe, so könnte man es nennen, und daß er ohne jeden Anspruch lebte, war an ihm das erstaunlichste.
Einen einzelnen Gegenstand dieser Gespräche im Café Museum habe ich herausgehoben, den biblischen. Da ich die anderen hier nicht aufzähle, könnte der Eindruck entstehen, daß Sonne zu denen gehörte, die ihr Judentum zur Schau tragen. Genau das Gegenteil war der Fall. Das Wort ›Jude‹ hat er weder von sich noch von mir gebraucht. Es war ein Wort, das er auf sich beruhen ließ. Als Anspruch ebenso wie als Zielscheibe gehässiger Meuten war es seiner unwürdig. Von der Überlieferung war er erfüllt, ohne sich etwas auf sie zugute zu halten. Die Herrlichkeiten, von denen er wie keiner wußte, rechnete er nicht *sich* als Verdienst an. Mir schien, als sei er nicht gläubig. Die Achtung, die er für jeden Menschen hatte, verwehrte es ihm, irgendwelche, auch die niedersten, vom vollen Anrecht auf Menschheit auszuschließen.

Er war in vielem ein Vorbild, seit ich ihn gekannt habe, konnte mir niemand mehr zum Vorbild werden. Er war es auf die Art, die Vorbilder haben müssen, wenn sie ihre Wirkung tun sollen. Er erschien mir damals, vor 50 Jahren, unerreichbar und unerreichbar ist er mir geblieben.

Die Operngasse

In ihrem ebenerdigen Atelier in der Operngasse 4 hatte Anna viel Besuch. Es lag im Zentrum der Stadt, Wiens eigentliches Zentrum war ja doch die Oper und es schien richtig, daß die Tochter Mahlers, nachdem sie die Fesseln ihrer Ehe endgültig abgestreift hatte, gerade dort lebte, wo ihr Vater, der höhere, der Musik-Kaiser Wiens, seine Herrschaft ausgeübt hatte. Wer ihre Mutter kannte und in der Villa auf der Hohen Warte empfangen wurde, ohne etwas für sich zu wollen, wer berühmt genug war, um sich von seiner Karriere erholen zu müssen, der kam, in Pausen seiner Tätigkeit, gern zu Anna.
Es gab aber noch etwas anderes, was Menschen hinzog, und das waren die Porträt-Köpfe, die sie von ihnen machte. Die illustren Leute, die Alma gern an ihre Person band, ihre Sammlung, aus denen sie sich von Zeit zu Zeit welche aussuchte, sei es zur Ehe, sei es zu ihrem Vergnügen, wurden bei Anna reduziert oder soll man sagen erhöht, zu einer Porträtgalerie. Wer bekannt genug war, wurde um seinen Kopf gebeten, es gab wenige, die ihn nicht gern hergaben. So fand man oft Leute, die in angeregtem Gespräch dasaßen, während Anna an ihrem Kopf modellierte. Mein Besuch war dann nicht unerwünscht, weil ich Leute in Gespräche verwickelte, die Anna bei ihrer Arbeit zugute kamen. Sie hörte wohl zu, während sie modellierte. Manche waren der Meinung, daß ihre eigentliche Begabung auf diesem Gebiete lag.
Ich will einige Leute nennen, die zu ihr kamen und daraus nun etwas wie eine eigene Galerie machen. Manche von ihnen hatte ich schon gesehen, sei es in der Maxingstraße, sei es auf der Hohen Warte. Zu diesen gehörte Zuckmayer, von dem sie auch einen Kopf machte. Er war gerade in Frankreich

gewesen und erzählte von seinen Eindrücken dort. Er erzählte lebhaft, in dramatisch übersprudelnder Art. Damals ging es darum, daß man überall, wo man in Frankreich hinkam, den Monsieur Laval sah. Er war der häufigste Mensch, *das* allgemeine Gesicht. Man betrat ein Restaurant, man stand noch halb in der Tür: wer kam einem entgegen? Monsieur Laval! Im Café, das gesteckt voll war, wo man nach Platz suchte, stand wer auf zum Fortgehen, so daß man seinen Platz bekam? Monsieur Laval! Im Hotel wechselten die Portiers: Monsieur Laval! Man begleitete seine Frau auf einem Einkauf in der Rue de la Paix: wer bediente sie? Monsieur Laval! Es kam zu mehr und mehr Geschichten über Begegnungen mit Monsieur Laval. Er war die öffentliche Figur, er war das Ebenbild der Franzosen. Das klingt nach der weiteren Entwicklung der Dinge, die man heute kennt, viel ominöser, damals hatte es etwas Possenhaftes, das Theatralische daran war nicht eigentlich bezwingend, eher die herzhafte Derbheit des Erzählers. Der Clou der Sache lag in der Wiederholung, immer, in hundert Formen, prallte man auf *denselben* Menschen, alle waren er und er war alle, aber man empfand bei keinem Zusammenprall einen wirklichen Monsieur Laval, sondern Zuckmayer, als wäre er auf der Bühne zu einem Laval hergerichtet worden. Er sprach allein und kümmerte sich nicht darum, wer zuhörte, es war neben Anna damals niemand außer mir da, ich kam mir vor wie *viele* Zuhörer, so wie der eine Zuckmayer die vielen Lavals spielte, spielte ich die vielen Zuhörer. Ich war sie auch und sie alle, die ich war, staunten über die beinahe unglaubliche *Harmlosigkeit*, die sich von ihm verbreitete, eine Fastnachtsatmosphäre, in der nichts wirklich Böses geschah, alles Böse war durch Komik transformiert, und wenn ich mir heute jene lebhafte Laval-Geschichte wieder vergegenwärtige, fällt mir am meisten daran auf, wie sehr das Unheimliche jener Figur sich für Zuckmayer in Situationskomik umsetzte.

Ich begegnete dort auch Gestalten, die durch Schönheit bezwangen, sogar Schönheit sehr reiner Art, wie sie sich für mich in Totenmasken verkörpert hatte. Betroffen war ich vom Anblick de Sabatas, des Dirigenten. Er dirigierte an der Staatsoper und kam zwischen Proben herüber. Es war nur ein Sprung über die Straße, die Operngasse. Annas Atelier war

wie eine Dependance der Bühne. So mußte er es empfinden, er kam vom Pulte Mahlers. In wenigen Schritten war er bei Mahlers Tochter, und daß sie es war, die den Anspruch seines Antlitzes auf Ewigkeit begründete, hatte nicht nur Sinn, es war, so schien mir, die Krönung seines Lebens. Ich war manchmal da, wenn er erschien, sehr rasch und sicher, eine hohe Gestalt, die trotz ihrer Eile etwas Nachtwandlerisches hatte, daß Gesicht sehr fahl, von der Schönheit eines Toten, aber eines, der niemandem glich, obwohl es von ebenmäßigen Zügen war, es war, als ginge er mit geschlossenen Augen, und doch blickten sie und es war in ihnen, wenn sie auf Anna ruhten, etwas Heiteres. – Es war für mich kein Zufall, daß de Sabata zu einem ihrer besten Köpfe wurde.
Auch Werfels Kopf wurde damals in der Operngasse modelliert. Sicher war es ihm angenehm, in solcher Nähe von der großen Arienstätte porträtiert zu werden. Hier saß er gern: es war ein sehr einfaches Atelier, fern von der Prunkvilla auf der Hohen Warte und auch fern vom Palais seines Verlegers in der Maxingstraße. Ich vermied es zu kommen, wenn ich wußte, daß er da war. Aber manchmal kam ich auch, ohne mich anzumelden. Das tat ich besonders gern, und stieß dann im mit Glas überdachten kleinen Hof zu ebener Erde auf den sitzenden Werfel. Er gab meinen Gruß zurück, wie wenn nichts geschehen wäre und ließ sich für das, was er mir angetan hatte, keinen Groll anmerken. Er hatte sogar die Menschenliebe, mich zu fragen, wie es mir gehe und brachte dann gleich das Gespräch auf Veza, deren Schönheit er bewunderte. Bei einer der Gesellschaften auf der Hohen Warte war er vor ihr niedergekniet und hatte leiblich eine Liebesarie gesungen, immer auf einem Knie, bis zu Ende, und stand erst auf, als er sich sagen konnte, daß ihre Darbietung ihm so gut gelungen war wie einem professionellen Tenor, er hatte eine gute Stimme. Er verglich Veza mit der Rowena, der berühmten Schauspielerin der Habimah, die auch in Wien die Hauptrolle der Besessenen im ›Dybuk‹ gespielt hatte, alle waren von ihr hingerissen gewesen. Etwas Besseres hätte Veza über sich gar nicht hören können, denn der andalusischen Vergleiche war sie nachgerade müde geworden. Er meinte es, wenn er es sagte, es war kein Kompliment, wahrscheinlich meinte er immer, was er sagte und vielleicht war das ein Grund für

die zweifelhafte Wirkung, die er auf kritische Naturen hatte. Wer ihn trotz der Abneigung, die er einflößte, zu verteidigen suchte, nannte ihn »ein wunderbares Instrument«.
Es war merkwürdig, Werfel bloß *sitzen* zu sehen, ohne daß er etwas Besonderes dabei tat. Man war es gewöhnt, ihn verkünden oder singen zu hören, wobei eines leicht ins andere überging. Gespräche, in denen er immer das große Wort führte, besorgte er stehend. Einfälle standen ihm häufig zu Gebote, die er aber durch viele Worte gleich verdarb. Man hätte über etwas nachdenken mögen und wünschte sich eine Pause, einen Augenblick, einen einzigen, nicht mehr, der Stille, aber schon kam die Wortflut und spülte alles wieder weg. Er empfand alles als wichtig, was von ihm kam, das Dümmste klang so eindringlich wie das Ungewohnte und Überraschende. Ohne Gefühl war er nichts zu sagen imstande, das entsprach seiner Natur, aber es entsprang auch seiner tiefsten Überzeugung. Von einem Prediger unterschied ihn die Nähe zu Gesang, doch wie ein Prediger war er sich stehend am nächsten. Vor einem Pulte stehend, schrieb er seine Bücher. Seine Lobesworte hielt er für Menschenliebe. Wissen verabscheute er wie Überlegung. Um ja nicht zu überlegen, platzte er gleich mit allem heraus. Da er vieles von anderen hatte, das bedeutend war, tönte er oft, als sei er selber die Quelle großer Dinge. Er schwappte über von Gefühl, es gluckste in ihm, dick wie er war, von Liebe und Gefühl, kleine Teiche davon erwartete man auf dem Boden um ihn zu finden und war beinahe enttäuscht zu sehen, daß es um ihn so trocken blieb wie um andere. Mit Sitzen beschied er sich nicht gern, es sei denn, er hörte Musik: da war er sehr gierig, denn in diesem wichtigen Augenblick lud er sich mit Gefühl voll und ich habe mich oft gefragt, was ihm geschehen wäre, wenn drei volle Jahre auf der ganzen Erde keine Oper zu hören gewesen wäre. Ich glaube, er wäre abgemagert und eingegangen, richtig verhungert, nicht ohne, bevor es zum Schlimmsten gekommen war, in Klagelieder auszubrechen. Andere zehren vom Wissen, wenn sie sich damit genug abgequält haben, er zehrte von Tönen, die er sich fühlend erwarb.
Anna machte aus seinem häßlichen Kopf das Beste. Sie, die vor allem Grotesken, wenn es sich nicht in Märchenfarbe

kleidete, zurückschrak, übertrieb die Dicke seines Kopfes, die hauptsächlich aus Fett bestand, und gab ihm – sie hatte ihn überlebensgroß angelegt – eine Wucht, die er gar nicht hatte. Unter den Köpfen großer Männer, die in ihrem Atelier herumstanden und sich rasch vermehrten, nahm er sich nicht einmal schlecht aus. So wie der von de Sabata konnte er nicht sein – der war so schön wie die Totenmaske Baudelaires. Aber neben den Zuckmayers konnte man ihn sehr wohl stellen.

Unter Annas Besuchern gab es auch – für mich – große Überraschungen: so wie es manche von der Oper, in der sie zu tun hatten, in Annas Atelier zog, eine gewiß begreifliche und legitime Anziehung, kamen andere von der Kärntnerstraße, in der sie ihre Einkäufe besorgten. Eines Tages, ich hatte schon Platz genommen und Anna etwas zu erzählen begonnen, wehte Frank Thiess mit seiner Frau herein, ein elegantes Paar in hellen Flauschmänteln, Päckchen hingen ihnen an allen Fingern, nichts Schweres, nichts Großes, wie leichte Kostproben von wertvollen Dingen, von unterschiedlicher Gestalt, als sie einem die Hand gaben, sah es aus, als böten sie einem Geschenke zur Auswahl an, aber sie entschuldigten sich, weil sie gleich weiter müßten und legten die Geschenke gar nicht ab. Thiess sprach sehr rasch, in einem Deutsch nördlicher Klangfarbe, mit ziemlich hoher Stimme, man hätte, obwohl man gar keine Zeit habe, nicht vorüber können, ohne rasch einzutreten und die Künstlerin zu begrüßen. Ansehen werde man sich die Sachen ein andermal und dann kam trotz Eile eine Flut von Erlebnissen in den Geschäften der Kärtnerstraße, in keiner einzigen dieser Lokalitäten war ich je gewesen, es klang wie ein Bericht über eine exotische Expedition, mehr ein eiliger Fluß als ein Bericht, stehend, denn zum Ablegen von Päckchen und Mantel war keine Zeit, doch durch einen leichten Schwung, den er ihnen gab, bezeugten die Päckchen jeweils, daß er eben vom Laden ihrer Herkunft sprach. Bald schaukelten sie alle wie Marionetten an seinen Fingern, es war alles parfümiert, das kleine Kabinett neben dem Atelierhof, in das Anna Gäste zu führen pflegte, war in wenigen Minuten von feinsten Gerüchen erfüllt, die gar nicht einmal den Päckchen, sondern den Einkaufserlebnissen entströmten. Von irgend etwas anderem war nicht die Rede, nur Annas Mutter kam – in leicht aufgeworfener Huldigung – zur Sprache, und als sie fort waren – zum Abschied hatten sie einem vorsichtshalber die Päckchen nicht mehr hingereicht –, fragte man sich, ob jemand dagewesen sei. Anna, die nicht gern abschätzige Worte machte, stellte sich an ihre Figur und schlug auf sie ein. So fremd wie mir war ihr die Einkaufswelt, die in ihr Atelier eben ein- und gleich wieder hinausgeflossen war, nicht, sie kannte sie durch ihre Mutter, die sie in die Kärtnerstraße und auf den Graben oft begleitet hatte, aber es war eine Welt, die sie haßte, und mit ihrem Mann, den ihre Mutter ihr aus Gründen der Familienpolitik aufgedrängt hatte, hatte sie auch diese Welt verlassen.

Alle Verpflichtungen zu Empfängen in der Maxingstraße war sie losgeworden. Jetzt mußte sie auf keine Gesellschaft mehr Rücksicht nehmen. Sie verlor keine Zeit, sie stand unter keiner Kontrolle. Wenn etwas sie ärgerte, griff sie zum Meißel. Sie wollte sich die Arbeit so schwer wie möglich machen. Es war das, was sie von Wotruba gelernt hatte, mit dem sie im Tieferen nichts verband: eine Gier nach dem Monumentalen, weil es die schwerste Arbeit erforderte. Eine Anspannung des Willens, in der unteren Hälfte ihres Gesichts glich sie sehr ihrem Vater.

Es war eine Art von Anständigkeit, wenn Thiess sie besuchte. Vielleicht wußte er gar nicht, daß er ihr nichts zu sagen hatte. Seine raschen Tonleitern, die sich aber mehr in der Höhe hielten, konnte er jedem vorspielen. Aber Paul Zsolnay, den Anna zum letztenmal verlassen hatte, war sein Verleger. Daß er Anna mitten in den Reizungen der Kärntnerstraße seine etwas flüchtige Aufwartung machte, war ein Akt der Anhänglichkeit und eine Art Neutralitätserklärung. Er war zufrieden mit seinem Erscheinen und vielleicht wußte er sogar, daß an seinen Fingern alles hing, was sie durch ihre Flucht von Zsolnay verloren hatte.

Nur wirklich ›Freie‹, die bekannt genug waren und viel gelesen wurden, die also vom Verlag nicht abhängig waren, weil jeder andere Verlag sie ebensogern übernommen hätte, nur solche, die in der damaligen Lesewelt als berühmt galten, konnten es sich leisten, Anna durch einen Besuch zu huldigen. Leute kamen und gingen und es sprach sich herum, wer

dagewesen war. Leute, die man als Lakaien des Verlags empfand, erschienen besser nicht. Manche, die Anna früher geschmeichelt hatten, die alles darum gegeben hätten, in ihre Gesellschaften eingeladen zu werden, mieden sie und hüteten sich vor der Operngasse. Es gab auch welche, die plötzlich schlecht über sie sprachen. Die Mutter, die auf die musikalischen Vorgänge in der Stadt großen Einfluß hatte, ließ man ungeschoren, obwohl ihr Berechnung und private Hausmachtspolitik aus jeder Pore troffen.
Anna stellte sich dem Gerede der Welt, sie war mutig und blieb es immer und baute sich im kleinen Atelier der Operngasse ihre Art Museum von berühmten Köpfen. Es war legitim, sofern ein Kopf gelang, was gar nicht selten der Fall war. Sie ahnte nicht, wie sehr es außerdem ein Abglanz vom Leben ihrer Mutter war.
Dieser war es um Macht zu tun, in jeder Form, um Ruhm besonders, um Geld und um die Macht, die Lust verleiht. Anna dagegen hatte als ihr Zentrum etwas, das wichtiger war, den ungeheuren Ehrgeiz ihres Vaters. Sie wollte arbeiten und sich's bei der Arbeit so schwer wie möglich machen. In Wotruba, ihrem Lehrer, stieß sie auf genau die harte, lange und schwere Arbeit, die sie brauchte. Sie machte keine Entschuldigung für sich als *Frau*, sie war entschlossen, so schwer zu arbeiten wie dieser starke, junge Mann, der ihr Lehrer war. Daß zu seiner Art von Arbeit auch ein anderes Schicksal gehörte, wäre ihr nie eingefallen. Sie machte keine Unterschiede der Herkunft und während ihre Mutter das Wort ›Prolet‹ mit der Verachtung aussprach, die sie für Sklaven empfand, so als wäre es etwas außerhalb menschlicher Kategorien, käuflich und notwendig, höchstens im Falle eines exzeptionell schönen Menschen auch für Liebe brauchbar, während ihre Mutter gern solche erhob, die schon gehoben waren, machte Anna überhaupt keinen Unterschied zwischen Menschen, Herkunft und sozialer Stand bedeuteten ihr nichts, es kam ihr nur auf die Menschen selber an, aber es zeigte sich, daß diese schöne und noble Gesinnung nicht genügt; um zu wissen, ob Menschen etwas wert sind, muß man nicht nur Erfahrungen machen, sondern sie sich auch *merken*.
Sehr wichtig war ihr Freiheitsgefühl, es war der Hauptgrund

für ihre rasche Loslösung aus jeder Beziehung. Es war so stark, daß man hätte meinen können, jede neue Beziehung, die sie anspinne, sei unernst und von Anfang an nur für kurze Dauer gedacht. Dem stand entgegen, daß sie ›absolute‹ Briefe schrieb und ganz besonders ›absolute‹ Erklärungen erwartete. Vielleicht waren ihr die Briefe, die man für sie dichtete, wichtiger als Liebe selbst und was sie am meisten faszinierte, waren Geschichten, die man erzählte.

Ich war oft bei ihr, besonders seit sie das Atelier in der Operngasse hatte und berichtete ihr über alles, was mich beschäftigte. Was in der Welt geschah und was ich erfand, breitete ich vor ihr aus. Wenn ich von Sonne erfüllt war, konnte es passieren, daß ich sehr ernste Dinge an sie weitergab und immer hörte sie zu und schien gefesselt. Als ich gar etwas tat, was ich mir sonst immer lang überlegte: als ich Sonne zu ihr ins Atelier brachte – die Tochter Gustav Mahlers interessierte ihn –, als ich ihr das Beste, was es für mich auf der Welt gab, diesen leisesten aller Menschen darbot, mit dem Respekt, den ich ihm schuldete und den ich auch vor ihr nicht verbarg, reagierte sie mit der Großmut darauf, die ihre schönste Eigenschaft war: sie nahm ihn als das, was er war, bewunderte ihn – trotz seines asketischen Aussehens –, hörte ihm so zu, wie sie mir zuzuhören pflegte, aber mit dem Maß von Feierlichkeit, das ich vor ihm erwartete, und bat ihn wiederzukommen. Sobald ich sie das nächste Mal allein sah, lobte sie ihn, fand ihn interessanter als die meisten Menschen und fragte mich dann öfters, wann er wiederkäme.

Allerdings hatte er mir über ihre Köpfe kluge Dinge gesagt, die ich an sie weitergab, und selbst in ihren großen Figuren erkannte er eine ganz unverbrauchte romantische Sehnsucht. Noch sei ihr das Tragische versagt und mit Wotruba habe sie nicht das geringste gemein, denn sie sei von der Musik getroffen, von der er völlig frei war. Es seien eigentlich Figuren, die zur Musik ihres Vaters gehörten, zu manchen Partien darin, von ihrem Willen mehr als von ihrer Eingebung geschlagen. Man könne nicht sagen, was daraus werden würde, vielleicht, durch irgendeinen *Bruch* in ihrem Leben, noch sehr viel. Er sprach wohlwollend, er war sich dessen bewußt, wieviel sie mir bedeutete und hätte mich um nichts in der Welt verletzt, aber aus der Art, wie er die Hoffnung auf ihre

Arbeit in die Zukunft verlegte, spürte ich, wie wenig Originalität er noch darin fand. Hingegen hatte er Positives über ihre Köpfe zu sagen. Er mochte besonders den von Alban Berg; den von Werfel allerdings fand er aufgeblasen wie seine sentimentalen Romane, die er verabscheute und sagte: da habe Werfel sie mit sich angesteckt, sie habe alles Hohle und Pathetische an ihm in ihrem Kopf noch gesteigert, so sehr, daß manche Leute, die seinen in Natur überaus häßlichen Kopf wohl kannten, ihn im Porträt für bedeutend halten würden.

Sie hörte Sonne zu, wie ich ihm zuhörte. Nie unterbrach sie, nie stellte sie eine Frage und es dauerte ihr nie lange genug. Da er zu Besuch gekommen war, blieb er kaum länger als eine Stunde. Er war höflich und nahm, von Stein, Staub und Meißeln umgeben, an, daß sie arbeiten wolle. Ihre Entschlossenheit zur Arbeit sah er dem Handwerkszeug an, er hätte keine ihrer Figuren dazu gebraucht und sehr betroffen war er über die Ähnlichkeit der unteren, der Willenspartie ihres Kopfes mit dem ihres Vaters. Daran allein erkannte man sie als seine Tochter, die sonst, in Auge, Stirn und Nase ihm gar nicht glich. Sie war am schönsten, wenn sie auf ihre reglose Weise zuhörte, die Augen weit offen, von nichts anderem bewegt und erfüllt, als was sie vernahm, ein Kind, dem ernste, zuweilen trockene und jedenfalls komplette Darlegungen zum Märchen wurden. So war sie auch, wenn ich ihr etwas erzählte, und nun war er da, dessen Worte mir so sehr zählten wie die der Bibel, wenn er sie vor mir ausbreitete, und ich hörte den ganz anderen Dingen zu, die er für sie sagte, und konnte ohne Befangenheit sie betrachten, wie sie lauschte. Hier, hatte ich das Gefühl, war sie nicht mehr in der Welt ihrer Mutter, jenseits von Erfolg und von Nützlichkeit, ich wußte, daß sie im Wesen feiner und nobler war als jene, weder habgierig noch bigott, aber durch das Machtspiel der kompakten Alten immer wieder in Situationen gezwungen wurde, die mit ihr gar nichts zu tun hatten, die sie nichts angingen, wo sie nach Anweisungen handeln mußte, eine Puppe an bösen Drähten.

Nur in ihrem Atelier war sie frei davon, vielleicht hing sie darum so sehr an der Arbeit, es war das letzte, wozu ihre Mutter sie angehalten hätte, denn an der Anstrengung, die es kostete, gemessen, war es unprofitabel. Am freiesten aber schien sie mir nicht, wenn ich selber bei ihr war – denn obwohl sie mein Kommen wünschte, hing es alles von einer unaufhörlichen Anstrengung ab, von meiner Erfindung, und so sehr war mir das bewußt, daß ich mir das Recht nicht zugebilligt hätte, bei ihr zu bleiben, wenn mir nichts eingefallen wäre. Am freiesten schien sie mir, wenn ich Sonne zu ihr brachte. Denn da begab sie sich ohne zu zögern und ohne Affektation in eine Lehre, deren Tiefe und Reinheit sie empfand, die ihr zu nichts nütze war, die sie nicht verwenden konnte, die auch im Hofstaat ihrer Mutter niemandem Eindruck gemacht hätte, denn der Name Sonne bedeutete dort nichts, da er keinen Namen haben wollte und darum keinen hatte, hätte man ihn nicht einmal eingeladen.

Wenn er sich nach einer Stunde erhob und wegging, blieb ich zurück. Er dachte sicher, ich würde noch länger bleiben wollen. Es war aber nur Scham, die mich zurückhielt. Es schien mir ungehörig, an seiner Seite das Atelier zu verlassen. Als das Besondere, das er war, hatte ich ihn gebracht, eine Art von Trabant, der ihm den Weg wies. Nun kannte er den Weg und hatte den Wunsch sich zurückzuziehen. Er durfte darin von niemandem gestört werden. Er blieb in Gedanken, auch wenn er ging und setzte allein mit sich das begonnene Gespräch fort. Hätte er den Wunsch geäußert, ich hätte ihn begleitet. Er wieder war zu rücksichtsvoll, einen solchen Wunsch zu äußern. Er hielt mich für privilegiert, weil ich sehr oft da war. Das war aber auch alles, was er wußte. Es wäre mir nicht eingefallen, ihm von einer so privaten Sache mehr zu sagen. Vielleicht ahnte er, wie sehr ich geschlagen war. Aber ich glaube es nicht, denn er versuchte es nie, mich auf seine unnachahmliche Weise zu trösten, nämlich durch die Schilderung einer scheinbar ganz anderen Situation, die nichts anderes als transponiert meine eigene gewesen wäre. So blieb ich also, und wenn wir tags darauf im Café Museum wieder zusammenkamen, erwähnte er mit keinem Wort den Besuch. Ich war auch nicht lange nach seinem Aufbruch geblieben. Ich wartete nur so lange, bis er außer Reichweite war und erfand dann eine Ausrede, um mich von Anna zu verabschieden. Er wurde nicht zwischen ihr und mir diskutiert. Er blieb unantastbar.

Teil 3
DER ZUFALL

Musil

Musil war – ohne daß es auffiel – immer zu Abwehr und Angriff gerüstet. Seine Haltung war seine Sicherheit. Man hätte an einen Panzer denken mögen, doch es war eher eine Schale. Was er zwischen sich und die Welt als deutliche Trennung setzte, hatte er sich nicht umgelegt, es war ihm angewachsen. Er erlaubte sich keine Interjektionen. Gefühlsworte mied er, alles Verbindliche war ihm suspekt. Wie um sich selbst zog er zwischen allen Dingen Grenzen. Vermischungen und Verbrüderungen, Überflüssen wie Überschwängen mißtraute er. Er war ein Mann des festen Aggregats und mied Flüssigkeiten wie Gase. Mit der Physik war er wohlvertraut, er hatte sie nicht nur erlernt, sie war ihm in Fleisch und Blut seines Geistes übergegangen. Einen Dichter, der so sehr Physiker war und es auch im Verlauf seines Lebenswerkes blieb, hat es wahrscheinlich nie gegeben. An unexakten Gesprächen beteiligte er sich nicht, wenn er sich unter den üblichen Schwätzern fand, denen man in Wien nicht entgehen konnte, zog er sich in seine Schale zurück und verstummte. Unter Wissenschaftlern fühlte er sich zu Hause und wirkte natürlich. Er setzte voraus, daß man von etwas Genauem ausging und auf etwas Genaues zusteuerte. Für gewundene Wege fühlte er Verachtung und Haß. Er war aber keineswegs auf *Einfaches* aus, für die Unzulänglichkeit des Einfachen hatte er einen untrüglichen Instinkt und war fähig, es durch ein ausführliches Porträt zu vernichten. Sein Geist war zu reich ausgestattet, zu aktiv und akut, um an Einfachem Genüge zu finden.

Er fühlte sich nie unterlegen, in keiner Gesellschaft, und obwohl er es, unter vielen, selten darauf abgesehen hatte, hervorzutreten und sich zum Kampf zu stellen, faßte er jede solche Gelegenheit auf, als ob es zu einer Herausforderung gekommen wäre. Zum Kampf kam es, wenn er allein war, später, Jahre später. Er vergaß nichts. Jede Konfrontation bewahrte er auf, in jeder ihrer Einzelheiten, und da es ein innerster Zwang seiner Natur war, alle zum Sieg zu führen, war es schon darum unmöglich, mit einem Werk, das sie alle enthalten sollte, zu Ende zu kommen.

Unerwünschten Berührungen wich er aus. Er wollte Herr seines Körpers bleiben. Ich glaube, daß er nicht gern die Hand gab. Ein Vermeiden des Handgrußes wie unter Engländern wäre ihm sehr recht gewesen. Er hielt seinen Körper gewandt und kräftig und bestimmte in jeder Einzelheit über ihn. Er dachte auch mehr über ihn nach, als es unter den geistigen Menschen seiner Zeit üblich war. Sport und Hygiene war für ihn eins, die Einteilung seines Tages war davon bestimmt, er lebte nach ihren Vorschriften. In jede Figur, die er konzipierte, setzte er einen gesunden Menschen ein, sich selbst. Das Absonderlichste hob sich bei ihm von etwas ab, das seiner Gesundheit und Lebensfähigkeit bewußt war. Musil, der unendlich viel verstand, weil er präzis sah und noch präziser denken konnte, verlor sich nie in eine Figur. Er wußte den Weg heraus, schob ihn aber gern auf, weil er sich seiner so sicher fühlte.

Man verringert nicht seine Bedeutung, wenn man das Agonale an ihm betont. Seine Haltung zu Männern war eine des Kampfes. Er fühlte sich im Krieg nicht fehl am Platz, er sah drin eine persönliche Bewährung. Er war Offizier und versuchte, durch Sorge um seine Leute gutzumachen, was ihn als Brutalisierung des Lebens bedrückte. Er hatte eine natürliche oder sagen wir traditionelle Einstellung zum Überleben und schämte sich ihrer nicht. Nach dem Krieg trat der Wettbewerb an dessen Stelle, darin war er wie ein Grieche.

Ein Mann, der den Arm um ihn legte, wie um alle, die er mit diesem Mittel beschwichtigen oder gewinnen wollte, wurde zur ausdauerndsten seiner Figuren. Es rettete ihn nicht, daß er ermordet wurde. Die unerwünschte Berührung seines Arms hielt ihn noch während zwanzig Jahren am Leben.

Musil beim Sprechen zuzuhören, war eine Erfahrung besonderer Art. Er hatte keine Allüren. Er war zu sehr er selbst, um je an einen Schauspieler zu erinnern. Ich habe von keinem Menschen gehört, der ihn je bei einer Rolle ertappt hätte. Er sprach ziemlich rasch, aber er überstürzte sich nie. Es war seiner Rede nicht anzumerken, daß ihn mehrere Gedanken zugleich bedrängten: bevor er sie vorbrachte, legte er sie auseinander. Es herrschte eine bestechende Ordnung in allem, was er sagte. Für den Rausch der Inspiration, mit dem die Expressionisten sich hauptsächlich hervortaten, bewies er Verachtung. Inspiration war ihm zu kostbar, um sie für Zwecke der Exhibition zu gebrauchen. Nichts ekelte ihn mehr als Werfels Schaum vor dem Mund. Musil hatte Scham und stellte Inspiration nicht zur Schau. In unerwarteten, in erstaunlichen Bildern gab er ihr plötzlich Raum, grenzte sie aber gleich wieder ein durch den klaren Gang seiner Sätze. Er war ein Gegner von Überschwemmungen in der Sprache und wenn er sich der eines anderen aussetzte, was einen wundernahm, war es, um entschlossen durch die Flut zu schwimmen und sich zu beweisen, daß immer, selbst für das Trübste, ein jenseitiges Ufer sich fände. Es war ihm wohl, wenn es etwas zu überwinden gab, aber vom Entschluß, einen Kampf aufzunehmen, ließ er sich nie etwas anmerken. Plötzlich war er sicher mitten in der Materie, den Kampf merkte man nicht, man war von der Sache gefesselt, und obwohl der Sieger gelenkig, doch unverrückbar vor einem stand, dachte man nicht mehr daran, wie sehr er es war, die Sache selbst war zu wichtig geworden.

Das war aber nur der eine Aspekt von Musils öffentlichem Verhalten. Denn mit dieser Sicherheit Hand in Hand ging eine Empfindlichkeit, wie ich sie größer nie gekannt habe. Um aus sich herauszugehen, mußte er sich in einer Gesellschaft befinden, in der sein Rang anerkannt war. Er funktionierte nicht überall, er brauchte bestimmte rituelle Gegebenheiten. Es gab Leute, vor denen er sich nur wortlos schützen konnte. Es war auffällig, daß er etwas von einer Schildkröte an sich hatte, viele kannten ihn nur von der Schale. Wenn ihm eine Umgebung nicht paßte, äußerte er kein Wort. Er konnte ein Lokal betreten und es später wieder verlassen, ohne sich durch einen einzigen Satz zu erkennen zu geben. Ich glaube nicht, daß ihm das leichtfiel und obwohl seinem Gesicht nicht das geringste anzumerken war, fühlte er sich durch die ganze Zeit seines Stummseins beleidigt. Er war im Recht, wenn er niemandes Vorrang anerkannte: es gab unter den

Schriftstellern, die als solche galten, niemanden von seiner Bedeutung in Wien, vielleicht nicht einmal im ganzen deutschen Sprachbereich.

Er kannte seinen Wert, in diesem einen entscheidenden Punkt war er und blieb er von Zweifeln verschont. Die wenigen, die es wußten, wußten es für ihn nicht genug, denn um dem Anspruch, den sie für ihn machten, mehr Stoßkraft zu geben, pflegten sie einen oder den anderen Namen neben den seinen zu setzen. Während der letzten vier oder fünf Jahre des unabhängigen Österreich, als Musil von Berlin wieder nach Wien zurückgekehrt war, konnte man eine Dreiheit von Namen hören, die von der Avantgarde auf den Schild gehoben wurden. Musil, Joyce und Broch, oder Joyce, Musil und Broch, und wenn man heute, nach 50 Jahren, ein wenig überlegt, was da zusammengestellt wurde, erscheint es sehr begreiflich, daß Musil sich über diese absonderliche Trinität nicht freute. Den ›Ulysses‹, der damals in Deutsch erschienen war, lehnte er kategorisch ab. Die Atomisierung der Sprache widerstrebte ihm zutiefst, wenn er überhaupt etwas darüber sagte, was er sehr ungern tat, bezeichnete er sie als altmodisch, denn sie leite sich von einer Assoziationspsychologie her, die überholt sei. In seiner Berliner Zeit hatte er Umgang mit den Begründern der Gestaltpsychologie, die ihm viel bedeutete und der er sich wahrscheinlich mit seinem Hauptwerk zurechnete. Der Name Joyce war ihm lästig, was der unternahm, hatte nichts mit ihm zu tun. Als ich ihm von der ›Begegnung‹ mit Joyce sprach, die ich Anfang 1935 in Zürich gehabt hatte, wurde er ungeduldig. »Und davon halten Sie etwas?« sagte er und ich konnte von Glück reden, daß er von Joyce ablenkte und das Gespräch mit mir nicht ganz abbrach.

Ganz unleidlich war ihm aber der Name Broch in der Literatur. Er hatte ihn schon lange gekannt: als Industriellen, als Mäzen, als späten Studenten der Mathematik. Als Schriftsteller nahm er ihn überhaupt nicht ernst. Seine Trilogie erschien ihm als Kopie seiner eigenen Unternehmung, mit der er nun seit Jahrzehnten schon befaßt war und daß Broch, der kaum damit begonnen, sie auch schon zu Ende geführt hatte, erfüllte ihn mit dem größten Mißtrauen. Er nahm sich in dieser Sache kein Blatt vor den Mund und ich habe nie von Mu-

sil ein gutes Wort über Broch zu hören bekommen. Ich kann mich an einzelne Äußerungen von ihm über Broch nicht erinnern, vielleicht weil ich mich in der schwierigen Situation befand, von beiden sehr viel zu halten. Eine Spannung zwischen ihnen oder gar ein Kampf wäre mir unerträglich gewesen. Sie gehörten, darin bestand für mich kein Zweifel, zu einer sehr kleinen Gruppe von Leuten, die sich's mit der Literatur schwermachten, die nicht für Popularität und ordinären Erfolg schrieben. Das mag zu jener Zeit sogar noch wichtiger für mich gewesen sein als ihr Werk.
Musil mußte sehr sonderbar zumute sein, wenn er von dieser Trinität hörte. Wie sollte er glauben, daß jemand die Bedeutung seines Werks erkannt habe, wenn er im selben Atemzug von Joyce sprach, der für ihn den Gegenpol zu seinen Bestrebungen verkörperte! So war er, der für die Leser der Alltagsliteratur jener Jahre von Zweig bis Werfel nicht existierte, auch dort, wo man ihn auf den Schild hob, in einer Gesellschaft, die ihm als die falsche erschien. Wenn ihm von Freunden ausgerichtet wurde, wie sehr jemand den ›Mann ohne Eigenschaften‹ verehre, wie glücklich er sich schätzen würde, ihn kennenzulernen, war seine erste Frage: »Wen schätzt er sonst?«
Seine Empfindlichkeit ist oft gegen ihn gehalten worden. Ich möchte sie, obwohl ich ihr Opfer wurde, aus tiefster Überzeugung verteidigen. Er fand sich mitten in seinem großen Unternehmen, das er zu Ende führen wollte. Er konnte nicht ahnen, daß es auf zwiefache Unendlichkeit angelegt war, nicht nur auf Unsterblichkeit nämlich, sondern auch auf Unvollendbarkeit. Es gab kein vergleichbares Unternehmen in der deutschen Literatur. Die Wiedererrichtung Österreichs durch einen Roman, wer hätte sich darangewagt? Die Kenntnis dieses Reichs nicht durch seine Völker, sondern aus seinem Zentrum heraus, wer hätte sie sich zuschreiben dürfen! Wieviel anderes dieses Werk noch enthält, darüber möchte ich hier nicht einmal zu sprechen beginnen. Aber das Bewußtsein, daß er dieses untergegangene Österreich *war*, wie niemand sonst, er als einziger, gab ihm auf seine Empfindlichkeit ein sehr eigentümliches Recht, das offenbar noch niemand bedacht hat. Diese unvergleichbare Materie, die er war – sollte sie sich etwa hin- und herstoßen lassen? Sollte man

irgend etwas zu ihr zuschütten lassen und so erlauben, daß sie getrübt und verunreinigt würde? Die Empfindlichkeit für die eigene Person, die lächerlich erscheint, wenn es sich um Malvolio handelt, ist gar nicht lächerlich, wenn es um eine besondere, höchst komplexe, reich ausgebildete Welt geht, die einer in sich trägt und nur durch Empfindlichkeit zu schützen vermag, bevor es ihm gelungen ist, sie herauszustellen.

Seine Empfindlichkeit war nichts anderes als ein Schutz gegen Trübung und Vermischung. Klarheit und Durchsichtigkeit des Schreibens ist keine automatische Eigenschaft, die, einmal erworben, bestehen bleibt, sie muß immer wieder und unaufhörlich erworben werden. Es muß einer die Kraft haben, sich zu sagen: Ich will es *nur so*. Und damit es so ist, muß ich der Bestimmte sein, der nichts, das dafür schädlich werden könnte, in sich eingehen läßt. Die Spannung zwischen dem enormen Reichtum einer bereits aufgenommenen Welt und allem, was nun noch zu ihr stoßen möchte, aber abgewiesen werden muß, ist ungeheuer. Die Entscheidung über das, was abzuweisen ist, kann nur der treffen, der diese Welt in sich trägt und die späteren Urteile anderer darüber, besonders solcher, die gar keine Welt in sich tragen, sind anmaßend und erbärmlich.

Es geht um eine Empfindlichkeit gegen die falsche Nahrung, wobei aber zu sagen ist, daß auch ein Name sich immerwährend nähren muß, um das Unternehmen dessen, der ihn trägt, richtig steuern zu können. Ein Name, der im Wachsen ist, hat seine eigene Nahrung, die er nur selber kennen kann, über die er selbst bestimmt. Solange ein Werk solchen Reichtums im Entstehen ist, ist der empfindliche Name der beste.

Später, wenn er, der durch seine Empfindlichkeit sich erhalten und sein Werk vollbracht hat, tot ist und der Name häßlich und aufgedunsen wie ein stinkender Fisch auf allen Märkten herumliegt, können die Schnüffler kommen und alles besserwissen und nachträglich Vorschriften für ein ordentliches Benehmen erfinden und Empfindlichkeit als überdimensionierte Eitelkeit anprangern – das Werk ist da, sie können es nicht mehr vereiteln und sie selbst mitsamt ihrer Unverschämtheit werden dahinschmelzen und spurlos versickern.

Es gab manche, die über Musils Hilflosigkeit in materiellen Dingen spotteten. Broch, der seine Bedeutung sehr wohl kannte, zu Boshaftigkeit nicht neigte und gewiß voller Erbarmen für Menschen war, sagte zu mir über Musil, als ich das erstemal die Sprache auf ihn brachte: »Er ist ein König im Papierreich.« Er meinte damit, daß Musil nur an seinem Schreibtisch, überm Papier, Herr über Menschen und Dinge war, sonst aber, im Leben, Umständen und Dingen insbesondere ausgeliefert war, wehrlos und ratlos, von der Hilfe anderer abhängig. Es war bekannt, daß Musil mit Geld nicht umzugehen verstand, ja mehr noch, eine Abneigung dagegen hatte, Geld in die Hand zu nehmen. Er ging nirgends gern allein hin, beinahe immer war seine Frau dabei, die in der Elektrischen die Tramkarten für ihn löste und im Café für ihn bezahlte. Er hatte kein Geld bei sich, ich habe nie eine Münze oder einen Schein in seiner Hand gesehen. Man hätte denken können, daß Geld mit seiner Hygiene unvereinbar war. Er weigerte sich, an Geld zu denken, es langweilte und belästigte ihn. Es war ganz in seinem Sinne, daß seine Frau Geld wie Fliegen von ihm verscheuchte. Er verlor durch die Inflation, was er besaß und war in einer sehr schwierigen Lage. Die Länge des Unternehmens, auf das er sich eingelassen hatte, stand in grellem Widerspruch zu den Mitteln, die dafür vorhanden waren.
Als er nach Wien zurückkam, wurde von seinen Freunden eine Musil-Gesellschaft gegründet, deren Mitglieder sich zu monatlichen Beiträgen verpflichteten, damit ihm die Arbeit am ›Mann ohne Eigenschaften‹ gewährleistet sei. Er kannte die Liste dieser Leute und ließ sich darüber Bericht erstatten, ob sie ihre Beiträge pünktlich leisteten. Ich glaube nicht, daß er sich durch die Existenz dieser Gesellschaft beschämt fühlte. Er war der richtigen Meinung, daß diese Leute wußten, worum es ging. Es war für sie eine Auszeichnung, daß sie zu diesem Werke beitragen durften. Besser wäre es noch gewesen, wenn mehr sich dazu gedrängt hätten. Ich hatte immer den Verdacht, daß er diese Musil-Gesellschaft als eine Art von Orden betrachtete. Es war eine hohe Ehre, in ihn aufgenommen zu werden und ich fragte mich, ob er minderwertige Kreaturen davon ausgeschlossen hätte. Es gehörte eine erhabene Verachtung für Geld dazu, um unter solchen

Umständen an einem Werk wie dem ›Mann ohne Eigenschaften‹ weiterzuarbeiten. Als Österreich von Hitler besetzt wurde, war es damit zu Ende, die meisten Mitglieder dieser Gesellschaft waren Juden.
In den letzten Jahren seines Lebens, als er völlig mittellos in der Schweiz lebte, hat Musil schrecklich für seine Verachtung des Geldes gebüßt. So schwer es einen ankommt, daran zu denken, wie demütigend seine Lage für ihn wurde, so würde ich doch nicht wünschen, ihn mir anders vorzustellen. Seine souveräne Verachtung für Geld, die mit keinerlei Neigung zu einem asketischen Leben verbunden war, der Mangel an jeglicher Begabung zum Erwerb, die so weit verbreitet und ordinär ist, daß man sich scheut, das Wort ›Begabung‹ dafür zu gebrauchen, gehören, so scheint mir, zum innersten Mark seines Geistes. Er machte kein Wesens daraus, stellte sich in keine rebellische Positur dagegen, sprach nicht drüber, es war sein ruhiger Stolz, davon für *sich* keine Notiz zu nehmen und trotzdem genau zu gewahren und nicht außer acht zu lassen, was es für andere bedeutete.
Broch war Mitglied der Musil-Gesellschaft und hat seinen monatlichen Beitrag regelmäßig entrichtet. Er sprach selbst nicht darüber, ich erfuhr es von anderen. Die schroffe Ablehnung, die er als Schriftsteller von Musil erfuhr, die in einem Brief ausgesprochene Beschuldigung, er habe in der Trilogie der ›Schlafwandler‹ den Plan zum ›Mann ohne Eigenschaften‹ kopiert, mußte ihn reizen und daß er ihn dann mir gegenüber als »einen König im Papierreich« bezeichnete, mag man ihm nachsehen. Gültigkeit hat diese ironische Charakterisierung für mich nicht. Ich möchte sie auch so lange nach dem Tode beider zurückweisen. Broch, der selbst unter dem kommerziellen Erbe seines Vaters schwer zu leiden hatte, ist in ebensolcher Armut wie Musil in der Emigration gestorben. Ein König wollte er nicht sein und war er in nichts. Musil *war* ein König im ›Mann ohne Eigenschaften‹.

Das Jahr 1935 begann für mich in Eis und Granit. In Comologno, hoch oben im wunderbar vereisten Val Onsernone, machte ich während einiger Wochen den Versuch, mit Wladimir Vogel an einer neuen Oper zusammenzuarbeiten. Vielleicht war es ganz unsinnig, daß ich diesen Versuch unternahm, der Gedanke, mich einem Komponisten unterzuordnen, mich seinen Bedürfnissen anzupassen, behagte mir gar nicht. Ich hatte mir vorgestellt, daß es sich, wie Vogel sagte, um eine ganz neue Art von Oper handeln würde, in der beide, Komponist und Dichter gleichberechtigt wären. Es zeigte sich aber, daß das gar nicht möglich war: ich las Vogel vor, was ich geschrieben hatte, er hörte es sich ruhig und zurückhaltend an, aber die vornehme Art, in der er es dann billigte, durch ein Kopfnicken und ein einziges Wort: »Gut« und die anschließende Aufmunterung: »Machen Sie so weiter!«, empfand ich als Demütigung. Hätten wir gestritten, es wäre für mich leichter gewesen. An seiner Zustimmung und noch mehr an seiner Aufmunterung verging mir die Lust zu dieser Oper.
Einige Entwürfe dazu habe ich bewahrt: es hätte nichts daraus werden können. Als ich Comologno verließ, bekam ich von ihm ein letztes Mal ein ›Machen Sie so weiter!‹ zu hören und spürte, daß er kein Wort mehr von mir bekommen würde. Ich schämte mich, ihm das zu sagen, denn welchen Grund für fehlende Lust hätte ich anführen können? Es war eine jener rätselhaften Situationen, die sich in meinem Leben wieder und wieder ergaben: ich fühlte mich in meinem Stolz verletzt, ohne daß der ›Übeltäter‹ ahnen konnte, was passiert war, er hatte nichts, wirklich gar nichts getan. Er hatte mich vielleicht – beinah unmerklich – spüren lassen, daß er sich über mich stellte. Meine Götter fand ich selbst, *ich* nannte ihre Namen und wer sich von sich aus für einen hielt, wer es vielleicht gar wirklich war, dem mußte ich aus dem Weg gehen, den empfand ich als Drohung.
Die Wochen in Comologno waren trotzdem nicht ohne Folgen. Ich las meinen Gastleuten und Vogel eines Wintersonnentages im Freien die ›Komödie der Eitelkeit‹ vor und fand hier bessere Hörer als im Hause Zsolnay. Der Hausherr und

seine Dame waren mir von dieser Stunde an gut gesinnt und schlugen eine Lesung in ihrem Züricher Hause in der Stadelhoferstraße vor, auf der Rückreise von Comologno. Sie hatten für solche Zwecke einen schönen Saal und pflegten alles, was es in Zürich an geistigen Menschen gab, zu ihren Lesungen einzuladen. So kam es noch im Januar zur ersten größeren Vorlesung aus der ›Komödie der Eitelkeit‹, vor wahrhaft illustren Gästen. James Joyce war dabei, den ich bei dieser Gelegenheit kennenlernte. Ich las den ersten Teil der ›Komödie der Eitelkeit‹, in unverfälschtem Wiener Dialekt, ohne jede erklärende Einleitung, in einem Saal mit vielen Menschen, und bedachte nicht, daß die meisten von ihnen den Wiener Dialekt, so bewußt angewandt und konsequent variiert, gar nicht verstanden. Von der Strenge und Konsequenz meiner Wiener Figuren war ich so befriedigt, daß ich die Stimmung im Saal, die eher ungünstig war, überhaupt nicht spürte.

In der Pause wurde ich mit Joyce bekannt gemacht, der sich ebenso schroff wie privat äußerte: »Ich rasiere mich mit Messer, ohne Spiegel!« sagte er, der Ton lag auf ›ohne Spiegel‹ – in Anbetracht seiner stark reduzierten Sehkraft, er war beinahe blind, ein kühnes Unterfangen. Ich war bestürzt über seine Reaktion, die so feindselig war, als ob ich ihn persönlich attackiert hätte. Ich dachte, daß ihn die Idee des Spiegelverbots, die zentral für das Stück war, seiner Augenschwäche wegen irritierte. Eine Stunde lang war er diesem Wiener Dialekt ausgesetzt gewesen, den er all seiner linguistischen Virtuosität zum Trotz nicht verstand. Eine einzige Szene war im üblichen Deutsch gehalten, ihr hatte er den Satz über das Rasieren vor Spiegeln entnommen. In seinem kümmerlichen Kommentar bezog er sich auf sie.

Der Verdruß darüber, daß er hier sprachlich nicht zuständig war – er, von dem es hieß, daß er unzählige Sprachen beherrsche –, verband sich mit dem bezweifelten Phänomen der Spiegelschau. Diesen Zweifel, der in der einzigen Szene, die er verstanden hatte, scheinbar moralisch begründet wurde, bezog er auf sich und reagierte mit der Erklärung, daß er keinen Spiegel zum Rasieren brauche, obwohl er ein Messer dazu verwende. Es bestand keine Gefahr, daß er sich damit den Hals abschneide. Seine männlich-eitle Erklärung war

wie aus dem Stück. Ich genierte mich für die Unbedachtheit, mit der ich ihn *diesem* Stück ausgesetzt hatte. Es war, was ich vorlesen *wollte*, aber statt die Gastgeber davor zu warnen, hatte ich mich gefreut, als er die Einladung annahm und erkannte zu spät, was ich mit meinen Spiegeln angerichtet hatte. Mit seiner Devise ›ohne Spiegel‹ hatte er sich zur Wehr gesetzt, und zu meiner eigenen Bestürzung schämte ich mich nun auch für ihn, für das Zwanghafte seiner Empfindlichkeit, durch die er sich in meinen Augen herabsetzte. Er verließ dann den Saal, vielleicht war er der Meinung, daß das Spiegelstück nach der Pause fortgesetzt werden sollte, mir aber wurde es als Ehre angerechnet, daß er überhaupt dagewesen war, eine schneidende Äußerung war von ihm auf alle Fälle erwartet worden.
Ich wurde noch mit einigen erlauchten Namen bekannt gemacht, aber die Pause war nicht lang und ich merkte nicht, wieviel es geschlagen hatte. Mir schien, daß die Leute neugierig waren, vielleicht waren sie's auch noch, ich spürte ihre Unschlüssigkeit und verließ mich auf den zweiten Teil der Lesung. Dafür hatte ich das Kapitel ›Der gute Vater‹ ausgesucht, aus dem Roman, der bald danach ›Die Blendung‹ betitelt werden sollte. Das hatte ich in Wien schon oft vorgelesen, privat und öffentlich und ich war seiner so sicher, als wäre es der unentbehrliche Teil eines allgemein bekannten und vielgelesenen Buches. Dieses Buch gab es aber für die Öffentlichkeit noch nicht und während es in Wien immerhin schon ein Gerücht geworden war, traf es hier die Hörer mit der Härte von etwas völlig Unbekanntem.
Ich hatte noch kaum den letzten Satz ausgesprochen, da stand Max Pulver kerzengerade auf, er war als einziger im Smoking erschienen, und rief fröhlich in den Saal hinein: »Sadismus am Abend ist erfrischend und labend!« Damit war der böse Bann gebrochen und alle konnten ihrer Ablehnung freien Lauf lassen. Man war noch eine ganze Weile beisammen, ich lernte so ziemlich alle kennen, die erschienen waren und jeder sagte mir's auf seine Weise, wie sehr ihn besonders der zweite Teil der Lesung geärgert habe. Die Freundlicheren unter den Hörern behandelten mich nachsichtig als jungen, nicht ganz unbegabten Dichter, den man nur auf den richtigen Weg führen müsse.

Wolfgang Pauli, der Physiker, vor dem ich großen Respekt hatte, war unter diesen. Er hielt mir einen wohlwollenden kleinen Vortrag, merkte, daß meine Gedanden abirrten und forderte mich dann etwas dringlicher auf, ihm zuzuhören; er habe mich ja schließlich auch angehört. Ich hörte ihm wirklich nicht zu und könnte darum auch jetzt nicht wiedergeben, was er damals sagte, aber der Grund dafür, daß meine Ohren sich ihm verschlossen, war einer, auf den er nie gekommen wäre: er erinnerte mich, bloß im Aussehen natürlich, an Franz Werfel, und das mußte mich, nach den Erfahrungen mit diesem vor genau einem Jahr, schon beschäftigen. Aber seine Art zu sprechen war eine ganz andere, er war nicht feindselig, eher wohlwollend, ich glaube – doch da mag ich mich irren –, er wollte mich gern auf einen Jungschen Weg führen. Nach seiner Mahnung gelang es mir, mich so weit zu beherrschen, daß ich ihn – scheinbar aufmerksam – bis zu Ende anhörte, ich bedankte mich sogar bei ihm für seine interessanten Ausführungen und wir schieden in bestem Einvernehmen.
Bernard von Brentano, der in der ersten Reihe gesessen war und so die volle Wucht der akustischen Masken zu erleiden hatte, kam mir mißmutig vor, er sagte bloß, auf seine tonlose Weise: »Das könnte ich nicht so, mich vor allen hinstellen und schauspielern.« Die Vitalität der Figuren war ihm auf die Nerven gegangen, er empfand mich als Exhibitionisten, was seiner geheimniskrämerischen Natur höchst zuwider war.
Einer nach dem anderen bemühte sich, mir seine Ablehnung deutlich zu machen, da viele berühmte Namen darunter waren, hatte der Vorgang etwas von einem öffentlichen Prozeß. Jeder legte Wert darauf zu bekunden, daß er dagewesen war und da das nun einmal feststand und nicht aus der Welt zu schaffen war, unmißverständlich sein Nein auf seine eigene Weise zu formulieren. Der Saal war voll gewesen, es wären noch viele Namen zu nennen, wüßte ich, daß jemand von ihnen noch am Leben ist, ich würde ihn wenigstens erwähnen, schon um ihn von der Schande verfrühter Zustimmung reinzuwaschen. Der Hausherr, dem ich leid tat, führte mich schließlich zu einem Herrn, desses Namen ich vergessen habe, einem Graphiker, und sagte mir auf dem Weg zu ihm: »Das wird Sie freuen, was der sagt, kommen Sie!« Und dann

bekam ich den einzigen positiven Satz des Abends zu hören: »Es erinnert mich an Goya«, sagte der Graphiker. Aber dieser Trost, den ich nur der Gerechtigkeit halber anführe, wäre gar nicht nötig gewesen, denn ich war keineswegs gebrochen oder auch nur niedergeschlagen. Ich war von den Figuren der Komödie, von ihrer Schonungslosigkeit, ja, ich kann es nicht anders sagen, von ihrer Wahrheit überwältigt und fühlte mich wie immer nach einer solchen Vorführung glücklich und gehoben, und alles Negative, das ich zu hören bekam, verstärkte dieses Gefühl, ich war meiner Sache so sicher wie nie zuvor, und daß Joyce dagewesen war, trug noch dazu bei, trotz seiner privaten, nichtssagenden Bemerkung.
Während des geselligen Teils des Abends, der noch ziemlich lange dauerte, verflog die Mißstimmung des Publikums. Manchen gelang es, so gut von sich zu sprechen, daß sie doch noch zum Zentrum der Veranstaltung wurden. Am auffälligsten tat sich Max Pulver hervor, der sich schon durch den einzigen Smoking des Abends und sein treffendes Sprüchlein über den Sadismus des Vortragenden ausgezeichnet hatte. Er hatte einige vertrauliche Mitteilungen zu machen, die allgemeines Aufsehen erregten. Als Dichter hatte er in diesem erlauchten Kreis nicht viel zu bedeuten, aber er hatte sich schon seit geraumer Zeit der Graphologie zugewandt. Seine ›Symbolik der Handschrift‹ war erschienen und wurde viel diskutiert, sein Buch galt als das wichtigste neue in der Graphologie seit Klages.
Er fragte mich, ob ich wohl wisse, was für Schriften er jetzt zur Beurteilung bei sich habe. Ich hatte keine Ahnung, aber ich war zu jener Zeit an Graphologie interessiert und sparte nicht mit Neugier. Er ließ mich nicht lange zappeln und vertraute mir laut, so daß jeder es hören konnte, etwas von weltpolitischer Bedeutung an, nicht ohne vorauszuschicken: »Ich dürfte es eigentlich gar nicht sagen, aber ich sag's jetzt doch: ich habe die Schrift von Goebbels bei mir und die von Göring und noch die von anderen. Sogar noch eine, die Sie sich denken können, aber das ist ganz geheim. Die sind mir von Himmler zur Begutachtung eingeschickt worden.«
Ich war so beeindruckt, daß ich für kurze Zeit die Vorlesung vergaß und fragte:
»Ja und wie sind die?«

Es war damals ein halbes Jahr seit dem Röhm-Putsch vergangen und Hitler war seit zwei Jahren an der Macht. Die Naivität meiner Frage entsprach dem kindlichen Stolz seiner Mitteilung. Sein Ton war unverändert, als er auf meine Frage entgegnete und es klang weniger prahlerisch als verbindlich, ja beinahe wienerisch (er hatte eine Zeitlang in Wien gelebt), als er entschuldigend sagte:
»Sehr interessant, wirklich. Ich würd's Ihnen gerne sagen. Aber ich bin zu strengster Geheimhaltung verpflichtet. Das ist wie ärztliche Schweigepflicht.«
Inzwischen waren alle ringsum auf die gefährlichen Namen, die er genannt hatte, aufmerksam geworden, die Dame des Hauses trat hinzu, sie war bereits informiert und sagte mahnend auf Max Pulver weisend:
»Er wird sich noch um Kopf und Kragen reden.«
Er betonte aber, daß er sehr wohl schweigen könne, sonst würde man ihm doch solche Sachen gar nicht schicken:
»Von mir wird niemand etwas erfahren.«
Ich gäbe heute mehr als damals darum, etwas vom Wortlaut seiner Analysen zu erfahren.
Auf der Liste der Eingeladenen figurierten auch C. G. Jung und Thomas Mann, die beide nicht gekommen waren. Ich fragte mich, ob Pulver auch vor Thomas Mann mit den Schriften geprahlt hätte, die ihm von der Gestapo zur Analyse anvertraut worden waren. Die Anwesenheit von Emigranten schien ihn nicht zu stören. Es gab ihrer viele im Saal, Bernard von Brentano galt als einer, auch Kurt Hirschfeld vom Schauspielhaus war unter den Anwesenden, ich hatte sogar den Eindruck, daß ihre Gegenwart Pulver zu seinen ›Offenbarungen‹ reizte und fühlte mich versucht, ihm den Vorwurf des Sadismus zurückzugeben, war aber zu schüchtern und auch zu unbekannt dazu.
Der eigentliche Star des Abends war aber doch die Dame des Hauses selbst. Man wußte von ihrer Freundschaft mit Joyce und Jung. Es gab kaum einen angesehenen Dichter, Maler oder Komponisten, der nicht in ihrem Hause verkehrte. Sie war klug, man konnte mit ihr sprechen, sie verstand etwas von dem, was solche Männer zu ihr sagten, sie konnte ohne Anmaßung mit ihnen diskutieren. Sie war erfahren in Träumen, etwas, was sie mit Jung verband, aber es hieß, daß sogar

Joyce ihr Träume von sich erzählte. Sie hatte sich in Comologno oben das Haus geschaffen, in dem sie manchen Künstlern Zuflucht bot, die da zu arbeiten vermochten. Sie unternahm, sehr Frau, Dinge, die nicht nur zu ihrer eigenen Glorie gerieten. Ich verglich sie in Gedanken mit der Wiener Figur, die sich auf die geistloseste Art breit machte und ohne jedes Urteil, durch Anspruch, Gier und Alkohol die Szene beherrschte. Nun kannte ich diese besser, über eine größere Zahl von Jahren, und es ist erstaunlich, was herauskommt, wenn man Menschen länger kennt, aber ich glaube, der Vergleich zugunsten der Herrin jener Vorlesung besteht sehr zu Recht und ich möchte, falls sie noch am Leben sein sollte, daß sie von meiner guten Meinung erfährt.
Es war in ihrem Haus unter den Gästen dieses Abends, die mich anhörten und mißbilligten, und vielleicht darum mißbilligten, weil sie mich halb verstanden, daß ich mein Selbstvertrauen wiederfand. Noch wenige Tage zuvor hatte ich mich für den Versuch geschämt, in untergeordneter Stellung einem Komponisten zu dienen, und wenn es auch ein Komponist war, den ich achtete, hatte ich Grund, daran zu zweifeln, daß er mich als gleichgestellt empfand. Im Haus dieser Frau im Val Onsernone hatte ich das als Demütigung empfunden, ohne daß irgendwer Schuld daran getragen hätte. Nun gab sie mir Gelegenheit, in ihrem Stadthaus in Zürich durch mein letztes eigenes Werk, an dem ich mit allen Fasern hing, vor Menschen, von denen ich mehr als einen bewunderte, die Niederlage zu erleiden, die mir allein gehörte, der ich ungebrochen meine Kraft und meine Überzeugung entgegensetzen konnte.

Der Wohltäter

Jean Hoepffner war der Direktor der ›Straßburger Neuesten Nachrichten‹, der gelesensten Zeitung des Elsaß, die täglich zweisprachig, Deutsch und Französisch erschien und sich dadurch auszeichnete, daß sie nirgends anstieß und aus keinem Rahmen herausfiel. Sie brachte genau die Informationen, die man fürs Elsaß brauchte, ging wenig über regionale Interessen hinaus, nur soviel als eben für die Dinge der größeren

Wirtschaft notwendig war. Ich kannte niemanden in Straßburg, der diese Zeitung nicht bezog, ihre Auflage war die weitaus höchste, sie lag überall aus. Zu Aufregungen gab sie keinen Anlaß, ihr kultureller Teil zeichnete sich durch nichts aus, wer sich für solche Dinge interessierte, las die große Pariser Presse.

Druckerei und Büro der Zeitung fanden sich in der Blauwolkenstraße, Rue de la Nuée Bleue, ein nüchternes Geschäftsgebäude, im Hof, aber auch in allen Räumen des Gebäudes hörte man das Knarren der Druckerpressen. Jean Hoepffner wohnte nicht im Haus, aber er hatte im zweiten Stock eine kleine Wohnung, die aus zwei Zimmern bestand und die er Freunden, die von auswärts kamen, zur Verfügung stellte. Sie war mit alten Möbelstücken vollgeräumt, die er im Lauf der Jahre bei Trödlern erstanden hatte, er liebte nichts mehr als bei Trödlern herumzustöbern und war glücklich, wenn er etwas entdeckt zu haben glaubte, das dann zu dem übrigen Gerümpel in die Freundeswohnung kam. Es war, als hätte er in den beiden Zimmern oben einen eigenen Trödelladen eingerichtet, der, wie er dachte, aus besseren Stücken bestand und in dem nichts verkauft wurde. Diesen Laden bekamen nur die Freunde zu sehen, die hier wohnen durften, und wenn seine sehr hellen Augen weit offen auf etwas lagen, das er überschwenglich, aber ahnungslos pries, hatte man nicht das Herz, die Wahrheit zu sagen: nämlich daß es einem gar nicht gefiel. Man schwieg und lächelte und freute sich mit ihm und sprach, sobald es nur möglich war, über etwas anderes.

So zog man sich, wenn man wie ich während einiger Wochen da wohnte, tagtäglich aus der Affäre, denn nicht nur gab es schon alles, was man da vorgefunden hatte, es kamen immer neue Dinge dazu, beinahe täglich erschien er mit etwas Neuem, meist war es etwas Kleines, es war, als müsse er zum Wohlbefinden seines Gastes etwas tun, indem er den Ort mit immer neuen, überraschenden Gegenständen ausstattete. Die Gastwohnung war voll, es war nicht leicht, Platz für Neues zu finden, aber er fand sich doch. Ich glaube, ich habe kaum je an einem Ort gelebt, der meinem Geschmack mehr entgegengesetzt war, alles sah staubig und ungebraucht aus, obwohl die Wohnung täglich aufgeräumt wurde, man hätte sich nicht gewundert, überall Schimmel zu sehen, doch es

wäre nur ein symbolischer Schimmel gewesen, denn genauer besehen war alles peinlich sauber, es war mehr der Charakter der Dinge und daß keines zum anderen paßte, was diesen Schimmel-Eindruck bewirkte.
In diesen Räumen, in denen ich mich nur zum Schlafen aufhielt und morgens zum Frühstück, wenn mir der Kaffee hinaufgetragen wurde, fanden die menschenfreundlichsten Gespräche statt. Herr Hoepffner stattete mir morgens, bevor er sich in sein Büro im ersten Stock begab, einen Besuch ab und leistete mir beim Kaffee Gesellschaft. Er hatte Dichter, die er immer wieder las, an denen er sich nie sättigen konnte und wollte mit mir über sie sprechen. Es war besonders Stifter, von dem er beinahe alles kannte, manches, das er sehr liebte, hatte er, wie er sagte, mehr als hundertmal gelesen. Abends, wenn er vom Büro nach Hause ging, freute er sich auf seinen Stifter. Er war Junggeselle und wohnte allein mit seinem Pudel, eine Haushälterin, die seit Jahren bei ihm war, sorgte für Küche und Wirtschaft. Er verlor keine Zeit mit überflüssigen Dingen, er wußte das Mahl zu schätzen, das die gutartige alte Elsässerin für ihn bereitet hatte, trank seinen Wein dazu und setzte sich dann, nach einem kleinen Spiel mit dem Pudel an den ›Hagestolz‹, den er nicht genug rühmen konnte. Er fand dafür ernstere Töne als für die Trödelware, mit der er manchmal ankam. Aber es war unverkennbar, daß zwischen seinen Antiquitäten und Stifter eine Beziehung bestand, es wäre ihm gar nicht eingefallen, sie zu leugnen.
Ich fragte ihn einmal, warum er immer wieder dasselbe lese. Er war erstaunt über diese Frage, nahm sie mir aber nicht übel. Ob es denn überhaupt etwas anderes gäbe? Moderne Sachen könne er nicht leiden, da sei alles hoffnungslos und düster, da gebe es keinen einzigen guten Menschen. Das stimme einfach nicht, er habe einige Erfahrung im Leben, in seinem Beruf sei er vielen Leuten begegnet, es habe sich kein einziger schlechter Mensch darunter gefunden. Man müsse sie sehen, wie sie sind und ihnen keine falschen Absichten unterlegen. Der Dichter, der das am besten könne, sei eben Stifter und seit er das herausgefunden habe, langweile ihn jeder andere oder er kriege Kopfweh davon.
Ich hatte erst den Eindruck, daß er nie etwas anderes gelesen hatte. Aber das stellte sich als Irrtum heraus, denn er gab zu,

noch ein Lieblingsbuch zu haben, das er nicht weniger oft gelesen habe. Darüber würde ich mich vielleicht wundern. Es war, als ob er sich dafür noch ein wenig entschuldigen wolle, bevor er den Namen preisgab. Man solle schon wissen, meinte er, wie es in der Welt aussehen würde, wenn es schlechte Menschen gäbe. Man brauche auch diese Erfahrung, aber als Illusion. Er habe sie gemacht, und obwohl er wisse, wie wenig das stimme, was dieses Buch vorführe, sei es so wunderbar geschrieben, daß man es lesen *müsse*, das tue er immer wieder. So wie es Leute gäbe, die Kriminalromane lesen, um sich dann in der wirklichen Welt davon erholen zu können, so lese er seinen Stendhal, die ›Chartreuse de Parme‹. Ich gestand, daß das mein liebster französischer Autor sei, ich hätte ihn als meinen Meister betrachtet und mich bemüht, von ihm zu lernen. »Ja kann man davon lernen?« sagte er. »Da kann man doch nur lernen, daß es zum Glück nicht so ist.«
Er war überzeugt davon, daß die ›Chartreuse de Parme‹ ein Meisterwerk sei, aber ein Meisterwerk der *Abschreckung* und seine Überzeugung war so rein, daß ich mich vor ihm schämte. Ich mußte ihm die volle Wahrheit über mich sagen und rückte bald damit heraus, was ich geschrieben hatte. Ich schilderte ›Kant fängt Feuer‹ und er hörte interessiert zu. »Das scheint ja eine noch bessere Abschreckung als die ›Chartreuse de Parme‹ zu sein. Das werde ich nie lesen. Aber ein solches Buch müßte es schon zu lesen geben. Das hätte eine gute Wirkung. Die Leute, die das lesen, würden wie aus einem Alptraum erwachen und dankbar dafür sein, daß die Wirklichkeit anders ist, nicht wie dieser Traum.« Aber er begriff, daß kein Verleger, auch solche, die Respekt für das Manuskript geäußert hätten, bisher gewagt habe, es zu publizieren. Dazu gehöre eben Mut, und den hätten die wenigsten.
Ich glaube, er wollte mir helfen und verkleidete diesen Wunsch auf die zarteste Weise. Lesen mochte er so etwas nicht, die Schilderung, die ich ihm gegeben hatte, war abstoßend genug gewesen. Aber er hatte durch unsere gemeinsame Freundin, Mme Hatt, gehört, daß es kein Buch von mir gab und das schien für einen Dichter von bald dreißig Jahren kein empfehlenswerter Zustand. Da er nicht wirklich dafür sein konnte, dachte er sich eine pädagogische Absicht für die

Existenz des Romans aus: die der Abschreckung. Ohne Übergang und ohne Zögern, noch während desselben Gesprächs, sagte er, ich solle mich doch nach einem guten Verleger umschauen, der an das Buch glaube, aber nicht so viel riskieren wolle. Er, Jean Hoepffner, werde dann dafür garantieren, daß der Verleger keinen Verlust erleide. »Aber es ist doch möglich, daß niemand das Buch lesen will.«
»Dann trage ich eben den Verlust«, sagte er. »Es geht mir viel zu gut und ich habe für keine Familie zu sorgen.« Es klang wie die selbstverstandlichste Sache von der Welt. Er hatte mich bald davon überzeugt, daß er nichts lieber täte, daß nichts einfacher sei und bewies mir dabei, daß die Welt auch aus guten Menschen bestehe und gar nicht so sei wie das Buch; daß man dieses nur lesen müsse, um mit erneuerter Überzeugung zur wirklichen Welt, die aus guten Menschen bestand, zurückzukehren.

Als ich wieder in Wien zurück war, gab es viel zu erzählen, die Reise hatte mich nach Comologno und Zürich, nach Paris und Straßburg geführt, es war Unerwartetes geschehen, ich war merkwürdigen Menschen begegnet. Ich berichtete Broch davon und er sagte unverhohlen und rascher, als es seine Art war, daß er mich um eines beneide, die Begegnung mit James Joyce. Nun hatte ich wahrhaftig keinen Grund, darin etwas Ehrenvolles zu sehen. Seine schneidende-virile Äußerung: »Ich rasiere mich mit Messer, ohne Spiegel!« hatte ich als Hohn und vollkommenes Unverständnis empfunden. Broch war anderer Meinung, es zeige, daß ihn da etwas getroffen habe. Er habe sich mit dieser Antwort preisgegeben. Einer Dummheit sei Joyce nicht fähig. Ob mir eine glatte und unverbindliche Antwort lieber gewesen wäre? Er wandte den Satz hin und her und versuchte sich mit verschiedenen Deutungen. Er gefiel sich in ihrer Widersprüchlichkeit und als ich ihm vorhielt, daß er diesen banalen und ganz und gar unwichtigen Satz als Orakelspruch behandle, stimmte er ohne Zögern zu, das sei er doch, ja, das sei ein Orakelsatz und versuchte sich in weiteren Deutungen.
Es spreche für die Komödie, daß sie Joyce außer Fassung gebracht habe. Natürlich habe er alles verstanden, ob ich denn

glaube, daß ein Mann seiner Art, der so lange in Triest gelebt habe, den österreichischen Tonfall nicht vollkommen beherrsche? Als er sich dann weiter über diesen Gegenstand erging, meinen Versuch, den Bericht über die Reise fortzusetzen, unterbrach und auf Joyce zurückkam – es war ihm noch eine mögliche Deutung eingefallen –, begriff ich, daß Joyce für ihn ein Vorbild geworden war, eine Figur, der man nacheifert und die man nie wirklich los wird. Er, der keine Spur von Arroganz an sich hatte und überaus menschenfreundlich war, ließ sich durch nichts, was ich über den grausamen Hochmut von Joyce zu sagen hatte, abschrecken. Die scheinbare Grausamkeit, falls man es überhaupt so nennen dürfe, sei die Wirkung seiner vielen Augenoperationen und habe überhaupt nichts zu bedeuten. Was ihn interessierte, war die entschlossene Art, mit der Joyce seinen Ruhm trug, es gebe keinen Ruhm, der so ausgesucht und so nobel sei wie der seine. Ich begriff, daß es Broch um diese Art von Ruhm zu tun war, um keine andere. Es gab gewiß nichts, was er sich mehr gewünscht hätte, als von Joyce beachtet zu werden und die Hoffnung, es zu einer sozusagen parallelen Leistung zu bringen, hat später, bei der Entstehung seines ›Tod des Vergil‹ entscheidend mitgewirkt.

Er war aber dann doch von Herzen froh, als ich ihm von Jean Hoepffner erzählte, und staunte nicht weniger als ich über sein Angebot. Ein Mann, der beinahe nur Stifter las, der die moderne Literatur insgesamt ablehnte, der ›Kant fängt Feuer‹ nach den ersten Seiten schon mit Abscheu von sich weggestoßen hätte, machte sich erbötig, dafür zu sorgen, daß das Manuskript als Buch erscheine. »Wenn es einmal da ist«, sagte Broch, »wird es seinen Weg gehen. Es ist zu intensiv und vielleicht auch zu unheimlich, um vergessen zu werden. Ob Sie den Lesern mit diesem Buch etwas Gutes tun, wage ich nicht zu entscheiden. Aber Ihr Freund tut zweifellos etwas Gutes damit. Er handelt seinem Vorurteil zuwider. Er würde den Roman nie verstehen. Aber er wird ihn gar nicht lesen. Er tut es auch nicht, um bei einer Nachwelt Ehre damit einzulegen. Er hat gespürt, daß Sie ein Dichter sind und will sozusagen der Dichtung insgesamt etwas Gutes damit tun, weil er ihr in Stifter soviel verdankt. Am besten gefällt mir an ihm, daß er in Verkleidung lebt. Der Direktor einer Druckerei und Zeitung! Weiter könnte die Verkleidung gar nicht gehen. Sie werden nun leicht einen Verleger finden.«

Er behielt recht und tat sogar selbst etwas dazu, wenn auch nicht in eigentlicher Absicht. Er sah einige Tage später Stefan Zweig, der aus zwei Gründen in Wien war. Er unterzog sich einer umfassenden Zahnbehandlung und er gründete einen neuen Verlag für seine Bücher, da der Insel-Verlag in Deutschland ihn nicht weiter verlegen konnte. Ich glaube, daß ihm so ziemlich alle Zähne gezogen wurden. Ein Freund von ihm, Herbert Reichner, gab eine Zeitschrift ›Philobiblon‹ heraus, die recht gut war. Zweig beschloß, ihm seine Bücher anzuvertrauen und als Aufputz dazu noch einige andere Bücher zu suchen, deren man sich nicht schämen müsse.
Ich traf ihn durch Zufall bald nach meiner Rückkehr im Café Imperial. Er saß in einem der hinteren Räume allein an einem Tisch und hielt die Hand vor den Mund, um das Fehlen seiner Zähne zu verbergen. Obschon er in dieser Verfassung nicht gern gesehen werden wollte, winkte er mich an seinen Tisch und nötigte mich Platz zu nehmen. »Ich habe von Broch alles gehört«, sagte er. »Sie haben Joyce kennengelernt. Wenn Sie jemanden haben, der Ihren Roman garantiert, kann ich meinem Freund Reichner empfehlen, ihn herauszubringen. Sie sollen sich aber von Joyce ein Vorwort dazu schreiben lassen. Dann wird das Buch Beachtung finden.«
Ich sagte ihm sofort, daß das ganz ausgeschlossen sei. Ich könnte Joyce nie um so etwas bitten. Er kenne das Manuskript gar nicht. Er sei beinahe blind. Wie dürfe man ihm zumuten, so etwas zu lesen. Aber auch wenn er es so leicht lesen könnte wie jeder andere, ich würde ihn nie um so etwas bitten. Das Buch müsse für sich gelesen werden, es habe keine Krücken nötig.
Es klang so schroff, daß ich selbst ein wenig erschrak. »Ich wollte Ihnen nur helfen«, sagte Zweig und hielt die Hand rasch wieder vor den Mund. »Aber wenn Sie nicht wollen...« Das Gespräch war zu Ende, ich ging meiner Wege und bedauerte nicht im geringsten, daß ich diesen Vorschlag so entschieden zurückgewiesen hatte. Ich hatte meinen Stolz bewahrt. Aber ich hatte auch nichts verloren. Selbst wenn es

möglich gewesen wäre – ich hielt es für ganz ausgeschlossen –, die Vorstellung des Buches mit einer Einleitung von Joyce, wie immer sie ausgefallen wäre, war mir ganz unerträglich. Ich verachtete Zweig für seinen Vorschlag. Vielleicht war es aber ein Glück, daß ich ihn nicht genug verachtete, denn als ich bald danach einen Brief vom Verlag Herbert Reichner bekam, in dem wohl von der Garantie, aber überhaupt nicht von einem Vorwort die Rede war, in dem ich auch dringlich um die Einsendung des Manuskripts gebeten wurde, beriet ich mich mit Broch, der mir zuredete und schickte das Manuskript ein.

Die Hörer

Die erste Folge meines gehobenen Selbstgefühls war am 17. April 1935 die Vorlesung in der Schwarzwaldschule.

Ich war ein paarmal, nicht oft, bei der Frau Dr. Schwarzwald zu Besuch gewesen. Maria Lazar, der ich auch die Bekanntschaft mit Broch verdankte, hatte mich hingebracht. Viel besser als die legendäre, überaus redselige Pädagogin, die einen das erstemal schon beim Empfang an ihren Bauch drückte und einen so herzlich empfing, als sei man von Säuglingsjahren an ihr Schüler gewesen, als sei man durch kein Geheimnis von ihr getrennt und habe sich unzählige Male schon das Herz bei ihr ausgeschüttet – viel besser als sie, all ihrer menschenfreundlichen Intimität zum Trotz, gefiel mir der schweigsame Dr. Schwarzwald, ein kleiner, etwas verkrüppelter Mann, der sich an einem Stock fortbewegte und dann grimmig in eine Ecke setzte, von wo er das endlose Gerede der Besucher und das endlosere der Frau Doktor über sich ergehen ließ. Von seinem Kopf, den man aus einem Kokoschka-Porträt wohl kennt, läßt sich nichts Besseres sagen, als daß er aussah wie eine Wurzel, eine Bezeichnung, die von Broch stammte.

Das eher kleine Zimmer, in dem die Besucher empfangen wurden, war noch legendärer als die Frau Dr. Schwarzwald, denn wer war nicht alles schon da gesessen! Hierher kamen die eigentlichen Größen Wiens und zwar lange bevor sie zu allgemein bekannten, öffentlichen Figuren geworden waren.

Adolf Loos war dagewesen und hatte den jungen Kokoschka mitgebracht, Schönberg, Karl Kraus, Musil, man müßte viele nennen und es ist bemerkenswert, daß sich alle *die* hier einfanden, deren Werk später vor der Zeit bestanden hat. Nun war es aber keineswegs so, daß auch nur ein einziger *dieser* Besucher das Gespräch der Frau Dr. Schwarzwald besonders interessant gefunden hätte. Sie galt als passionierte Pädagogin mit modernen, freien Tendenzen, von ihren Schülern wurde sie vergöttert, sie half manchen wirklich und erlaubte viel, aber da alles bei ihr ineinander- und durcheinanderfloß, war sie für geistige Menschen jener besonderen Art nicht nur uninteressant, sondern eher lästig. Man empfand sie als Schwätzerin mit den allerbesten Absichten, aber die, die hinkamen und die man dort traf, waren es nicht, auch waren es immer nur wenige auf einmal, man hörte und sah sie genau, sie prägten sich einem ein, als seien sie gekommen, um zu ihrem Porträt zu sitzen, und vielleicht usurpierte man ein wenig die Rolle des großen Porträtisten, der sie da kennengelernt und dann auch wirklich gemalt hatte.

Am unvergeßlichsten, wer immer auch da war, war der schweigsame Dr. Schwarzwald, seine wortlose Strenge wischte auf der Stelle alles hinweg, was von der Frau Doktor dahergeschwatzt wurde, und dann gab es da noch einen Menschen, den man als das Herz dieser Menage empfand, das war die wunderbare Mariedl Stiasny, die Freundin des Dr. Schwarzwald, die für ihn sorgte, aber nicht nur für ihn, die buchstäblich alles tat, was administrativ für Schule, Schülerinnen und Haushalt zu tun war, eine schöne, rasche, gescheite, weder redselige noch schweigsame Frau, ein heller Mensch, deren Lachen die Lebensluft aller war, die hier lebten oder nur aus und ein gingen. Wenn man zu Besuch kam, saß sie nicht da, denn sie war immer beschäftigt, aber sie kam ein- oder zweimal herein, um einen raschen Blick auf die Situation zu werfen und wer immer da saß, wen immer von den Königen des Geistes man eben kennengelernt hatte, man ertappte sich dabei, daß man auf das Erscheinen der Mariedl Stiasny wartete. Wenn die Tür aufging, war es jedermanns erster Wunsch, daß sie es sei, die erscheine und man wäre, fürchte ich, selbst über den Besuch des Herrgotts ein wenig enttäuscht gewesen, da er nicht sie war. In jenem vielleicht

etwas lächerlichen Streitgespräch über den ›guten Menschen‹, das sich zwischen Broch und mir abgespielt hatte, hatten wir, es ist heute kaum zu fassen, keine einzige Frau in Betracht gezogen, sonst wäre, mit der Erwähnung *dieser* Person alles auf der Stelle entschieden und der Disput beendet gewesen.
Zu den früh eingeführten Besuchern – wie hätte es anders sein können – hatte auch Fritz Wotruba gehört. Er war ein unsteter Gast und blieb nicht lange, doch war es nicht die Redseligkeit der Frau Doktor, die ihn weitertrieb – er war dasselbe von Marian, seiner Frau, gewöhnt –, sondern seine heftige Unruhe, sein Hang nach dem Pflaster dieser Gegend, nahe von der Florianigasse, das seine eigentliche Heimat war. Da fühlte er sich immer besser draußen als drinnen und nachdem der obligate Antrittsbesuch einmal abgetan war, war er nicht leicht zu einem neuen zu bewegen. Als ich ihm nicht ohne Stolz von der einmütigen Ablehnung der erlauchten Hörer bei der Züricher Vorlesung erzählte, sagte er: »Die verstehen die Wiener Sprache nicht. Du mußt jetzt hier eine große Vorlesung haben!« Es war eben die Verwendung der Wiener Stimmen, was ihn zur ›Komödie‹ hinzog und er betrachtete es als Ehrensache, die Komödie vor eine wahre Wiener Öffentlichkeit zu bringen.
Es mag dann seine Frau, die praktische Marian gewesen sein, die an den großen Saal in der Schwarzwaldschule dachte. Die Vorlesung sollte nicht als Veranstaltung der Schule gelten, aber der Saal wurde von ihr zur Verfügung gestellt. Alles übrige war nun Sache der Marian Wotruba und ich erlebte, was es hieß, wenn sie sich einer Sache annahm. Der Saal war gesteckt voll. Die meisten, wenn nicht alle Mitglieder der Sezession und des Hagenbunds waren da, Maler und Bildhauer, die Architekten des Neuen Werkbunds, einige von ihnen kannte ich. Marian muß ihnen, jedem einzeln und allen zusammen, ein Loch in den Bauch geredet haben. Aber es waren auch Leute da, die gar nicht in ihr Ressort fielen, nämlich Dichter und andere, die mir sehr viel bedeuteten.
Ich muß die zwei nennen, die ich zuhöchst stellte: den Erzengel Gabriel, wie ich Dr. Sonne für mich nannte und so heimlich wie dieser Name, den er bei mir trug und den ich hier zum ersten und einzigen Male preisgebe, war auch seine

Gegenwart. Er verstand es, von niemandem gesehen zu werden und doch fühlte ich mich unter seinem schneidenden Schutze. Der zweite aber war Robert Musil, der mit seiner Frau gekommen war, in Begleitung von Franz und Valerie Zeis, die ihnen wie mir gute Freunde waren und diese Begegnung seit langem mit Takt und Klugheit vorbereitet hatten. Daß Musil zugegen war, bedeutete mir mehr als die Anwesenheit von Joyce zwei Monate zuvor in der Züricher Stadelhoferstraße. Denn wenn Joyce auch auf der Höhe seines Ruhmes war, wenn mir wohl bewußt war, wie sehr er diesen Ruhm verdiente, Musil, den ich erst seit einem Jahr etwa ernsthaft las, schien mir desselben hohen Ruhmes würdig, und mir war er sogar näher.
Ich las dasselbe wie in Zürich, aber in umgekehrter Reihenfolge, zu Anfang den ›Guten Vater‹ aus dem Roman und dann den ersten Teil der ›Komödie der Eitelkeit‹. Vielleicht war diese Reihenfolge die bessere, aber ich glaube nicht, daß es das allein war, was die veränderte Aufnahme bestimmte. Wotruba hatte recht, wenn er meinte, daß nichts *mehr* Wien, das eigentliche Wien war, als was ich für diese Lesung ausgesucht hatte. Auch war die *Erwartung* eine ganz andere. In Zürich hatte niemand außer den Gastgebern je etwas von mir gehört, für alle war der Vorlesende ein unbeschriebenes Blatt, und dann gleich ohne jede Erklärung dieser Jahrmarkt an Stimmen und Figuren! Hier wußten viele schon, wer man war, und denen, die es nicht gewußt hatten, war es von Marian eingetrichtert worden. In Zürich war ich wie betrunken von den Figuren der Komödie, der rasche Wechsel zwischen ihnen, ihre Verschiedenartigkeit, die aber als Gleichzeitigkeit präsentiert wurde, ließ keinen Raum für eine Aufnahme von Publikum, ich achtete auf keine Gesichter vor mir, wie es sonst immer während einer Lesung geschieht, ich hielt mich an niemanden, so bekam ich die komplette Verständnislosigkeit erst später zu spüren, als es alles schon zu Ende war.
Hier aber, von Anfang an, fühlte ich Erwartung und Staunen und las, dadurch angespornt, als ginge es um mein Leben. Der furchtbare ›Gute Vater‹ erregte Entsetzen, der Macht ihrer Hausbesorger waren sich Wiener wohl bewußt und ich glaube nicht, daß irgendwer die Wahrheit dieser Figur anzuzweifeln gewagt hätte, solange alle zusammen im Saal ihr

ausgeliefert waren. Die Komödie danach ließ sich wie eine Befreiung davon an, bis sie sich allmählich zu ihrer eigenen Furchtbarkeit steigerte. Wenn zum Schluß auch viele entsetzt waren, so lag das an der Natur der Dinge, die hier gestaltet waren und nicht an dem, der sie gestaltete. Groll bekam ich nur von solchen zu spüren, die zu den engeren Freunden des Hauses gehörten, eine wahre Schelte wie in der Stadelhoferstraße erfuhr ich nur von der Karin Michaelis, einer dänischen Schriftstellerin, die mir zornig Unmenschlichkeit vorwarf und in ihrer Gegenwart verstummte auch zum ersten und einzigen Male die Frau Dr. Schwarzwald. Sie sagte nichts, sie gönnte mir nicht einmal ihr freundliches Geschwätz, auf das ich mich gefaßt gemacht hatte, und trug so durch ihr Schweigen zum Gelingen des Abends bei.
Denn ich war erfüllt von der Gegenwart der zwei Menschen, die ich zuerst genannt habe. Musil sah ich in der zweiten Reihe vor mir und es war eine leise Befürchtung in mir, daß er nach dem ersten Stück, dem ›Guten Vater‹, nach dem ich eine kleine Pause einlegte, aufstehen und weggehen würde, so wie Joyce damals nach der ›Komödie‹ in Zürich. Er stand aber gar nicht auf und ging nicht weg, er schien mir im Gegenteil konzentriert und gebannt. Er hielt den straffen Oberkörper etwas nach vorn gelehnt, mir entgegen und sein Kopf wirkte wie ein Geschoß, mit dem er nach mir zielte, das aber dank ungeheurer Selbstbeherrschung nicht abgefeuert wurde. Dieser Eindruck, der sich mir für immer eingeprägt hat, war keine Selbsttäuschung, wie ich bald danach erfuhr, obschon die Erklärung dafür mich überraschen mußte.
Sonne, den ich nur dieses eine Mal als zweiten nenne, war unsichtbar. Ich wußte, daß ich ihn nicht finden würde, darum suchte ich nicht nach ihm. Aber es war für mich ein entscheidender Augenblick in unserer Beziehung. Nach all den Gesprächen, deren er mich seit über einem Jahr gewürdigt hatte, war es das erstemal, daß er etwas von mir kennenlernte. Ich hatte ihm nie ein Manuskript gezeigt, er hatte, ohne daß ein Wort darüber gefallen war, erkannt, daß ich mich schämte, weil es kein Buch von mir gab, und daß ich vor ihm, aber nur vor ihm, der auf jede Öffentlichkeit verzichtete, diese Scham verlor. Er fragte nie danach, er sagte nie: »Wollen Sie mir den Roman, von dem Broch mir erzählt

hat, nicht bringen?« Er sagte nichts, denn er wußte, sobald es ein Buch *gäbe*, sobald sich nichts mehr daran ändern ließe, würde ich es ihm bringen.
Er wußte auch, daß ich mein Manuskript vor seinem Urteil *schützen* mußte, denn ein Wort von ihm, ihm als einzigem, hätte es vernichten können. Dieser Gefahr, die ich klar erkannte, setzte ich weder den Roman noch die beiden Dramen aus und empfand das nicht als Feigheit, denn alles was ich hatte, waren diese drei Werke, die es noch nicht einmal zu einer Publikation gebracht hatten. Vor jedem anderen fühlte ich mich imstande, sie zu schützen. Vor ihm aber wären sie wehrlos gewesen, denn ich hatte ihn aus Instinkt, aber auch durch Beschluß zu meiner höchsten Instanz erhoben, der ich mich beugen wollte, weil ich auch sie nicht weniger brauchte als das Bewußtsein von der Existenz der drei Werke. Jetzt war er aber gekommen und es muß nach alledem sonderbar klingen, daß ich vor seiner Anwesenheit keine Furcht empfand.
Broch war nicht in Wien und Anna in Sorge um ihre Schwester Manon, die sehr schwer krank war. Von denen, die mir die Demütigung vom vergangenen Jahr bereitet hatten, war niemand da. Werfels »So lassen Sie doch die Finger davon!« fiel mir kein einziges Mal ein, obwohl es als Stachel des Hasses noch immer in mir saß. Es sollte als Fluch gegen alles weitere Schreiben bei mir wirken, und obschon ich gar nichts von ihm hielt, *wirkte* es als Fluch, denn es wurde in die Komödie hineingeworfen, von der ich überzeugt und erfüllt war. Die Zsolnay-Welt, die ich nie ernstgenommen hatte, war fern, hier war ich mit dem konfrontiert, was für mich die eigentliche, die wahre Wiener Welt war, zu der ich stand und die sich, dessen war ich sicher, als die zukünftige erweisen würde.
Für den äußeren Abschluß der Vorlesung war auch das Verhalten der Maler bestimmend, eine entschlossene Kohorte, von Wotruba angeführt, die mit Beifall nicht sparte. Vielleicht war *sie* damals für den Eindruck bestimmend, daß die Komödie nun ihr Publikum doch gefunden habe. Ein Irrtum, wie sich später herausstellte, aber ein verzeihlicher, dieses eine Mal durfte ich mir das Gefühl erlauben, daß die Komödie verstanden worden war und in der Zeit, für die sie geschrieben wurde, ihre Wirkung tun könnte.
Danach gleich trat Musil zu mir und mir ist, als habe er von

selber zu mir gesprochen, herzlich und ohne die Reserve, für die er bekannt war. Ich war verwirrt und berauscht, es war das Gesicht und nicht der Rücken, den er mir zuwandte, ich sah sein Gesicht nah vor mir und war davon so überwältigt, daß ich nicht auffaßte, was er sagte. Es blieb ihm auch wenig Zeit dazu, denn schon fühlte ich mich an der Schulter gepackt und mit hartem Griff umgekehrt und umarmt – Wotruba, dessen brüderliche Begeisterung keine Rücksicht kannte. Ich entwand mich seinem Griff und machte ihn mit Musil bekannt. Es war in diesem heißen Augenblick, daß der Keim zu ihrer Freundschaft gelegt wurde und wenn später so viel in dieser Freundschaft geschah, daß sie diesen isolierten und für beide noch wenig ergiebigen Moment vergaßen – mir ist er, eine der leuchtenden Gelegenheiten meines Lebens, nicht entfallen.

Man wurde getrennt, andere kamen, viele darunter, die ich zum erstenmal sah, das Gedränge wurde größer, dann hieß es, man gehe in den Steindl-Keller, im ersten Stock dort sei ein Zimmer reserviert. Es war ein langer, lockerer Zug, der sich auf den Weg dorthin machte, als ich ankam und in den vorbestimmten Raum hineinsah, saßen schon viele an der länglichen, hufeisenförmig angelegten Tafel. Im Raum davor sah ich Musil neben seiner Frau, der unschlüssig dastand, Franz Zeis, dem er vertraute, redete ihm zu, er solle sich doch auch dazusetzen. Er zögerte, tat einen Blick hinein, ging aber nicht weiter. Als ich dazu trat und ihn sehr respektvoll einlud, entschuldigte er sich, es seien zuviel Leute, der Raum sei ihm zu voll, er schien zwar noch immer unschlüssig, konnte aber, da er nun ausdrücklich abgelehnt hatte, schwer zurück und suchte sich schließlich einen Tisch draußen, wo er sich mit seiner Frau und den beiden Zeis' niederließ.

Vielleicht war es besser so, denn wie hätte ich mich in seiner Gegenwart frei fühlen sollen? Es wäre unangemessen gewesen, ihn, den ich so hoch verehrte, unter vielen anderen eingeengt dasitzen zu sehen, die noch dazu da waren, um die Vorlesung eines jungen Dichters essend, trinkend, lärmend zu feiern. Ich *mußte* ihn einladen, als ich ihn in der Nähe der offenen Tür stehen sah und seine Unschlüssigkeit spürte, sein Ausgeschlossensein hinzunehmen wäre eine größere Taktlosigkeit gewesen, als ihn einzuladen. Im Grunde war es vielleicht sogar so, daß er eine Einladung abwartete, um sie auszuschlagen. Alle Akte der *Abwehr* von Musil, die ich anderen oder auch mir gegenüber erlebt habe, empfand ich als unfehlbar richtig. Ich möchte die Erinnerung an sie nicht missen. Wenn ich überhaupt nichts anderes von ihm erlebt hätte (was zum Glück nicht der Fall war), hätte ich doch das Gefühl, ihn auf eine richtige, eine präzise, eine sogar der Sprache seines Werkes angemessene Weise gekannt zu haben.

Im inneren Raum herrschte eine ausgelassene Stimmung. Es waren einige der Maler da, die sich aufs Feiern verstanden. Ich sagte mir, daß nicht einer von den Menschen da war, deren ich mich geschämt hätte. Ein Glück, daß man bei solchen Gelegenheiten auf genauere Feststellungen verzichtet. Es fehlte mir aber etwas, besonders beim Zutrinken zögerte ich jedesmal ein wenig, so als sollte ich eigentlich noch abwarten. Ich wußte nicht, was es war, denn die Hauptsache hatte ich vergessen. Vielleicht wagte ich mir, in dieser allgemeinen Freude, die auch mich ergriffen hatte, nicht zu sagen, daß die Entscheidung, daß das Eigentliche noch bevorstand. Ich muß das Urteil wohl erwartet haben, aber ich suchte nicht danach. Ich war nicht in der Verfassung, genau zu bestimmen, wer alles da war. Nach und nach meldete sich jeder, darauf konnte man sich verlassen. Aber einmal, ein einziges Mal, spürte ich einen *Blick*. Niemand rief mir etwas zu. Ich sah, ohne zu suchen, in eine bestimmte Richtung. Ziemlich weit von mir, schmal, etwas eingezwängt, saß, in vollkommener Stille, Dr. Sonne. Sobald er meinen Blick bemerkte, hob er ganz leicht sein Glas, lächelte und trank mir zu. Mir schien, daß er die Lippen bewege, zu hören war nichts, Hand und Glas hatten etwas unwirklich Schwebendes und blieben in der Höhe, wie auf einem Bild.

Mehr sagte er nicht, auch nicht an den Tagen danach, als wir wieder an einem der runden Marmortischchen im Café Museum beisammensaßen. Durch das Erheben des Glases, durch das Verharren des Glases in der Schwebe hatte er mir zugesprochen, das bedeutete mehr als jeder Zuruf, jedes laute Wort. Da er nur *Teile* gehört hatte und kein ganzes Werk, mochte er nichts sagen. Aber er hatte sich mir nicht in den Weg gestellt und vor keiner Gefahr gewarnt, die er etwa gesehen hätte. Er hatte mir den Weg freigegeben, auf seine

schonende Weise, die jedes Leben respektierte, und ich empfand als Billigung, was vielleicht schon mehr war.
Unter denen, die mit in den Steindl-Keller gekommen waren, war Ernst Bloch. Ich wußte von seinem ›Thomas Münzer‹, hatte mich aber nie damit befaßt. Daß er zur Vorlesung erschienen war, wurde von vielen, wie ich später erfuhr, auch von Musil, bemerkt. Als ich nach dessen Ablehnung der Einladung den hinteren, vollen Raum betrat, stand Bloch auf, er hatte sich eben einen Platz gesichert, und trat auf mich zu. Er nahm mich sozusagen, soweit es unter den vielen Menschen möglich war, beiseite und legte Wert auf eine komplette, abgesonderte Meinungsabgabe. Sie begann mit einer eindringlichen Geste. »Erster Eindruck«, sagte er und hob beide Handflächen, in einiger Entfernung von einander, aber offen einander zugekehrt, etwas über die Höhe der Schultern. Dann sagte er, skandierend: »Es – ragt.« Der lange Abstand nach dem ›es‹ war so auffallend wie die Höhe der Hände. Das ›ragt‹, so lange nach dem unbestimmten ›es‹, kam überraschend und zwingend, wie gotische Türme. Ich sah verdutzt auf den länglichen, knorrigen Kopf, dessen Linien durch das Ragen der Hände unterstrichen wurden. Er sagte danach Dinge, mit denen er bewies, daß er die Komödie auf der Stelle erfaßt hatte. Er verstand, worauf sie sich bezog, er sagte voraus, was nun im zweiten Teil kommen müsse und traf nicht daneben. Es war eine ausführliche, eine vollkommen artikulierte Reaktion, und ich hätte mir nichts Besseres wünschen können. Aber es kam mir alles wie in einer fremden Sprache vor. »Es – ragt!« ist das einzige davon, was mir geblieben ist.
Ein Nachspiel dieses Abends möchte ich nicht verschweigen, obwohl es eher peinlich für mich ist. Es betrifft Musil und sein wirkliches Verhalten während der Lesung, etwas wovon ich nichts ahnen konnte und was im Glücksrausch über seine Anwesenheit und sein Benehmen zu mir völlig untergegangen wäre, wenn ich es nicht wenige Tage danach von Franz Zeis erfahren hätte.
Franz Zeis war Hofrat im Patentamt und kannte Musil seit langem. Er war ein sehr treuer Freund, der seine Bedeutung früh erkannt hatte. Es mag damals ein Dutzend Menschen in Wien gegeben haben, denen anzuhängen verdienstvoll war,

weil sich kein Vorteil damit verband, eher bereitete es Unannehmlichkeiten. Einige von ihnen gehörten in kleinen Gruppen zusammen, wie Schönberg und seine Schüler, andere waren isoliert. Franz Zeis kannte sie und gehörte ihnen allen. Für ihre Einsamkeit bewies er einen feinen Instinkt. Er begriff, daß sie allein sein mußten, aber auch, wie tief sie darunter litten. Musil kannte er am besten, seine Empfindlichkeit, das Mißtrauen Marthas, seiner Frau, die mit Argusaugen darüber wachte, daß ihm nicht zu nahegetreten würde, jede Einzelheit dieser für das Dasein eines so bedeutenden Geistes notwendigen Verfassung, jegliche, auch die verborgensten, zu erwartenden Reaktionen waren Franz Zeis wohlvertraut und er hatte die Klugheit, sie bei allen Unternehmungen zugunsten Musils zu bedenken und in Rechnung zu stellen.
Er hörte von mir, was ich über Musil dachte und sobald er einmal von der Tiefe und Unerschütterlichkeit dieses Respekts überzeugt war, erzählte er Musil davon, der Verehrung, bevor er sie hinnahm, sehr genau *prüfte*. Franz Zeis mußte immer eine Art von Examen über sich ergehen lassen und jede Äußerung, die hinterbracht wurde, wurde auf die Waagschale gelegt und meist zu leicht befunden. Wenn es auch nur das geringste gab, das Musils Zustimmung finden konnte – Zeis ließ nicht locker und brachte es vor. Es gibt zweierlei Zwischenträger, die einen tun, was sie können, um Menschen zu entzweien; sie hinterbringen jede negative Äußerung, die sie durch Isolierung vergrößern, wecken – als Abwehr – feindselige Gegenregungen, hinterbringen dann diese und steigern dieses Spiel, bis sie auch gute Freunde völlig entzweit haben. Sie genießen das Machtgefühl, das ihnen die Ausübung dieses Spiels verleiht, manchmal verstehen sie es sogar, sich bei jedem der beiden an die Stelle des früheren Freundes zu setzen. Die andere Art, die sehr viel seltener ist, hinterbringt nur Gutes, sucht die Wirkung feindseliger Regungen zu verringern, indem sie sie verschweigt, stiftet Neugier und allmählich auch Vertrauen, bis dann der Moment unvermeidlich wird, in dem die so geduldig einander Angenäherten sich auch in der Wirklichkeit begegnen. Franz Zeis gehörte zu diesen und ich glaube, es war ihm wirklich darum zu tun, Musils Gefühl seiner Isolierung ein wenig zu lindern und mir die Freude zu machen, ihn von näher zu erleben.

Das war Zeis gelungen, als er ihm zum Besuch der Vorlesung zuredete. Er wollte mir auch weiterhin seine Reaktionen schildern und als wir das nächste Mal zusammen waren, erfuhr ich von ihm Dinge, die mich nicht wenig überraschten. Zuerst einmal sei Musil erstaunt gewesen: »Er hat gutes Publikum«, habe er gesagt und einige Namen wie Ernst Bloch und Otto Stoessl hervorgehoben. Das habe ihn beeindruckt. Dann aber, während des ›Guten Vaters‹, habe er plötzlich seine Sitzlehnen gepackt und zu seinem Begleiter gesagt: »Der liest besser als ich!« Nun war das keineswegs der Fall, es war bekannt, wie gut Musil las, aber merkwürdig an seiner Äußerung war nicht ihr Wahrheitsgehalt, sondern daß sie in dieser Form gemacht wurde. Sie zeugte für das, was ich später so stark als das *Agonale* an Musil empfand. Er *maß* sich an anderen, auch eine Vorlesung war für ihn wie bei den Griechen ein Wettkampf. Mir kam das beinah widersinnig vor, es wäre mir nie eingefallen, mich mit ihm, den ich weit über mich stellte, messen zu wollen. Aber vielleicht war es für mich doch, ohne daß ich es damals begriffen hätte, nach der empfindlichen Demütigung vom Jahr zuvor, eine Notwendigkeit gewesen, mich dem Kampf vor besseren Hörern zu stellen und ihn auch zu gewinnen.

Begräbnis eines Engels

Beinahe ein Jahr lang war sie im Rollstuhl vorgeführt worden, schön herausgeputzt, das Gesicht sorgfältig bemalt, eine kostbare Decke über den Knien, das wächserne Gesicht von scheinbarer Zuversicht belebt, wirkliche Hoffnung hatte sie keine. Die Stimme war nicht beschädigt, sie war aus der unschuldigen Zeit, da ihre Trägerin auf Rehfüßen trippelte und allen Besuchern als Gegenbild zur Mutter diente. Jetzt war der Kontrast, der immer unbegreiflich schien, noch größer geworden. Die ihr Leben, wie sie es gewohnt war, weiterführte, kam sich um das Unglück des geliebten Kindes besser vor. Es war noch imstande ja zu sagen und wurde gelähmt verlobt.
Es sollte eine nützliche Verlobung sein. Die Wahl fiel auf den jungen Sekretär der Vaterländischen Front, einen Protégé des

Professors für Moraltheologie, der das Herz der fürstlichen Hauptfigur des Hauses lenkte. Der Sekretär, der keine Scheu davor hatte, sich mit einem Wesen zu verloben, das nur noch kurz zu leben hatte, bewegte sich, da er seiner Verlobten Krankenbesuche machte, frei im Haus und lernte alle Berühmtheiten, die zu demselben Zweck hinkamen, am Rollstuhl kennen. Er wurde samt seinem gefälligen Grinsen, seinen artigen Verbeugungen, seiner quäkenden Stimme zu einer viel besprochenen Figur: der aussichtsreiche junge Mann, dessen Namen niemand zuvor gehört hatte, der sich opferte, seine Erscheinung, seine immer kostbarer werdende Zeit, um dem Engel die Illusion einer noch möglichen Genesung zu geben. Denn wenn sie verlobt wurde, bestand noch Hoffnung darauf, daß sie heiraten würde.
Es machte Eindruck, wenn der junge Mann im Smoking seiner Verlobten die Hand küßte. So oft man in Wien ›Küß die Hand‹ zu sagen pflegt, es geht da sehr leicht von den Lippen, so oft *tat* er es auch. Wenn er sich dann aufrichtete, mit dem guten Gefühl, daß er bei dieser Verrichtung *gesehen* worden war, daß hier nichts umsonst geschah, daß alles und besonders ein Handkuß auf diese Hand zu seinen Gunsten verzeichnet wurde, wenn er dann kurz in dieser bestrickenden Verbeugung vor der Gelähmten verharrte, *stand* er für sie beide und es gab Leute, die dann wie die Mutter auf ein Wunder vertrauten und sagten: »Sie wird doch gesund. Die Freude über ihren Verlobten wird ihr die Heilung bringen.«
Es gab aber auch welche, die dieses schändliche Spiel mit Ekel und Ingrimm mitansahen und sich mit ganz anderen Hoffnungen trugen. Diese, zu denen ich gehörte, hatten einen einzigen Wunsch: den nämlich, daß der Blitz in Mutter und Bräutigam schlage und sie in ein und demselben Augenblick *lähme*, nicht töte, lähme, und daß die Kranke vor Schrecken aus ihrem Rollstuhl aufspringe, *geheilt*. An ihrer Stelle aber würde von nun ab die Mutter herumgeschoben, ebenso schön herausgeputzt, sorgfältig bemalt, die kostbare Decke über den Knien, und der Bräutigam, stehend auf Rollen befestigt, würde an einer Kette zu ihr herangezogen und mühe sich um Handkuß und Verbeugung ab, die ihm nicht mehr möglich wären, aber der Alten gälten. Zwar hätte das junge Mädchen alle Reinheit und Güte darangesetzt, ihre

Heilung an die Mutter zu verschenken und sich selbst in den alten Zustand an ihre Stelle zurückzuversetzen, aber die unaufhörlich scheiternden Verbeugungen und Handküsse des Verlobten wären dem im Weg gestanden und so wären sie nun alle drei zu einer Wachsfigurengruppe erstarrt, die sich manchmal durch äußere Antriebe in Bewegung setzte und für ewige Zeiten zum Bild der Zustände auf der ›Hohen Warte‹ diente.

Die Wirklichkeit kennt aber keine Gerechtigkeit und es war der Sekretär, der im tadellosen Smoking in der Heiligenstädter Kirche an einen Pfeiler gelehnt der Abdankung beiwohnte. Das war das Ende seiner Verlobung mit Manon Gropius: sie starb, wie es vorausgesehen worden war und statt einer Hochzeit mußte er sich mit einer Abdankung begnügen.

Sie wurde auf dem Grinzinger Friedhof begraben. Auch aus dieser Gelegenheit wurde das Letzte herausgeschlagen. Ganz Wien war dabei, Wien nämlich, soweit es sich bei den Einladungen auf der Hohen Warte zusammenzufinden pflegte. Andere kamen, die sich solche Einladungen sehnlichst wünschten, aber nie dabei sein durften, mit Gewalt konnte niemand vom Begräbnis ferngehalten werden. Eine lange Reihe von Autos bewegte sich die schmale Straße zum Friedhof hinauf, eigentlich war es ein Weg und keine Straße und es war nicht daran zu denken, daß ein Wagen, dessen Insassen sich um einen Ehrenplatz mühten, dem andern vorgefahren wäre. So wie man nun einmal stand, schob sich die ganze Reihe langsam den Hügel hinauf.

In einem der Wagen, einem Taxi, saß ich mit Wotruba und Marian, die in höchster Aufregung war und unaufhörlich auf den Chauffeur vor ihr einhackte: »Fahren Sie doch vor! Wir müssen nach vorn! Können Sie nicht vorfahren! Wir sind zu weit hinten! Wir müssen nach vorn! Fahren Sie doch vor!« Wie mit Peitschen schlug sie mit ihren Sätzen, aber es waren keine Pferde, auf die sie einschlug, es war ein Chauffeur, der immer ruhiger wurde, je heftiger sie es trieb. »Es geht net, Gnädige, es geht net.« »Es *muß* gehen«, schrie Marian, »wir müssen nach vorn.« Sie geriet vor Erregung in Schluchzen: »Wir können doch nicht unter den Letzten sein! Diese Schande! Diese Schande!«

Ich hatte sie noch nie so erlebt, auch Wotruba nicht. Seit langem bemühte er sich darum, den Auftrag zu einem Mahler-Denkmal zu bekommen. Man hatte ihn immer wieder zu neuen Entwürfen aufgefordert. Er wurde unter nichtigen Vorwänden hingehalten. Anna, seine Schülerin, hatte sich bei ihrer Mutter mit aller Kraft für ihn eingesetzt. Carl Moll lief sich die Beine für ihn ab. Er war es, der sich seinerzeit für Kokoschka ins Zeug gelegt hatte. Nicht weniger Mühe gab er sich jetzt um Wotruba. Aber immer, im letzten Augenblick, stimmte etwas nicht. Ich hatte die allmächtige Witwe im Verdacht und sie war es auch wirklich, die Wotrubas Kandidatur für das Mahler-Denkmal sabotierte. Er gefiel der alten Mahler, aber da Marian immer in der Nähe war, hatte sie wenig Aussicht, ihn zu betören. Mit enormen Mortadella-Würsten unterm Arm kam sie zu ihm ins Atelier und wenn sie dann enttäuscht wieder abzog, sagte sie zu ihrer Tochter: »Er paßt nicht zu Mahler. Er ist ja doch ein Prolet.« Marian aber berannte indessen jede öffentliche Stelle Wiens, die auch nur den geringsten Einfluß auf die Entscheidung haben konnte. Ihre Leidenschaft für den ›Mahler‹, wie das Denkmal unter den beiden hieß, erreichte einen Höhepunkt bei dieser Fahrt zum Begräbnis der Manon Gropius, die mit Mahler über die vielfachen und verwickelten Eheverhältnisse ihrer Mutter sehr wenig und nun im Tode gar nichts zu tun hatte.

Marian Wotruba aber tobte, und da die Auffahrt der Wagen zum Friedhof nur langsam vor sich ging, hatte sie Zeit dazu: »Jetzt geht's! Versuchen Sie's jetzt! Wir müssen nach vorn! So tun Sie doch was! Wir müssen nach vorn! Wir sind sonst die Letzten! Wir müssen nach vorn!« Wotruba sah mich an, als wolle er sagen: »Die hat's aber gnädig«, hütete sich aber wohl davor, das auszusprechen, sonst hätte sich die Raserei der Marian vom Chauffeur abgewandt und auf ihn entladen. Es war ihm selber nicht gleichgültig. Er wäre lieber weiter vorn gewesen, dem Mahler-Denkmal näher. Die Verbindung von Gräbern und Monumenten hat für einen Bildhauer etwas Unwiderstehliches. Es ist sicher die früheste derartige Ansammlung von Steinen, die er erlebt hat, und wenn es um die posthume Stieftochter des denkmalwürdigen Mannes geht, wird diese Verbindung unauflöslich.

Ich weiß nicht mehr, wie wir ausstiegen, Marian muß uns durch die dichte Schar der Grablustigen nach vorn geschoben haben, wir standen schließlich doch in der Nähe des offenen Grabes und ich hörte die ergreifende Rede Hollensteiners, dem das Herz der trauernden Mutter gehörte. Diese weinte, es fiel mir auf, daß auch ihre Tränen ungewöhnliches Format hatte. Es waren nicht zu viele, doch sie verstand so zu weinen, daß sie in überlebensgroße Gebilde zusammenflossen, Tränen, wie ich sie noch nie gesehen hatte, enormen Perlen gleich, ein kostbarer Schmuck, man konnte nicht hinsehen, ohne in lautes Staunen über soviel Mutterliebe auszubrechen.
Gewiß, das junge Mädchen hatte sein Leiden, wie Hollensteiner beredt ausmalte, mit übermenschlicher Geduld ertragen, aber wie groß war erst das Leiden der Mutter gewesen, die es alles mitangesehen hatte, ein ganzes Jahr lang, vor den Augen der ganzen Welt, die immer auf dem laufenden gehalten wurde, manches in der Welt war während dieser Zeit geschehen, andere Mütter waren umgebracht worden, ihre Kinder verhungert, aber keine hatte gelitten, was diese Alma litt, eine stellvertretende Seele, die für alles litt, sie brach nicht zusammen, auch jetzt nicht, am Grab nicht, eine üppige, aber stark gealterte Büßerin, so stand sie da, eine Magdalena eher als Maria, statt mit Reue mit schwellenden Tränen ausgestattet, prachtvollen Exemplaren, wie kein Maler sie noch zustande gebracht hat. Mit jedem Wort ihres Freundes, der die Grabrede hielt, schwollen sie weiter an und hingen schließlich wie Trauben von ihren feisten Backen herunter. So wollte sie gesehen sein und so wurde sie gesehen, und jeder, der da war, trachtete danach, von ihr gesehen zu werden. Dazu war man gekommen, um ihrem Schmerz die öffentliche Anerkennung zu gewähren, die ihm gebührte. Es tat wohl, dabeigewesen zu sein, einem der späten großen Tage Wiens, bevor es in den Untergang taumelte und von den neuen Herren zur Provinz deklariert wurde.
Es gab aber auch andere, die sich bei dieser Gelegenheit hervortaten, ein wenig abseits zwar, doch immerhin bemerkbar. Für diese war es nicht genug, an der Glorie der schwergeprüften Mutter teilzunehmen, denn es gelang ihnen, mit eigenem, durchaus nicht weniger öffentlichem Schmerz

hervorzutreten. Auf einem frischen Grabhügel, erhöht, etwas abseits, aber nicht zu sehr, kniete in inniges Gebet versenkt Martha, die Witwe Jakob Wassermanns, der vor einem Jahr, beinahe noch auf der Höhe seines Ruhms gestorben war. Sie hatte sich ihren Grabhügel gut ausgesucht, er war von überall einzusehen. Die hageren Hände hielt sie gefaltet, die vor Innigkeit manchmal zuckten, die Augen, streng geschlossen, sahen nichts von der Welt, so gern sie die Wirkung ihrer Abgeschiedenheit vermerkt hätten. Etwas weniger Strenge und man hätte ihnen geglaubt. Das schmale Gesicht sollte in dieser Verfassung innigen Gebetes dem einer abgehärmten Bäuerin gleichen, der Hut, in kluger Voraussicht, war so geformt, daß er an ein Kopftuch gemahnte. Die ganze Veranstaltung war um eine Spur zu nachdrücklich, hätten die Hände seltener gezuckt, die Augen sich hie und da geöffnet, hätte sich das frisch aufgeschaufelte Grab, das ja ein anderes als das des Engels sein mußte, nicht in so offenkundig günstiger Lage befunden, man wäre geneigt gewesen, diese Ergriffenheit für wahr zu halten. Aber der Aufdringlichkeit solcher Umstände mochte man nicht trauen, man fragte sich nicht einmal, wem das Gebet der Martha galt: ihrem Mann, der sich, schwer herzkrank, zu Tode gearbeitet hatte, dem Engel, dem auch die salbungsvollen Worte des Hollensteiner und die Tränenmonstren der Mutter nichts anhaben konnten, oder ihrer eigenen Schreiberei. sie hielt sich für besser als ihren Mann und war nach seinem Tod ingrimmig entschlossen, es der Welt zu beweisen.

An diesen beiden Figuren hielt ich mich für die Peinlichkeit der ganzen Vorführung auf dem Grinzinger Friedhof schadlos: an der knienden Martha, die ich wohl sah, als sie sich zum Knien anschickte, aber nicht, wie sie sich erhob; an der Mutter, die aus unerschöpflichem Gemüt die Bildung gewichtiger Tränen vollbrachte. Ich gab mir Mühe, nicht an das Opfer zu denken, das jeder geliebt hatte.

Mitte Oktober 1935 erschien ›Die Blendung‹. Einen Monat zuvor waren wir in die Himmelstraße eingezogen, auf halber Höhe der Rebhügel um Grinzing. Es war ein erlösendes Gefühl, der düsteren Ferdinandstraße entstiegen zu sein und zugleich den Roman in Händen zu halten, der von den dunkelsten Aspekten Wiens genährt war. Die Himmelstraße, an der wir jetzt wohnten, führte zu einer Örtlichkeit hinauf, die sich ›Am Himmel‹ nannte und ich war über diesen Namen so belustigt, daß Veza mir Briefpapier drucken ließ, auf dem statt Himmelstraße 30 als Adresse ›Am Himmel 30‹ stand.
Sie empfand Übersiedlung und Publikation als Rettung aus der Welt des Romans, der ihr nicht geheuer gewesen war. Sie wußte, daß ich mich nie von ihm lossagen würde und solange das schwere Manuskript bei mir lag, fürchtete sie ihn als Gefahr. Sie war der Überzeugung, daß sich seither etwas in mir gelockert hatte und daß die ›Komödie der Eitelkeit‹, die sie mehr als alles andere mochte, meine Möglichkeiten als Dichter richtiger repräsentierte. Auf taktvolle Weise, in der Meinung, daß ich es nicht bemerkte, interessierte sie sich dafür, wem ich ein Widmungsexemplar von der ›Blendung‹ sandte. Sie sah, daß ich nur wenige, kaum ein Dutzend Menschen damit bedachte und war es zufrieden. Sie war sicher, daß ich die Leute vor den Kopf stoßen würde. Daß die Kritiker über mich herstürzen würden, war nun nicht zu vermeiden, aber die Leute, die mich gut kannten und etwas von mir hielten, sehr viele waren es nicht, sollte ich durch eine bedrückende Lektüre des Romans nicht verlieren.
Sie erging sich über den Unterschied zwischen öffentlichen Vorlesungen und eigener Lektüre. Ich hatte, außer dem obligaten ›Guten Vater‹ gern den ›Spaziergang‹ (das erste Kapitel) und einiges aus dem zweiten Teil vorgelesen: ›Zum idealen Himmel‹ und ›Der Buckel‹. Da war Fischerle die Hauptperson, dessen manischer Übermut immer ansteckend wirkte. Aber auch durch den ›Guten Vater‹ fühlten sich die Hörer bewegt, da war noch Raum für Mitleid mit der gepeinigten Tochter. Vielleicht hätten manche gern mehr gelesen, doch es gab kein Buch, im Laufe einiger Jahre hatten das alle begriffen und so konnte man den in seiner Ausführlichkeit uner-

träglichen Kampf zwischen Kien und Therese nicht über sich ergehen lassen. Man hatte keinen Grund, dem Autor zu grollen und kam zur nächsten Vorlesung, die die frühere Meinung bestärkte. In den engeren, an einer neueren Literatur interessierten Kreisen Wiens war eine trügerische Reputation am Entstehen gewesen, die mit dem Erscheinen des Buches jetzt einen Todesstoß erfahren würde.
Ich selber hatte aber gar keine Ängste, es war, als hätte Veza alle auf sich genommen. Aus jeder Ablehnung eines Verlags war mein Glaube an den Roman gestärkt hervorgegangen. Ich war, wenn auch nicht für die Gegenwart, seiner vollkommen sicher. Ich weiß nicht, woher ich diese Sicherheit bezog. Vielleicht schützt man sich vor der Feindschaft des Tages, wenn man ohne Schwanken die Nachwelt zum Richter einsetzt. Alle kleinlichen Rücksichten und Bedenken fallen dadurch weg. Man stellt sich nicht vor, was dieser oder jener dazu sagen könnte. Da es auf ihn nicht ankommt, *will* man sich das gar nicht vorstellen. Man denkt ja auch nicht daran, was Zeitgenossen damals zu den Büchern der Dichter gesagt haben, die man liebt. Die alten Bücher, mit denen man lebt, sieht man für sich, von allen Kleinlichkeiten losgelöst, in die ihre Verfasser zu Lebzeiten verstrickt waren. Bei manchen ist es sogar so, als wären die Bücher selbst zu Göttern geworden. Das bedeutet nicht nur, daß sie immer dasein werden, es bedeutet auch, daß sie immer da waren.
Diese Sicherheit an einer Nachwelt, die einen erfüllt, ist aber nicht absolut. Auch für sie gibt es Richter, sie sind schwer zu finden und es mag mancher das Unglück haben, nie dem Menschen zu begegnen, den er sich guten Gewissens als Nachwelt-Richter einsetzen dürfte. Ich *war* einem solchen Menschen begegnet, und so groß war nach anderthalb Jahren im Laufe von langen, täglichen Gesprächen sein Ansehen in mir geworden, daß ich ihm auch ein Todesurteil über die ›Blendung‹ zugestanden hätte. In Erwartung seines Urteils habe ich fünf Wochen gelebt.
Ich schrieb ihm eine Widmung ins Buch, die nur er verstehen konnte:
Dr. Sonne, mir noch mehr.   E. C.
In den anderen Exemplaren, an Broch, an Alban Berg, an Musil sparte ich nicht mit Ausdrücken der Verehrung, da

stand dann klar und deutlich da, was ich wirklich empfand, für jeden verständlich. Mit Dr. Sonne war es anders. Da nie ein ›privates‹ Wort zwischen uns gefallen war, hatte ich auch nie vor ihm auszusprechen gewagt, wie sehr ich ihn verehrte. Ich sprach seinen Namen vor niemandem aus, ohne ›Doktor‹ voranzusetzen und das hieß ganz und gar nicht, daß dieser Titel mir etwas bedeutete, jeder zweite Mensch, mit dem man in Wien Umgang hatte, hieß ›Doktor‹. Das Wort diente eher als ein Füllwort der Schonung. Man platzte nicht gleich mit dem Namen heraus, man bereitete ihn vor durch etwas Neutrales, das keinerlei Farbe hatte. Es war damit auch kenntlich gemacht, daß man kein Recht auf Intimität an diesem Namen hatte, er blieb immer gleich weit von einem entfernt, unantastbar und entrückt, und daß dann, gleich nach dem Dr. ein so heiliges Wort wie Sonne kam, leuchtend, versengend, geflügelt, Ursprung und – wie man damals noch dachte – Ende allen Lebens, daß er trotz Rundheit und Eingängigkeit nicht zur Alltagsmünze wurde, verdankte sich dem distanzierenden Vor-Wort. Ich *dachte* den Namen auch nicht anders, vor mir selbst wie vor jedermann hieß es immer ›Dr. Sonne‹ und erst jetzt, nach beinahe 50 Jahren erscheint mir der Titel für diesen Namen zu äußerlich und feierlich und ich nehme mir heraus, ihn nur selten niederzuschreiben.
Damals war für den Empfänger der Widmung, nur für ihn, verständlich, daß er mir mehr bedeutete als die Sonne. Er war auch der einzige, vor dem der eigene Name zu seinen Initialen schwand. In der Größe ihrer Buchstaben blieb die Schrift unverbesserlich selbstbewußt, das war keiner, der verschwinden wollte, mit diesem Buch, das seit Jahren nur heimlich bestand, forderte er endlich die Öffentlichkeit heraus. Aber er wollte vor *dem* verschwinden, dem es um Gedanken allein und nicht um sich zu tun war.
An einem Nachmittag Mitte Oktober, im Café Museum, überreichte ich Dr. Sonne das Buch, das er als Manuskript nie gesehen, von dem ich ihm nie gesprochen, von dem er ein einziges, isoliertes Kapitel in jener Vorlesung aufgenommen hatte. Vielleicht hatte er von anderen, von Broch oder von Merkel mehr darüber gehört. Brochs Meinung in literarischen Dingen hätte ihm wohl etwas bedeutet, auch sie wäre nicht entscheidend gewesen. Er traute nur seinem eigenen

Urteil, doch hätte er sich davor gehütet, das so großspurig zu sagen. Von diesem Augenblick an sah ich ihn wie immer täglich wieder. Jeden Nachmittag kam ich ins ›Museum‹, setzte mich zu ihm, der kein Hehl daraus machte, daß er auf mich gewartet hatte. Die Gespräche, aus denen ich als Dreißigjähriger wiedergeboren wurde, setzten sich fort. Nichts veränderte sich, zwar war jedes Gespräch neu, aber es war nicht anders neu als zuvor. Seinen Sätzen waren keine Spuren einer Lektüre des Romans anzumerken. Darüber schwieg er beharrlich und ich tat es ihm nach. Ich brannte darauf zu wissen, ob er damit *begonnen* habe, wenigstens *begonnen*, aber ich fragte kein einziges Mal. Ich hatte mich daran gewöhnt, jede Region seines Schweigens zu respektieren, denn nur wenn er unerwartet von etwas begann, war er auf seiner eigentlichen Höhe. Seine Autonomie, die er auf durchsichtigste Weise, ohne jede Anwendung von Gewalt hütete, lehrte einen begreifen, was geistige Autonomie ist, und was man von ihm gelernt hatte, ließ sich am wenigsten ihm gegenüber mißachten.

Woche um Woche verging, ich bezwang meine Ungeduld. Seine Ablehnung, noch so ausführlich vorgebracht, noch so zwingend artikuliert, hätte meine Zerstörung bedeutet. Er war der einzige, dem ich ein Recht auf ein geistiges Todesurteil über mich zuerkannte. Er schwieg, und Veza, vor der ich schwer etwas so Entscheidendes verbergen konnte, fragte mich Abend für Abend, wenn ich in die Himmelstraße zurückkam: »Hat er etwas gesagt?« Ich sagte dann: »Nein. Ich glaube, er hat noch keine Zeit gehabt hineinzuschauen.« »Keine Zeit! Keine Zeit! Und sitzt täglich zwei Stunden mit dir im Kaffeehaus!« Wenn ich dann Fassung heuchelte und leicht hinwarf: »Darauf kommt es doch nicht an. Wir haben schon viele ›Blendungen‹ miteinander *gesprochen*«, wenn ich auf solche und ähnliche Weise abzulenken versuchte, wurde sie zornig und klagte laut: »Du bist ein Sklave geworden! Daß du einen *Herrn* anerkennen würdest, das hätte ich nie gedacht. Und das muß ich erleben! Jetzt ist das Buch endlich heraus und du bist ein Sklave!«

Nun war ich gewiß nicht sein Sklave. Hätte er je etwas Verächtliches getan oder gesagt, ich wäre ihm nicht gefolgt. Von ihm am allerwenigsten hätte ich etwas Niedriges oder Gemeines angenommen. Aber ich war ganz sicher, daß er zu einer Dummheit oder Gemeinheit unfähig war. Dieses absolute, wenn auch wache *Vertrauen* war es, was Veza als Sklaverei empfand. Sie kannte diesen Zustand sehr gut, denn das war es, was sie für mich fühlte. Sie glaubte sich in dieser Empfindung durch Werke, von denen es jetzt endlich drei gültige gab, gerechtfertigt. Aber welche Werke gab es von Dr. Sonne? Wenn es welche gab, verstand er sich darauf, sie zu verbergen. Warum verbarg er sie? Schienen sie ihm der wenigen Menschen, mit denen er umging, nicht würdig? Sie wußte sehr wohl, daß es seine Enthaltsamkeit war, was Broch, was Merkel und andere zu höchst an ihm bewunderten. Aber daß er seine Enthaltsamkeit jetzt so weit trieb, während Wochen über den Roman zu schweigen, obwohl wir uns täglich sahen, schien ihr unmenschlich. Sie nahm sich kein Blatt vor den Mund und schonte meine Empfindlichkeit nicht. Sie attackierte ihn auf jede Weise. Ihr Witz, mit dem sie reichlich versehen war, schien sie zu verlassen, wenn sie von ihm sprach. Da sie selbst über den Roman nicht sicher war, fürchtete sie, daß sein Schweigen Ablehnung bedeutete und war sich klar über die Wirkung, die diese Ablehnung auf mich haben würde.

An einem Nachmittag im Café Museum, wir hatten einander eben begrüßt und Platz genommen, sagte Sonne ohne jede Einleitung, ohne Umschweife oder Entschuldigung, er habe den Roman gelesen, ob ich wissen wolle, was er darüber denke? Dann sprach er zwei Stunden lang darüber, an diesem Nachmittag wurde von nichts anderem geredet. Er durchleuchtete den Roman und stellte Zusammenhänge her, von deren Vorhandensein ich nichts geahnt hatte. Er behandelte ihn wie ein Buch, das schon lange bestand und das auch weiter bestehen würde. Er erklärte, woher es kam und zeigte, wohin es führen müsse. Hätte er sich mit anerkennenden Allgemeinheiten begnügt, ich wäre nach fünf Wochen der Zweifel über den Ernst seiner Zustimmung glücklich gewesen, aber er tat viel mehr, er ging auf Einzelheiten ein, die ich zwar geschrieben, aber nicht begründet hatte und erklärte mir, warum sie richtig waren und gar nicht anders sein *konnten*.

Er sprach, wie wenn er auf einer Entdeckungsreise wäre und nahm mich mit. Ich lernte von ihm, als wäre ich ein anderer, nicht der Schreiber; was er vor mich hinstellte, war so überraschend, daß ich es als Eigenes kaum erkannt hätte. Es war schon erstaunlich genug, daß ihm jede geringfügigste Einzelheit zu Gebote stand, als wäre es ein alter Text, den er vor Schülern kommentierte. Die Distanz, die er damit zwischen mir und dem Buch schuf, war größer als die der vier Jahre, die es als Manuskript bei mir gelegen hatte. Ich sah ein sinnvolles, bis in jedes Detail durchdachtes Gebilde vor mir, das seine Würde nicht weniger als seine Rechtfertigung in sich trug. Ich war fasziniert von jedem seiner Gedanken, der mich als Unerwartetes traf und hatte den einzigen Wunsch, daß es nie enden möge.
Nur langsam merkte ich, daß seine Rede auch von einer Absicht getragen war: er war sich klar darüber, daß das Buch ein schweres Schicksal haben würde und wollte mich gegen die Angriffe wappnen, die zu erwarten waren.
Er ließ sich, nachdem er unendlich viel gesagt hatte, das von dieser Absicht frei war, schließlich dazu herbei, die Angriffe, auf die man sich gefaßt machen müsse, selbst zu formulieren. Man werde es, sagte er unter anderem, als das Buch eines alten und geschlechtslosen Menschen bezeichnen. Er wies mir auf präzise Weise das Gegenteil nach. Man werde sich gegen Fischerle sträuben, weil er Jude sei und dem Autor vorwerfen, daß diese Figur sich zugunsten der gehässigen Gesinnungen der Zeit mißbrauchen lasse. Die Figur sei aber wahr, so wahr wie die der beschränkten ländlichen Haushälterin oder wie die des schlagenden Hausbesorgers. Wenn die Katastrophe vorüber sei, würden alle Etiketten dieser Art von den Figuren abfallen und sie würden dastehen als das, was zur Katastrophe geführt habe. Ich erwähne von allen nur diese Einzelheit, weil ich später, mit dem Fortgang der Ereignisse über Fischerle oft Unbehagen empfand und dann immer bei dieser frühen Rechtfertigung Zuflucht suchte.
Denn unvergleichlich wichtiger waren die Zusammenhänge tieferer Art, die er vor mir enthüllte. Ich erwähne davon nichts. In den fünfzig Jahren, die seither vergangen sind, ist manches davon zur Sprache gekommen. In Aufsätzen und Büchern sind Dinge gesagt worden, die Sonne damals erklärt

hatte. Es ist, als bestünde ein Reservoir der Geheimnisse, die sich in einem Buch verbergen und als würde allmählich aus diesem Reservoir geschöpft, bis schließlich alle Geheimnisse deklariert und verbraucht sind. Diesen Zeitpunkt fürchte ich, er ist aber noch nicht erreicht. Einen guten Teil des Schatzes, den mir Sonne damals gab, bewahre ich noch ungebraucht in mir und wenn ich, worüber manche staunen, bei jeder ernsten Reaktion noch immer mit Neugier erwidere, so hängt das mit diesem Schatz zusammen, dem einzigen in meinem Leben, den ich überschauen mag und bewußt verwalte.

Die Vorwürfe, die mir auch heute noch von wütenden Lesern gemacht werden, berühren mich nicht wirklich, auch wenn es Menschen sind, die ich für ihre Unschuld liebe und die ich darum selbst vor dieser Lektüre gewarnt habe. Es gelingt mir manchmal welche durch inständige Bitten davon fernzuhalten. Aber selbst für nahe Freunde, die sich diese Lektüre nicht länger verbieten lassen mögen, bin ich danach nie mehr derselbe. Ich spüre dann, wie sie das Böse, von dem dieses Buch erfüllt ist, in mir suchen. Ich weiß auch, daß sie es nicht finden, denn es ist nicht jenes Böse, das ich jetzt in mir habe, sondern ein anderes. Ich kann ihnen in ihrer Ratlosigkeit nicht helfen, denn wie sollte ich ihnen erklären, daß Sonne mir damals *dieses* Böse abgenommen hat, indem er es vor meinen Augen aus allen Fugen und Ritzen des Buches herausgeholt hat und in einer rettenden Distanz von mir wieder zusammenfügte.

Teil 4
GRINZING

Himmelstraße

Auf der Suche nach dem, was nicht zu kaufen ist, bin ich in Grinzing an das Fräulein Delug geraten, die unsere Hausfrau für drei Jahre wurde. Provisorisch zogen wir in die Wohnung ein, die schönste, die ich je gehabt hatte, bis jemand käme, der bereit sei, eine Miete für die ganze Wohnung zu zahlen. Auf vier der Zimmer stand uns ein Recht zu, die von uns schütter möbliert wurden, ein weites Atelier war darunter, mit eigener Galerie, vier andere Zimmer blieben leer. Unsere Besucher, die von der Lage, der Größe und Zahl der Räume und den unterschiedlichen Ausblicken, die man von ihnen hatte, hingerissen waren, führten wir in alle, auch die leeren Zimmer.

Es gab wenige, die uns um diese nicht beneidet hätten, doch sie waren nicht käuflich. Die unverrückbare Redlichkeit des Fräulein Delug war unser Schutz. Sie hatte uns den Teil, den wir bewohnten, unter *einer* Bedingung vermietet: sollte jemand das Ganze wollen, das recht teuer war, so müßten wir ausziehen. Sonst blieben wir allein, sie weigerte sich andere Leute zu uns hineinzusetzen, was ihr oft vorgeschlagen wurde, sie teilte uns solche Vorschläge nicht einmal mit, wir erfuhren davon auf Umwegen. Ohne zu zögern sagte sie nein, obwohl ihr das zu unserer Miete dazu eine zweite, ebenso große eingetragen hätte. Das war nicht mit uns besprochen worden, sagte sie, es wäre uns bestimmt nicht recht. Sie machte wenig Worte, unter diesen aber war ›recht‹ häufig, sie sprach es guttural, als Tirolerin, es erinnerte an Schweizer Kehllaute und schon darum mochte ich sie. An dem riesigen Schlüsselbund hing eine kleine Person, wieviel Räume gab es, in diesem Gebäude, das als Akademie geplant war, leere und bewohnte, in alle führten sie ihre täglichen Runden, es sei denn, sie fürchtete zu stören wie bei uns, da kündigte sie sich erst behutsam am Tag zuvor an. Alle Proportionen dieses Gebäudes waren groß, schon die Vorhalle

und die Treppe mit den bequemen niederen Stufen nahm einen auf wie ein Schloß. Aber kein *Herr* hatte darin das Sagen, sondern das kleine, gebückte, weißhaarige Fräulein, das sich an seinem Schlüsselbund fortschleppte und hie und da, viel zu selten, wenige Kehllaute von sich gab, die rauh klangen, aber rücksichtsvoll gemeint waren.
Sie war ganz allein, ich sah nie jemanden, der zu ihr gehörte, vielleicht hatte sie noch Verwandte in Südtirol, dann sprach sie nicht von ihnen, sie sagte nichts, woraus man auf irgendwelche Verbindungen zu anderen Menschen hätte schließen können. Wir sahen sie nur im Haus und im Garten, nie auf der Himmelstraße, die in den Ort führte, nie in einem Laden unten, es war nicht zu merken, daß sie einkaufen ging, eine Tasche trug sie nur, wenn sie im Garten Gemüse holte. Wir kamen zum Schluß, daß sie von Gemüsen und Früchten lebte, Milch konnte sie vom Pächter bekommen, der das tiefere Erdgeschoß nach hinten zu gegen den Garten bewohnte, vielleicht ließ sie sich von ihm auch Brot besorgen. Das große Turmzimmer, in dem sie wohnte, bekam Veza nur zu Gesicht, wenn sie die Miete zahlen ging. Da gab es viele alte Dinge, wie sie aus einem schönen Tiroler Haus stammen könnten, aber nah zusammengerückt, nicht überschaubar, nicht in wohnlicher Ordnung, so als habe man es hier alles zusammenstapeln müssen, weil sonst nirgends Platz sei und dabei standen doch etliche große Räume in dem Gebäude ganz leer. Da war das Zentrum, das Büro sozusagen, von dem aus das Fräulein Delug die ganze Anlage zusammenzuhalten versuchte, eine Bemühung, die weit über ihre Kräfte ging. Das Ganze stand seit mehr als zwei Jahrzehnten da und erforderte schon an allen Ecken und Enden Reparaturen. Die mußte sie von den Mieten der Wohnungen bestreiten, sein eigenes Geld schien der Maler Delug für die Erbauung der Akademie, den Traum seines Lebens, vollkommen aufgezehrt zu haben. Nie sprach sie davon. Nie klagte sie. Höchstens erwähnte sie einmal kurz, daß es da viel zu reparieren gebe. Wie eine Bäuerin ihren Hof, so suchte sie diesen Traum ihres Bruders zusammenzuhalten, und war vollkommen allein und hatte wahrscheinlich keinen anderen Gedanken.
Das stattliche Gebäude, auf halber Höhe der Himmelstraße,

war als Mal-Akademie geplant, hatte aber nie seinem Zweck gedient. Die Akademie war kaum fertig gebaut, als Delug starb und der Kampf um ihre Erhaltung, als Anlage allein, wurde zur Sache der Schwester. Sechs große Wohnungen, auf jedem Flügel drei, wurden zum Vermieten abgeteilt, aber es gab auch Nebengebäude und bescheidene Souterrain-Räume. Der Garten, der sich nach drei Seiten hin erstreckte, war in manchen Partien durch schöne Treppenstufen gegliedert und durch Plastiken bereichert, die als verwitterte Ausgrabungen wirken sollten. Über ihren Wert als Kunstwerke mochte man geteilter Meinung sein, aber das Ganze, einem italienischen Garten nachgebildet, hatte etwas ungemein Anziehendes. Da es in einem Rebgelände lag, schien es nicht fehl am Platz und hatte eben als Nachahmung den Reiz des Künstlichen. Von einer kleinen seitlichen Terrasse, zu der überwachsene und verwitterte Stufen führten, hatte man einen Blick auf die Donauebene, die unermeßlich schien, der nähere Teil von ihr bestand aus den Häusern Wiens.

Das Verlockendste an dieser Wohnstätte, an sich so schön, war, daß sie von der Endstation der 38er Tram in Grinzing unten und vom Wald weiter oben gleich weit entfernt war. Man hatte die Wahl, die zweite Hälfte der Himmelstraße hinaufzusteigen, an bescheideneren Villen vorbei, bis zu einem Aussichtspunkt über Sievering, der ›Am Himmel‹ genannt war, nah dahinter begann der Wald. Wenn es einem nach Wald nicht zumute war, folgte man der nicht zu breiten Straße, die in einem großen Bogen zum Cobenzl führte, da hatte man wieder die große, offene Aussicht in die Ebene, in der Nähe aber sah man über Weinberge auf das stolze Gebäude der Akademie hinüber, in der einem zu wohnen vergönnt war.

Schräg gegenüber von der Delug-Akademie, etwas weiter unten an der Himmelstraße wohnte Ernst Benedikt, noch vor kurzem Besitzer und Herausgeber der ›Neuen Freien Presse‹. Als Figur der ›Fackel‹ war er mir seit längerem bekannt, wenn auch nicht so vertraut wie sein Vater Moriz Benedikt, der zu den eigentlichen Ungeheuern der ›Fackel‹ gehörte. Wir waren schon in die neue Wohnung eingezogen, als ich das erfuhr, aber ich spüre noch den Schauder über die verrufene Nähe, als Anna, die das vielgepriesene neue Atelier besichtigen kam, mir das Haus der Benedikts zeigte. Wir standen auf der Aussichtsterrasse im Garten, ich wollte ihr den Blick auf die Ebene vorführen, für Ferne und Weite hatte sie etwas übrig, aber zu meiner Verwunderung wies sie auf ein Haus ganz in der Nähe und sagte: »Das ist doch das Haus der Benedikts!« Sie war selten dort gewesen, sie nahm nicht besonders ernst, was in diesem Haus geschah. Die Macht der ›Neuen Freien Presse‹ war wohl groß gewesen, aber die von Annas Mutter jetzt war größer. Daß der Name Benedikt zu etwas Dämonischem geworden war, durch die jahrzehntelange Existenz der ›Fackel‹, mag sie gewußt haben, aber es bedeutete ihr nichts, nichts war ihr fremder als Satire und man kann sicher sein, daß sie keinen einzigen Satz, geschweige denn eine Seite der ›Fackel‹ je zu Ende gelesen hatte. Sie sagte ›Haus der Benedikts‹, als ob es irgendein Haus wäre und war nicht wenig erstaunt zu sehen, wie ich auf ihre harmlose Mitteilung hin, von allen Zeichen des Entsetzens befallen, Näheres über die gefährliche Familie zu erfahren suchte.

»Sind es wirklich dieselben?« fragte ich mehr als einmal, »und so nah bei uns!«

»Du brauchst sie doch nicht zu sehen«, sagte sie.

Ich wandte mich bestürzt von der Aussicht ab und ging in die Akademie zurück, alles war mir lieber, als dieses Haus weiter im Auge zu behalten.

»Er ist uninteressant«, sagte Anna, »er hat vier Töchter und spielt Geige, nicht einmal schlecht übrigens. Er spricht zuviel. Aber man hört ihm nicht zu. Er will immer zeigen, wie gut er beschlagen ist, auf vielen Gebieten, aber er langweilt einen.«

»Und er gibt die ›Neue Freie Presse‹ heraus?«

»Die hat er doch verkauft. Er hat nichts mehr damit zu tun.«

»Und was tut er jetzt?«

»Er schreibt. Über Geschichte.«

Ich fragte weiter, aber meine Fragen bezweckten nichts. Ich wollte nur reden, um meine Aufregung zu verbergen, sie war aber zu groß, um sich verbergen zu lassen. So muß in vergangenen Zeiten einem Gläubigen zumute gewesen sein, wenn er erfuhr, daß in seiner nächsten Nähe ein Ketzer wohnte, ein

Geschöpf, mit dem jede Berührung gefährlich war – und dann gleich danach wird ihm gesagt, daß es sich weder um einen Ketzer handelt, noch um sonst etwas, das auf der Ebene des Seelenheils spielt, sondern um eine harmlose Figur, die man nicht sehr ernst nimmt.
Ichwar über diese Nähe zu sehr erschrocken, um mir die Figur, die Karl Kraus während vieler Jahre in mir aufgepäppelt hatte, gleich nehmen zu lassen. Aber ich fragte weiter, weil ich Anna nicht merken lassen wollte, daß ich vor dieser Art verpönter Nachbarschaft etwas wie Angst empfand. Sie merkte es aber doch und spottete nicht, sie spottete eigentlich nie über Menschen, Spott war für sie etwas Unästhetisches, sie empfand ihn auch als indiskret und nach den Erfahrungen mit ihrer Mutter hatte sie gerade davor eine besondere Scheu. Aber sie muß es als unwürdig empfunden haben, daß ich mehr als einen ersten Gedanken an diese Nachbarschaft verlor und wahrscheinlich wollte sie mich auch beruhigen, um dem Gespräch eine andere Wendung zu geben, es waren sonst immer interessantere und wichtigere Dinge, über die wir uns unterhielten.
Ich faßte mich auf die übliche Weise. Ich belegte das Benedikt-Haus mit einem Bann und *sah es nicht*. Vom Fenster des Zimmers, in dem meine Bücher standen und der Tisch, an dem ich schrieb, das auf den Vorhof und die Himmelstraße hinausging, war es ohnehin nicht sichtbar. Es lag weiter unten, schräg gegenüber von uns und trug die Nummer 55. Von *keinem* Zimmer der Wohnung, auch von den unbewohnten nicht, war es zu sehen. Man mußte schon im größeren, eigentlichen Teil des Gartens auf der Aussichtsterrasse stehen, auf die ich Anna geführt hatte, um das verpönte Haus zu bemerken. Von ihrem Ausruf an, der für mich zu einer Drohung geworden war, mied ich diese Terrasse. Sie lag ohnehin ein wenig abseits und es gab im abwechslungsreichen Garten, der sich ganz um das Gebäude herumzog, genug, das man Besuchern zeigen konnte, ohne auf die gewisse Terrasse zu verfallen. Wenn ich aber die abfallende Straße in den Ort hinunterging, meist zur Tram, blickte ich ohne viel Überlegung so lange nach links, bis ich am Hause Nr. 55 vorüber war.
Wir waren Anfang September eingezogen und während gut

vier Monaten, bis in den Winter hinein, war dieser Schutz hinreichend. Heimlich hatte ich eine genaue Vorstellung von der Gestalt des Benedikt-Hauses. Ich kannte die offene Veranda im ersten Stock, die auf die Straße ging, die Lage der Fenster, die Art des Dachs, die Stufen, die zur Haustür hinaufführten, ich glaube, daß ich kein anderes Haus der ganzen Umgegend so genau im Kopf trug, ich hätte es, immer ein schlechter Zeichner, sogar aufzeichnen können – aber ich sah nie hin. Ich sah immer nach links, auf die andere Seite, und wann und bei welcher Gelegenheit ich mir die präzise Vorstellung davon verschafft hatte – bevor ich es betrat –, wird mir ein Rätsel bleiben. Ich brauchte dieses Bild, um es zu *bannen.*

Ich hatte Veza noch während Annas Besuch davon erzählt, sie lachte über meinen Schrecken. Sie war der ›Fackel‹ nicht weniger als ich verfallen gewesen, aber nur solange sie im Saal vor Karl Kraus saß, keinen Augenblick länger. Danach las sie, worauf sie Lust hatte, lernte unbefangen und von seinen Bannflüchen unbeirrt Menschen kennen, sah sie, wie sie ihr wirklich erschienen, als hätte Karl Kraus nie etwas über sie gesagt und hatte sich auch jetzt nicht im geringsten über die vermaledeite Nachbarschaft aufgehalten, ja es schien ihr sogar zu gefallen, daß es da vier junge Mädchen, eben die Benedikt-Töchter gab. Sie war neugierig auf sie wie auf andere junge Mädchen, machte sich über meinen Schrecken lustig, wollte wissen, ob sie hübsch seien, worauf Anna nichts Rechtes zu sagen wußte, fragte Anna, in welche von ihnen ich mich wohl verlieben würde, Anna sagte, sie glaube, in keine, das seien doch junge Gänschen, mit denen könne man nicht einmal reden. Sie seien der freundlichen, eher schlichten Mutter nachgeraten, nicht dem närrischen Vater. Veza machte dann rechtzeitig ihrem Spott ein Ende. Nachdem sie, wie immer, ihre Selbständigkeit auch in dieser Sache klar etabliert hatte, ließ sie merken, daß sie mir beistehen würde und als ich dann meinen Bann über jenes Haus verkündet hatte, versprach sie mir zu helfen und durch ihre Neugier auf die jungen Mädchen nichts zu erschweren oder zu verwirren.

Ich selbst zerbrach mir nicht den Kopf darüber, wie diese Mädchen aussehen würden. Sie waren, durch die ›Neue Freie Presse‹, der sie entstammten, auf alle Fälle verdorben.

Auf dem Weg in den Ort, die Himmelstraße hinunter, begegneten einem öfters zu gleichen Zeiten die gleichen Menschen. Man war ihnen gegenüber im Vorteil, denn man ging rascher als sie, *ihre* Schritte verlangsamten sich durch die Steigung. Es war, als ob sie sich zur Betrachtung darböten, während man selber überlegen an ihnen vorbeieilte. *Eine* Begegnung allerdings war so, daß man selber langsamer wurde, während von unten in größter Hast einem ein Mädchen entgegenkam. In einem offenen hellen Mantel, mit offenen pechschwarzen Haaren, stark atmend, die dunklen Augen auf ein Ziel gerichtet, das man nicht kannte, sehr jung, vielleicht 17, schön wie ein dunkler Fisch, wäre nur der Atem, den man hörte, nicht so laut gewesen, etwas Östliches in den Zügen (doch für eine Japanerin ihres Alters zu groß und zu schwer), heftig, beinah wie blind rannte sie daher, man zögerte und befürchtete, daß sie in einen hineinrenne, aber ein Blick von ihr genügte, um einen Zusammenstoß zu vermeiden. Von diesem Blick, der nichts als Flucht bedeutete, fühlte man sich getroffen. Stürmisches Leben ging von ihr aus, so jung schien sie, daß man Scheu davor hatte, ihr nachzusehen, und so erfuhr man nicht, wohin sie stürzte, denn in irgendeins der Häuser weiter oben auf der Himmelstraße mußte sie gehören.
Nur um die Mittagszeit kam sie und es ist mir unerfindlich, was ich um die Mittagszeit im Ort selbst zu besorgen hatte. Nach einigen Begegnungen mit der aufreizenden Hast dieses dunklen Geschöpfs fand ich mich beinah täglich um dieselbe Zeit auf der Straße und ahnte nicht, daß es um ihretwillen geschah, obwohl ich darauf achtete, nicht zu früh in die Abzweigung in die Strassergasse zu gelangen, denn von dorther kam sie und mein Weg führte nicht dorthin. So ging ich keinen Schritt um ihretwillen anders, ich kam ihr nicht entgegen, denn ich ging *meinen* Weg, daß sie kam, war ihre eigene, hitzige Sache und daß ich den Weg um ihretwillen nun beinah täglich ging, gestand ich mir nicht ein.
Ihr Name, jeder Name hätte mich enttäuscht, es wäre denn ein östlicher Name gewesen. Mit japanischen Farbholzschnitten war ich zu dieser Zeit wohlvertraut. Sie hatten von mir so sehr Besitz ergriffen wie das Kabuki-Theater, das ich während einer Woche als Gastspiel in der Volksoper erlebt hatte. Die Holzschnitte des Sharaku, die Kabuki-Schauspie-

ler darstellten, liebte ich schon darum besonders, weil ich an sieben aufeinanderfolgenden Abenden einer Woche die Wirkung eines Kabuki-Stückes an mir selber erfahren hatte. Nun wurden Frauen in diesen Stücken von Männern dargestellt und es gab auch in den farbigen Holzschnitten des Sharaku ganz gewiß niemanden, der der täglichen Erscheinung geglichen hätte. Aber die Heftigkeit, dieselbe, die mich an der aufwärts Stürzenden übermannte, war ihnen allen gemein und so scheint es mir heute, daß ich um dieser betörenden Atemlosigkeit willen den Weg, der mich mit dem Ort und der Stadt verband, den ich auf alle Fälle gehen mußte, um in die Stadt zu gelangen, an diese bestimmte Zeit des Tages band. Um diese Zeit – gegen eins – begann die Vorführung, ich war ihr pünktlicher Besucher. Kein Blick hinter die Kulissen lockte mich, ich wollte nichts erfahren, doch den Auftritt, diese eine Szene, ließ ich mir nicht entgehen.
Als es kälter wurde, man kam in den Winter hinein, steigerte sich das Dramatische dieser Auftritte, denn das junge Mädchen dampfte. Der Mantel schien noch offener und sie schien noch mehr Eile zu haben, ihre heftigen Atemstöße zeichneten sich als Wolken in der kalten Luft ab. Ich hatte das Gefühl, daß es ihr von Mal zu Mal eiliger wurde, die Kälte nahm zu, mehr Dampf entströmte ihrem offenen Mund, wenn sie mich beinahe streifte, hörte ich ihr Keuchen.
Sobald ihre Zeit sich nahte, unterbrach ich meine Arbeit. Ich legte den Bleistift hin, sprang auf und verließ durch eine besondere Tür, die mein Zimmer mit der Vorhalle des Hauses verband, die Wohnung, ohne daß irgendwer es wußte. Ich ging die breite Treppe mit den niederen Stufen hinunter, betrat den Vorhof, blickte zu meinen Fenstern im ersten Stock hinauf, als stünde ich noch oben, und war gleich auf der Straße. Ein wenig Furcht hatte ich immer, die Kabuki-Figur, das östliche Mädchen, könne schon vorüber sein, aber das war nie der Fall, ich hatte Zeit, nach einigen Schritten das Haus Nr. 55 zu meiden, indem ich, dem Bann, der auf ihm lag, gehorsam, unentwegt nach links blickte und immer, zwischen Nr. 55 und der Kreuzung zur Strassergasse, stürmte die wilde Person, Erregung um sich verbreitend, mir entgegen. Ich nahm soviel davon auf, als ich fassen konnte, es hätte auch länger als bis zum nächsten Tag vorgehalten. Nach

vielen, die ich neu hier sah, erkundigte ich mich und ließ mir über sie erzählen. Nach der Heraufstürzenden fragte ich nie. Laut und übermütig, wie sie erschien, wurde sie in mir zum Geheimnis.

Die letzte Version

Anderthalb Jahre, bevor wir nach Grinzing zogen, noch in der Ferdinandstraße, hatten Veza und ich geheiratet. Ich hatte es vor der Mutter in Paris verheimlicht, vielleicht ahnte sie später, was sich hinter der neuen Adresse Himmelstraße verbarg, doch war es nie ausgesprochen worden. Auch als Georg, der Bruder, es erfuhr, vor dem es sich nicht mehr verheimlichen ließ, hatte er, der sie am besten kannte, darüber geschwiegen. Dann hatte sie es mit dem Buch zusammen erfahren, das sie sehr überraschte, und solange von diesem die Rede war, eine für sie höchst ungewöhnliche, unterwürfige Rede, hatte sie die Heirat als nebensächlich in das Gesamt der Nachrichten eingeschlossen. Ich trug mich mit der Hoffnung, daß das Schlimmste zwischen uns vorüber sei, daß ihr die Jahre, in denen ich sie (um Veza zu schützen, um auch ihr selber die schärfere Pein zu ersparen) über die Fortdauer, über die Unauflöslichkeit der Beziehung zu Veza getäuscht hatte, nicht mehr so viel bedeuten würden.

Auf ihre hochfahrende Weise hatte sie mich anerkannt, das Buch sei so, wie sie selber geschrieben hätte, es sei wie von ihr, ich hätte recht daran getan, schreiben zu wollen, ich hätte recht daran getan, alles andere beiseite zu schieben, was sei schon für einen Dichter die Chemie! Weg damit, ich hätte entschlossen dagegen angekämpft und mich selbst gegen sie als stark erwiesen, mit diesem Buch hätte ich meinen Anspruch gerechtfertigt. Solche Dinge schrieb sie mir, aber dann, als ich sie in Paris wiedersah und diese ›Unterwerfung‹ abzuwehren suchte, die ich von ihr nie zuvor erfahren hatte und nur schwer ertrug, war mehr und mehr nachgekommen.

Plötzlich sprach sie vom Vater, von seinem Tod, der alles Spätere in unserem Dasein bestimmt hatte. Sie wollte mich nicht mehr schonen, jetzt nahm sie mich ernst und sagte mir

die Wahrheit. Zum erstenmal erfuhr ich, was sie all die Zeit über, es waren mehr als 23 Jahre her, durch immer neue, wechselnde Versionen vor mir verschleiert hatte.
In Reichenhall zur Kur hatte sie jenen Arzt getroffen, der *ihre* Sprache sprach, bei dem jedes Wort seine harten Umrisse hatte. Sie fühlte sich zu Antworten herausgefordert und fand Dinge in sich, die kühn und unerwartet waren. Er gab ihr Strindberg zu lesen, dem sie seither verfiel, denn er dachte so schlecht von Frauen wie sie selber. Ihm gestand sie, wer ihr ›Heiliger‹ war, Coriolan, und er fand es nicht absonderlich, sondern bewunderte sie dafür. Er fragte sie nicht, wie sie als Frau einem solchen Vorbild anhängen könne, sondern gestand ihr, von ihrem Stolz wie von ihrer Schönheit ergriffen, seine Neigung. Sie fand es herrlich, ihn zu hören, doch sie gab ihm nicht nach. Sie erlaubte ihm alle Worte und erwiderte mit keinem, das ihn selbst betraf. In *ihrem* Gespräch kam er nicht vor, sie wollte über das reden, was er ihr zu lesen gab und von den Menschen hören, die er als Arzt gut kannte. Über die Dinge, die er *ihr* sagte, wunderte sie sich, doch sie nahm nichts davon an, er aber redete ihr zu, sich vom Vater zu trennen und ihn zu heiraten. Er war bezaubert von ihrem Deutsch, sie spreche Deutsch wie niemand anderer, nie würde ihr das Englische ebensoviel bedeuten. Zweimal bat sie den Vater um die Verlängerung der Kur, die ihr gut tue. Sie blühte auf in Reichenhall, aber sie wußte wohl, was es war, das ihr so gut tat: die Worte des Arztes. Als sie ein drittesmal um eine Verlängerung bat, schlug ihr der Vater die Bitte ab und forderte ihre sofortige Rückkehr.
Sie kam, im Bewußtsein, daß sie keinen Augenblick erwogen hatte, dem Arzt nachzugeben. Sie hatte nicht die geringste Scheu davor, dem Vater alles zu erzählen. Sie war wieder bei ihm, ihr Triumph war der seine. Sie brachte sich und was ihr geschehen war und legte es – sie gebrauchte diesen Satz – dem Vater zu Füßen. Sie wiederholte vor ihm die bewundernden Worte des Arztes und konnte die steigende Erregung des Vaters nicht begreifen. Er wollte immer mehr wissen – alles wolle er wissen –, als es gar nichts mehr zu wissen gab, fragte er weiter. Er wollte ein Geständnis und sie hatte keines zu machen. Das glaubte er nicht: wie hatte der Arzt ihr eine Ehe antragen können, wenn nichts gesche-

hen war, ihr, einer verheirateten Frau mit drei Kindern! Sie fand nichts Erstaunliches daran, denn sie wußte, wie sich alles aus den Gesprächen entwickelt hatte.
Es tat ihr nichts leid, sie zog nichts zurück, sie sagte wieder und wieder, wie gut es ihr getan habe, sie fühle sich jetzt ganz gesund, dazu sei sie doch hingefahren und sie sei froh, daß sie wieder da sei. Doch der Vater stellte die sonderbarsten Fragen. »Hat er dich untersucht?« fragte er.
»Aber er war doch mein Arzt.«
»Habt ihr Deutsch gesprochen?«
»Ja wie denn sonst?«
Er wollte wissen, ob der Arzt Französisch könne und sie sagte, sie denke schon, es sei auch von französischen Büchern die Rede gewesen. Warum sie nicht Französisch miteinander gesprochen hätten? Diese Frage des Vaters habe sie nie verstanden. Oft und oft habe sie darüber nachgedacht. Wie konnte er nur auf den Gedanken kommen, daß ein Kurarzt in Reichenhall mit ihr, der Deutsch die vertrauteste Sprache war, in einer *anderen* Sprache sprechen würde!
Ich staunte, daß sie nicht erfaßte, was sie getan hatte, denn ihre Untreue lag eben darin, daß sie die intime Sprache zwischen sich und dem Vater, Deutsch, mit einem Mann gebraucht hatte, der um ihre Liebe warb. Alle wichtigen Ereignisse ihrer Verlobung, ihrer Ehe, ihrer Befreiung von der Tyrannei des Großvaters hatten sich auf deutsch abgespielt. Vielleicht war ihr das nicht mehr so bewußt, seit der Vater in Manchester sich um die Erlernung des Englischen solche Mühe gab. Aber er empfand sehr wohl, daß sie sich mit Leidenschaft wieder dem Deutschen zugewandt hatte und meinte vor Augen zu haben, wozu es geführt haben müsse. Er weigerte sich, zu ihr zu sprechen, bevor sie gestehe, er schwieg eine ganze Nacht und er schwieg am Morgen. Er starb in der Überzeugung, daß sie ihn betrogen habe.
Ich hatte nicht das Herz, ihr zu sagen, daß sie ihrer Unschuld zum Trotz schuldig war, denn sie hatte Worte in *dieser Sprache* erlaubt, die sie nie hätte erlauben dürfen. Sie hatte dieses Gespräch während Wochen fortgesetzt und eines sogar, ein einziges hatte sie, wie sie zugab, vor dem Vater verschwiegen: Coriolan.
Er hätte das nicht verstanden, sagte sie. Sie waren noch so

jung, als sie über das Burgtheater zueinander sprachen. Als sie, halbwüchsig, in Wien lebten, hatten sie einander noch nicht gekannt, doch sie waren oft in denselben Vorstellungen gewesen. Über diese sprachen sie später und dann war ihnen zumute, als seien sie zusammen dortgewesen. Sein Abgott war Sonnenthal, ihr Abgott war die Wolter. Ihm ging es mehr um die Schauspieler als ihr, er machte sie nach, sie sprach lieber von ihnen. Über die Stücke hatte er eigentlich nicht viel zu sagen, sie las alles zuhause nach, während er gern deklamierte. Er wäre ein besserer Schauspieler als sie geworden. Sie *dachte* sich zu viel und sie war lieber ernst. Sie gab nicht so viel wie er auf Komödien. Über die Aufführungen, die sie beide gesehen hatten, war es, daß sie einander zuinnerst kennenlernten. Den ›Coriolan‹ hatte er nie gesehen, er hätte ihm auch nicht gefallen, Leute, die herzlos stolz waren, mochte er nicht leiden. Eben weil ihre Leute so stolz waren, hatte er's mit ihrer Familie schwer, die gegen ihre Heirat war. Es hätte ihn gekränkt zu erfahren, daß von allen Figuren Shakespeares Coriolan ihr die liebste war. Sie hatte gar nicht gemerkt, daß sie ein Gespräch darüber mit ihm vermied, es fiel ihr erst ein, als sie in Reichenhall plötzlich mit Coriolan herausrückte.
Ob sie denn über etwas unzufrieden war? Ob der Vater sie mit etwas gekränkt habe? Ich fragte sie wenig, sie sprach von selber, von den Dingen, die lange in ihr bereit lagen, wäre sie nicht abzulenken gewesen. Aber diese Frage bedrängte mich, und es war gut, daß ich sie stellte. Nie habe er sie gekränkt, kein einziges Mal. Sie sei über Manchester gekränkt gewesen, weil es nicht Wien war. Sie habe geschwiegen, als der Vater mir englische Bücher zum Lesen brachte und englisch mit mir darüber sprach. Das war der Grund, warum sie sich damals ganz von mir zurückgehalten habe. Der Vater sei von England begeistert gewesen. Er hatte ja recht, es waren vornehme und gesittete Menschen. Hätte sie nur mehr Engländer gekannt. Sie lebte aber unter Leuten ihrer Familie mit ihrer lächerlichen Bildung. Ein wirkliches Gespräch konnte sie mit niemandem führen. Deshalb war sie krank geworden, es war gar nicht das Klima. Drum hatte ihr Reichenhall, das Gespräch mit dem Arzt nämlich, so geholfen. Aber es war eine *Kur*. Sie hatte genügt. Einmal im Jahr hätte sie hinfahren

mögen. Die Eifersucht des Vaters hat alles zerstört. Hätte sie ihm die Wahrheit nicht sagen sollen?
Diese Frage stellte sie ernsthaft und wollte eine Antwort darauf von mir. Sie stellte ihre Frage so dringlich, als ob es alles eben geschehen wäre. Von der Begegnung mit dem Arzt nahm sie nichts zurück. Sie fragte nicht: hätte ich ihn nicht anhören sollen? Es schien ihr genug, daß sie für sein Ansinnen taub war. Ich gab ihr die Antwort, die sie nicht hören wollte. Du hättest nicht zeigen dürfen, wieviel es dir bedeutet, sagte ich, zögernd, aber es klang wie ein Tadel. Du hättest dich nicht damit brüsten dürfen. Du hättest es nebenher sagen müssen.
»Aber ich *habe* mich doch darüber gefreut!« war ihre heftige Antwort, »ich freue mich noch heute darüber. Glaubst du, ich wäre sonst je auf Strindberg gekommen? Ich wäre ein anderer Mensch, du hättest dein Buch nicht geschrieben. Du wärst bei deinen kläglichen Gedichten geblieben. Kein Hahn hätte je nach dir gekräht. Dein Vater ist Strindberg. Du bist mein Sohn von Strindberg. Zu seinem Sohn habe ich dich gemacht. Hätte ich Reichenhall verleugnet, es wäre nichts aus dir geworden. Du schreibst Deutsch, weil ich dich von England fortgenommen habe. Du bist noch mehr zu Wien geworden als ich. Deinen Karl Kraus, den ich nicht leiden konnte, hast du in Wien gefunden. Eine Wienerin hast du geheiratet. Jetzt lebst du sogar unter Heurigen. Es scheint dir nicht schlecht zu gefallen. Sobald es mir besser geht, komme ich euch besuchen. Sag der Veza, sie braucht sich nicht vor mir zu fürchten. Du wirst sie verlassen, wie du mich verlassen hast. Die Geschichten, die du für mich erfunden hast, werden wahr werden. Du *mußt* erfinden, du bist ein Dichter. Drum habe ich dir geglaubt. Wem soll man glauben, wenn nicht Dichtern? Den Geschäftemachern vielleicht? Den Politikern? Ich glaube nur Dichtern. Aber sie müssen mißtrauisch sein wie Strindberg und Frauen durchschauen. Man kann nicht schlecht genug von den Menschen denken. Und trotzdem möchte ich nicht eine Stunde weniger leben. Sollen sie schlecht sein! Es ist wunderbar zu leben! Es ist wunderbar, alle Schlechtigkeiten zu durchschauen und trotzdem zu leben!«
Aus solchen Worten erfuhr ich, was meinem Vater geschehen

war. Er fühlte, daß sie von ihm abgefallen war, doch sie hatte nichts zu gestehen. Vielleicht hätte ein Geständnis der üblichen Art ihn weniger tief getroffen. Sie verstand nicht zu ermessen, wie ihr selber zumute war, sonst hätte sie ihn mit ihrem Glück nicht überfallen können. Sie war nicht schamlos, gebrüstet hätte sie sich nicht, wenn sie in ihrem Verhalten eine Unsauberkeit gewittert hätte. Wie hätte er hinnehmen können, was geschehen war? Die deutschen Worte, die sie füreinander hatten, waren unantastbar für ihn. Diese Worte, diese Sprache hatte sie preisgegeben. Alles was sich auf der Bühne vor ihnen abgespielt hatte, war für ihn zu Liebe geworden. Sie hatten es einander erzählt, unzählige Male, und hatten dank diesen Worten die Beschränktheit ihrer Umgebung ertragen. Wenn ich mich als Kind in Neid um diese fremden Worte verzehrte, merkte ich, wie überflüssig ich war. Sobald sie damit begannen, war niemand anderer für sie da. Über diesem Ausgeschlossensein geriet ich in Panik und übte im Nebenzimmer verzweifelt die deutschen Worte, die ich nicht verstand.

Ich war erbittert über ihr Geständnis, denn sie hatte mich irregeführt. Immer neue Versionen hatte ich im Lauf der Jahre gehört und jedesmal war es, als wäre der Vater aus einem anderen Grunde gestorben. Was sie als Schonung für meine Jugend ausgab, war in Wahrheit eine wechselnde Einsicht in das Maß ihrer Schuld. In den Nächten nach dem Tod des Vaters, als ich sie davon zurückhalten mußte, sich etwas anzutun, war ihr Schuldgefühl so groß, daß sie nicht mehr leben wollte. Sie nahm uns nach Wien, um der Stätte näher zu sein, von der die ersten Gespräche mit dem Vater sich genährt hatten. Auf dem Weg nach Wien machte sie halt in Lausanne und vergewaltigte mich zu der Sprache, die ich früher nicht verstehen durfte. An den Leseabenden mit ihr in Wien, aus denen ich entstanden bin, führte sie wieder jene frühen Gespräche mit ihm, fügte aber den ›Coriolan‹ dazu, mit dem sie sich schuldig gemacht hatte. In Zürich in der Scheuchzerstraße ergab sie sich Abend für Abend den gelben Strindbergbänden, die ich ihr einen um den anderen schenkte. Dann hörte ich sie am Klavier leise singen, mit dem Vater sprechen und weinen. Hat sie ihm den Namen dessen genannt, den sie begierig las, den er nicht kannte? Als das Kind ihrer Untreue

sah sie jetzt mich. Sie warf mir hin, wer ich war. Was war jetzt mein Vater?
In solchen Augenblicken *zerriß* sie alles und war kühn, wie sie gewesen wäre, wenn sie ihr eigentliches Leben geführt hätte. Sie hatte ein Recht darauf, sich in meinem Buch zu erkennen und zu sagen, daß sie selber so geschrieben hätte, daß sie es *war*, und darum fand sie auch ihre Großmut wieder und nahm Veza an und setzte sich darüber hinweg, daß ich *sie* so lange über Veza getäuscht hatte. Doch verband sie ihre Großmut mit einer bösen Prophezeiung: so wie ich sie verlassen hatte, würde ich auch Veza verlassen. Ohne den Gedanken einer Rache konnte sie nicht sein. Sie kündigte ihren Besuch bei uns an und stellte sich vor, daß sie bei uns mitansehen würde, was sie voraussagte. Sie war rasch und ungestüm und hielt es für sicher, daß nach dem Erscheinen dieses Buches, von dem sie durchdrungen war, eine Zeit des Triumphs beginnen müsse. Sie sah mich umgeben von Frauen, die mir für den ›Frauenhaß‹ der ›Blendung‹ huldigten und danach dürsteten, sich dafür strafen zu lassen, daß sie Frauen waren. Sie sah eine Reihe von berückenden Schönheiten bei mir in Grinzing, die aber rasch wechseln sollten, und Veza schließlich verstoßen und vergessen in einer kleinen Wohnung, die so war wie ihre eigene in Paris. Die Erfindungen, durch die ich sie von Veza abgelenkt hatte, wären dann wahr geworden, auf die *Zeit* dieser Wahrheit kam es nicht an. Ich hatte bloß etwas vorausgesagt, ich hatte sie nicht getäuscht und sie hatte sich nicht täuschen lassen, denn niemand mit seinen Schlechtigkeiten bestand vor ihr, sie hatte die Gabe des Durchschauens, die sie an mich weitergereicht hatte, ich *war* ihr Sohn.
Ich verließ damals Paris in der Meinung, daß sie sich mit unserer Heirat abgefunden hatte, daß sie für Veza, eben weil ihr Schlimmes bevorstünde, etwas wie Mitleid empfand. Es tat ihr wohl, daß sie glaubte, Vezas Zukunft zu kennen, die diese selbst sich noch nicht einzugestehen wage. Ich malte mir Gespräche zwischen ihnen aus und fühlte Erleichterung darüber. Vielleicht entschädigte mich diese Aussicht ein wenig für das Furchtbare, das ich über den Zusammenbruch meines Vaters erfahren hatte.
Aber es kam anders, ich hatte mich getäuscht, das Ausmaß ihrer Schwankungen, die jetzt ungeheuerlich wurden, hatte

ich unterschätzt. Ich hatte nicht bedacht, welche Wirkung es auf sie haben müsse, daß sie endlich zu mir *gesprochen* hatte. Bis dahin hatte sie mich hingehalten, in all den Jahren des frühen Zusammenlebens, das mir so wahrhaftig erschienen war, hatte sie mich durch immer neue Wendungen abgelenkt und ihr Geheimnis gehütet. Jetzt hatte sie es preisgegeben und mich nach meiner Meinung gefragt und in meiner Empfindlichkeit für Worte hatte ich sie getadelt, nicht für das, was geschehen war, aber dafür, daß sie den Vater nicht *geschont* hatte, daß sie nicht spüren wollte, was sie ihm mit ihrem prahlerischen Bericht antat. Ihr Ausbruch, mit dem sie darauf erwiderte, hatte mich nicht erschreckt, sondern in der Meinung bestärkt, daß sie noch dieselbe sei, unzerstörbar; und daß sie dem langen Kampfe zwischen uns, dessen Notwendigkeit sie begreife, souverän ein Ende setze.
Was ich nicht vorausgesehen hatte, kam wenige Monate später. Noch im selben Jahr verhärtete sie sich wieder gegen mich, und ohne Veza wie in der Vergangenheit herabzusetzen oder zu beschuldigen, erklärte sie, sie wolle mich nie mehr sehen.

Alban Berg

Ich habe mir heute mit Ergriffenheit Bilder von Alban Berg angesehen. Ich traue mir noch immer nicht zu, zu sagen, wie ich ihn erlebt habe. Ich will nur, sozusagen ganz von außen her, einige Begegnungen mit ihm streifen.
Ich habe ihn wenige Wochen vor seinem Tod zuletzt gesehen, im Café Museum, es war eine kurze Begegnung nachts, nach einem Konzert, ich dankte ihm für einen sehr schönen Brief, er fragte mich, ob mein Buch schon Besprechungen gehabt habe. Ich sagte ihm, es sei wohl noch zu früh, er schien anderer Meinung und war voller Fürsorge. Er wollte mir, ohne es eigentlich auszusprechen, zu verstehen geben, daß ich mich auf einiges gefaßt machen müsse. Er, der selber in Gefahr war, wollte mich schützen. Ich spürte die Wärme, die er seit unserer ersten Begegnung für mich hatte. »Was kann denn Schlimmes geschehen«, sagte ich, »wenn ich diesen Brief von Ihnen bekommen habe?« Er wehrte ab, obwohl er sich

darüber freute. »Das klingt ja so, als ob der Brief von Schönberg wäre. Er ist doch nur von mir.«
Es fehlte ihm nicht an Selbstgefühl. Er wußte sehr wohl, wer er war. Es gab aber einen Lebenden, den er unerschütterlich über sich stellte: Schönberg. Für dieses Maß an Verehrung, deren er fähig war, liebte ich ihn. Aber ich hatte Grund, ihn für vieles zu lieben.
Ich wußte damals nicht, daß er seit Monaten an Furunkulose litt, ich wußte nicht, daß er nur für wenige Wochen noch zu leben hatte. Weihnachten erfuhr ich plötzlich von Anna, daß er am Tag zuvor gestorben war. Am 28. Dezember war ich bei seinem Begräbnis auf dem Hietzinger Friedhof. Ich sah keine Bewegung auf dem Friedhof, wie ich erwartet hatte, keine Menschen, die in eine bestimmte Richtung gingen. Ich fragte einen kleinen, verwachsenen Totengräber, wo das Begräbnis von Alban Berg sei. »Die Leiche Berg ist oben links!« krähte er laut. Ich erschrak, ging aber in die angegebene Richtung und fand eine Gruppe von vielleicht dreißig Menschen. Ernst Krenek war darunter, Egon Wellesz und Willi Reich. Von den Reden ist mir nur geblieben, daß dieser den Toten als Lehrer ansprach, auf vertraut schülerhafte Weise, er sagte eigentlich wenig, aber es war demütig noch vor dem toten Lehrer und das war die einzige Äußerung, die mich in diesem Augenblick nicht störte. Anderen, die klüger und gefaßter sprachen, hörte ich nicht zu, ich wollte es nicht hören, denn ich war nicht in der Verfassung zu begreifen, daß wir da waren.
Ich sah ihn vor mir, wie er in einem Konzert leicht taumelte, als ihn Lieder von Debussy berührt hatten. Er *ging*, groß wie er war, nach vorn geneigt und wenn dann dieses leichte Taumeln einsetzte, war es, als ob ein Wind um ihn wehe und er glich einem hohen Halm. Das ›wunderbar‹, das er sagte, blieb ihm halb im Munde stecken, er wirkte wie betrunken. Es war ein Lallen, das ein Lob in sich schloß, ein taumelndes Bekenntnis.
Als ich ihn das erstemal in seiner Wohnung besuchte – ich war ihm durch H. empfohlen worden –, fiel mir die Heiterkeit auf, mit der er mich empfing. In der Welt berühmt, in Wien aussätzig – ich hatte einen Menschen von gespenstigem Trotz erwartet. Ich dachte ihn mir fern von seiner Hietzinger

Umgebung und fragte mich nicht, warum er hier wohne. Ich verband ihn nicht mit Wien, außer in einer Hinsicht: er, ein großer Komponist, war hier, um die Verachtung der berufenen Musikstadt zu erfahren. Ich dachte, daß es so sein *müsse*, daß Ernstzunehmendes nur in solcher Feindschaft entstehen könne, ich machte keinen Unterschied zwischen Komponisten und Dichtern, der Widerstand, der sie hauptsächlich ausmachte, war bei beiden der gleiche. Mir schien, daß er aus ein und derselben Quelle entsprang, die Kraft dieses Widerstandes speiste sich von Karl Kraus.

Es war mir bekannt, wie viel Karl Kraus Schönberg und seinen Schülern bedeutete. Vielleicht war meine gute Meinung zuerst davon bestimmt. Aber bei Alban Berg kam hinzu, daß er den ›Wozzeck‹ zum Gegenstand seiner Oper gewählt hatte. Ich kam mit den größten Erwartungen zu Berg, ich hatte ihn mir als Person ganz anders vorgestellt – gibt es einen bedeutenden Mann, den man sich richtig vorstellt? Aber er ist der einzige, von dem ich so viel erwartete, der mich nicht enttäuscht hat.

Ich war fassungslos über seine Natürlichkeit. Er gab keine großen Sätze von sich. Er war neugierig, weil er nichts von mir wußte. Er fragte, was ich gemacht hätte, ob es etwas von mir zu lesen gäbe. Ich sagte, es gäbe kein Buch von mir, nur die Theaterausgabe der ›Hochzeit‹. In diesem Augenblick schloß er mich ins Herz, das habe ich aber erst später erkannt, was ich damals spürte, war eine plötzliche Wärme, als er sagte: »Da hat sich keiner getraut. Kann ich das Stück so lesen?« Es war kein besonderer Nachdruck auf der Frage, doch war nicht daran zu zweifeln, daß er sie ernst meinte, denn er fügte gleich aufmunternd hinzu: »Das ist mir genauso gegangen. Dann wird es schon etwas sein.« Er vergab sich mit dieser Gleichstellung nichts, aber er schenkte mir mit einem solchen Satz Erwartung, das Höchste. Es war nicht die organisierende Erwartung H.s, die einen kalt ließ oder bedrückte, Erwartung, die dieser schleunigst zu Macht ummünzte, es war persönlich, einfach und scheinbar anspruchslos, obwohl es eine Anforderung voraussetzte. Ich versprach ihm das Theaterbuch und nahm sein Interesse so ernst, wie es gemeint war.

Ich sagte ihm, in welcher Verfassung ich als 26jähriger auf

den ›Wozzeck‹ gestoßen war und wie ich das Fragment im Verlauf einer einzigen Nacht immer wieder gelesen hätte. Es stellte sich heraus, daß er 29 alt war, als er die erste Aufführung des ›Wozzeck‹ in Wien erlebte. Er habe sie öfters gesehen und sich sofort dazu entschlossen, eine Oper daraus zu machen. Ich sagte ihm auch, wie der ›Wozzeck‹ zur ›Hochzeit‹ geführt habe. Es gebe keinen unmittelbaren Zusammenhang zwischen beiden, nur ich wisse, wie eines sich zum anderen gefügt habe.

Später, im weiteren Verlauf des Gesprächs nahm ich mir einige vorlaute Bemerkungen über Wagner heraus, die er mir bestimmt, aber ohne Schärfe verwies. Was er vom ›Tristan‹ hielt, schien unverrückbar. »Sie sind kein Musiker«, sagte er, »sonst könnten Sie nicht so reden.« Ich schämte mich für meinen Vorwitz, aber mehr wie ein Schüler sich schämen würde, dem eine Antwort falsch geraten war, und hatte nicht das Gefühl, daß durch diesen Fehltritt das Interesse, das er früher bekundet hatte, verringert sei. Er wiederholte gleich danach, um mir aus der Verlegenheit zu helfen, seine Bitte um das Stück.

Nicht nur bei dieser Gelegenheit spürte er, was in mir vorging. Er war, im Gegensatz zu vielen Musikern, nicht taub für Worte. Er nahm sie auf beinahe wie Musik, er begriff von Menschen soviel wie von Instrumenten. Schon nach dieser ersten Begegnung war ich mir klar darüber, daß er zu den gezählten Musikern gehörte, die Menschen auf gleiche Weise erleben wie Dichter. Ich spürte auch, da ich als völlig Fremder zu ihm gekommen war, seine Liebe für Menschen, die so stark war, daß er sich ihrer nur durch seinen Hang zu Satire erwehren konnte. Das Spöttische um Mund und Augen verließ ihn nie und es wäre ihm ein leichtes gewesen, sich durch Schärfe gegen seine Herzlichkeit abzugrenzen. Er zog es vor, sich der großen Satiriker zu bedienen, denen er zeit seines Lebens anhing.

Ich möchte von jeder einzelnen Begegnung sprechen, die ich mit ihm hatte, sie waren im Laufe der wenigen Jahre, während deren wir uns kannten, nicht so selten. Aber über alle hat sich der Schatten seines frühen Todes gelegt, er war, wie Gustav Mahler, noch nicht 51 Jahre alt, als er starb. Jedes Gespräch, das ich in Erinnerung habe, hat sich dadurch verfärbt und ich habe Scheu davor, seine Heiterkeit durch die Trauer, die ich noch immer um ihn fühle, zu entstellen. Ich denke an einen Satz aus einem Brief an seinen Schüler, von dem ich erst viel später erfuhr: »Ein, zwei Monate habe ich noch zu leben – was aber dann? – Ich denke und kombiniere nichts anderes als dies – bin also tief deprimiert.« Dieser Satz bezog sich nicht auf die Krankheit, sondern auf die drohende Nähe der *Not. Zur selben Zeit* schrieb er mir den wunderbaren Brief über die ›Blendung‹, die er in solcher Verfassung gelesen hatte. Er hatte starke Schmerzen und er hatte Angst um das nackte Leben, aber er stieß das Buch nicht von sich, er ließ sich davon bedrücken, er war entschlossen, dem Autor gerecht zu werden, er wurde ihm gerecht und darum ist mir dieser erste Brief, den ich über den Roman empfing, von allen der teuerste geblieben.

Seine Frau Helene hat ihn um mehr als vierzig Jahre überlebt. Es gibt Leute, die sich darüber aufhalten und insbesondere an ihr auszusetzen finden, daß sie während dieser ganzen Zeit mit ihm in Verbindung blieb. Selbst wenn sie in einer Täuschung befangen war, selbst wenn er nur *in ihr* und nicht von außen zu ihr sprach, so ist das doch eine Form des Überlebens, für die ich Scheu und Bewunderung fühle. Ich selbst sah sie dreißig Jahre nach seinem Tode wieder, nach einem Vortrag Adornos in Wien. Sie kam aus dem Saal, klein und geschrumpft, eine sehr alte Frau, so abwesend, daß ich mir ein Herz fassen mußte, sie anzusprechen. Sie erkannte mich nicht, aber als ich meinen Namen nannte, sagte sie: »Ah, Herr C.! Das ist lange her. Der Alban spricht immer noch von Ihnen.«

Ich war verlegen und so bewegt, daß ich mich gleich wieder verabschiedete. Ich verzichtete auf einen Besuch bei ihr, wie gerne wäre ich wieder in jene Wohnung in Hietzing gegangen, wo sie noch lebte. Ich mochte die Intimität ihres Gesprächs nicht stören, in dem sie immer befangen war, alles was zwischen ihnen vorgegangen war, spielte sich weiterhin ab, als wäre es heute. Wenn es um seine Werke ging, fragte sie ihn um Rat und er gab ihr die Antwort, die sie sich dachte. Glaubt jemand, daß andere seine Wünsche besser kannten? Es gehört sehr viel Liebe dazu, einen Toten so zu erschaffen, daß er nie mehr schwindet, daß man ihn hört, mit ihm spricht und seine Wünsche erfährt, die er immer haben wird, weil man ihn schuf.

Begegnung in der Liliput-Bar

In diesem Winter kam H. wieder einmal nach Wien. Ich sollte ihn spätnachts in der Stadt treffen. In der Naglergasse, nicht weit vom Kohlmarkt, war eine neue Bar eröffnet worden. Marion Marx, eine Sängerin, die auch die Inhaberin war, hatte bei der Avantgarde um Zuspruch gebeten, eine hochgewachsene, warmherzige Person mit tiefer Stimme, die ihre Liliput-Bar, so hieß das Lokal, mit Leichtigkeit ausfüllte. Junge Dichter behandelte sie der Kühnheit ihrer Vorhaben entsprechend, sie machte viel Wesens aus ihnen, man fühlte sich wohl bei ihr, auf der Rechnung, die einem der Ober schließlich brachte, stand eine fiktive Zahl, um sich vor den großbürgerlichen Besuchern nicht beschämt zu fühlen, zahlte man etwas, aber eigentlich zahlte man nichts und dieser Takt war es, durch den Marion mich für sich gewann. Ich ging nicht in Bars, aber in ihre ging ich.
Ich nahm H. mit, der Nachtlokale nach der unmenschlich harten Arbeit seines Tages liebte. Es war gesteckt voll, kein Tisch frei. Marion bemerkte mich, brach ihr Lied vor der letzten Strophe ab, begrüßte uns überschwenglich und führte uns an einen Tisch. »Das sind gute Freunde von mir, da werdet ihr euch wohl fühlen. Ich mache euch bekannt.« Zwei Stühle wurden aufgetrieben und hineingezwängt, H., sonst der Hochmut leibhaftig, fügte sich, zu meiner Verwunderung schien er bereit, den Tisch mit Fremden zu teilen, Marion gefiel ihm, noch mehr gefiel ihm der Tisch. Marion nannte unsere Namen und fügte dann auf ihre wärmste ungarische Weise hinzu: »Das ist meine Freundin Irma Benedikt mit Tochter und Schwiegersohn.«
»Wir kennen Sie schon lange vom Vorübergehen«, sagte die Dame. »Sie schauen immer weg, wie Ihr Professor Kien. Meine Tochter ist erst 19, aber sie hat schon Ihr Buch gelesen. Es ist ein bißchen früh für sie, glaube ich, aber sie spricht davon Tag und Nacht. Sie tyrannisiert uns mit Ihren Figuren, sie macht sie nach. Ich heiße bei ihr Therese. Dazu erklärt sie, daß das das Schrecklichste sei, was sie mir sagen kann.«

Die Frau wirkte offen und schlicht, beinahe kindlich mit ihren vielleicht 45 Jahren, weder dekadent noch raffiniert, das Gegenteil von allem, was ich mir unter ›Benedikt‹ vorgestellt hatte. Ich war etwas bestürzt bei der Vorstellung, daß die Figuren der ›Blendung‹, wie sie sagte, in ihrem Hause umgingen. Da hatte ich weggeschaut, um jede Berührung mit den Bewohnern, die ich als verunreinigend empfunden hätte, zu vermeiden, und Kien und Therese, viel weniger umgängliche Personen als ich, schienen sich dort schon zuhause zu fühlen. Der Schwiegersohn, nicht viel jünger als die Mutter, ein breiter Klotz, gab kein Wort von sich, seine Züge waren so glatt und geschmackvoll wie seine Kleidung, er saß stumm da und schien sich über etwas geärgert zu haben. Die 19jährige Tochter, die die ›Blendung‹ zu früh gelesen hatte, war, was mir eine ganze Weile nicht einging, seine Frau, aber gern war sie's nicht, denn sie kehrte ihm den Rücken zu und gab ihm kein Wort, sie hatten wohl gestritten und stritten schweigend weiter.
Sie wirkte sehr hell und versuchte etwas zu sagen, wobei ihre Augen immer heller wurden. Da sie ein paarmal vergeblich ansetzte, sie brachte kein Wort heraus, blieb mein Blick länger und vielleicht auch intensiver, als es sonst der Fall gewesen wäre, auf ihr haften. So konnte mir nicht entgehen, daß sie grüne Augen hatte. Ich fühlte mich davon nicht gefesselt, noch stand ich unter Annas Augenherrschaft.
»Sie ist sonst nicht auf den Mund gefallen«, sagte Frau Irma, die Mutter, wozu der Klotz und Schwiegersohn mit dem ganzen Oberleib nickte. »Sie fürchtet sich vor Ihnen. Sagen Sie etwas zu ihr, sie heißt Friedl, dann ist der Bann endlich gebrochen.«
»Ich bin nicht der Sinologe«, sagte ich, »Sie brauchen sich vor mir wirklich nicht zu fürchten.«
»Und ich nicht die Therese«, sagte sie. »Ich möchte gern Ihre Schülerin sein. Ich will schreiben lernen.«
»Das kann man nicht so lernen. Haben Sie denn schon etwas geschrieben?«
»Sie tut nichts anderes«, sagte die Mutter. »Sie ist in Preßburg ihrem Mann durchgegangen und zu uns nach Grinzing zurückgekommen. Sie hat nichts gegen ihren Mann, aber sie mag mit keinem Haushalt zu tun haben, sie will schreiben.

Jetzt ist er da, um sie zurückzuholen. Sie sagt, sie geht nicht zurück.«
Diese Indiskretionen brachte ihre Mutter in aller Unschuld vor, es klang, als wäre *sie* noch ein halbes Kind und spräche über eine ältere Schwester. Der Klotz, um die Absicht, die ihm zugeschrieben wurde, zu bekräftigen, legte die Hand auf Friedls Schulter.
»Gib die Hand weg!« fuhr sie ihn an. Für die Dauer eines kürzesten Satzes wandte sie sich ihm zu. Dann richtete sie sich wieder strahlend – so sah es jedenfalls aus – zu mir und sagte:
»Dem gelingt es nicht, mich zu verhaften. Dem gelingt bei mir nichts. Glauben Sie nicht auch?«
Diese Ehe war schon zu Ende, bevor sie begonnen hatte, und es schien alles so unwiderruflich zu sein, daß ich keine Verlegenheit fühlte. Nicht einmal der Klotz tat mir leid. Wie rasch er nur seine Hand wieder weggenommen hatte. Dieses vor Erwartung leuchtende Geschöpf kam ihm nicht zu, es war gut zwanzig Jahre jünger. Warum hat sie ihn geheiratet?
»Sie wollte wegkommen von zuhause«, sagte Frau Irma, »und jetzt steckt sie nur noch bei uns. Aber das hängt mit der illustren Nachbarschaft zusammen.«
Das war spöttisch gemeint, kam aber ernst heraus, so ernst, daß H. genug hatte. Er war es gewöhnt, der Mittelpunkt zu sein, und jetzt war es ein anderer. Auf seine brutale Weise brach er den störenden Bann und kam dem ratlosen Ehemann zu Hilfe.
»Haben Sie's schon mit Versohlen versucht?« sagte er. »Die will nichts anderes.«
Das ging aber selbst dem verhinderten Ehemann zu weit – wenn es gegen Männer ging, konnte er entschlossen sein.
»Was wissen Sie darüber?« preßte er heraus. »Sie kennen Friedl nicht. Sie ist etwas Besonderes.«
Damit hatte er plötzlich alle auf seiner Seite und H.s Versuch, Beachtung zu erzwingen, war gescheitert. Aber Frau Irma, in deren Haus viele Künstler, auch berühmte Musiker verkehrten, wußte, was sich gehörte. Sie wandte sich dem Dirigenten zu und sagte, sich entschuldigend, daß sie in keinem seiner Konzerte gewesen sei. Ihr armer Kopf ginge einfach nicht mit, wenn es sich um moderne Musik handle.

»Das kann man lernen, fangen Sie doch einfach an!« ermunterte sie H., worauf Friedl wieder unbekümmert von ihm ablenkte.
»*Ich* möchte schreiben lernen. Nehmen Sie mich als Schülerin?«
Sie war wieder bei ihrem ersten Satz. Ich mußte, etwas ausführlicher, dieselbe Antwort geben. Ich hätte keine Schüler, ich sei auch nicht der Meinung, daß sich das lernen ließe. Ob sie es schon woanders versucht habe?
»Bei niemand, der lebt«, sagte sie. »Ich möchte bei jemand Lebendem lernen.«
Was sie denn besonders gerne lese?
»Dostojewski«, kam es ohne einen halben Augenblick Zögern heraus. »Das war mein erster Lehrer.«
»Dem konnten Sie es gewiß nicht zeigen.«
»Nein, eben nicht. Es hätte auch nichts genützt.«
»Warum denn nicht?«
»Weil es genauso ist, wie er selber schreibt. Er hätte gar nicht gemerkt, daß es nicht von ihm ist. Er hätte gedacht, ich habe es irgendwo bei ihm abgeschrieben.«
»Sie haben keine kleine Meinung von sich«, sagte ich.
»Ich könnte keine kleinere haben. Bei Ihnen würde mir das bestimmt nicht passieren. Da kann man nichts abschreiben. So bös wie Sie kann niemand schreiben.«
»Ja ist es denn das, was Ihnen daran gefällt?«
»Ja. Ich mag die Therese. Alle Frauen sind wie die.«
»Sind Sie ein Frauenfeind? Glauben Sie ja nicht, daß ich es bin!«
»Ein Hausfrauenfeind, das bin ich.«
»Damit meint sie mich«, sagte die Mutter und tönte wieder so einnehmend schlicht, daß ich sie beinahe ins Herz schloß, obwohl sie mit einem Benedikt verheiratet war.
»Damit können Sie gar nicht gemeint sein, gnädige Frau!«
»Doch«, sagte Friedl, »das täuscht. Sie müssen sie erst hören, wenn sie mit dem Chauffeur spricht, das tönt ganz anders.«
H. brach auf. Er fühlte sich nicht verpflichtet, nachts in der Bar Familienstreitigkeiten von Fremden anzuhören. Aber es war wirklich etwas peinlich, obwohl mir der Überschwang des jungen Geschöpfs Eindruck machte, ihre öffentliche Hin-

gabe vor ratlosen Zeugen. Mit solcher Entschlossenheit hatte sich noch nie jemand mir zugewandt, mir, dem Schreiber eines Buches, aus dem nichts als Entsetzen sprach.
Ich ging gern weg. Frau Irma lud mich ein, sie zu besuchen, wir seien doch Nachbarn. Friedl sagte etwas von Himmelstraße, sie schien bestürzt über unseren Abgang und setzte, so kam es mir vor, ihre Hoffnung auf den Weg zur Tram hinunter, auf die Himmelstraße. Denn das war das einzige Wort, das ich von ihrem letzten Satz verstand. Der Klotz blieb sitzen, grüßte nicht und schwieg. Er hatte ein Recht auf diese Grobheit, da H. niemand zum Abschied die Hand reichte.
Draußen sagte er: »Ein niedlicher Käfer, und schon so verdreht. Da haben Sie sich was Nettes eingebrockt, C.« Damit war er aber noch nicht zu Ende, denn als wir uns trennten, sagte er noch: »Vier Schwestern sollen das sein? Da können Sie sich auf etwas gefaßt machen! Da braucht man nur bösartig genug schreiben und hat schon vier Schwestern auf dem Hals!«
Soviel Mitleid hatte ich noch nie bei ihm erlebt. Die Himmelstraße begann ihn zu interessieren und er merkte sich unsere neue, halbleere Wohnung.

Der Exorzismus

Es war schon auffallend, wie oft ich von da ab Friedl traf. In der leeren 38er Tram nahm ich Platz, blickte auf und sie saß mir gegenüber. Sie fuhr den ganzen Weg in die Stadt bis zum Schottentor, ich ging ins Café, das denselben Namen trug, als ich eintrat, war sie mir schon zuvorgekommen und saß an einem Tisch mit Freunden. Sie grüßte, störte mich aber nicht und blieb bei ihren Freunden sitzen. Als ich zurückfuhr, saß sie schon in der Tram, diesmal mehr abseits in einer Ecke, aber doch nah genug, daß ich ihren Blicken ausgesetzt war. Ich war in ein Buch vertieft und scherte mich nicht um sie. Aber als ich dann in Grinzing angelangt den Berg hinaufging, war sie plötzlich an meiner Seite, grüßte und ging rasch weiter, als sei sie in Eile. Ich war wenig von Frauen beachtet worden und schon gar nicht von jungen Mädchen, so machte ich mir über die Häufigkeit dieser Begegnungen keine Ge-

danken. Aber besonders der Weg die Himmelstraße hinunter schien plötzlich von ihr und ihren Schwestern bevölkert. Eine hatte die Keckheit sich vorzustellen und sagte: »Entschuldigen Sie, ich bin die Schwester der Friedl Benedikt.« »So«, sagte ich, ohne hinzusehen, bis sie sich wieder entfernt hatte. Für gewöhnlich war es aber doch sie selbst, die daherkam. Sie kam gelaufen, sie war immer in Eile, der Hall ihrer leichten Schritte wurde mir bald vertraut, nicht ein einziges Mal passierte es, daß ich unten ankam, ohne daß sie mich eingeholt und überflügelt hätte. Ihr Gruß war nicht aufdringlich, doch es war immer etwas Bittendes darin, das ich mir nicht eingestand, aber trotzdem spürte. Wäre sie weniger leicht gewesen, ich hätte mich über sie geärgert, denn es geschah einfach zu oft, zwei- oder dreimal am Tag vielleicht, und es verging selten ein Tag, an dem sie nicht vorbei- oder entgegenlief oder in derselben Tram saß.
Ich war immer in Gedanken, doch sie störte mich nicht oft. Es war mir gleichgültig, daß sie durch diese Gedanken hindurchging, denn sie blieb nicht stehen und machte sich nicht breit.
Dann rief sie einmal an. Veza, die es erwartet hatte, war am Telefon. Ob sie mich sprechen könne. Veza hielt es für das klügste, sie zum Tee einzuladen, und zwar ohne mich zu fragen. »Kommen Sie zu mir zum Tee«, sagte sie ihr. »C. weiß vorher nie, ob er Zeit haben wird. Kommen Sie einfach zu mir und vielleicht hat er dann doch Zeit.« Ich war über diese Überrumpelung etwas ungehalten. Aber Veza überzeugte mich davon, daß es so besser sei. »Du kannst doch nicht unter dieser Art von Belagerungszustand leben. Man muß etwas tun. Und du kannst nichts tun, bevor man sie ein wenig kennt. Vielleicht ist es eine Schwärmerei. Aber vielleicht will sie wirklich schreiben und glaubt, daß du ihr helfen kannst.«
Ich ging dann hinüber zu ihnen, als sie in Vezas kleinem holzgetäfeltem Zimmer beim Tee saßen. Ich hatte kaum Platz genommen, da verschüttete sie schon ihren ganzen Tee über Tisch und Boden; etwas, was in diesem beinah zierlichen Zimmer sehr grobschlächtig wirkte, als sei sie nicht einmal imstande, eine von Vezas zarten, durchsichtigen Teetassen richtig zu fassen. Statt einer Entschuldigung sagte sie:

»Nichts zerbrochen. Ich bin so aufgeregt, daß Sie gekommen sind.« »Machen Sie sich nichts draus«, sagte Veza. »Er kommt immer zum Tee. Er mag dieses Zimmer. Man darf es nur nicht vorher ankündigen.« »Das muß schön sein«, sagte Friedl ungeniert zu ihr, als wäre ich gar nicht zugegen, »daß Sie dann immer mit ihm sprechen können.« »Sprecht ihr denn nicht zuhause?« »Ja, die ganze Zeit. Aber es interessiert mich nicht, was die dort reden. Die Eltern geben immer Gesellschaften, lauter berühmte Leute. Da wird niemand eingeladen, der nicht berühmt ist. Finden Sie berühmte Leute auch so langweilig?«

Es stellte sich bald heraus, daß sie ganz und gar nicht so war, wie ich mir eine Tochter dieses Hauses vorgestellt hatte. Ihr Vater war für sie nichts weniger als ein Vater, sie hörte so wenig auf ihn, daß sie nicht einmal aufsässig war. Er schien hundert und tausend Meinungen über alles mögliche zu haben, er verbreitete sich über zu vieles, wenn ich sie recht verstand, so hatte bei ihm nichts *Gewicht*. Er sprang vom einen zum andern und meinte überraschend zu wirken, doch schien er nur zerfahren. Er war sehr gutmütig, die Kinder waren ihm nicht gleichgültig, aber sie interessierten ihn nicht. Er wollte von ihnen unbehelligt bleiben, er überließ sie ganz der Mutter. Doch sie taten, was sie wollten und wurden darum nur vereinzelt und eher selten zu den Tischgesellschaften, die unaufhörlich stattfanden, zugezogen. Es war vollkommen offen, was Friedl über ihr Zuhause erzählte und eigentlich recht anschaulich, aber sprachlich doch so primitiv, daß man nie auf den Gedanken gekommen wäre, es sei ihr um Schreiben zu tun oder sie könne gar schon etwas geschrieben haben.

Sie holte Papier aus einer Tasche hervor: ob ich nicht etwas von ihr lesen wolle. Es sei sehr schlecht, das wisse sie selbst und wenn ich fände, daß es gar keinen Sinn hätte zu schreiben, würde sie's aufgeben. Ihrem Vater zeige sie nichts, der zerrede nur alles, bei ihm wisse man immer nachher noch weniger als zuvor. Es läge ihr ganz schrecklich viel daran, bei mir schreiben zu lernen.

Es war klar, daß sie mir bloß um des Schreibens willen nachstellte, aus keinem anderen Grund. Veza war derselben Meinung. Ich nahm ihre Papiere und versprach sie zu lesen. »Sie

werden mich nicht zur Schülerin nehmen wollen«, sagte sie noch zum Schluß, etwas verzagt. »Es ist zu schlecht für Sie. Aber Sie werden mir schon sagen, ob ich aufhören soll oder ob es einen Sinn hat, wenn ich weiter schreibe.«
Diese Versessenheit auf das Schreiben und auch ihr Wunsch, die Wahrheit von mir zu erfahren, müssen mir, ohne daß es mir eigentlich bewußt geworden wäre, gefallen haben. Denn ich ging in mein Zimmer hinüber und las ihre Blätter gleich. Ich traute meinen Augen nicht: da hatte sie volle fünfzig Seiten von Dostojewski abgeschrieben und setzte einem das als ihre eigene Arbeit vor! Es war recht spannend, aber ein bißchen leer, ich kannte es nicht, es mußte aus einem zurückgelegten Entwurf von Dostojewski stammen.
Es war mir ein lästiger Gedanke, sie wiederzusehen und es ihr sagen zu müssen. Man konnte es doch nicht einfach hinnehmen, auch um Dostojewskis willen nicht. Es war der Mangel an Ehrfurcht ihm gegenüber, was ich am ärgerlichsten fand. Aber es stach mich auch, daß sie denken konnte, ich würde es nicht merken. Es war mit Händen zu greifen, jeder, der ein einziges Buch von Dostojewski kannte und dann *eine* dieser Seiten von ihr las, mußte es merken, man brauchte dazu weder Schriftsteller noch Lehrer zu sein. Das sagte ich ihr auch, als sie zwei Tage später im Treppenhaus vor mir stand, ich mochte sie nicht in mein Zimmer bitten, so ärgerlich war mir die Sache.
»Ist es sehr schlecht?« fragte sie.
»Es ist nicht schlecht und nicht gut«, sagte ich, »es ist von Dostojewski. Wo haben Sie das her?«
»Ich habe es selber geschrieben.«
»Abgeschrieben, wollen Sie sagen. Aus welchem Buch von Dostojewski haben Sie das? Nach dem ersten Absatz weiß man, von wem es ist, aber ich kenne nicht das Buch, aus dem Sie's haben.«
»Es ist aus keinem Buch. Ich hab's selber geschrieben.«
Sie blieb hartnäckig dabei und ich wurde böse. Ich redete ihr ins Gewissen und sie hörte zu. Sie schien sich wohl dabei zu fühlen. Statt zu gestehen, leugnete sie unentwegt weiter und stachelte meinen Zorn so sehr, daß ich alle Beherrschung verlor und sie beschimpfte. Sie wolle schreiben? Wie sie sich das eigentlich vorstelle? Ob sie wirklich glaube, daß Schreiben

mit Stehlen beginne? Noch dazu so plump, daß jeder Dummkopf es merken müßte. Aber ganz abgesehen von der niedrigen Gesinnung, die sie einem so großen Dichter gegenüber beweise, was für einen Sinn solle das haben? Lesen und Schreiben habe jeder gelernt, ob das vielleicht die Schule des Journalismus sei, ob sie das als Muttermilch von der ›Neuen Freien Presse‹ eingesogen habe?
Sie strahlte, ihre Augen hingen glücklich an meinem Mund, sie schien begeistert, als sie plötzlich sagte: »Ach, ist das schön, wenn Sie schimpfen! Schimpfen Sie oft so?« »Nein! Nie! Bevor Sie mir sagen, wo Sie das herhaben, spreche ich nicht mehr mit Ihnen!«
In diesem Augenblick kam Veza dazu, zum Glück, sah mich an, der ich wütend auf der Treppenstufe stand und sah dann Friedl, die freudig auf weitere Zornesworte wartete. Ich weiß nicht, wie es ohne Vezas Dazwischentreten weitergegangen wäre. Sie hatte, wie sie mir später sagte, gleich das Gefühl, daß ich das Mädchen fälschlich beschuldigte und begriff nur nicht, warum es sich so sehr darüber *freute*. Sie nahm Friedl zu sich in ihr Holzzimmerchen, zu mir sagte sie: »Ich werde es aufklären. Beruhige dich! Geh eine Stunde spazieren und komm dann zu mir zurück!«
Das tat ich und es hatte sich herausgestellt, daß die fünfzig strittigen Seiten wirklich von Friedl und nicht abgeschrieben waren. Nicht umsonst waren sie mir leer erschienen. Nicht umsonst war ich nicht imstande zu sagen, aus welchem seiner Bücher sie stammten. Sie stammten aus keinem. Friedl hatte Dostojewski mit Haut und Haaren gefressen und konnte nichts anderes mehr von sich geben. Sie schrieb wie er, aber sie hatte nichts zu sagen. Was hätte sie mit neunzehn zu sagen gehabt? In einem ungeheuerlichen Leerlauf schrieb sie Seite um Seite herunter, die aussahen wie von ihm und doch keine Parodie waren. Es war eine Besessenheit, wie man sie aus den Geschichten hysterischer Nonnen kannte. Gar nicht lange vorher hatte ich mich mit Urbain Grandier und den Nonnen von Loudun beschäftigt. So wie diese von Urbain Grandier besessen waren, so steckte Dostojewski, nicht weniger ein Teufel, auch nicht weniger kompliziert als jener, in Friedl.
»Du wirst den Exorzisten spielen müssen«, sagte Veza. »Du mußt ihr den Dostojewski *austreiben*. Ein Glück, daß er nicht

mehr lebt, so kann er auch nicht mehr zum Feuertod verurteilt werden. Er ist übrigens nicht in alle vier Schwestern gefahren, nur in die eine, die anderen interessieren sich nicht für ihn. Aber es wird trotzdem eine schwierige Geschichte werden.«

Veza, die so souverän war und sich jeden Einflusses, der gegen ihre Neigung oder ihr Urteil ging, ohne Anstrengung erwehren konnte, nahm sich von da ab des Mädchens an. Sie hielt sie für begabt, wenn auch auf eine ungewöhnliche Art. Ob sie je etwas machen würde, das der Mühe wert sei, hänge ausschließlich davon ab, unter wessen Einfluß sie stünde. Sie gebe sich verzweifelt Mühe, das Gegenteil ihres Vaters zu sein, kein Sammelsurium an Bildung, kein gesellschaftliches Zentrum, sie sei bewegt und erfüllt von rein menschlichen Dingen. Sie lasse sich nur von dem einen bestimmen, dem sie sich aus unerfindlicher Laune zugewandt habe. Dieser eine sei jetzt, seit ihrer Lektüre der ›Blendung‹, ich. Ob ich es richtig fände, mich vor der Wirkung meines eigenen Buches zu drücken? »Du gehst doch gern spazieren, seit wir hier sind, nimm sie manchmal mit und sprich mit ihr. Sie ist leicht und heiter, das Gegenteil von dem, was sie geschrieben hat. Sie hat komische Einfälle. Ich glaube, sie hat eine Begabung fürs Groteske. Du mußt sie von den Gesellschaften bei ihr zuhause erzählen hören! Das ist ganz anders, als man sich's nach der ›Fackel‹ vorstellen würde. Das ist mehr wie bei Gogol.«

»Unmöglich«, sagte ich, aber Veza wußte wohl, wo ich verwundbar war und die Vorstellung, daß dieses helle und anmutige Geschöpf in einer Gogol-Atmosphäre aufgewachsen sei und jetzt von Dostojewski, der ›wie wir alle aus dem Mantel‹ kam, besessen sei, schien mir eine höchst originelle Version des bekannten literarischen Ablaufs. Vielleicht erkannte ich gerade darin auch eine Chance, sie von ihrer Besessenheit zu erlösen. Es war eine erfreuliche Rolle, die mir Veza zugedacht hatte, es gab nichts, was ich nicht zur größeren Glorie Gogols unternommen hätte. Ich spürte auch, daß Veza so auf taktvolle Weise ihren Frieden mit der ›Blendung‹ machte, denn auch diese kam ›wie wir alle aus dem Mantel‹. Sie war – zu meiner Erleichterung – um das Schicksal des Buches nicht mehr ganz so besorgt. Sie anerkannte, was dem

Mädchen mit dieser Lektüre passiert war, nahm es ernst und rief mich zu Hilfe.
Wenn Vezas richtiger Instinkt und ihre Wärme zusammenwirkten, war sie unwiderstehlich. Bald war es soweit und ich nahm Friedl auf Spaziergänge mit. Schreiben lernen, wie man irgend etwas anderes lerne, das könne man nicht, aber man könne gehen und sprechen und sehen, was in einem Menschen stecke. Sie war übermütiger Laune und lief manchmal ein paar Schritte vor, blieb stehen und wartete, bis ich nachkäme. »Ich muß mir Luft machen«, sagte sie, »ich bin so froh, daß ich mitkommen darf.« Ich ließ mir von ihr erzählen, es gab nichts, wovon sie nicht sprach, sie sprach unaufhörlich, immer im Zusammenhang mit Menschen, die sie von zuhause kannte. Seit einiger Zeit durfte sie bei Einladungen zugegen sein. Sie hatte nicht den geringsten Respekt vor erlauchten Gästen und sah sie, wie sie waren. Über manche ihrer komischen Beobachtungen staunte ich und stellte mich, als ob ich ihnen nicht glaube, das übertreibe sie, das sei nicht möglich. Dann aber folgte so viel nach, daß ich aus dem Lachen nicht herauskam, und wenn ich einmal lachte, erfand sie mehr und mehr, bis ich schließlich soweit war, selber zu erfinden. Darauf hatte sie's abgesehen, auf einen Wettbewerb im Erfinden.
Ich stellte ihr auch ›Aufgaben‹: ich fragte sie nach den Menschen, denen wir auf Spaziergängen begegneten, solche nämlich, die sie nicht kannte. Sie solle mir erzählen, was sie von ihnen halte, und wenn ihr etwas Gutes einfiel, auch ihre Geschichte. Da hatte ich etwas Kontrolle, denn ich sah diese Menschen selbst und konnte feststellen, was sie an ihnen bemerkte und was ihr entging. Ich korrigierte sie, nicht indem ich sie für eine Nachlässigkeit oder eine Ungenauigkeit tadelte, sondern indem ich mit *meiner* Version von den Passanten herausrückte. Diese Art von Wettbewerb wurde bei ihr zu einer wahren Leidenschaft, wobei es ihr aber gar nicht so sehr um ihre eigene Erfindung zu tun war als um meine Geschichte. Es ging in diesen Gesprächen sehr spontan und übermütig zu. Ich spürte, wenn ihr etwas zu denken gab, denn dann verstummte sie und manchmal, zum Glück nur selten, packte sie eine große Verzagtheit: »Ich werde nie schreiben können. Ich bin zu schlampig und mir fällt zu we-

nig ein.« Schlampig, wie man in Wien für unordentlich sagte, war sie, aber es fiel ihr mehr als genug ein. Es störte mich gar nicht, daß sie einen Hang auch zum Märchenhaften hatte, den jungen Dichtern, von denen ich wußte, fehlte gerade das am meisten.

Für Leute, die uns begegneten, ließ ich sie manchmal Namen erfinden. Das war nicht ihre Stärke und sie hatte es auch nicht besonders gern. Sie sprach lieber davon, wie es bei Leuten aussah und was sie zuhause redeten. Es konnte harmloses Geplapper sein und das verriet nicht viel mehr als ihre Nachahmungsgabe, die offenkundig war. Aber dann kam ganz plötzlich etwas Ungeheuerliches, womit sie mich in Staunen versetzte. Sie sprach es, ohne selbst davor zu erschrecken, aus und sie ahnte nicht, wie merkwürdig es war und daß es gar nicht zu ihrem kindlichen Leuchten, zu ihrem leichten Schritt paßte.

Bis auf die wenigen Tage ihrer Ehe hatte sie in Grinzing gelebt, in einem Auto war sie zur Welt gekommen. Als ihre Mutter die Wehen fühlte, nahm der Vater neben ihr im Wagen Platz und ließ sie zur Geburt ins Sanatorium fahren. Er sprach, wie es seine Art war, unaufhörlich, als sie ankamen und der Wagen hielt, lag das Kind am Boden, es war zur Welt gekommen, ohne daß einer der beiden etwas gemerkt hatte. Auf diese Auto-Geburt führte Friedl ihre Unstetigkeit zurück. Sie mußte immer fort, sie hielt es nirgends aus; als sie verheiratet war und ihr Mann, der Ingenieur war, in die Fabrik ging, konnte sie nicht zuhause auf ihn warten. An einem der ersten Vormittage schon riß sie aus, verließ das Haus, verließ Preßburg und fuhr nach Grinzing in die Himmelstraße. Da kannte sie alle Wege und lief in den Wald. Noch lieber hatte sie Wiesen, da hockte sie sich nieder, um Blumen zu pflücken, und verschwand im Gras. Auf Spaziergängen merkte ich manchmal, wie sie begehrliche Blicke auf Wiesen warf, doch beherrschte sie sich, weil einer von uns gerade eine Geschichte erzählte und das ihr noch wichtiger als ihre Freiheit war. Das Kleine und Niedere zog sie am meisten an, doch war sie auch für Aussichten nicht unempfänglich, besonders wenn es eine Bank zum Sitzen und einen Tisch dazu gab, wo man etwas zum Trinken bestellen konnte.

Am wichtigsten war ihr aber doch, was sich in Worten abspielte, ich habe kein Kind je gekannt, das mit größerer Begier zugehört hätte. Nachdem ich sie auf jede Weise herausgefordert hatte, endete es dann schließlich doch damit, daß ich selber etwas erzählte und es ist wahr, daß die Erregung, mit der sie jeden Satz aufnahm, eine tiefere Wirkung auf mich hatte, als ich mir eingestehen mochte.

Die Zartheit des Geistes

Es war ein vielfältiges Leben, das ich in diesen wenigen Grinzinger Jahren führte. Es war so widersprüchlich, daß ich wohl kaum alles zu bestimmen vermag, woraus es bestand. Alles was dazugehörte, empfand ich gleich stark und obwohl zu Zufriedenheit kein Grund war, erlag ich auch keiner Bedrohung. An meinem eigentlichen Vorhaben hielt ich hartnäckig fest. Ich las und verzeichnete viel für das Buch über Masse und sprach darüber zu allen, mit denen es sich zu sprechen lohnte. Schwerlich hätte man sich mit mehr Nachdruck und Anspruch an eine Absicht wie diese festnageln können. Was immer geschah – es geschah ungeheuer viel und es stürzte rapid auf noch viel mehr zu –, es war durch keine der gängigen Theorien zu begreifen.
Man fand sich in einer alten Kapitale, die keine mehr war, aber die Augen der Welt durch kühne, wohldurchdachte soziale Pläne auf sich gezogen hatte. Es waren Dinge geschehen, die neu und vorbildlich waren. Sie waren ohne Gewalt geschehen, man konnte stolz auf sie sein und lebte in der Illusion, daß sie sich halten würden, während nebenan in Deutschland die große Besessenheit um sich griff und ihre Wortführer alle Kommandostellen im Staat besetzten. Nun aber war im Februar 1934 die Macht der Gemeinde Wien gebrochen worden. Unter denen, die sie getragen hatten, herrschte Niedergeschlagenheit. Es war, als sei es alles umsonst gewesen, diese, die neue Besonderheit Wiens war ausgelöscht. Übrig blieb die Erinnerung an ein früheres Wien, das noch nicht fern genug war, um von der Mitschuld am Ersten Weltkrieg, in den es sich hineinmanövriert hatte, freigesprochen zu werden. Es gab keine lokale Hoffnung mehr, die Armut und Arbeitslosigkeit entgegengewirkt hätte.

Viele, die in solcher Leere nicht bestehen konnten, wurden von der deutschen Ansteckung ergriffen und hofften, von der größeren Masse verschluckt, zu einem besseren Leben zu gelangen. Die meisten sagten sich nicht, daß die wirkliche Folge davon nur ein neuer Krieg sein könne und wenn sie es von den wenigen, die das klar erkannten, zu hören bekamen, mochten sie es nicht wahrhaben.

Mein eigenes Leben in dieser Zeit war, wie ich schon gesagt habe, vielfältig und gedieh an seinen Widersprüchen. Durch meinen weiträumigen Plan fühlte ich mich gerechtfertigt. Ich hielt an ihm fest, doch ich tat nichts dazu, seine Ausführung zu beschleunigen. Was immer in der Welt geschah, ging als Erfahrung darin ein. Es war keine oberflächliche Erfahrung, denn es blieb nicht beim Zeitunglesen. Alles was geschah, wurde noch am selben Tag, an dem man davon vernommen hatte, mit Sonne besprochen, er durchleuchtete die Ereignisse mehrfach, wechselte, um eindringlicher zu sehen, häufig den Standpunkt und bot einem schließlich ein Résumé der möglichen Perspektiven, in dem die Gewichte auf das gerechteste verteilt waren. Diese Stunden des Tages waren die wichtigsten, eine unaufhörlich weiterwirkende Initiation in das Weltgeschehen, seine Komplikationen, Zuspitzungen und Überraschungen. Sie nahmen mir nie den Mut, meine eigenen Studien weiterzubetreiben. Um diese Zeit wandte ich mich, gründlicher als früher, ethnologischen Studien zu, und obwohl ich mich, schon aus einer Art Bescheidenheit vor Sonne heraus, nur selten dazu verleiten ließ, einen Gedanken, den ich für neu und wichtig hielt, vor ihm auszubreiten, fanden wir dann doch immer wieder in religionsgeschichtlichen Gesprächen zueinander, da war sein Wissen überwältigend und meines doch allmählich so weit entwikkelt, daß ich ihn immer verstand und bestreiten konnte, was mir nicht zwingend erschien.

Er war nicht ungeduldig, wenn ich von meiner eigentlichen Absicht sprach, der Ergründung der Masse. Er hörte sich an, was ich darüber sagte, überlegte und schwieg. Er ließ, was sich in mir vorbereitete, unangetastet. Es wäre ein leichtes für ihn gewesen, meinen Begriff von Masse, der sich immer mehr erfüllte und durch keine Definition zu fassen war, lächerlich zu machen. In einer einzigen Stunde hätte er damals zerstören können, worin ich meine Lebensaufgabe sah. Nie diskutierte er über Masse mit mir, aber er entmutigte mich auch nicht und suchte mich nicht (wie Broch) von meinem Unternehmen abzubringen. Er hütete sich davor, mir zu helfen, eben darin, in allem, was Masse betraf, war er nie mein Lehrer. Einmal, als ich doch etwas darüber sagte, zögernd, eigentlich ungern, denn mir hätte sein Widerstand sehr gefährlich werden können, hörte er mich ernst und ruhig an, schwieg länger, als es sonst während einer Diskussion seine Art war und sagte dann, beinahe zart: »Sie haben eine Tür aufgetan. Jetzt müssen Sie eintreten. Suchen Sie keine Hilfe. So etwas macht man allein.«

Das sagte er sehr selten und achtete darauf, nicht mehr zu sagen. Er meinte damit nicht, daß er mir *seine* Hilfe versage. Hätte ich sie von ihm erbeten, er hätte sie mir nicht vorenthalten. Aber ich hatte ihm keine Frage gestellt, als ich begann. Ich hatte ihm auseinandergesetzt, was mir schon klar war und vielleicht wollte ich nur, daß er's von mir abschneide, wenn er's für falsch hielt. Mit dem Wort von der ›Tür‹ hatte er klargemacht, daß er es durchaus nicht für falsch hielt. Gewarnt hatte er mich wohl, durch seinen leisen Wink, wie es seine Art war. »So etwas macht man allein.« Er hatte mich gewarnt vor den Lehren, die überall herumlagen und die nichts erklärten. Besser als jeder wußte er, wie sehr sie den Weg zu Erkenntnissen in öffentlichen Dingen versperrten. Er war mit Broch befreundet, den er achtete und vielleicht auch liebte. Wenn er mit ihm sprach, kam die Rede sicher auf Freud, dem Broch verfallen war. Wie Sonne das ohne verletzende Einrede ertrug, hätte ich gar zu gern erfahren, aber ihm eine so persönliche Frage zu stellen, war ganz unmöglich. Daß er gegen Freud Entscheidendes einzuwenden hatte, hatte ich einmal erlebt, als ich mit Vehemenz den ›Todestrieb‹ vor ihm attackierte: »Selbst wenn es wahr wäre, hätte man *das* nie sagen dürfen. Aber es ist nicht wahr. Es wäre viel zu einfach, wenn das wahr wäre.«

Was sich zwischen Sonne und mir abspielte, empfand ich als die eigentliche Substanz meines Tages, es bedeutete mir mehr, als was ich selber zur Zeit schrieb. Nichts von dem, woran ich arbeitete, mochte ich damals schon beenden. Es gab manche Gründe dafür, der wichtigste war wohl die Einsicht in mein unzulängliches Wissen. Ich hielt das Unternehmen, in dem ich begriffen war, durchaus nicht für sinnlos; meine Überzeugung, daß es an uns liege, die Gesetze für Masse und Macht zu finden und dann auch anzuwenden, war unerschüttert. Aber mit den Ereignissen, die auf uns zurückten, schienen die Ausmaße eines solchen Unternehmens unaufhörlich zu wachsen. Durch die Gespräche mit Sonne wurden einem die Sinne fürs Künftige auf unerhörte Weise geschärft. Keineswegs wurde die Drohung durch ihn geringer, man gewahrte mehr und mehr davon, als stelle er einem ein einzigartiges Teleskop zur Verfügung, das nur er richtig einzustellen vermochte. Zugleich begriff man, wie verächtlich wenig man wußte. Mit Einfällen allein war es nicht getan. Durch Blitze, Erleuchtungen, auf die man sich etwas zugute tat, konnte man sich auch den Weg zur Wahrheit verstellen. Es gab eine gefährliche *Eitelkeit* der Erkenntnis. Originalität war nicht alles, auch Kraft nicht und auch die mörderische Kühnheit nicht, zu der einen Karl Kraus erzogen hatte.

An den literarischen Dingen, die ich damals in Arbeit hatte, mäkelte ich viel und ließ sie unvollendet stehen. Ich gab sie nicht für immer auf, ich schob sie beiseite. Das war es wohl, was Veza am tiefsten beunruhigte. Einmal, in einem ernsten Gespräch, ging sie so weit zu sagen, daß Sonne durch die Einwirkung seines Geistes auf andere diese steril mache. Gewiß sei er der beste aller *Kritiker*, zu dieser Anerkennung rang sie sich schließlich durch, aber man dürfe nur zu ihm gehen, um ihm etwas Fertiges zu zeigen. Zum täglichen Umgang eigne er sich nicht. Er sei ein Mann des *Verzichts*, vielleicht ein reiner Asket und Weiser. Er sehe das Schlimmste voraus, aber er kämpfe nicht wirklich dagegen an, er sage es nur, er spreche es aus, wie könne mir das genügen? Wenn ich von ihm zurückkäme, wirkte ich wie gelähmt, sie habe dann Mühe, mich zum Sprechen zu bringen. Ja, manchmal – und damit traf sie mich sehr – habe sie den Eindruck, ich würde *vorsichtig* durch ihn. Ich läse ihr nie mehr vor, woran ich schreibe, kein Kapitel eines neuen Romans, kein neues Drama. Wenn sie mich behutsam frage, sei meine Antwort immer: es ist noch nicht gut genug für dich, ich will noch dran arbeiten. Warum sei früher alles gut genug für sie gewesen? Warum hätte ich mehr gewagt?

Mit der Demütigung durch Anna habe es begonnen. Das habe sie vollkommen verstanden und die Wirkung jener Vorlesung der Komödie in der Maxingstraße habe sie lange gefürchtet. Darum habe sie sich mit Anna befreundet, um zu erkennen, wie sie eigentlich sei, denn ich hätte sie verklärt gesehen und schon als Gegenpol gegen ihre Mutter auf jede Weise verherrlicht. Sie kenne sie jetzt so gut, daß sie nun eines wisse: es gibt keine Niederlage bei ihr – sie liebt nicht wie andere Menschen, schon gar nicht wie ihre Mutter. Sie habe ihre eigenen gläsernen Gesetze, man könne sie betrachten und bewundern, ihre Augen über alles herrlich finden, dürfe *sich* aber nie von ihr *erblickt* fühlen. Worauf sie ihre Augen einmal gerichtet habe, damit müsse sie spielen, das müsse sie sich gewinnen, wie einen Knäuel, einen Gegenstand, nicht wie etwas Lebendes. Nur dieses Augenspiel sei an ihr das Gefährliche, sonst sei sie eine gute Freundin, voll reinen Vertrauens, großmütig, sogar verläßlich, aber eines dürfe man nicht: man dürfe sie nie zu *binden* versuchen. Ohne ihre Freiheit könne sie nicht sein, sie brauche sie zu ihrem Augenspiel, zu nichts sonst, aber dieses sei das tiefste Bedürfnis ihrer Natur, das werde sich nie ändern bei ihr, auch in hohem Alter nicht, wer mit solchen Augen begabt sei, könne nicht anders, sie sei den Ansprüchen dieser Augen verfallen und versklavt, wie andere eben auch, andere als Opfer, sie als Jäger.
Ich war belustigt über diese Augenmythologie. Ich wußte, wie viel Wahres dran war und ich wußte, wie sehr Veza mir durch ihre Freundschaft mit Anna geholfen hatte. Aber ich wußte auch, wie sehr sie sich im anderen Punkte irrte. Meine Freundschaft mit Sonne war *nicht* aus dem Unglück mit Anna heraus entstanden, es war etwas *Souveränes*, das reinste Bedürfnis meiner Natur, die sich ihrer Schlacken schämte und sich nur durch strenge Zwiesprache mit einem weit überlegenen Geist bessern oder wenigstens rechtfertigen konnte.

An Frau Irma, Friedls Mutter, hatte mir bei jener ersten Begegnung in der Liliput-Bar gefallen, daß sie schlichte, unverzierte Sätze sprach, hinter denen nichts Prätentiöses zu wittern war, man glaubte ihr, was sie sagte, ohne sich Gedanken darüber zu machen. Ihr Kopf war sehr rund, auf eine mir unvertraute Weise, es war kein slawischer Kopf, auch das wäre anziehend gewesen, er war aber anders. Nun erfuhr ich von Friedl, daß ihre Mutter zur Hälfte Finnin war. Sie war wohl in Wien geboren, aber früh und dann immer wieder bei ihrer mütterlichen Familie in Finnland zu Besuch gewesen.
Eine Tante der Mutter, von der bei ihnen oft die Rede sei, habe sich durch ein selbständiges Leben und geistige Leistungen ausgezeichnet. Tante Aline habe lange in Florenz gelebt und Dante ins Schwedische übersetzt. Sie besitze eine Insel in Finnland oben, da ziehe sie sich manchmal ganz allein zum Schreiben zurück. Sie habe nie geheiratet, aus Stolz, und um sich ihre Freiheit für geistige Dinge zu bewahren. Friedl sei ihre Lieblings-Großnichte und Tante Aline habe vor, ihr diese Insel zu hinterlassen. Es war eindrucksvoll, Friedl von dieser Insel sprechen zu hören. Sie gab nichts auf Besitz, aber vom Gedanken an eine eigene Insel war sie entzückt. Sie war nie dort gewesen, doch hatte sie eine kühne Vorstellung davon, besonders von Winterstürmen, wenn man vom Festland vollkommen abgeschnitten war. Sie erwähnte die Insel nie, ohne sie mir feierlich anzubieten, als kleines Geschenk sozusagen, es sei die einzige Weise, ihre Verehrung für ihr Vorbild im Schreiben zu bekunden.
Manchmal nahm ich die Insel an, manchmal nicht. Immerhin war auch da am schwedischen Dante geschrieben worden. Von der Großzügigkeit dieses Geschenks, ganz besonders aber von der Langlebigkeit, die sie mir damit zudachte, war ich angenehm berührt. Ich erfuhr, als mir Einsamkeiten und Schönheiten der Insel ausgemalt wurden, ganz nebenher etwas von ihr, das mir viel mehr Eindruck machte. Einmal, als sich das Gespräch von der finnischen Insel schwedischen Dingen zuwandte, sagte sie, ihre Taufpatin sei Frieda Strindberg, die zweite Frau Strindbergs, eine Jugendfreundin ihrer Mutter, die in Mondsee wohne und oft zu ihnen auf Besuch

komme. Von der habe sie ihren Namen, aber auch etwas anderes. Wenn ihre Mutter über ihre Unordentlichkeit ganz verzweifelt sei, sage sie ihr: »Das hast du von der Frieda geerbt, deiner Taufpatin. Es scheint, daß man über den Namen auch Eigenschaften erbt.« Die Frieda Strindberg sei als der unordentlichste Mensch auf der Welt bekannt. Sie sei schon als kleines Kind einmal bei ihr gewesen. Das Durcheinander dort habe ihr einen solchen Eindruck gemacht, daß sie es dann im Kinderzimmer zuhause nachgemacht habe. Das habe sie oft probiert, immer wenn man sie allein ließ, habe sie die Läden und Kästen aufgemacht und alle Kleider und Wäsche durcheinandergeworfen und sich dann glücklich auf die Unordnung gesetzt. Da habe sie dann ein Zimmer wie bei ihrer Patin gehabt. Aber sie habe ihrer Mutter nie *eingestanden*, wie es zu diesem fürchterlichen Durcheinander gekommen sei. Das sei ihr größtes Geheimnis und drum müsse sie mir's verraten. Ich dürfe nie unerwartet ihr Zimmer sehen, denn wenn ich das einmal sähe, hätte ich einen solchen Graus vor ihr, daß ich sie nie mehr auf einen Spaziergang mitnehmen würde. Ich hatte nicht vor, ihr Zimmer zu sehen und mochte darüber nicht weiter nachdenken. Aber die Beziehung zu Strindberg gab mir einen Stich und ich glaube, es war das, was dem Hause Benedikt bei mir eine neue Dimension verlieh.

Friedl muß ihre Mutter mit Auswahl und Anordnung der Gäste arg gequält haben, um mich hinzulocken. Denn so langweilig sie selbst diese Gesellschaften fand, so selten sie sich zur Teilnahme daran hergab, – sie hatte aus unseren Gesprächen bald herausgespürt, daß ich etwas Böses und Anrüchiges witterte, wo für sie nichts als Steifheit und Langeweile war. Von klein auf hörte sie nichts als berühmte Namen. Eine Zeitlang, sie ging schon in die Schule, dachte sie, daß alle Erwachsenen berühmt seien, fürs eine wie fürs andere keine besondere Empfehlung. Wenn ein neuer Name zuhause oft genannt wurde, konnte es nur zwei Gründe haben: entweder jemand war plötzlich berühmt geworden – wie kriegt man ihn dazu, eine Einladung anzunehmen? Oder jemand, der es schon lange – sie dachte: immer – war, kam nach Wien und würde *natürlich* bei ihnen dinieren. Daß da etwas anderes dabei sein könne, wäre ihr nie eingefallen, es war nur immer

dasselbe und darum langweilig. Nun aber, wenn wir uns sahen und sie irgend jemanden nannte, der bei ihnen verkehrte, spürte sie, wie ich zusammenzuckte und hörte mich fragen: »Was! Der kommt auch zu euch?«, als sei es etwas Unerlaubtes, ihr Haus zu betreten. Sie merkte, daß ich auf manche Namen überhaupt nicht reagierte, daß solche kamen, wunderte mich nicht, die schienen nach den Regeln der ›Fackel‹ in dieses Haus zu passen. Aber die anderen, die mir zu schaffen machten, begannen sie zu interessieren und sie begriff bald, daß es nur diese waren, mit denen sie mich ins Haus locken konnte. Doch auch das erforderte Zeit und längere Vorbereitungen.
»Heute war Thomas Mann bei uns zum Essen«, sagte sie und sah mich erwartungsvoll an.
»Ja was spricht er denn mit Ihrem Vater?«
Ich konnte mich nicht enthalten, das zu fragen und merkte zu spät, wie taktlos diese Frage war, denn es war doch daraus zu entnehmen, welche Verachtung ich für ihren Vater empfand. Ich schien ihm die Fähigkeit nicht zuzutrauen, ein Gespräch mit Thomas Mann zu führen.
»Über Musik«, sagte sie. »Die haben die ganze Zeit über Musik gesprochen, besonders über Bruno Walter.«
Sie verstehe aber nichts von Musik und könne mir's im einzelnen nicht sagen. Warum ich mir's nicht einfach selber anhören komme. Die Mutter möchte mich so gern einladen, aber sie traue sich nicht recht. Ich gälte als so abweisend, alle dächten, ich sei wie der Kien im Roman: ein Frauenverächter und grob dazu. »Ich erzähle ihr immer, was für lustige Sachen Sie sagen. ›Er verachtet uns‹, sagt die Mutter. ›Ich verstehe gar nicht, daß er dich auf Spaziergänge mitnimmt.‹«
Nach mancherlei Versuchen gelang es Friedl, mich zu einer Einladung zu ködern. Vom Dreigestirn der Wiener Décadence um die Jahrhundertwende: Schnitzler, Hofmannsthal und Beer-Hofmann, war nur der dritte noch am Leben. Er hatte sehr wenig geschrieben und galt als der Exklusivste. Seit Jahrzehnten schon schrieb er an *einem* Drama. Er sei nie damit zufrieden und lasse sich von niemandem zu seiner Vollendung bereden. Dieses Gegenbild zu einem Journalisten, von dem ich *ein einziges* Gedicht kannte, interessierte mich aus keinem anderen Grunde. Seine Enthaltsamkeit in

diesem Wien hatte etwas Rätselhaftes. Man fragte sich, wie er mit so wenig Werken zu seiner hohen Reputation gelangt sei. Ich stellte mir vor, daß er allen ›befleckenden‹ Umgang mied und nur mit seinesgleichen verkehrte. Was tat er jetzt, da die beiden anderen nicht mehr am Leben waren? Da hörte ich von Friedl, daß er ein regelmäßiger Gast ihres Hauses sei, daß er häufig komme und sich für Leute interessiere, ein starker alter Mann mit einer sehr schönen Frau, die um zwanzig Jahre jünger sei als er und noch jünger wirke. Das klang verlockend, was aber das Eis bei mir brach und den Ausschlag gab, war ein wahrer ›coup de foudre‹. Emil Ludwig, die Erfolgsfigur des Tages, der ein Buch in wenigen Wochen schrieb und sich dessen noch rühmte, hatte sein Erscheinen bei Benedikts zugesagt, um Richard Beer-Hofmann, den sehr Verehrten, kennenzulernen. Alle seien neugierig auf diese Konfrontation, sagte Friedl, einen solchen Spaß könne ich mir doch nicht entgehen lassen, sie stellte sich vor, das Gespräch zwischen den beiden werde sich abspielen wie zwischen zwei erfundenen Figuren. Sie habe ihrer Mutter zugeredet, mich dazu einzuladen, sie werde mich noch am selben Tag anrufen. Meine Neugier war angestachelt, ich bedankte mich und nahm an.

Statt des Stubenmädchens öffnete mir Friedl die Tür, sie hatte mich vom Fenster kommen sehen, und sagte gleich, als wären wir Verschworene: »Sie sind schon da, beide!« Im Salon begrüßte mich ihr Vater mit ein paar eindringlich schmeichlerischen Sätzen, die sich aber auf nichts bezogen. Er habe das Buch noch nicht gelesen, es mache im Haus die Runde – die jungen Damen, seine Frau –, heute habe er es ihnen endlich entreißen können, jetzt liege es da – er zeigte auf ein Tischchen –, er lasse sich's nicht mehr wegnehmen; diesen Nachmittag noch fange er mit der Lektüre an, er stärke sich durch ein Gespräch mit dem Autor, bevor er sich auf das gefährliche Unternehmen einlasse, es seien ja Legenden darüber im Umlauf, wie böse, aber auch wie spannend das Buch sei, nach einem ersten Blick auf den Autor möchte man das nicht vermuten. Ich empfand seine Harmlosigkeit nicht ohne Staunen, aber er auch meine. Nach den Schilderungen, die er von der ›Blendung‹ bekommen hatte, erwartete er einen poète maudit.

Er führte mich zu Beer-Hofmann, den vornehmsten seiner Gäste, der pro Jahr nicht mehr als zwei Zeilen schrieb, der stattliche alte Herr blieb sitzen und sagte gewichtig: »Junger Mann, ich stehe nicht auf, das erwarten Sie auch nicht von mir?« Ich gab ein paar beistimmende Silben von mir, wie er sie gewiß erwartete und wurde schon zu einem winzigen Männchen gezogen, das schmächtig und explosiv dastand, er bemerkte meine Hand nicht, die ich ihm also nicht zu geben brauchte, und ich konnte gleich hören, wie er Beer-Hofmann mit schäumender Bewunderung überschüttete. Es war Emil Ludwig, der beteuerte, wie lange schon – seit seiner Kindheit? – er ihn verehre. Das Wort ›Meister‹ tauchte mehrfach aus der Suada auf, auch Vollkommenheit, ja sogar Vollendung, ein eher taktloses Wort an einen, der Jahrzehnte für ein Drama von üblicher Länge zu brauchen vorgab und es dann doch nicht vollbrachte. Beer-Hofmann wiegte bedenklich den Kopf, wohl hörte er sich's an, kein Wort entging ihm, er war sehr sicher und wer hätte sich angesichts dieses winzigen Meistschreibers, Bestverkäufers und Allerwelts-Interviewers nicht sicher gefühlt – hier maß sich ein Schwergewicht gegen eine Feder –, aber eigentlich behaglich fühlte sich der wohlleibige alte Herr bei dieser Sache nicht, der Gegensatz zwischen seiner würdigen Schreibschweigsamkeit und der Schreibdiarrhöe des dünnen Männchens war zu eklatant, schließlich waren auch andere da, die es hörten – er unterbrach das Anbetungsgewinsel und sagte bedauernd, aber entschlossen: »Es ist zu wenig.«
Es gab so wenig von ihm, daß er das sagen *mußte* und wer hätte ihm darauf antworten können? Es waren vielleicht ein Dutzend Leute im Raum und alle hielten den Atem an. Doch Emil Ludwig hatte auch darauf eine Antwort, diesmal einen einzigen Satz: »Wäre Shakespeare weniger Shakespeare, wenn er nur den ›Hamlet‹ geschrieben hätte?«
Diese Schamlosigkeit verschlug jedem die Rede. Beer-Hofmann wiegte nicht mehr den Kopf. Ich trage mich, bis zum heutigen Tage, mit der Hoffnung, daß er sich, trotz dem großen Selbstbewußtsein, das ihn auszeichnete, keinen ›Hamlet‹ zuschrieb.
Während des Essens gleich danach war Emil Ludwig, nach so viel Selbstentäußerung, mehr auf sich bedacht und pries seine

Fruchtbarkeit und Flüssigkeit an, seine Weltkenntnis, seine hohen Freunde und Verehrer in allen Ländern. Von Goethe bis Mussolini kannte er jedermann. Den Gegensatz zwischen Goethes – wie er es nannte – schlichtem Haus in Weimar und dem enormen Emfangsraum im römischen Palazzo Venezia wußte er ergreifend zu schildern. Durch die Breite eines Saals, den er mit einem imperialen Kontinent verglich, war er auf Mussolini zugetrippelt, der hinter dem mächtigen Schreibtisch am anderen Ende des Raumes entschlossen auf ihn wartete. Mussolini wußte, wer da auf ihn zukam, und als Ludwig nach der langen Wanderung schließlich vor dem Schreibtisch stand (der wohl der größte der Welt war, größer als der eigene in Ascona), wurde er mit Schmeichelworten begrüßt, die die Bescheidenheit wiederzugeben verbiete. Mussolini bewies einen sicheren Instinkt für die Bedeutung einer weltliterarischen Figur wie Ludwig und gönnte ihm mehrere lange Gespräche, die in allen großen Zeitungen der Welt und natürlich auch in Buchform veröffentlicht wurden. Aber das war vorüber. Seither waren 6 bis 8 andere Bücher erschienen, als letztes ›Der Nil‹. Dazu war er in Ägypten gewesen. Das Buch hatte er in 6 Wochen geschrieben. Der Hausherr, der an der Spitze der Tafel saß, unterbrach ihn und wies mit einladend-ehrfürchtiger Gebärde auf einen kleinen Tisch in der Nähe, da lag ganz allein und sehr dick ›Der Nil‹. Aber Ludwig achtete nicht darauf, er war schon weiter, er erging sich trillernd oder verhüllend über drei oder vier nächste Pläne. Über das, was danach komme, sage er nichts, er sei schließlich nicht allein hier zu Gast. »Und wir wollen bei allem gesunden Selbstgefühl – nur die Lumpen sind bescheiden – nicht vergessen, wer heute an dieser Tafel das kostbare Junge Wien der Jahrhundertwende vertritt, der einzige einer unvergänglichen Tradition, der noch unter uns ist, und ihr Größter.«

Das war kein kleines Stück, aber es war, was als die Meinung dieses Hauses galt und was Beer-Hofmann vielleicht auch von sich selber glaubte. Denn anders wäre seine Zurückhaltung vor der Welt schwer aufrechtzuerhalten gewesen. Er ließ, wie ich später mehr als einmal mit ihm erlebte, durchblicken, daß Hofmannsthal zu sehr den Verführungen der Welt nachgegeben habe, alles, was mit Salzburg zusammen-

hing, die Libretti, das Interesse an Oper hielt er für eine Verirrung. Emil Ludwig mußte ihm in tiefster Seele zuwider sein – er war es, außer dem Hausherrn, allen, die an diesem Tische saßen –, aber diese Ausrufung als der Größte jener Drei des Jungen Wien von damals konnte ihn nicht unberührt lassen.
Gleich danach steuerte Ludwig wieder auf sich selbst zurück. Er war es Wien schuldig, sich in der Oper zu zeigen und hatte für den selben Abend eine Loge reserviert. Doch ohne Begleiterin mochte er da nicht hingehen. Er wünschte sich die schönste der vier Töchter dieses Hauses. Friedl saß ihm gegenüber und hörte ihm interessiert zu. Sie unterbrach ihn nicht und lachte kein einziges Mal, er fühlte sich von ihr bewundert und *sie* war es wohl auch, die ihn durch ihre täuschende Aufmerksamkeit zur Ausdehnung dieser uferlosen Ergüsse über sich selbst anspornte. Er bäte sie also, sich für diesen Abend freizumachen und ihn in die Oper zu begleiten. Sie hatte meinen Widerwillen gegen ihn sehr wohl gespürt und mochte sich fragen, ob es ihrem Ansehen bei mir schaden würde, wenn sie die Einladung annähme. Ein Instinkt sagte ihr, daß dieses Ansehen nicht groß sein könne, denn schließlich war sie die Tochter dieses verwünschten Hauses. Aber sie verließ sich auf das lächerliche Verhalten des Ludwig, das in der Oper zu erwarten war und ihren übermütigen Bericht darüber, mit dem sie mich unterhalten würde. Sie nahm an, und einige Tage danach, bei unserem nächsten Spaziergang bekam ich es alles zu hören.
In der Loge sei Emil Ludwig, um fürs Publikum sichtbar zu werden, immer wieder von seinem Sitz aufgesprungen. Er habe Friedl in Arien gehuldigt, die er anfangs summte, dann immer lauter mitsang. Die Besucher in den Nachbarlogen fühlten sich durch ihn gestört, aber darauf hatte er's angelegt. Er hörte keinen Protest, er schien in Trance, durch die Gegenwart seiner jungen Begleiterin verzückt. Es gelang ihm, die Blicke von der Bühne auf seine Loge zu lenken. Als jemand schließlich hinausging und den Logenbeschließer suchte, um sich bei ihm zu beschweren und auf Abstellung dieser unerbetenen Geräusche zu dringen, erfuhr er, wer der Stöpsel war, der unaufhörlich aufsprang und sich singend und gestikulierend an die Logenbrüstung stellte: Emil Lud-

wig persönlich. Das Gerücht davon verbreitete sich im Nu und als er sicher war, daß alle es wußten, gab er plötzlich Ruhe. Ich habe vergessen, welche Oper es war, aber Friedl sagte, als es zum Applaus kam, habe *er* sich verbeugt und statt zu klatschen den Applaus für sich entgegengenommen und nur nachdem sie ihn auf seine inopportune Handlung aufmerksam gemacht hätte, sei er unwillig dazu übergegangen, ein-, zweimal zu klatschen.

»Ich suche meinesgleichen!«

Schon beim zweiten Besuch bei Benedikts geschah etwas, das diese ehemalige Domäne des Teufels für mich in eine östliche Theaterstätte verwandelte. Ich war die Stufen zur Haustür hinaufgestiegen und hatte die Glocke geläutet, als ich eilige, etwas stolpernde Schritte hinter mir spürte, wunderte mich, da solche Schritte einem erwachsenen Gast kaum zugehören konnten und wandte mich um. Vor mir stand atemlos die junge ›Japanerin‹, wie ich sie für mich nannte, das Mädchen, dem ich seit Monaten auf der Himmelstraße begegnete, mit offenem Mantel, eine Strähne des schwarzen Haars überm Gesicht, in heftiger mimischer Bewegung, wie auf einem Schauspielerporträt von Sharaku, wie in einer Kabuki-Szene. Ein Gast wie ich? Dieses junge Mädchen? Ich war so überwältigt von dieser Vorstellung, daß ich zu grüßen vergaß, sie nickte, sagte nichts, die Türe ging auf, Friedl öffnete, wie das erstemal, lachte, als sie uns nebeneinander auf der Matte stehen sah und sagte:
»Bist du es, Susi? Das ist Herr C. – Das ist meine jüngste Schwester Susi.«
Ich hatte gute Gründe zu Verlegenheit, aber auch sie genierte sich, denn obwohl ich ihr vollkommen gleichgültig war, war sie sich dessen wohl bewußt, daß ich ihr täglich auf der Himmelstraße begegnete. Sie kam nicht als Gast, sie kam von der Schule und hatte sich wie immer verspätet, darum Atemlosigkeit und Hast, und als sie sehr bald in die oberen Räume des Hauses verschwand, sagte Friedl verwundert:
»Da haben Sie die Susi schon oft gesehen. Das haben Sie mir gar nicht gesagt.«

»Ich wußte nicht, daß sie es ist. Sie sagten, Ihre jüngste Schwester sei vierzehn.«
»Das ist sie auch. Sie schaut aus wie achtzehn.«
»Ich habe sie für eine Japanerin gehalten.«
»Sie schaut so exotisch aus. Niemand versteht, wie sie in unsere Familie kommt.«
Dann betrat ich den Salon. Aber ich fühlte mich noch eine Weile beschämt. Es war mir endlich klargeworden, daß ich diese Begegnungen auf der Himmelstraße *gesucht* hatte, immer um dieselbe Zeit war ich hinuntergegangen und hatte es so eingerichtet, daß ich sie, die aus der Strassergasse kam, nicht versäumte. Ein vierzehnjähriges Schulkind, das aus der Schule kam! Ihre Atemlosigkeit, ihre Aufregung, die sich mir mitgeteilt hatten, hatten nichts zu bedeuten: ein Schulkind, das fürchtete, zu spät zum Essen nach Hause zu kommen. Gewiß, die japanischen Schauspieler, die ich nicht vergessen konnte, hatten zu diesem Eindruck beigetragen, auch die Liebe für die Holzschnitte des Sharaku. Aber warum sah sie wie ein Schauspieler auf einem solchen Holzschnitt aus? Sie war hinreißend fremd und mit dieser unerklärlichen Schönheit war Friedl, die den Übermut und die Leichtigkeit Wiens verkörperte, nicht zu vergleichen. Ich empfand das so stark, daß ich nichts davon sagte, keine der Schwestern erfuhr davon, daß es von nun ab der Gedanke an das Geheimnis dieser Jüngsten war, der mich mehr und mehr ins Haus zog.
Ob sie vieles *zugleich* hören könne, fragte ich Friedl, in einem vollen Lokal, wenn auf allen Seiten geredet, gestritten, gesungen wurde. Sie wollte nicht glauben, daß das möglich sei: daß man nämlich zur selben Zeit auf mehr als eine Sache hören könne, ohne irgend etwas fahrenzulassen. Da habe man dann zwei, drei, vier Stimmen zugleich im Ohr und was sich zwischen diesen Stimmen abspiele, das sei daran das interessanteste. Die Stimmen achteten gar nicht aufeinander und legten in ihrer Manier los, wie ein aufgezogenes Uhrwerk, unaufhaltsam, unablenkbar, aber wenn man andere mit ihnen zugleich auffasse, ergäben sich die sonderbarsten Dinge, es sei, als habe man einen eigenen Schlüssel zu einem besonderen Uhrwerk, für *Zwischen*wirkungen sozusagen, von denen die Stimmen selber nichts wüßten.

Ich versprach, es ihr vorzuführen: sie müsse es nur ein paarmal erleben, erst mit meinen Ohren sozusagen, indem sie sich an meine Stelle versetze und dann werde sie es bald selber können, es werde zu einer Gewohnheit, ohne die man gar nicht mehr leben könne.
Ich nahm sie einmal spätnachts in das Café in der Kobenzlgasse mit, wo die Leute hingingen, wenn die Heurigen schon geschlossen hatten und die letzte 38er Tram abgefahren war. Da fand sich eine gemischtere Gesellschaft beisammen als in den Heurigen, anfangs kamen die, die mit den Stunden vor Mitternacht nicht genug hatten und sich eine rundere Nacht wünschten. Zu ihnen gesellten sich Einheimische, die solange ausgeschenkt hatten, deren Arbeit zu Ende war, die sich selbst auch in einer anderen, aber doch nicht fremden Atmosphäre unterhalten wollten. Diese gaben jetzt den Ton an, die Heurigenbesucher waren nicht mehr die Hauptsache, weder waren sie in der Mehrheit, noch achtete man besonders auf sie. Je weiter die Nacht fortschritt, um so mehr wurden sie in die Rolle von Zuschauern gedrängt und statt der Heurigensänger, zu deren Liedern sie früher getrunken oder mitgesungen hatten, kamen die eigentlichen Grinzinger zur Geltung, Figuren, die origineller und merkwürdiger waren, als alles, was das Publikum der Buschenschenken oder Nobelheurigen erwartet hätte. Während einer Stunde konnte mehr passieren als anderswo während eines ganzen Abends, und es kamen an den meisten Abenden zu den wechselnden Fremden die gleichen einheimischen Figuren.
Wir waren ziemlich spät gekommen, es lag mir daran, Friedl in die volle Diskordanz der Stimmen einzuführen, als die Erwartung schon auf dem Höhepunkt war. Das Lokal war gesteckt voll, Rauch und Getöse schlugen einem wie Fetzen um die Ohren, nirgends ein Platz, aber um Friedls willen, die wie ein frischer Lufthauch wirkte – sie sprang katzengleich ins Getümmel, ihre Augen funkelten –, rückte man irgendwo auseinander und zwang uns, statt daß wir darum zu kämpfen gehabt hätten, einen Sitz auf. »Ich versteh nichts«, sagte Friedl, »ich hör alles, aber ich verstehe nichts.« »Hören ist auch schon etwas«, sagte ich, »gleich wird etwas passieren, um die Sache zu entwirren.«
Ich rechnete auf das Erscheinen eines Mannes, den ich schon

einige Male erlebt hatte, an Samstagen war er noch immer gekommen und er beschäftigte mich in Gedanken während der Woche sehr. Es dauerte nicht lange, die Tür öffnete sich und die hagere, eher große Figur erschien, ein dunkler Vogelkopf mit stechenden Augen, mit tänzelndem Schritt machte er seinen Weg bis in die Mitte, drängte mit den Ellbogen, ohne eigentlich zu stoßen, alle, die in seiner Nähe waren, zurück und begann sich um sich selbst zu drehen, die Hände in halber Höhe beschwörend erhoben, und sagte dazu, es war eigentlich mehr ein Gesang: »Ich suche meinesgleichen! Ich suche meinesgleichen!« Das ›mein‹ darin kam erhaben heraus, wie das ›Ich‹ oder ›Wir‹ eines Potentaten. Seine Hände umfaßten jemanden in der Luft, den es nicht gab, eben seinesgleichen, immer wieder drehte er sich um sich selbst, immer wieder, ohne irgendwen in die Nähe seiner Hände zu lassen und sang dazu: »Ich suche meinesgleichen! Ich suche meinesgleichen!« – der klagende, anspruchsvolle Ruf eines hochbeinigen Vogels.

»Das ist doch der Leimer!« sagte Friedl. Sie kannte ihn, aber wie hätte sie ihn nun erkannt! Sie hatte ihn bei Tag, sie hatte ihn nie nachts erlebt, wenn er mit seinem Hoheitsruf unter die Leute ging. Bei Tag stand er im Grinzinger Schwimmbad, das ihm mit seinen Geschwistern zusammen gehörte. Da teilte er den Badegästen Kabinen zu oder saß in der Kasse. Manchmal, wenn es ihn danach gelüstete, gab er auch Schwimmstunden. Er konnte sich seine Launen erlauben, das Bad war beliebt und immer gut besucht, es war oft so voll, daß man nicht mehr eingelassen wurde, von überall in Wien kamen Leute ins Grinzinger Schwimmbad gefahren, die Leimers galten als eine der reichsten, vielleicht als die reichste Familie des Ortes. Ihren Wohlstand verdankten die Geschwister einer couragierten Mutter, die hatte sich – noch im vergangenen Jahrhundert – jung und schön der Kutsche des Kaisers in den Weg gestellt und Franz Joseph eine Bittschrift in den Wagen geworfen, worin die Familie Leimer um ein Privileg fürs Wasser bat, das sie für die Einrichtung eines Schwimmbads brauchte. Es war die Zeit nach der Erstellung der Hochquellenleitung, die das beste Wasser aus den Bergen nach Wien brachte und die unternehmende Frau hatte den Augenblick gut genützt. Der Kaiser bewilligte ihr Privileg

und seine Gunst brachte dem Grinzinger Bad wie der Leimer-Familie den erwünschten Segen.
Das war allgemein bekannt, denn jeder ging in dieses Bad. Was der Tagesöffentlichkeit nicht bekannt war, war die Wirkung, die die Gnade des Kaisers in der jetzt kaiserlosen Zeit auf dieses Mitglied der Familie hatte. »Ich suche meinesgleichen!« – dieser monarchische Ruf, so wie er auf dem Papier steht, mag lächerlich klingen. Es klang nicht lächerlich als Laut und Bewegung dessen, der ihn nachts intonierte und in immer gleicher Geschwindigkeit, lang hingehalten wiederholte.
Voller Sehnsucht nach sich kreiste er zwischen den Tischen umher und immer wieder in die enge Mitte, er sprach zu niemandem, niemand sprach zu ihm, um nichts hätte er seinen Ruf unterbrochen. Keiner hänselte ihn, keiner unternahm den Versuch, ihn von seiner Suche abzulenken. Sein Auftritt war bekannt und schien trotz seines Ernstes niemanden zu stören. Als Herr des vielen Wassers, über das er gebot, war er eine geachtete Figur, doch seine Ruhelosigkeit brachte eine unheimliche Note in das Lokal. Sein Ruf verklang, als er sich seinen Weg zur Tür zurück bahnte. Er war fort, aber man behielt den Ruf im Ohr.
Dann sagte ein Weinhauer, der neben mir saß: »Der Franzos kommt!« Ein anderer, schräg gegenüber, nahm den Satz auf und wiederholte ihn gierig. Das war etwas Neues, das ich nicht verstand, ich konnte meiner Begleiterin nicht erklären, worum es sich handle. Auch an anderen Tischen schien man ›den Franzosen‹ zu erwarten. Ich wußte von keinem Franzosen in Grinzing, die Einheimischen schienen aber alle eine feste Vorstellung von ihm zu haben, in ihrem Mund tönte es, als gehöre er in den Jahreslauf. Ein paarmal hörte sich Friedl das an: »Der Franzos kommt! Der Franzos kommt«, und es kam ihr so erwartungsvoll vor, daß sie einen glücklich Betrunkenen neben ihr – obwohl sie ihn nicht aufmuntern wollte, denn sie hatte sich seiner zu erwehren – fragte: »Wann kommt der Franzos?«, auf eine reichhaltigere Frage zu antworten wäre er in seiner Verfassung gar nicht imstande gewesen –. »Na jetzt eben! Jetzt eben kommt er!«
Lang dauerte es nicht und ein blonder Riese erschien, der jeden im Lokal, so kam es einem vor, um Haupteslänge über-

ragte. Eine junge Frau hielt sich an ihm fest und ein ganzes Gefolge drängte nach. »Der Franzos ist da! Der Franzos ist da!« Das war er, aber das ganze Gefolge bestand aus Einheimischen. Die Frau war wieder eine Leimer, die Schwester des Vorigen, der nach seinesgleichen gesucht hatte. Der Riese verschaffte sich Platz, mit seinem ganzen Gefolge, es war erstaunlich, wieviel noch ins Lokal hineinging, das vorher schon voll war. Aber sie saßen alle, an einem langen Tisch – die vorher da gesessen waren, hatten ihn für sie geräumt und sich an anderen Tischen eingezwängt. Die Leimer-Schwester war wieder neben dem Franzosen, sie hielt sich noch immer an ihm fest, aber jetzt wurde es klar, daß sie ihn von etwas zurückhielt, was noch nicht passiert war und nicht passieren sollte. Ich wurde darüber aufgeklärt, daß sie seine Frau war, sie hatte nach Frankreich geheiratet, einmal im Jahr kam sie nach Grinzing zurück zu Besuch und brachte ihn mit. Er war Matrose auf einem U-Boot, es war nicht sicher, ob jetzt noch oder ob er's im letzten Krieg gewesen war. Ich begriff es nicht und staunte ihn an: ein so großer Mensch in einem U-Boot, ich hatte mir vorgestellt, daß man als Matrose dafür eher kleine Männer ausgesucht hätte.
Alle sprachen auf ihn ein, er verstand kein Deutsch und die an seinem Tisch saßen, schienen sich für niemanden außer ihm zu interessieren. Sie unterhielten sich nicht untereinander, sie wandten sich nur an ihn. Immerzu wurde er etwas gefragt, auf das er nicht antworten konnte, man schrie ihn an, damit er verstehe, es wurde dadurch nicht besser. Er blieb ganz stumm, er sagte auch in *seiner* Sprache nichts, einen so großen und so lautlosen Franzosen hatte ich nie erlebt. Je weniger er sagte, um so mehr wurde ihm zugerufen. Auch von anderen Tischen wurden Versuche unternommen, ihn zum Sprechen zu reizen. Die Frau, die ihm als Dolmetscher diente und sich drum so nah an ihm hielt, machte anfangs, sich hochstrekkend, einige Mundbewegungen. Aber sie gab es bald auf. Es war hoffnungslos, vielleicht war ihr Französisch nicht gut genug, aber auch wenn sie es so beherrscht hätte wie ihre Muttersprache, diesem Ansturm an Zurufen und Aufforderungen wäre sie auf keinen Fall nachgekommen. Sie hielt ihn immer fester am Arm. Das Chaos aus allen möglichen Lauten im Lokal steigerte sich bald zu einem Gebrüll. Von allen

Seiten brüllte man auf den Franzosen ein. Selbst an unserem Tisch war der Lärm ohrenbetäubend, wie mußte es erst an seinem sein.
Ich konnte ihn gut sehen und wandte keinen Blick von ihm. Wie alle anderen war auch ich ganz auf ihn gerichtet. Es fehlte nicht viel und ich hätte ihm etwas zugerufen, in seiner Sprache, aber das hätte ihm auf diesem Höhepunkt allgemeiner Erregung wenig genützt. Plötzlich sprang er auf und brüllte: »Je suis Français!« Mit zwei mächtigen Armbewegungen stieß er alles, was in seiner Nähe war, beiseite. In einem ungeheuren Sprung setzte er über den Tisch und fand sich in einem Haufen von Leibern. Alles stürzte über ihn her, während er weiter laut brüllte. Man hörte nur seinen Schlachtruf: »Français! Français!« Er zerteilte den Knäuel mit unbegreiflicher Kraft, selbst für einen Mann seiner Größe war diese Leistung erstaunlich. Er bahnte sich den Weg zur Tür, an allen Gliedern seines Leibes schleppte er Menschen mit, die sich an ihn hängten. Die Frau war ihm verlorengegangen, sie steckte weiter hinten unter denen, die zu ihr gehörten. Mit dem ersten Satz über den Tisch hatte er sich ihr entzogen. Sie drängte unter den anderen nach, die ihm als feindlicher Haufen auf den Fersen blieben. Aber sie war nicht unter denen, die sich ihm an Arme und Beine klammerten und ihn nicht fortlassen wollten. Als er's geschafft hatte, wollte sie hinaus zu ihm, doch was auf der Straße geschah, sah ich nicht mehr, einige, die zurückkehrten, sagten, die Frau bringe ihn jetzt nach Hause. Als Schwager gehörte er zum Schwimmbad, das schien niemand zu bestreiten.
Es wurde drinnen im Lokal auch nachher von nichts anderem gesprochen. Der Franzos, so hieß es, käme jedes Jahr. Man wußte es vorher und erwartete ihn und es endete jedes Jahr auf dieselbe Weise. Ich fragte einen oder den anderen, warum der Franzose plötzlich so aufgesprungen sei. Das mache er immer, war die Antwort, mehr wußte niemand zu sagen. Das dauerte eine Weile, erst sitze er stumm da. Ob er wisse, was man ihm zurufe? – Nein, der verstehe doch kein Wort. – Wozu man es dann versuche? – Das gehöre eben zur Stimmung. – Ob er denn immer dasselbe brülle? – Ja, immer »Je suis Français!« wobei sie seine Worte nachzuahmen

versuchten. Kraft habe der schon. Aber man lasse sich nichts gefallen.
Ich fragte mich, wieviel fremde, völlig unverständliche Worte einer dicht unter hundert andere gepreßt hören müsse, um in Raserei zu geraten.

Ein Brief von Thomas Mann

Es war ein ausführlicher, handgeschriebener Brief, in der sorgfältig abgewogenen Sprache, wie man sie aus seinen Büchern kannte. Es standen Dinge darin, die mich überraschen und erfreuen mußten. Vor genau vier Jahren hatte ich Thomas Mann das Manuskript des Romans geschickt, in drei große, schwarzleinene Bücher gebunden, es mußte ihm wie eine Trilogie vorgekommen sein, von einem herben und langen Brief begleitet, in dem ich den Plan einer ›Comédie Humaine an Irren‹ auseinandersetzte. Stolzer hätte ich nicht schreiben können, es stand kaum ein Wort der Huldigung an den Empfänger drin, und er muß sich gefragt haben, was mich wohl dazu veranlaßt haben mochte, gerade ihn als Adressaten zu wählen.
Veza liebte die ›Buddenbrooks‹ beinah so, wie sie ›Anna Karenina‹ liebte und wenn ihr Enthusiasmus solche Ausmaße annahm, hielt er mich oft von der Lektüre eines Buches zurück. Statt dessen hatte ich den ›Zauberberg‹ gelesen, seine Atmosphäre war mir von den Erzählungen der Mutter her vertraut, die zwei Jahre im Waldsanatorium in Arosa verbracht hatte. Das hatte mich sehr beeindruckt, schon wegen der Problematik des Todes, und obwohl ich diese Dinge anders empfand, war es eine *ausführliche* Auseinandersetzung mit ihnen, ihrer Bedeutung angemessen. Ich schämte mich damals, im Oktober 1931, nicht, mich an Thomas Mann als ersten zu wenden. Musil hatte ich noch nicht gelesen und ein Grund zur Zurückhaltung hätte nur darin bestanden, daß ich schon einiges von Heinrich Mann kannte, der mir mehr lag als sein Bruder. Das Erstaunliche allerdings war mein Selbstvertrauen. In diesem ersten Brief huldigte ich Thomas Mann überhaupt nicht, was ich für den ›Zauberberg‹ wohl hätte tun können. Aber ich war der Meinung, daß er in mein Manu-

skript nur einen Blick zu werfen brauche, um unbedingt weiterlesen zu *müssen*, für einen pessimistischen Autor – das schien er mir zu sein – sei *dieses* Buch unwiderstehlich. Aber das riesige Paket kam ungelesen zurück, mit einem höflichen Brief, in dem er sich für die Unzulänglichkeit seiner Kräfte entschuldigte. Es war ein sehr harter Schlag. Denn wenn er es nicht las – wer sonst sollte ein so düsteres Buch lesen wollen? Ich hatte etwas wie Begeisterung von ihm erwartet, nicht bloß Zustimmung. Das Wort von ihm, das dem Buch gebührte und das er aus Überzeugung und nicht etwa bloß aus freundlicher Hilfsbereitschaft sprechen würde, könnte ihm den Weg bahnen. Ich sah kein Hindernis vor mir und vielleicht schrieb ich ihm auch darum mit solcher Anmaßung.
Sein Absagebrief war die Antwort auf diese Anmaßung und wahrscheinlich gerecht, weil er das Buch nicht kannte. Das Manuskript blieb vier Jahre lang liegen. Es ist leicht auszumalen, was das für mein äußeres Leben bedeutete. Aber mehr noch bedeutete es für meinen Stolz. Ich fühlte mich durch seine Absage für das Buch beleidigt und beschloß, gar nichts damit zu unternehmen. Erst allmählich, als ich mir durch Vorlesungen daraus einige Freunde gewann, überredete man mich zu Versuchen bei diesem und jenem Verleger. Sie waren erfolglos, so wie ich es nach dem Schlag, den mir Thomas Mann versetzt hatte, erwartete.
Nun also, im Oktober 1935, war das Buch erschienen und ich war fest entschlossen, es Thomas Mann zu schicken. Die Wunde, die er mir geschlagen hatte, war offen geblieben. Er war der einzige, der sie heilen konnte, indem er das Buch *las* und einsah, daß er im Unrecht gewesen war, daß er etwas zurückgewiesen hatte, was *seine* Achtung verdient hätte. Der Brief, den ich diesmal dazu schrieb, war nicht unverschämt, sondern ich schilderte ihm einfach, was geschehen war und setzte ihn schon dadurch ohne Anstrengung ins Unrecht. Er schrieb einen langen Brief zurück. Sein Charakter, seine Gewissenhaftigkeit veranlaßten ihn, das ›Unrecht‹ wiedergutzumachen. Über seinen Brief, nach allem, was vorausgegangen war, war ich glücklich.
Zur gleichen Zeit erschien als etwas ganz Äußerliches die erste Besprechung des Romans in der ›Neuen Freien Presse‹. Sie war in einem überschwenglichen Ton gehalten, aber von

einem Schriftsteller, den ich nicht ernst nahm, den man nicht ernst nehmen konnte. Sie tat trotzdem ihre Wirkung, denn als ich am selben Tag (oder war es am Tag danach?) ins ›Herrenhof‹ ging, kam Musil auf mich zu, so herzlich, wie ich ihn noch nie erlebt hatte. Er streckte mir die Hand entgegen, er lächelte nicht bloß, er strahlte, das fiel mir schon darum auf, weil ich der Überzeugung war, daß er sich ein öffentliches Strahlen nie erlaube. Er sagte: »Ich gratuliere Ihnen zu Ihrem großen Erfolg!« Er habe erst einen Teil des Romans gelesen, aber wenn es so gut weiterginge, *verdiente* ich diesen Erfolg. Von diesem Wort ›verdient‹ aus seinem Mund war ich wie berauscht. Er sagte noch einiges sehr Positive dazu, das ich nicht wiederholen möchte, denn so wie die Dinge weitergingen, hätte er es später vielleicht zurückgezogen. Über diesen Worten verlor ich den Verstand. Ich spürte plötzlich, wie sehr ich auf sein Urteil gewartet hatte, vielleicht nicht weniger als auf das von Sonne. Ich war berauscht und verwirrt, *sehr* verwirrt muß ich gewesen sein, denn wie hätte ich sonst den peinlichsten Taktfehler begehen können?

Ich hörte ihn zu Ende an und sagte dann gleich: »Und stellen Sie sich vor, ich habe auch einen langen Brief von Thomas Mann bekommen!« Er veränderte sich blitzrasch, es war, als hätte er einen Sprung in sich zurück getan, sein Gesicht wurde grau und er war nur noch Schale. »So!« sagte er, streckte mir die Hand halb hin, so daß ich nur die Finger zu fassen bekam und wandte sich brüsk ab. Damit war ich verabschiedet.

Damit war ich für immer verabschiedet. Er war ein Meister der Distanz, er hatte darin Übung, wen er einmal verworfen hatte, der blieb verworfen. Wenn ich ihn unter Menschen sah, was im Laufe der nächsten zwei Jahre manchmal vorkam, richtete er nicht das Wort an mich, blieb aber höflich. Er ließ sich nicht mehr auf ein Gespräch mit mir ein. Wenn in Gesellschaft mein Name fiel, schwieg er, als wisse er nicht, von wem die Rede sei und habe keine Lust, darüber Erklärungen einzuholen.

Was war geschehen? Was hatte ich getan? Was war das Unverzeihliche, das er mir nie vergeben konnte? Ich hatte den Namen Thomas Mann genannt, im selben Augenblick, in dem er, Musil, mich anerkannte. Ich hatte von einem Brief

von Thomas Mann gesprochen, einem langen Brief, unmittelbar nachdem er, Musil, mich beglückwünscht und seinen Glückwunsch begründet hatte. Er mußte annehmen, daß ich Thomas Mann den Roman zugeschickt hatte, wie ihm, mit einer ähnlichen verehrungsvollen Widmung. Er kannte die Vorgeschichte nicht und wußte nicht, daß diese Einsendung zuerst schon vor vier Jahren erfolgt war. Aber selbst wenn er den Hergang gekannt hätte, wenn ihm jede Einzelheit der alten Geschichte bewußt gewesen wäre, er hätte mein Verhalten nicht weniger stark als Verfehlung empfunden. Musils Ehrgefühl war das Empfindlichste, das ich je erlebt habe, und es kann kein Zweifel daran bestehen, daß ich ihm in meiner glücklichen Verwirrung zu nahe trat. Es war begreiflich, daß er mich dafür büßen ließ. Diese Buße hat mich sehr geschmerzt, ich habe es eigentlich nie verwunden, daß er sich damals von mir abwandte, in jenem für mich gehobensten Augenblick, den ich mit ihm erlebte. Aber eben weil er es war, der sie verhängte, habe ich diese Buße anerkannt. Ich habe begriffen, wie sehr ich ihn in jener Geistesverwirrung, die mit plötzlicher Anerkennung Hand in Hand geht, verletzt habe und habe mich dafür geschämt.
Er mußte glauben, daß ich Thomas Mann über ihn stelle. Das mochte er sich von jemandem, der überall das Gegenteil verkündet hatte, nicht gefallen lassen. Respekt mußte für ihn geistig begründet sein, sonst war er nicht ernst zu nehmen. Eine klare Entscheidung zwischen ihm und Thomas Mann war für ihn immer von Bedeutung. Wäre es bloß um eine Figur wie Stefan Zweig gegangen, dessen Geltung auf Betriebsamkeit beruhte, die Frage einer solchen Entscheidung hätte sich nie gestellt. Doch wer Thomas Mann war, war Musil wohl bewußt und es war das *Maß* seiner Geltung, an der eigenen gemessen, was ihn hauptsächlich irritierte. Auf seine Weise hatte er sich zu eben dieser Zeit selbst um ihn bemüht (ohne daß ich eine Ahnung davon gehabt hätte), aber im Bewußtsein dessen, daß er selbst *mehr* war, im Gefühl, daß es sein Recht war, ihm einen Teil seines Ruhmes zu *entreißen*. Alle Briefe Musils an Thomas Mann, in denen er Hilfe vorschlägt, klingen wie *Forderungen*. Etwas anderes war es, wenn ein Junger, der ihm aus tiefster Überzeugung gehuldigt hatte, in eben dem Augenblick, da er sein Werk annimmt und

anerkennt, just den Namen vorbringt, den auszustechen er ein Recht hat, den er – vorläufig – noch vergeblich berennt. Alle früheren Huldigungen sind dadurch suspekt. In Dingen des Geistes kommt das einer Majestätsbeleidigung gleich und verdient die Strafe der Verbannung.

Ich empfand Musils Abwendung sehr stark. Schon als sie sich streng körperlich im ›Herrenhof‹ vor mir abspielte, spürte ich, daß etwas Irreparables geschehen war.

Doch den Brief Thomas Manns vermochte ich nun nicht zu beantworten. Nach der Wirkung seiner Erwähnung auf Musil war es wie eine Lähmung. Einige Tage vermochte ich den Brief nicht in die Hand zu nehmen. Ich hielt mit meinem Dank so lange zurück, bis es unmöglich geworden war, ihn einfach abzustatten. Dann wandte ich mich dem Brief wieder zu und las ihn mit um so größerer Freude wieder. Solange ich darauf nicht reagiert hatte, blieb meine Freude frisch. Jeden Tag war mir zumute, als hätte ich den Brief soeben empfangen. Es mag sein, daß ich den Schreiber, nach der vierjährigen Wartezeit, auch etwas warten lassen wollte, aber das ist eine Vermutung von heute. Von Freunden, die davon erfuhren, wurde ich gefragt, was ich darauf geantwortet hätte, und alles was ich darauf sagen konnte, war ›noch nicht, noch nicht!‹ Nach einigen Monaten hieß es: ›Wie werden Sie das erklären? Wie werden Sie das begründen, daß Sie auf einen solchen Brief noch nicht geantwortet haben?‹ Auch darauf wußte ich keine Antwort.

Im April 1936, nach mehr als *fünf Monaten*, erfuhr ich aus den Zeitungen, daß Thomas Mann zu einem Vortrag über Freud nach Wien komme. Das schien mir die letzte Gelegenheit, mein Versäumnis wiedergutzumachen. Ich schrieb ihm den überschwenglichsten Brief meines Lebens, wie sollte ich anders erklären, was ich verbrochen hatte. Es wäre ein wenig beschämend für mich, heute diesen Brief zu lesen. Denn als ich jetzt schrieb, kannte ich das Werk eines Dichters, der mir mehr als er bedeutete: die beiden ersten Bände des ›Mann ohne Eigenschaften‹. Dankbar war ich ihm wirklich, denn *diese* Wunde hatte sich geschlossen. In seinem Brief standen Dinge, die mich mit Stolz erfüllten. Im Grunde hatte ich, ohne mir's einzugestehen, nach vier Jahren dasselbe getan wie Thomas Mann selbst: ein Versäumnis wiedergutge-

macht. Er hatte die ›Blendung‹ gelesen und seine Meinung darüber geäußert, ich hatte meinen anmaßenden ersten Brief durch einen anderen ersetzt, in dem ich die Reverenz, die ihm damals gebührt hätte, vervielfachte.
Ich glaube, er hat sich darüber gefreut. Doch hat sich der Kreis nicht ganz geschlossen. Ich hatte in meinem Brief ausgesprochen, wie sehr ich mich freuen würde, ihn während seines Wiener Aufenthalts zu treffen. Er war bei Benedikts zum Essen eingeladen. Als er dort war, erkundigte er sich nach mir und sagte, daß er mich sehr gern gesehen hätte. Broch, der auch zugegen war, erklärte, daß ich ganz in der Nähe, schräg gegenüber wohne und machte sich erbötig, hinüberzuschauen und mich zu holen. Er kam und fand mich nicht vor, ich war soeben zu Sonne ins Café Museum gefahren. So geschah es, daß ich Thomas Mann wohl vorlesen hörte, aber nie persönlich kennengelernt habe.

Ras Kassa. – Das Grölen

Eine indische Gesellschaft spät in einem Heurigen der Kobenzlgasse. Fünf oder sechs Luxuslimousinen entladen sich vor der Tür, eine Gesellschaft von vielleicht dreißig Menschen besetzt das Lokal, alles Inder, sie suchen den einen Raum ganz für sich zu haben, die anderen Gäste, die vorher da waren, räumen zuvorkommend die Plätze und ziehen in den zweiten Raum hinüber. Indische Männer jüngeren Alters, elegant europäisch gekleidet, Schmuck an den Fingern, die von Edelsteinen blitzen, sehr schöne Frauen in Saris, alle, Frauen wie Männer dunkelhäutig, kein Weißer unter ihnen sie wirken exklusiv, als sie lächelnd, aber bestimmt in englischer Sprache – keiner von ihnen kann Deutsch – den Raum auf der einen Seite für sich zu leeren suchen.
Nun sitzen sie alle, die Heurigen-Musiker nähern sich aus dem anderen Zimmer und schicken sich an, für sie zu singen. Der Hauptsprecher der Inder winkt entschieden ab: sie wollen hier ihre eigene Musik zum besten geben. Schon hört man aus einer Ecke ein Zirpen, ungewohnt, dunkel, alles verstummt, dann ein Singen, das den Einheimischen melancholisch vorkommt, wie ein Grabgesang, hier beim Heurigen,

also dafür hat man geschwiegen. Noch will man wissen – das Lied ist eben zu Ende –, was das sei, der Sprecher, einladend lächelnd, um Verständnis für ihre Musik bittend, sagt: »An Indian low-song.« Niemand versteht. Was ist ein low-song? Seit die Inder ihre Musik machen, ist eine eigentümliche Spannung in der Luft, mehr Köpfe erscheinen im Türrahmen, Leute von außen drängen nach. Noch steht keiner von ihnen im Raum der Inder. Low-song? Low-song? Dann, vielleicht war ich's selbst, hat jemand die Lösung love-song, love-song, ein indisches Liebeslied. Dann macht sich die Enttäuschung Luft: »Ein Liebeslied! Des! Hast des ghert!« Dafür mußte die Heurigen-Musik verstummen. So was heißt bei denen Liebeslied!
Die Inder haben Beifall für ihr Lied erwartet. Statt dessen spüren sie Feindseligkeit, Rufe wie aus den Heurigenliedern, die sich verdrängt und beleidigt fühlen. Die Inder zögern, vielleicht war es nicht das richtige Lied, das sie zum besten gegeben haben. Sie versuchen ein anderes, weit kommt der Sänger nicht, für ungeübte Ohren klingt es wie das erste. Nun stehen Einheimische, die von außen nachgedrängt haben, schon im Raum. Draußen sind die großen Autos gehässig besichtigt worden. Der Sprecher der Inder lächelt noch immer, doch spürt man sein Unbehagen über die Niederen, die sich ihm nähern, die Frauen, noch sitzen sie, ducken sich und strahlen nicht mehr, die Stimmen der Eindringenden werden lauter und roher, ein Inder zirpt noch. Niemand hört hin, jemand, mitten im Raum, brüllt gehässig: »Ras Kassa!«
Das ist der Name des abessinischen Anführers, der noch gegen die Italiener kämpft. Mussolini hat Abessinien überfallen, gegen Flieger und Bomben setzt es sich zur Wehr. Das Bild Ras Kassas ist in allen Zeitungen. Er wird für seine Tapferkeit bewundert. Er ist dunkelhäutig. Mehr als diese Hautfarbe hat er mit den Indern hier beim Heurigen nicht gemein: doch sein Name, einmal ausgestoßen, wirkt als Schlachtruf. Seiner Wiener Aussprache zum Trotz wird er auch von den Indern erfaßt, aber doch als bedrohlich empfunden. Zirpen und Singen gehen unter im steigenden Lärm. Die Inder stehen auf und drängen, erst zögernd, dann eiliger zum Ausgang. Sie werden hinausgelassen. Noch einige Ras Kassa!-Rufe, draußen haben sich die Leute um die großen Autos

angesammelt. Bewunderung für soviel Reichtum ist abgelöst von Abscheu vor diesem Luxus. Es ist noch eine stockende, keine tätliche Feindschaft, aber sehr nahe dran. Ihr eigentlicher Ausdruck ist ›Ras Kassa‹, aber zum Schimpfwort geworden, das letzte, was während dieses abessinischen Krieges zu erwarten stand: alle Sympathien, so dachte man, waren auf seiten der Schwachen, Überfallenen, die sich in einem aussichtslosen Kampf zur Wehr gesetzt haben. Ras Kassa! Ras Kassa! Die Inder verschwinden in den Wagen. Alles *Dunkle* ist jetzt Ras Kassa. Die Inder fahren ab.

Nachts ging ich in den Garten, der sich auf der Rückseite des Hauses weit den Hang hinunter erstreckte. Im Frühsommer war die Luft von Spuren erleuchtet, Glühwürmchen überall, die ich im Auge zu behalten suchte, aber verlor, es waren zu viele. Ihre Zahl war unheimlich, als hätte eine geheime Macht sie abgeschickt, entschlossen, die Nacht zu beseitigen. Das Verführerische in ihrem Licht entzückte mich, solange ihrer erst einige waren, doch es wurde zudringlich, als sie sich sehr bald vervielfachten. Ich war es zufrieden, daß sie sich tief hielten, daß sie nicht höher stiegen und nicht weiter ausholten.
Aus der Ferne kam Grölen, von allen Seiten, nicht zu nah, nicht bedrängend, besonders aus der Richtung des Ortes unten, das Grölen der Betrunkenen aus den Heurigen, ihre Lieder, die nicht auseinanderzuhalten waren, ein Plärren zwischen Glück und Weinen, nicht das Heulen von Wölfen. Es war die Stimme eines eigenen Tieres, das sich hier gern niederließ, ein Tier, daß es zufrieden war, zu sitzen und in Rührung über sich zu schwelgen, weniger Drohung als Anspruch auf Seligkeit in der Stimme. Auch wer zu Musik keinerlei Anlage hatte – in diesen Jungbrunnen durfte er tauchen und als Teil dieses besonderen Heurigen-Tiers mit allen zusammen grölen.
Jede Nacht hörte ich es mir vom Garten des Hauses in der Himmelstraße oben an. Ich konnte es vor mir rechtfertigen, daß ich hier lebte, solange ich das Grölen insgesamt in mich einfing. Ich war in einer Art von Verzweiflung darüber, die aber das Gefühl nicht ausschloß, daß ich es verwand, weil ich mich ihm stellte.
Es war ein glaubhafter Fall dessen, was ich später Festmasse

nannte. Wenn ich mit Freunden hinunterging und mich in eine der Gartenschenken setzte, nahmen wir auf unsere Weise daran teil. Wir grölten nicht, aber wir tranken und prahlten. An anderen Tischen prahlten andere. Es war alles zu hören und es wurde alles geduldet. Es war komisch und es konnte unverschämt sein, aber es war einem selber unbenommen, ebenso unverschämt zu werden. Alles ging in Richtung von Vermehrung, aber keiner nahm dem anderen etwas weg, es geschah nichts durch Kämpfen, aller Roheit der Wünsche zum Trotz schien jeder dem anderen auch seine Vermehrung zu gönnen. Das Trinken, das sich immerzu abspielte, war das Zaubermittel des Mehrens und solange man trank, nahm alles zu, es schien keine Hindernisse, Verbote und Feinde zu geben.
Welche ungeheuren Steine, die er behauen werde, bekam ich zu sehen, wenn ich mit Wotruba da saß! Doch er duldete, daß ein junger Architekt, der mit uns war, indessen ganzen Städten auf die Beine half. Wotruba ließ sich sogar, was sonst selten gut ausging, mit dem Namen Kokoschka bewerfen. Das war der größte Name, dessen die Maler und Bildhauer Wiens sich damals berühmen konnten, und obwohl er zur Zeit in Prag war und von Wien nichts wissen wollte, war jeder, der auf Ruhm aus war, stolz auf ihn, er galt als unerreichbar. Wenn die Freunde Wotruba dämpfen wollten, wenn er ihnen gar zu selbstbewußt auftrat, kam plötzlich der Name Kokoschka aufs Tapet, und obwohl er nicht das geringste mit dessen Art gemein hatte – er war der genaue Gegenpol dessen, was in Österreich letztlich dem Barock entstammte –, empfand er diesen Namen seines Gewichtes wegen als Keule, mit der man ihm auf den Kopf schlage.
Das merkte ich ihm bei manchen Gelegenheiten an, es war dann, als lähme ihn plötzlich die Furcht, daß er es nicht so weit bringen werde, das paßte gar nicht zu ihm und ich pflegte ihm dann ins Gewissen zu reden und ihn vor einer Überschätzung Kokoschkas, von dessen späterem Werk er ohnehin nichts hielt, zu warnen. Nur beim Heurigen, wenn er in ungeheuren Blöcken wühlte und davon sprach, daß Michelangelo ganze Berge in der Nähe von Carrara behauen wollte, für Schiffe weit draußen auf dem Meere sichtbar, statt bloß Blöcke für das Grabmahl des Papstes nach Rom zu

schiffen, wenn man spürte, wie nahe es ihm ging, daß Michelangelo das nicht getan hatte – es klang, als würde er ihn jetzt noch dazu aufmuntern und eigentlich waren es seine eigenen Blöcke, die plötzlich unter denen des Michelangelo standen und er nahm ihm ohne viel Federlesens die Arbeit aus der Hand –, nur in solchen Augenblicken klang der Name Kokoschka, falls jemand so dumm war, ihn auszusprechen, läppisch, etwa so wie Hähnlein, und Wotruba daneben mächtig wie ein Gebirge.

An ihm erlebte ich die Vermehrung und Vergrößerung buchstäblich, man sah die Steine wachsen, ich hörte ihn nie singen, also auch nicht grölen, höchstens knurren, aber dann war er zornig, und dazu ging er nicht zum Heurigen.

Wenn ich aber nachts allein in den Garten ging, das Grölen hörte, mich schämte, daß ich so nahe dran ansässig war und den Garten nicht verließ, bevor ich das Grölen vollkommen aufgenommen und die Scham verwunden hatte, fragte ich mich manchmal auch, ob noch andere unten säßen, die wie er wären, die sich zum Grölen nicht hergäben und aus dem allgemeinen Vermehrungswillen Kraft zu einer besonderen, einer legitimen Absicht schöpften. Eine Antwort darauf habe ich mir nie gegeben. Es wäre mir gar nicht möglich gewesen, den Glauben an die Unverwechselbarkeit meines Freundes anzutasten, aber schon daß ich die Frage stellen konnte, dämpfte etwas den Hochmut des Lauschers, der sich über alles Grölen erhaben dünkte.

In die Heurigen ging ich – von Zeit zu Zeit, nicht häufig – mit Freunden und besonders mit Besuchern, die aus dem Ausland kamen. Da ließ es sich schwer vermeiden, die Honneurs von Grinzing zu machen. Da erkannte ich auch, mit Hilfe dieser fremden Augen, was sie zu bieten hatten. Dort wo es noch wirklich ländlich zuging, wo man in einem Garten ruhig unter nicht zuviel Menschen saß, wurden viele an alte niederländische Bilder erinnert, an Ostade, an Teniers. Zugunsten dieser Auffassung ließ sich manches sagen und sie färbte ein wenig meinen Abscheu gegen das Grölen. Mit Hilfe dieser Erinnerung begriff ich schließlich, was es war, das mich eigentlich an dieser Art von Belustigung störte. Ich war noch immer Brueghel verfallen, alles, was seinen Reichtum und seine Maßstäbe hatte, liebte ich, ich werde es immer lieben. Der Abfall von diesen ungeheuren Gesamtbildern zu kleinen, gemäßigten Ausschnitten davon, eben das, was in der niederländischen Genremalerei vor sich ging, war mir unerträglich. Es war die Verharmlosung so gut wie die Vereinzelung daran, die ich als Täuschung empfand und nur wenn es zu solchen Szenen kam wie bei jenem Besuch vornehmer Inder, die ihre Liebeslieder in einer solchen Lokalität zum besten gaben und dadurch Feindschaft gegen sich erregten, schien die Lokalität plötzlich wieder wie wirkliche Welt, wie Brueghel.

Die 38er Tram

Es war keine lange Strecke, ich befuhr sie von Endstation zu Endstation, keine halbe Stunde lang. Aber die Fahrt hätte auch länger dauern können, es war eine interessante Strecke und ich tat nichts lieber, als mich in der Schleife von Grinzing in einem Wagen zu installieren, um die frühe Nachmittagszeit, als ich hineinfuhr, war der Wagen noch beinahe leer. Ich setzte mich in Freiheit und öffnete das Buch, das ich als eines unter mehreren bei mir hatte. Das Quietschen der Gleise komplettierte meine Partitur. So tief ich in sie versank, nicht alle Sinne wurden von ihr beansprucht, ich war auch jeder Haltestelle gewärtig und achtete auf jeden, der auf der Bank gegenüber Platz nahm. Es war die rechte Distanz, um Menschen zu betrachten. Erst setzten sie sich schütter, in einiger Entfernung voneinander hin. Mit jeder Station blieben weniger Zwischenräume. Die sich auf meine eigene Bankreihe setzten, waren der Betrachtung verloren. Die Entfernteren wurden von denen verdeckt, die mir zunächst saßen, ich konnte sie nur anschauen, wenn sie erschienen oder später sich wieder zum Aussteigen erhoben. Aber es sammelten sich genug mir gegenüber an, und da es allmählich geschah, faßte man sie ruhig auf, sie folgten einander wie in wohlbedachten Abständen.
Bei der ersten Station, am Kaasgraben, stieg Zemlinsky ein, den ich als Dirigent, nicht als Komponisten kannte, ein schwarzer Vogelkopf, mit vorspringender Dreiecksnase, dem jedes Kinn fehlte. Ich sah ihn sehr oft, er beachtete mich

nicht, er war wirklich in Gedanken, in Ton-Gedanken wohl versunken, während ich nur zum Schein las. Ich sah ihn nie, ohne nach seinem Kinn zu suchen. Erschien er in der Tür des Tramwagens, fuhr ich leicht auf und begann mit der Suche. Hat er es jetzt, hat er es nicht, hat er es endlich gefunden? Er hatte es nie und führte auch ohne Kinn sein sehr aktives Leben. Er galt mir als der Stellvertreter des Mannes, der zu meiner Zeit nicht in Wien war, Schönberg. Nur um zwei Jahre jünger als Zemlinsky war Schönberg sein Schüler gewesen und hatte ihm mit der Verehrung gedankt, die das Tragende seiner Natur war und die seine eigenen Schüler Berg und Webern dann ihm entgegenbrachten. Wie hatte Schönberg, der arm war, in Wien leben müssen! Während langer Jahre hatte er Operetten instrumentiert, zum billigsten Glanz Wiens hatte er zähneknirschend beitragen müssen, er, der den Weltruhm Wiens als Geburtsort großer Musik von neuem begründete. In Berlin hatte er offiziell Komposition lehren dürfen. Dann war er als Jude entlassen worden und nach Amerika emigriert. Nie sah ich Zemlinsky, ohne an Schönberg zu denken, seine Schwester war während 22 Jahren Schönbergs Frau gewesen. Ich sah ihn nie ohne Scheu, ich spürte die Konzentration dieses sehr kleinen Kopfes, von puren geistigen Abläufen gezeichnet, streng, beinah karg, nichts von der Aufgeblasenheit des Dirigenten, der er doch schließlich war. Unermeßlich war das Ansehen, das Schönberg bei jüngeren, ernst zu nehmenden Menschen genoß, damit mag es zusammenhängen, daß von Zemlinskys eigener Musik nie die Rede war, ich ahnte nicht, wenn ich ihn ansah, daß es Musik von ihm gab. Wohl aber wußte ich, daß Alban Berg ihm seine ›Lyrische Suite‹ gewidmet hatte. Berg war nicht mehr am Leben, Schönberg nicht in Wien, ich war immer davon berührt, wenn Zemlinsky, der Stellvertreter, am Kaasgraben einstieg.
Die Fahrt konnte aber auch ganz anders beginnen, es kam vor, daß Emmy Wellesz am Kaasgraben einstieg, die Frau des Komponisten Egon Wellesz. Er hatte sich Verdienste um die Erforschung byzantinischer Musik erworben und war von der Universität Oxford dafür ausgezeichnet worden. Daß er Komponist war, kam wohl zur Sprache, aber nicht so, wie er sich's gewünscht hätte. Es klang so, als verarge man ihm, daß

er sich auf einem anderen Gebiet ausgezeichnet hatte. Seine Frau war Kunsthistorikerin, ich betrachtete sie schon eine Weile in der Tram, bevor ich auf einer Gesellschaft ihre Bekanntschaft machte. Sie hatte einen klugen, etwas zu milden Blick, so als habe sie sich gegen eine vielleicht eher durchdringende Natur zu Milde entschlossen. In einem ausführlichen Gespräch erfuhr ich dann, woher diese Milde rührte. Sie schwärmte für Hofmannsthal, den sie gekannt hatte und wenn sie davon sprach, wie er ihr in frühen Jahren auf einem Spaziergang erschienen sei, eine überirdische Vision, verklärten sich ihre kritischen, gescheiten Züge, ihre Stimme kippte über vor Ergriffenheit und sie unterdrückte eine Träne. Sie sprach so davon, als wäre sie Shakespeare begegnet. Ich fand das lächerlich und nahm sie seither nicht mehr ernst. Erst viel später begriff ich, wie sehr sie damals schon im Einklang mit der Germanistik des Jahrhunderts war und als ich von der Gesamtausgabe in einhundertachtundachtzig Bänden erfuhr, die im Entstehen ist, begann ich mich meiner Kurzsichtigkeit zu schämen. Was gäbe ich darum, die Bildung jener Träne nachträglich zu fördern und mich in ihrer Milde zu baden.

In der Nähe des Wertheimsteinparks, da wo die 39er Linie nach Sievering abzweigt, stieg manchmal ein junger Maler ein, der in der nahen Hartäckerstraße wohnte. Ich hatte ihn einmal in seinem Atelier besucht, als er Bilder von sich zeigte. Er war der Herr einer tiefschwarzen, aufreizend schönen Person, die so verführerisch wirkte wie eine frühe indische Yakschini, ohne aber im geringsten Inderin zu sein, sie hieß Hilde und hatte ihrer Herkunft nach ein Anrecht auf diesen Namen. Sie war ihm ergeben wie eine Sklavin, eine, die mit schmachtenden Blicken nach einem Befreier um sich wirft, aber wenn dann Befreiung winkt – bei ihrer Erscheinung hätte sich nichts als leichter erwiesen – sich zur Peitsche ihres Herrn zurückwindet, nie, unter keinen Umständen hätte sie sich befreien lassen. Sie litt unter seiner harten Herrschaft, aber sie litt gern. Man hatte mir von dieser ungewöhnlichen Beziehung, besonders aber von der Schönheit des Mädchens erzählt und vielleicht nahm ich darum die Einladung zu einem Atelierbesuch an, ohne die Bilder des Malers überhaupt noch zu kennen.

Er war von Braque beeinflußt, dem Kubismus ergeben. Die Bilder wurden auf etwas rituelle Art zelebriert. Langsam, unpersönlich, in regelmäßigen Abständen, ohne den geringsten Versuch, den Betrachter durch Charme oder Schmeichelei zu gewinnen, wurden sie auf die Staffelei gestellt, man empfand es als angebracht, ebenso gleichmäßig zu reagieren.
Ein Dichter, der im oberen Stock desselben Hauses wohnte, war mit seiner Freundin bei der Bilderschau zugegen. Er fiel mir durch ein grimassierendes Gesicht und sehr lange Arme auf, ein imponierender Mensch, der sich in richtiger Entfernung von der Staffelei niedergelassen hatte. Seine unauffällige, aber auf ihre Art ebenso ergebene Freundin, von etwas fadem Blond, saß neben ihm und lächelte wie er, doch viel bescheidener, wenn ein neues Bild erschien. Das süßliche Verständnis, das sich von ihm ausbreitete, war mir in dieser Gleichmäßigkeit unangenehm, es verriet über jedes Bild dieselbe wohlabgewogene Freude und eine Innigkeit, als stünde man zu San Marco in Florenz vor einem Fra Angelico nach dem anderen. Ich war vom regelmäßig wiederholten Schauspiel dieser Reaktion so fasziniert, daß ich mehr auf den Dichter als auf die Bilder sah und ihnen bestimmt nicht gerecht wurde. Das eben war die Absicht des Dichters, dessen Erscheinen und Beifallsspiel in dieser kleinen Gesellschaft zur Hauptattraktion wurde, eine beachtliche Leistung angesichts der lokalen Sklavin, die keine Mühe sparte, auf ihren unterdrückten Zustand zu verweisen.
In unerschütterlicher Selbstgewißheit, als säße er zu Pferde, lächelte der Dichter von oben, ein Ritter, der nie an sich gezweifelt hatte, altvertraut mit Tod und Teufel, auf gleich und gleich mit ihnen. Doch sah er die Angeschmiedete nicht, wie sie sich nicht weit von ihm in Ketten wand, ja es schien mir, als sähe er nicht einmal die Bilder, die sich vor ihm aufstellten, so prompt und gleichartig war das Lächeln, mit dem er ihr Erscheinen quittierte. Als es zu Ende war, bedankte er sich innig für das große Erlebnis. Er blieb keinen Augenblick länger, die Sklavin lächelte vergeblich, er zog sich zugleich mit seiner Freundin zurück und ich erfuhr erst jetzt seinen Namen, den ich ein wenig lächerlich fand, obwohl er zum Grimassieren paßte: er hieß Doderer.
(Ich sah ihn zwanzig Jahre später unter sehr veränderten Um-

ständen wieder. Er war berühmt geworden und kam mich in London besuchen. Ruhm, sagte er, wenn er einmal eingesetzt habe, sei unwiderstehlich wie ein Dreadnought. Er fragte mich, ob ich je einen Menschen getötet hätte, als ich verneinte, sagte er, alle Verachtung grimassierend, deren er fähig war: »Dann sind Sie eine Jungfrau!«)

Aber es war der junge Maler, der an dieser Station in die 38er Tram einstieg und mich in seiner farblos-korrekten Art begrüßte. Er war immer allein, wenn ich nach der Freundin fragte, sagte er, zurückhaltend wie sein Gruß: »Die ist zuhaus. Die geht nicht aus. Die versteht sich nicht zu benehmen.« »Und wie geht's dem Dichter mit den langen Affenarmen, der über Ihnen wohnt?« Er erriet meinen Gedanken. »Der ist ein Herr. Der weiß sich zu benehmen. Der kommt nur, wenn *ich* ihn einlade.«

Von da ab, in der Billrothstraße, stiegen schon mehr Leute ein, mit der Ruhe der Betrachtung war es meist zu Ende. Aber die Strecke hatte für mich noch andere, historische Reize. Nach dem Gürtel kam schließlich die Währingerstraße und sehr bald fuhr ich am Chemischen Institut vorbei, in dem ich einige Jahre ziel- und ergebnislos zugebracht hatte. Kein einziges Mal ließ ich mir den Blick auf das Institut entgehen, das ich seit 1929 nicht mehr betreten hatte. Ich sah mit Erleichterung, daß ich ihm entkommen war, in rascher Fahrt fuhr die Tram daran vorbei und meine Flucht wiederholte sich, die ich nie genug segnen konnte. Wie rasch man auf eine Vergangenheit zurückblicken kann und mit welcher Freude man die Errettung aus ihr streift! Mit diesem Hochgefühl gelangte ich ans Schottentor, auf jeder Fahrt durch die Währingerstraße gewann ich's wieder. Von Broch, der uns in Grinzing besuchte, wurde ich gefragt, ob das der Grund sei, warum ich jetzt in Grinzing wohne, und hätte er dabei nicht den Versuch gemacht, mich mit dem durchschauenden Blick eines Analytikers anzusehen, ich hätte ihm vielleicht recht gegeben.

Teil 5
DIE BESCHWÖRUNG

Unverhofftes Wiedersehen

Ludwig Hardt, den ich als Rezitator 1928 in Berlin bei einer Matinee kennen gelernt hatte, lebte jetzt als Emigrant in Prag und kam manchmal zu Vorlesungen nach Wien, ich besuchte eine und war wieder, wie damals, von ihm hingerissen. Zwar war ich sicher, daß er sich nicht mehr an mich erinnern würde, aber ich ging doch nach hinten, um ihm zu danken. Ich hatte den Mund noch kaum aufgetan, als er auf mich zusprang und mich mit einem gutgezielten Satz erschreckte: »Sie haben Ihr Idol verloren und waren nicht einmal beim Begräbnis!«

Karl Kraus war vor kurzem gestorben und ich war wirklich nicht beim Begräbnis gewesen. Die Enttäuschung über ihn nach den Ereignissen des Februar 1934 war ungeheuer gewesen. Er hatte sich für Dollfuß erklärt, er hatte den Bürgerkrieg auf den Straßen Wiens hingenommen und das Schreckliche gebilligt. Alle, wirklich alle waren von ihm abgefallen. Es gab nur noch kleine Vorlesungen im verborgenen, man wußte nichts davon, man wollte es gar nicht wissen, auf keinen Fall hätte man versucht, Einlaß zu erlangen. Es war, als ob die Person Karl Kraus nicht mehr existiere. Die ›Fackeln‹ von früher bestanden noch, ohne daß ich in diesen zwei Jahren nach ihnen gegriffen hätte, er als Person war in mir wie in vielen unterdrückt, ausgelöscht, überhaupt nicht, nirgends vorhanden. Es war eigentlich so, als habe er vor seinem versammelten Publikum eine seiner großartigsten Reden *gegen sich* gehalten und sich damit vernichtet. In Gesprächen wurde er selbst während dieser zwei letzten Jahre seines Lebens *genannt*, wenn auch immer mit einem gewissen Widerstreben, aber so, als wäre er tot. Die Nachricht von seinem wirklichen Tod – er starb im Juni 1936 – nahm ich ohne jede Bewegung auf. Ich habe mir nicht einmal das Datum gemerkt und mußte sogar den Monat jetzt wieder nachschlagen. Ich erwog keinen Augenblick den Gedanken, zum Begräbnis zu

gehen. Ich las nichts darüber in der Zeitung und empfand es nicht als Versäumnis.
Der erste Mensch, der in meiner Gegenwart ein Wort darüber verlor, war jetzt Ludwig Hardt. Er hatte mich nach acht Jahren sofort wiedererkannt und entsann sich jenes Gesprächs in Berlin, in dem ich mich durch die blinde Verehrung für meinen Halbgott lächerlich gemacht hatte. Er wußte, was in der Zwischenzeit geschehen war und hielt es für sicher, daß ich nicht beim Begräbnis gewesen war. Zum erstenmal empfand ich dieses Versäumnis als Schuld. Um die Wirkung seines Satzes wiedergutzumachen, lud er sich selber ein und kam uns in Grinzing besuchen.
Ich hatte eine große Auseinandersetzung erwartet, ein peinliches Gespräch, war aber so verzaubert von der Kunst Ludwig Hardts, daß ich mich ihm stellen wollte. Doch hielt ich eine simple Rechthaberei, von diesem Manne kommend, für unmöglich. Vielleicht würde er mich bedauern und dafür eine Art Geständnis von mir erwarten, ein Geständnis nämlich, daß ich mich in Karl Kraus getäuscht hätte. Aber wie hätte ich den Mann verleugnen können, dem ich ›Die letzten Tage der Menschheit‹ und unzählige Vorlesungen von Nestroy verdankte, des ›Lear‹, des ›Timon‹, der ›Weber‹. Aus diesen Vorlesungen *bestand* ich, daran war nicht zu rütteln, und das Letzte, Schreckliche, das geschehen war, wenige Jahre vor seinem Tod, war unerklärlich und mußte unerklärlich bleiben. Eine Diskussion war undenkbar, man konnte darüber nur schweigen, es war die tiefste Enttäuschung an einem großen Geiste, die ich in meinen dreißig Jahren je erlebt hatte, eine Wunde, so schwer, daß sie auch in weiteren dreißig Jahren nicht heilen würde. Es gibt Wunden, die man bis zum Tod mit sich herumträgt, und alles was man tun kann, ist sie vor den Augen anderer zuzudecken. Ganz und gar sinnlos ist es, in ihnen öffentlich herumzuwühlen.
Ich war nicht sicher, wie ich mich im Gespräch mit Ludwig Hardt verhalten würde, aber einer Sache war ich gewiß: nie und unter keinen Umständen würde ich verleugnen, was Karl Kraus mir bedeutet hatte. Ich hatte ihn nicht überschätzt, niemand hatte ihn überschätzt, er hatte sich gewandelt und war, das nahm ich an, an den Folgen dieser Wandlung gestorben.

Ludwig Hardt erschien und mit keinem Wort erwähnte er Karl Kraus. Er spielte nicht einmal auf ihn an. Der Satz, mit dem er mich nach seiner Vorlesung so erschreckt hatte, war nichts als ein Erkennungszeichen gewesen. Ein anderer hätte vielleicht gesagt: »Ich erinnere mich sehr gut an Sie, obwohl es schon acht Jahre her sind und wir uns seither nicht wieder gesprochen haben.« Er mußte es gleich beweisen, auf seine springende Art, auch ich hatte ihn in Erinnerung behalten, wie er bei jenem Berliner Gastgeber auf Tische sprang, wenn er etwas sagen wollte oder Heine deklamierte.
Er kam und ich führte ihn gleich in das Zimmer, wo die Bücher standen und der Tisch, an dem ich schrieb. Das war ich ihm schuldig, aber ich wollte auch nicht durch die Landschaft ablenken. Von hier aus hatte man keinen Blick, nicht auf Weinberge, nicht auf die Ebene und die Stadt, nur aufs Gartentor und den kurzen Weg ins Haus. Vielleicht fühlte ich mich hier, da ich einen Zusammenstoß erwartete, sicherer. Auch sollte er sehen, daß unter den vielen Büchern, die dastanden, sich immer noch insgesamt die des Mannes befanden, um den unser Streit gehen würde.
Doch er achtete gar nicht darauf, er sprach von Prag, dieser kleine, zierliche, ungemein bewegliche Mann, der keinen Augenblick stillhielt und sich nicht setzen mochte. Während er im Zimmer auf und ab ging, hielt er die Rechte in seiner Rocktasche vergraben und spielte da mit einem Gegenstand, der mir wie ein kleines Buch vorkam. Schließlich zog er ihn heraus, es war wirklich ein Buch, er hielt es mir mit einer feierlichen Geste hin und sagte: »Wollen Sie das Teuerste sehen, was ich besitze? Ich trage es immer bei mir, ich vertraue es niemandem an und wenn ich schlafen gehe, lege ich es unter mein Kissen.«
Es war eine kleine Ausgabe von Hebels ›Schatzkästlein‹ aus dem vorigen Jahrhundert. Ich öffnete es und las die Widmung:
›Für Ludwig Hardt, um Hebel eine Freude zu machen, von Franz Kafka.‹
Es war Kafkas eigenes Exemplar des ›Schatzkästleins‹, das auch er mit sich herumzutragen pflegte. Als er Ludwig Hardt zum erstenmal Hebel sprechen hörte, sei er derart ergriffen gewesen, daß er ihm sein Exemplar mit dieser Widmung ge-

schenkt habe. »Möchten Sie wissen, was Kafka damals von mir gehört hat?« fragte Hardt. »Ja, ja«, sagte ich. Dann sprach er, auswendig wie immer, das Buch lag indessen in meiner Hand, in dieser Reihenfolge: ›Einer Edelfrau schlaflose Nacht‹, die beiden ›Suwarow‹-Stücke, ›Mißverstand‹, ›Moses Mendelsohn‹ und als letztes ›Unverhofftes Wiedersehen‹.

Ich würde es jedem wünschen, dieses letzte Stück so gehört zu haben. Es war zwölf Jahre nach Kafkas Tod, und dieselben Worte, die er damals gehört hatte, aus demselben Mund, trafen auf mein Ohr. Wir verstummten beide, denn wir waren uns dessen bewußt, daß wir eine neue Abwandlung derselben Geschichte erlebt hatten. Dann sagte Hardt: »Möchten Sie wissen, was Kafka darüber gesagt hat?« Er wartete meine Antwort nicht ab und fügte hinzu: »Kafka sagte: ›Das ist die wunderbarste Geschichte, die es gibt!‹« Das hatte ich selbst gedacht und würde es immer denken. Aber es war schon merkwürdig, einen solchen Superlativ aus Kafkas Mund zu vernehmen, von jemand, der für das Sprechen dieser Geschichte mit dem Geschenk *seines* ›Schatzkästleins‹ ausgezeichnet worden war. Kafkas Superlative, wie man weiß, sind gezählt.

Von diesem Tag an war die Beziehung zwischen Ludwig Hardt und mir verändert. Sie hatte eine Intimität gewonnen, wie ich sie für ganz wenige Menschen empfand. Er kam nun öfters, wann immer er in Wien war, war er auch gleich bei uns. Er verbrachte viele Stunden in der Himmelstraße, beinahe unaufhörlich rezitierend, sein Repertoire war unerschöpflich und ich hatte nie genug. Er hatte es alles im Kopf und vielleicht habe ich gar nicht alles gehört, was er im Kopf hatte. Die Erinnerung an jenen Hebel-Augenblick verblaßte nie. Manchmal, wenn uns darum zu feierlich zumute wurde, gingen wir in Vezas kleines, holzgetäfeltes Zimmer hinüber, wo er andere Dinge sprach, an denen auch Veza hing, viel Goethe und dann immer jenes Sesenheimer Gedicht von Lenz, das wie von Goethe ist und in dem Goethe da ist, ›Die Liebe auf dem Lande‹. Danach kam ein lebhaftes Gespräch über Lenz, an dessen Schicksal er nicht weniger Anteil nahm als ich und einmal, als ich sagte, daß dieses Gedicht von dem erfüllt sei, was Lenz durch Goethe geschehen war und daß er wie Friederike in jedem seiner Augenblicke auf Goethe warte, der das nicht zu ertragen vermochte und ihn darum zerstört habe, sprang er auf mich zu und umarmte mich, ein seltenes Zeichen seines Einverständnisses. Für Veza, aber auch für mich sprach er Heine, von dem er mich damals in Berlin überzeugt hatte, und für Veza Wedekind und Peter Altenberg. Zwei Stücke gab es, die wir ihm nie erließen, beide von Claudius, das Kriegslied

> 's ist Krieg! 's ist Krieg! O Gottes Engel wehre
> Und rede du darein!
> 's ist leider Krieg – und ich begehre,
> Nicht schuld daran zu sein!

von dem ich heute noch jede der sechs Strophen herschreiben möchte, und das ›Schreiben eines parforcegejagten Hirschen an den Fürsten, der ihn parforcegejagt hatte‹.
Am Ende dieses Schreibens geschah das Verwandlungs-Wunder, das ich seither immer vor Augen habe: die Verwandlung Ludwig Hardts in einen sterbenden Hirsch. Hätte ich daran zweifeln können, daß von allem, wozu der Mensch imstande ist, Verwandlung das Beste ist: nach allem, was er verbrochen hat, seine Rechtfertigung, seine Krönung, hier hätte ich es mit überwältigender Evidenz erfahren. Hardt *war* der sterbende Hirsch, und wenn er ausgehaucht hatte, war es mir unfaßbar, daß er zu sich kam und wieder zu Ludwig Hardt wurde, und obwohl er unser Staunen genoß, war es nie weniger wahrhaftig: das Sterben des gehetzten Tieres, erschütternd, weil es zugleich ein Mensch war, und ein Mensch, den man dafür liebte.

Der spanische Bürgerkrieg

Zwei Jahre der Freundschaft, die mich mit Sonne verband, fielen in die Zeit des spanischen Bürgerkriegs. Unser tägliches Gespräch war davon beherrscht. Alle, die ich kannte und mochte, waren auf seiten der Republikaner. Die Parteinahme für die spanische Regierung war unverhohlen und äußerte sich mit Leidenschaft.

Nur mit Sonne erweiterten sich Gespräche, die überall sonst der täglichen Zeitungslektüre entsprangen und kaum über sie hinausgingen, zu einer präzisen Erwägung spanischer Verhältnisse und der Einwirkungen, die das sozusagen vor unseren Augen Geschehende auf die nahe europäische Zukunft haben müsse. Sonne erwies sich als Kenner der spanischen Geschichte. Er war sich des Jahrhunderte währenden Krieges auf spanischem Boden, der maurischen Periode und aller Einzelheiten der Reconquista bewußt. Die drei Kulturen des Landes waren ihm so vertraut, als wäre er in ihnen allen zuhause, als gäbe es sie heute noch, als würde es genügen, die drei Sprachen Spanisch, Arabisch, Hebräisch zu beherrschen, in ihren Literaturen zu lesen, um ein Gefühl von ihrer Gegenwart zu gewinnen. Von ihm erfuhr ich etwas über arabische Dichtung. Frei, als käme es aus der Bibel, übersetzte er für mich maurische Lyrik jener Zeit und erklärte mir ihren Einfluß auf das europäische Mittelalter. Ganz nebenher ergab sich daraus, ohne daß er es je beansprucht hätte, wie geläufig ihm die arabische Sprache war.
Wenn ich manches, das zur Zeit und das früher in der Geschichte Spaniens geschehen war, mit den besonderen Massenbildungen, die der Halbinsel eigentümlich waren, zu erklären versuchte, hörte er zu und trachtete mich nicht zu entmutigen, ja, ich hatte den Eindruck, daß er nur darum nichts Eigenes dazu sagte, weil er einsah, daß meine Gedanken noch im Fluß waren und es für ihre weitere Entwicklung besser wäre, sie durch eine Diskussion noch nicht zu verfestigen. Es lag nahe damals, an Goya zu denken und seine Radierungen über die ›Unglücksfälle des Krieges‹. Denn dieser erste moderne Maler, der auch der größte war, ist durch die Erfahrung seiner Zeit zu dem geworden, was er war. »Er hat nicht weggesehen«, sagte Sonne und ich spürte, welches Gewicht dieser Satz, der mir aus dem Herzen gesprochen war, für ihn hatte. Das Rokoko der frühen Bilder und dann *diese* Radierungen und späten Malereien! Man wußte, daß Goya eine Gesinnung hatte, daß er Partei nahm, wie hätte der, der die Königsfamilie mit diesen Augen sah, keine Gesinnung haben können. Aber er sah, was geschah, als hätte er beiden Seiten angehört, denn seine Kenntnis war die des Menschen und sein Abscheu war der Krieg und wie niemand vor ihm und

vielleicht mit solcher Leidenschaft selbst heute niemand, wußte er, daß es keinen Krieg gibt, der gut ist, denn durch jeden verewigt sich, was in der Tradition der Menschheit das Übelste und Gefährlichste, was unverbesserlich ist. Durch Krieg wird sich der Krieg nicht abschaffen lassen, er befestigt nur alles, was man am tiefsten im Menschen verabscheut. Die Zeugenschaft Goyas überstieg seine Parteinahme, was er sah, war ungeheuerlich und es war mehr, als er sich wünschte. Seit dem Christus Grünewalds hatte niemand das Entsetzliche vorgeführt wie er, um keinen Strich besser, als es war, ekelerregend, bedrängend, einschneidender als jede Verheißung, doch ohne ihm zu erliegen. Der Zwang, den er auf den Beschauer übte, die unablenkbare Richtung, die er seinem Blicke gab, war das Letzte an Hoffnung, wenn auch niemand gewagt hätte, es mit diesem Namen zu benennen.
Die Situation jener, denen die Lehre, die sie aus dem Ersten Weltkrieg gewonnen hatten, nicht verdampft war, war eine schwerster seelischer Qual. Sonne erkannte die Natur des spanischen Bürgerkriegs und wußte, wozu er führen würde. Er, der Krieg haßte, hielt es für notwendig und unerläßlich, daß die spanische Republik sich verteidigte. Mit Argusaugen verfolgte er jeden Schritt der anderen Mächte, die eine Ausbreitung dieses Krieges in Europa zu verhindern suchten. Er stöhnte über die Blöße, die die demokratischen Mächte sich gaben, als sie die Nicht-Intervention deklarierten und sich darin von der anderen Seite wissend betrügen ließen. Er wußte, daß diese Schwäche jenem Abscheu vor Krieg entsprang, dessen Übergreifen sie um jeden Preis verhindern wollten. Ihre Handlungsweise war von dem Abscheu gespeist, den er mit ihnen teilte, aber sie verriet eine Unkenntnis des Gegners und eine erschreckende Kurzsichtigkeit. Jede Bedenklichkeit, jedes Zögern, jede Vorsicht ermutigte Hitler, der nur erproben wollte, wie weit er gehen konnte und dessen Entschlossenheit zum Krieg an der Kriegsscheu der anderen wuchs. Sonne war der Meinung, daß an dieser Entschlossenheit Hitlers zum Krieg nichts zu ändern war, er hielt sie für eine gegebene Größe, das Naturgesetz dieses Mannes (aus *seinem* Erlebnis des Krieges gewonnen), dem er gefolgt, durch das er zur Macht gelangt war. Darauf einwirken zu wollen, hielt er für müßig. Wohl aber war es notwendig, die

Kette seiner Erfolge zu zerreißen, solange ein Widerstand gegen Krieg in Deutschland vorhanden war. Dieser Widerstand ließ sich nur durch deutliche, unbeeinflußbare Aktionen von außen steigern. Der Triumphzug Hitlers war zur tödlichsten Gefahr für alle geworden, die Deutschen inbegriffen, denn es gehörte zum blinden Geschichtsdenken Hitlers, daß er schließlich alle Mächte und Völker in diesen Krieg hineinreißen mußte, und wie hätte Deutschland gegen die ganze übrige Erde siegen können!

Von der Klarheit, mit der Sonne diese Dinge sah, vermag ich keine ausreichende Vorstellung zu geben. Seine Konzeption war einer Zeit, in der die Politiker von einem Notbehelf zum anderen torkelten, weit voraus. Obwohl das kommende Unglück sich für ihn immer deutlicher abzeichnete, nahm er an jeder geringsten Einzelheit der spanischen Ereignisse Anteil. Denn das Sonderbare war, daß für diesen luziden Geist nichts endgültig war, aus einem unscheinbaren Ereignis, das niemand vorausgesehen hatte, konnte sich eine neue Hoffnung ergeben – diese durfte man nicht übersehen, alles mußte man im Auge behalten, unwichtig war nichts.

Im Laufe dieses Bürgerkriegs kamen spanische Namen zur Sprache, Orte, an die sich eine historische oder literarische Erinnerung knüpfte. Über diese wurde ich informiert und es wird mir immer wunderbar bleiben, auf wie späte und brennende Weise ich Spanien so kennenlernte.

Früher hatte ich Scheu davor gehabt, mich genauer ums spanische Mittelalter zu kümmern. Die Sprichwörter und Lieder meiner Kindheit waren unvergessen, aber sie hatten zu nichts Weiterem gedient, sie waren in mir steckengeblieben, im Hochmut meiner Familie erstarrt, die sich ein Recht auf alles Spanische anmaßte, soweit es ihrem Kastenstolz diente. Ich kannte Leute unter den Spaniolen, die in orientalischer Trägheit dahinlebten, geistig weniger entwickelt als irgendwer, der in Wien zur Schule gegangen war, denen es zu ihrem Lebensglück vollkommen genügte, sich über andere Juden erhaben zu dünken. Es war auch nicht ungerecht, wenn ich an der Mutter bemerkte, daß sie von fast allen europäischen Literaturen erfüllt war, von der spanischen aber kaum etwas wußte. Sie hatte Stücke von Calderon im Burgtheater gesehen, es wäre ihr nie eingefallen, eines davon im Urtext zu

lesen. Das Spanische war keine Lesesprache für sie. Was sie von dort mitbekommen hatte, war die Erinnerung an ein glorreiches Mittelalter und vielleicht nur darum von Wert, weil sie *mündlich* war und eine gewisse vornehme Haltung zu Menschen ihrer näheren Umwelt bestimmte. Sie konnte mir keine Impulse geben, die mich an die spanische Literatur heranführten. Selbst die Vorbilder für ihren Stolz, der ungemein viel Spanisches hatte, holte sie sich bei Shakespeare, im ›Coriolan‹. Ihre respektable Bildung war durch Wien bestimmt, nicht durch ihre Herkunft.
Ich war dreißig Jahre alt, als ich etwas von den Dichtern erfuhr, die das Bleibende jener frühen spanischen Jahre gestiftet haben. Ich erfuhr es von Sonne, dem meine Mutter als einem ›Todesco‹ – seine Familie stammte aus dem österreichischen Galizien – gar nicht das Recht auf ›unsere‹ Dichter, die sie selbst gar nicht kannte, zugebilligt hätte. Er übersetzte sie für mich mündlich aus dem Hebräischen und erläuterte sie, aber es kam vor, daß er am selben Nachmittag maurische Gedichte aus dem Arabischen übersetzt und erläutert hatte. Da er mir etwas *insgesamt* zeigte, nicht zu Zwecken lächerlichen Sichberühmens aus den Zusammenhängen seiner Zeit herausgerissen, legte ich mein Mißtrauen gegen alles mißbrauchte Spaniolische ab und betrachtete es mit Respekt.
Es war ein sonderbarer Verlauf, den diese Gespräche nahmen. Sie gingen aus von Zeitungsberichten über die Kämpfe in Spanien. Die Sachlichkeit, mit der sie besprochen wurden, das Abschätzen der gegnerischen Kräfte, die Vermutungen über die Zeit, in der Hilfsmittel, die sie erwarteten, sie erreichen könnten, die Auswirkung eines Rückzugs auf die Stimmung im Ausland – würde sie zu mehr, würde sie zu weniger Hilfe führen? – Veränderungen in der Regierung, zunehmender Einfluß *einer* Partei, das Eigengewicht der Regionen in ihrer Entschlossenheit zu Autonomie – eine Sachlichkeit, die nichts ausließ und nichts vergaß: oft kam es mir vor, als säße ich mit einem Mann, in dessen Hand die Fäden der Ereignisse zusammenliefen. Doch wollte er mir auch, das war offenkundig, das Gefühl geben, daß alle diese Dinge sich in einem Lande abspielten, das mir vertraut sein sollte und sorgte selbst dafür, daß es

mir vertraut wurde. Auf seine prägnante Weise rückte er mich in die geistigen Bereiche, die Spanien nicht weniger ausmachten als dieser furchtbare Krieg.
Ich kenne heute noch die Anlässe, die mich zu diesem oder jenem Werke führten. Sehr oft sind sie an die Namen jener Zeit gebunden. Der Schock einer Nachricht ist in ein solches Buch eingegangen und es besteht nicht mehr aus sich selbst allein. Aus den Ereignissen jener Tage hat sich ein geheimer Kristall gebildet, seine zweite, unveränderliche Struktur.
Auf die ›Träume‹ des Quevedo wurde ich damals gestoßen. Er wurde, nach Swift und Aristophanes, zu einem meiner Ahnen. Ein Dichter braucht Ahnen. Einige von ihnen muß er namentlich kennen. Wenn er am eigenen Namen, den er immer trägt, zu ersticken vermeint, besinnt er sich auf Ahnen, die ihre eigenen, glücklichen, nicht mehr sterblichen Namen tragen. Sie mögen seine Zudringlichkeit belächeln, doch sie stoßen ihn nicht weg. Auch ihnen ist an anderen, nämlich an Nachkommen gelegen. Sie sind in tausend Händen gewesen: niemand hat ihnen etwas angehabt, sie sind darum zu Ahnen geworden, weil sie sich kampflos der Schwächeren zu erwehren vermögen, an der Kraft, die sie verleihen, werden sie selber stärker. Es gibt aber auch Ahnen, die sich ein wenig ausruhen wollen. Diese schlafen für ein-, zweihundert Jahre ein. Sie werden geweckt, darauf kann man sich verlassen, plötzlich wie Fanfaren tönen sie von überall und sehnen sich schon zurück in die Verlassenheit ihres Schlafes.
Vielleicht war es Sonne unerträglich, in den Ereignissen der Zeit ganz aufzugehen. Vielleicht ertrug er nicht ihren Gang, weil er ihn nicht zu beeinflussen vermochte. Er versäumte keine Gelegenheit, meine Herkunft wahrzumachen, eben weil ich so wenig auf sie gab. Es war ihm daran gelegen, daß nichts in einem Leben verschwinde. Was ein Mensch berührt hatte, nahm er mit. Wenn er es vergaß, mußte er daran erinnert werden. Es ging nicht um den Stolz der Herkunft, der immer etwas zweifelhaft war. Es ging darum, daß nichts Gelebtes verleugnet wurde. Der Wert eines Menschen bestand darin, daß er alles enthielt, was er erfahren hatte und es weiter erfuhr. Dazu gehörten die Länder, in denen er gelebt, die Sprachen, die er gesprochen, die Menschen, deren Stimmen er vernommen hatte. Dazu gehörte auch seine Herkunft,

wenn etwas über sie zu erfahren war. Doch meinte er damit keineswegs bloß etwas Privates, er meinte das Gesamt der Zeit und der Örtlichkeit, der man entstammte. Zu den Worten einer Sprache, die man vielleicht nur als Kind gekannt hatte, gehörte die Literatur, in der sie aufgegangen wäre. Zu den Nachrichten über eine Vertreibung gehörte alles, was vorangegangen war, nicht bloß die Ansprüche nach einem Fall. Es waren andere vorher auf andere Weise gefallen, auch sie gehörten in diese Geschichte. Von der *Gerechtigkeit* in dieser Art von Anspruch auf Geschichte macht man sich schwer eine Vorstellung. Geschichte war für Sonne das vollkommene Reich der Schuld. Man sollte wissen, wessen die früheren Nächsten fähig gewesen waren, nicht nur, was ihnen geschah. Man sollte wissen, wessen man selber fähig war. Dazu mußte man alles kennen, von welcher Seite und aus welcher Entfernung immer sich Kenntnis bot, man sollte nach ihr greifen, sich in ihr üben, sie frisch erhalten und durch anderes, das man später erfuhr, bewässern und befruchten. Sonne scheute nicht davor zurück, die Gegenwart dieses Bürgerkriegs, der uns näher ging als selbst die Ereignisse der Stadt, in der wir lebten, auch dazu zu verwenden, mich in meiner Vergangenheit zu stärken, die durch ihn erst zu einer wirklichen wurde. Er hat so dafür gesorgt, daß *mehr* von mir mitging, als ich bald darauf Wien verlassen mußte. Er hat mich darauf vorbereitet, eine Sprache mitzunehmen, sie mit solcher Kraft zu halten, daß sie unter gar keinen Umständen in Gefahr geriet, sich einem zu verlieren.
Ich will den Tag nicht vergessen, an dem ich in großer Erregung zu Sonne ins ›Museum‹ kam und er mich wortlos empfing. Die Zeitung lag vor ihm auf dem Tisch, seine Hand lag darauf, er hob sie nicht, um sie mir zu geben. Ich vergaß ihn zu grüßen, ein Satz, mit dem ich mich auf ihn stürzen wollte, blieb mir in der Kehle stecken. Er war versteinert, und ich, ich fühlte mich wie in einem Delir. Es war die gleiche Nachricht, die sich in so verschiedener Weise auf uns ausgewirkt hatte. Guernica war von deutschen Fliegern mit Bomben belegt und zerstört worden. Ich wollte einen Fluch von ihm hören und er sollte der Fluch aller Basken, aller Spanier, aller Menschen sein. Seine Versteinerung wollte ich nicht. Es war Ohnmacht, seine Ohnmacht ertrug ich nicht. Ich fühlte, wie

mein Zorn sich gegen ihn wandte. Ich blieb stehen und wartete auf ein Wort von ihm, *bevor* ich Platz nähme. Er beachtete mich nicht. Er sah aus wie erloschen. Er sah aus wie lange tot und vertrocknet. »Eine Mumie!« ging es mir durch den Kopf. »Sie hat recht. Er ist eine Mumie.« So nannte ihn Veza, wenn sie ihn bekämpfte. Ich war sicher, daß er meine Beschimpfung *fühlte*, obwohl ich sie nicht aussprach. Er beachtete auch sie nicht. Er sagte: »Ich zittere um die Städte.« Es war kaum vernehmlich, doch ich wußte, daß ich richtig gehört hatte.

Ich verstand ihn nicht. Es war damals noch nicht so leicht, das zu verstehen wie heute. Er ist verwirrt, dachte ich, er weiß nicht, was er sagt. Guernica zerstört und er spricht von *Städten*. Ich ertrug seine Verwirrung nicht. Seine Klarheit war mir das Wichtigste auf der Welt geworden. Es war, als hätten mich zwei Schreckensnachrichten zur selben Zeit getroffen. Eine Stadt von Fliegern zerstört. Sonne vom Wahnsinn befallen. Ich fragte nicht. Ich suchte ihn nicht zu stützen. Ich sagte nichts und ging. Auch draußen, einmal auf der Straße, empfand ich kein Mitleid mit ihm. Ich empfand – mit Ekel sage ich es – Mitleid mit mir selbst. Mir kam es vor, als sei er in Guernica untergegangen und ich suchte es zu fassen, daß ich alles verloren hatte.

Ich ging nicht weit, als mir plötzlich einfiel: vielleicht ist ihm schlecht, er sah furchtbar bleich aus. Nun überkam es mich, daß er ja gar nicht tot sei, er hatte gesprochen, ich hatte seinen Satz gehört, es war die Sinnlosigkeit dieses Satzes, die mich so getroffen hatte. Ich kehrte um, er empfing mich lächelnd, er war wie immer. Gern hätte ich vergessen, was inzwischen geschehen war, aber er sagte: »Sie wollten an die Luft. Ich kann es Ihnen nachfühlen. Ich sollte vielleicht auch ein wenig an die Luft.« Er stand auf und ich begleitete ihn. Draußen sprachen wir, wie wenn nichts gewesen wäre. Er kam auch später nie auf den Satz zurück, über den ich so bestürzt war. Vielleicht habe ich ihn darum nie vergessen können. Jahre danach, im Krieg, ich war in England, fiel es mir wie Schuppen von den Augen. Wir waren weit voneinander getrennt, aber er war wie ich am Leben. Er war in Jerusalem, wir schrieben einander nicht. Ich dachte: nie hat es einen Propheten gegeben, der es weniger gern war. Er hat gesehen, was mit den Städten geschehen würde. Er hat auch das andere gesehen. Es gab genug, um das er zu zittern hatte. Er hat keinen Schrecken mit dem anderen vermengt. Er war aus der Blutrache der Geschichte ausgetreten.

Besprechung in der Nußdorferstraße

Eine viersprachige Zeitschrift, die Hermann Scherchen plante, sollte ›Ars Viva‹ heißen, wie die Reihe von Konzerten, die er damals in Wien gab, für die er ein eigenes Orchester gebildet hatte. Die Zeitschrift sollte nicht nur der neuen Musik dienen – Literatur und bildende Kunst sollten darin gleichwertig vertreten sein. Er fragte mich, wer in Wien als Mitarbeiter dafür in Frage käme, ich nannte ihm Musil und Wotruba. Er schlug rasch entschlossen, wie es seine Art war, eine Zusammenkunft zu viert vor, um die Aussichten für eine Zusammenarbeit in einer solchen Zeitschrift zu besprechen. Es sollte eine intime Begegnung sein, ohne Zeugen, ein Kaffeehaus schien in dieser Zeit politischen Druckes zu öffentlich dafür. Wotruba hatte zum erstenmal die Mutter in der Florianigasse mit der Schwester allein gelassen und eine eigene Wohnung in der Nußdorferstraße bezogen. Das schien der richtige Ort dafür, gut gelegen und auch neutral. Die Himmelstraße in Grinzing war ziemlich weit draußen, Scherchen mit seiner chinesischen Frau wohnte bei uns, aber seit ich Musil vor einem Jahr mit meiner taktlosen Erwähnung Thomas Manns verärgert hatte, verhielt er sich kühl zu mir und ich konnte ihn nicht gut einladen. Wotruba hatte ihn bei der Vorlesung in der Schwarzwaldschule kennengelernt, das war beinahe zwei Jahre her. Sie grüßten einander seither, doch waren sie einander nicht nähergekommen. Es war zwischen ihnen noch nichts passiert, das eine Einladung *erschwert* hätte. Wotruba schrieb einen kräftig-respektvollen Brief, den er mit mir beraten hatte, und Musil nahm die Einladung an.
Es war von Anfang an alles kompliziert, wie es sich für Musil gebührte, und die Einladung hatte sich auch auf seine Frau bezogen. Es war bekannt, wie ungern er allein an einen neuen Ort ging. Aber er erschien nicht nur mit ihr, er brachte auch zwei andere Leute mit, die niemand eingeladen hatte. Der

eine war Franz Blei, eine hagere, hochmütige, etwas zu noble Figur, die keiner von uns sich gewünscht hatte. Der andere war ein junger Mann, den niemand kannte. Musil stellte ihn ungeniert, beinahe fröhlich als einen Verehrer des ›Mann ohne Eigenschaften‹ vor und Blei fügte ergänzend hinzu: »aus dem Herrenhof!« Nun waren sie also da, zu viert. Musil schien sich, unter dem Schutze seiner Frau, des alten Freundes Blei und des jungen Verehrers, der den Mund nicht auftat, aber sehr genau darauf aufpaßte, was geredet wurde, wohl zu fühlen. Blei führte das große Wort, als ob *er* eine Zeitschrift gründe, Musil aber sagte offen und ohne Scheu, was er dachte.

Auf der anderen Seite begann das Ganze gleich mit einer Verstimmung, das ›ästhetische‹ Gehabe Bleis war Wotruba in tiefster Seele zuwider. Blei hatte beim Eintritt ins weißgetünchte Zimmer zwei Bilder von Merkel an der Wand bemerkt, gestutzt und zu einem Lob angesetzt, das beinahe zur Beleidigung entartete:

»Er hat Reiz«, sagte er, und dann nach einer Pause: »Ist das ein Junger?«

Wotruba, mit Recht, bezog das ›Junger‹ auf sich, spürte, daß Blei ihn für nichts weiter als ›jung‹ hielt und sonst nichts von ihm wußte und sagte mit ausgesuchter Grobheit: »Na, der ist so alt wie Sie!«

Das war zwar übertrieben, so alt wie Blei war Georg Merkel nicht, aber er gehörte zur selben Generation wie Musil, und daß jemand, dessen Bild an seiner Wand hänge, ein Junger sein müsse, empfand Wotruba als Unverschämtheit. Als Marian bald danach mit dem Kaffee hereinkam, sagte er laut zu ihr, das Gespräch der anderen ungeniert unterbrechend:

»Du waast, was der Merkel is? An Junger!«

Scherchen begann nun den Plan zu seiner Zeitschrift auseinanderzusetzen. Es käme ihm auf Eigenart und hohe Qualität an, es solle sich um etwas wirklich Neues handeln. Akademisches sei von vornherein ausgeschlossen. Er wolle sich aber keiner bestimmten Richtung der Moderne verschreiben, alles solle zu Worte kommen können, aus jeder Sprache, für Übersetzung werde immer gesorgt sein. Musil wollte wissen, von welcher Länge die Beiträge sein könnten. Scherchens Antwort war ihm recht, denn er sagte:

»Von jeder Länge.« Er fügte aber gleich hinzu: »Es kann auch ein ganzes Stück sein. Ich möchte ein Drama meines Freundes Canetti drin haben. Er will zwar nicht. Aber wir werden ihn noch herumkriegen.«
Er hatte die ›Hochzeit‹ nach mehr als drei Jahren nicht vergessen. Ich wollte sie aber nur als Buch publizieren. Es war nicht der Augenblick, diese Sache zur Sprache zu bringen. Er aber wollte merken lassen, daß ihm moderne Literatur nicht unbekannt sei. Die ›Hochzeit‹ schien ihm immer noch etwas ›Neues‹.
Er hatte seinen Satz noch kaum ausgesprochen, als Blei das Wort ergriff.
»Drama ist nicht Literatur«, verkündete er, »Drama ist für eine literarische Zeitschrift ausgeschlossen.«
Er sagte das mit solcher Entschiedenheit, daß es uns Dreien, Scherchen, Wotruba und mir die Rede verschlug. Musil lächelte vergnügt.
Ich glaube, er war der Meinung, daß Blei sich bewähre und nun das Heft in die Hand genommen habe. Es kam auch ein längerer, druckreifer Diskurs von Blei darüber, wie diese Zeitschrift sein müsse und mit jedem Satze schien es sicherer, daß sie so sein *werde*. Zu meinem Staunen ließ ihn Sch., dieser Machthaber, gewähren, lange genug, bis Wotrubas kochender Haß mir Besorgnis einflößte. Der nimmt ihn noch und wirft ihn zum Fenster hinaus, dachte ich, meinem eigenen Zorn zum Trotz begann ich für das Leben des noblen Eindringlings zu fürchten. Hätte ich gewußt, daß er einer der Entdecker Robert Walsers war, ich hätte ihm jede Anmaßung nachgesehen und nicht nur um Musils willen mit Respekt behandelt. Aber nun schnitt ihm Sch. plötzlich die Rede ab:
»Wir denken ganz anders darüber, meine jungen Freunde und ich«, sagte er. »Alles was Sie sagen, ist unseren Absichten entgegengesetzt. Wir wollen eine lebendige Zeitschrift, kein scholastisches Petrifakt. *Sie* sind in allem für Beschränkung, Ars Viva soll der *Erweiterung* dienen, wir haben auch keine Angst vor der Zeit. Für Fossile gibt es genug andere Zeitschriften.«
Es war das einzige Mal, in all den Jahren, die ich ihn kannte, daß Sch. mir aus dem Herzen sprach. Wotruba sagte wütend:

»Die Meinung des Herrn Blei interessiert mich nicht. Den hat niemand eingeladen. Ich will wissen, wie Herr Musil über die Zeitschrift denkt.«
Wotruba war für seine Grobheit berühmt und niemand nahm sie ihm übel. Wer ihn persönlich noch nicht kannte, wäre enttäuscht gewesen, hätte er sich bei einer ersten Begegnung anders gegeben. Sein Ernst war durchdringend. Er hätte lächerlich gewirkt, hätte er sich um Höflichkeiten bemüht, es wäre so gewesen, als ob er in einer fremden, unbekannten Sprache zu stammeln versuche. Ich spürte, daß er Musil gefiel, er schien für Blei nicht beleidigt, obwohl er ihn nicht ohne Zeichen von Billigung angehört hatte.
Jetzt trat er sozusagen aus dessen Kernschatten heraus und gab sich so offen wie Wotruba selbst. Er sei unsicher und könne noch nichts sagen. Er habe eine Arbeit über Rilke, die für die Zeitschrift in Frage käme. Vielleicht fiele ihm etwas anderes ein, das er dafür schreiben könne. Seine Art zu sprechen war sehr bestimmt, um so mehr stach der Inhalt dessen, was er sagte, davon ab. Er versprach gar nichts. Er war unentschlossen. Aber er war mit solchem Respekt eingeladen und empfangen worden, daß er nicht einfach ablehnen mochte. Er fühlte sich hier mit seinem Gefolge sicher. Mit Franz Blei verband ihn eine alte Freundschaft, aber Blei war unberechenbar und launenhaft und er war es auch, der Brochs ›Schlafwandler‹ urplötzlich in die hohe Nachbarschaft Musils gerückt hatte. Broch war für die neue Zeitschrift nicht vorgeschlagen worden, er war gar nicht in Wien, aber wir hatten, wohl wissend, wie Musil über ihn dachte, uns vorläufig davor gehütet, ihn zu nennen. Hätte das einer von uns getan, Musil hätte sofort refüsiert und die Einladung zu einer Besprechung ausgeschlagen. In seiner Ablehnung war er schroff und schneidend. Was sein Nein betraf, so waren Legenden in Umlauf, über die wir beide, Wotruba wie ich entzückt waren.
Hier, in Gesellschaft von drei Trabanten mit drei Männern konfrontiert, die um ihn warben, war von *diesem* Nein kaum etwas zu spüren. Es war die unschlüssige Vorsicht eines Menschen, der sich nicht mißbrauchen lassen, aber auch eine gute Chance nicht verkennen wollte. Er wollte Zeit zum Überlegen, drum sagte er weder Ja noch Nein, aber er trach-

tete auch etwas mehr zu erfahren. Sch., der sich noch nie so sehr zurückgestellt hatte und in jedem Satz seine ›jungen Freunde‹ voransetzte, bevor er ›ich‹ sagte, konnte ihm nicht gefallen. Es war offenkundig, daß er von literarischen Dingen keine Ahnung hatte und sich auf mich verlassen würde. *Ich* war wegen der ketzerischen Nennung Thomas Manns verstoßen worden. Die Hartnäckigkeit, mit der ich trotzdem daran festgehalten hatte, daß er, Musil, zuoberst stand, fiel dagegen insofern ins Gewicht, als er meine Gegenwart akzeptierte. Zu Wotruba fühlte er sich hingezogen. Er gefiel ihm ausnehmend gut. Er stand außerhalb jeder Literatur, aber seine Worte hatten Kraft und schlugen ein wie Kugeln. Musils Gesicht verriet Staunen, wenn ihm jemand gefiel. Es war ein beherrschtes Staunen, das nie zu Überschwang entartete. Er verfügte über die Macht, das klare Gewicht seiner Reaktionen zu bestimmen und irrte sich nicht. Sein Staunen war begrenzt, doch verlor es in seiner Begrenzung nichts von seiner Reinheit. Er unterwarf es keinen Absichten.
Wenn er jetzt etwas sagte, wirkte es so, als warte er auf *eine* Reaktion, die von Wotruba, und als zähle keine andere. Die abgerundete Proklamation von Blei nahm er nicht besonders ernst. Er kannte sie seit langem und hatte sie gewiß schon assimiliert. Ich hatte den Eindruck, daß sie ihn langweilte. Er nahm sie hin, weil sie von seinem Protagonisten ausgesprochen wurde, aber er ging auf sie nicht ein und lächelte nachsichtig, wodurch er sich von ihr distanzierte. Wotrubas grobe Ablehnung Bleis, von der Aufforderung gefolgt, Musil selber möge nun sagen, was er denke, war diesem recht und er begann ohne jede Scheu den Plan der Zeitschrift vorsichtig abzutasten. Er bestand darauf, daß er sich zu einem lyrischen Thema äußern wolle und wollte Genaueres darüber erfahren, was in Frage käme.
Sch. meinte, das treffe sich gut, seine Frau, die bei der Besprechung nicht zugegen war, sei an lyrischen Dingen ganz besonders interessiert. Als Chinesin habe sie ein altererbtes Recht darauf. Lyrik bedeute ihr sogar mehr als Musik. Zwar habe er sie als Dirigierschülerin bei einem Kurs, den er in Brüssel gab, kennen gelernt, sie sei eigens, um bei ihm zu studieren, von China nach Brüssel gekommen, aber er sei immer mehr davon überzeugt, daß ihr Lyrik noch wichtiger

sei. Es tue ihm jetzt leid, daß er sie nicht mitgebracht habe. Sie habe Pläne für die Zeitschrift entwickelt, die sich ausschließlich auf Lyrik bezogen und eine ganze Reihe von Möglichkeiten notiert, die sie ihre ›Liste‹ nannte. Sie hätte sie gern gleich vertreten, aber man habe ihm nicht gesagt, daß Herr Musil auch Lyriker sei und da sei es ihm ungehörig erschienen, gleich bei der ersten Besprechung damit zu beginnen. Aber man habe ja Zeit, die Sache solle sorgfältig vorbereitet werden. Er werde Herrn Musil die Überlegungen seiner Frau mitsamt der Liste von Themen auf diesem Gebiet, die alle in Frage kämen, zusenden. Allerdings spreche seine Frau nur Französisch, *er* könne sich zur Not mit ihr verständigen, mündlich sei das nicht ganz leicht, auch darum habe er gezögert, sie gleich mitzubringen, aber ihr schriftliches Französisch sei schon in Brüssel allgemein gelobt worden. Auch habe Veza sich erbötig gemacht, zur Sicherheit ihr Französisch noch genau durchzugehen, so daß Herr Musil damit keine Schwierigkeiten haben werde.
Solche ausführliche Plädoyers war man von Scherchen nicht gewöhnt. Er begnügte sich im allgemeinen damit, anzuordnen oder musikalische Verrichtungen zu erklären. Aber über seine neue chinesische Frau sprach er gern. Er war stolz auf sie, er erregte Aufsehen mit ihr. Sie war eine bezaubernde und hochkultivierte Frau aus sehr gutem Hause. Sie hatte die japanische Invasion in China erlebt und spielte einem, wenn sie davon sprach, die schrecklichen Vorgänge vor. Sie hatte in Brüssel zart, schmal und in chinesischer Seide Mozart dirigiert, bei diesem Anblick hatte sich Sch. in sie verliebt, aber wenn sie vom Krieg sprach, tönten tak-tak-tak Maschinengewehre aus ihrem Munde. Sie schrieb ihm, als sie wieder in Peking war. Alle seine Konzerte hatte Sch. abgesagt und war mit der Transsibirischen Eisenbahn nach Peking gefahren, auf fünf Tage, mehr Zeit gönnte er sich nicht, um Shü-Hsien innerhalb von fünf Tagen zu heiraten. Man sagte ihm bei der Ankunft, daß es so rasch nicht ginge, er müsse sich zum Heiraten schon mehr Zeit nehmen, aber auch dort setzte er seinen Willen durch, heiratete Shü-Hsien innerhalb von fünf Tagen, ließ sie vorläufig bei ihren Eltern zurück, setzte sich wieder in die Eisenbahn und war nach wenig über einem Monat wieder in Europa, bei seinen Konzerten.

Einige Monate später kam Shü-Hsien nach, die beiden wohnten bei uns in Grinzing. Da erlebten wir die erste Zeit ihrer Ehe mit: die Sprache, in der sie sich verständigen mußten, war Französisch, korrekt, aber in monosyllabisch klingendem Staccato das ihre, unsäglich barbarisch wirkendes Deutsch-Französisch voller Fehler, uns ganz unverständlich, das seine. Er spannte sie gleich zu Arbeit ein, den ganzen Tag mußte sie Noten kopieren, Stimmen für sein Orchester. Ich frage mich, wann ihr Zeit blieb, lyrische Themen für die geplante Ars Viva-Zeitschrift zu finden. Vielleicht hatte sie sich einmal zu ihm über chinesische Lyrik geäußert. Er mag ihr dann, da er nie etwas ungenützt ließ, den Auftrag gegeben haben, ihre Gedanken darüber zu Papier zu bringen. Jetzt, während der Besprechung, kam ihm die Erinnerung daran wie gerufen. Er konnte Musil etwas versprechen, eine Reihe von Themen, die ihn vielleicht locken und deren Aufstellung Shü-Hsien, die in französischer Literatur beschlagen war, keine Mühe kosten würde.
Sch. war von seiner chinesischen Liebe so erfüllt, daß er sie gern immer zur Sprache gebracht hätte. Ich mochte ihn zu dieser Zeit. Der Groll, den ich seit den Straßburger Tagen in mir trug, schien verflogen. Es begann damit, daß ich unerwartet ein Telegramm von ihm bekam, er bitte mich dringlich, dann und dann, mit genauer Zeitangabe, an den Westbahnhof zu kommen, wo er zwischen zwei Zügen eine Stunde Aufenthalt habe. Ich ging hin, mehr aus Neugier als aus Zuneigung. Sein Zug fuhr ein und er sagte noch zum offenen Fenster heraus: »Ich fahre nach Peking heiraten!«
Dann, sobald er auf dem Perron stand, kam atemlos die Geschichte. Er sprach hingerissen von seiner Chinesin. Er schilderte mir, was ihm passiert war, als er sie im chinesischen Kleid Mozart dirigieren sah. Er hatte Worte, verzückte Worte für einen anderen Menschen. Er hatte ihr versprochen, sie zu heiraten, sobald sie ihm schrieb, auf der Stelle sozusagen. Nun hatte sie ihm geschrieben und es war, als stünde er, der sonst immer Befehle erteilte, unter einem fremden Befehl, der von über der halben Erde kam und dem er sich blindlings und beseligt unterwarf. Ich hatte ihn nie so erlebt, während er atemlos weitersprach, spürte ich, daß ich ihn plötzlich mochte.

Es war unfaßbar, daß er, dieses Arbeitstier, alle Konzerte und Proben für fünf Wochen abgesagt hatte.
Er hatte in seinem Heiratsrausch einiges Wichtige vergessen. Plötzlich kam Dea Gombrich, die Geigerin, angerannt, auch sie hatte er auf den Westbahnhof bestellt, sie hatte sich verspätet, er sagte ihr nur, daß er nach Peking fahre, sie möge rasch noch einen Schlips für ihn kaufen gehen, er habe vergessen, einen Schlips für die Eheschließung mitzunehmen. Sie lief gleich los und war wieder da, bevor sein Zug sich in Bewegung setzte. Sie reichte ihm den Schlips zum Coupé-Fenster hinauf, er stand da und lächelte, er dankte, seine Lippen waren nicht so schmal wie immer. Er war schon auf dem Wege nach Sibirien, als ich Dea, die noch atemlos war, so rasch war sie gerannt, die ganze Geschichte erzählte.
Ich hatte ihn überwältigt gesehen und eine ganze Weile hielt meine neue Wärme für ihn vor. Wir hatten dann, wie ich schon sagte, die beiden ziemlich lange bei uns in der Himmelstraße. Veza war von Shü-Hsien entzückt, die Geist hatte, Sch. bei aller Verliebtheit so sah, wie er war und sich sogar über ihn lustig machen konnte.
Ich verdachte ihm nicht, daß er sie jetzt, während der Besprechung über Ars Viva, Musil gegenüber benützte, wie er alles benützte. Ich spürte, daß er mit ihr prahlen mußte, weil er noch in sie verliebt war. Vielleicht, dachte ich, geschieht ein Wunder und es geht nicht aus, wie alles bei ihm ausgeht, vielleicht *bleibt* er bei der Chinesin. Ich hatte, bei meiner Liebe für alles Chinesische, Sorge, wie es werden würde und mehr Besorgnis für sie, die hier in solcher Fremde war, als ich sie für eine seiner europäischen Frauen gehabt hätte. Aber bei dieser Besprechung in der Nußdorferstraße war sie plötzlich sehr da. Musil, dessen offenkundige Hauptsorge es war, auf keinen Fall etwas Episches für die Zeitschrift zu versprechen und der darum die Möglichkeit lyrischer Gegenstände aufbrachte, hatte mit seinen zweifelnden Fragen Shü-Hsien heraufbeschworen. Jeder hatte von ihr gehört, man dachte gern an sie, sie war ihr eigener poetischer Gegenstand. Aus der Zeitschrift wurde nichts, aber die Vorbesprechung blieb, glaube ich, allen in angenehmer Erinnerung, dank der Chinesin.

Am 15. Juni 1937 starb meine Mutter.
Einige Wochen vorher, im Mai, kam ich zum erstenmal nach Prag. Ich fühlte mich noch leicht und frei und nahm mir ein Zimmer im Hotel Juliš am Wenzelsplatz, im obersten Stock. Von der breiten Terrasse, die zum Zimmer gehörte, sah man auf den Verkehr des Wenzelsplatzes hinunter, nachts auf seine Lichter. Es war eine Aussicht, wie für den Maler geschaffen, der im Zimmer neben mir wohnte: Oskar Kokoschka.
Zu seinem 50. Geburtstag war in Wien eine große Ausstellung im Kunstgewerbemuseum am Stubenring eröffnet worden. Da hatte ich eine eindringliche Vorstellung von seinem Werk bekommen, das ich früher nur in vereinzelten Bildern kannte. Er hatte sich geweigert, zu diesem Anlaß nach Wien zu kommen und blieb in Prag, wo er das Porträt des Präsidenten Masaryk malte. Sein alter Vorkämpfer in Wien, Carl Moll, hatte mir ans Herz gelegt, ihn in Prag aufzusuchen und mir einen Brief für ihn mitgegeben. Ich sollte ihm von der Ausstellung erzählen und ihn daran erinnern, wieviel Verehrer er in Wien habe. Er sei von einem tiefen Groll gegen das offizielle Österreich erfüllt. Es gehe da nicht nur um die Mißachtung, die man für sein Werk beweise. Er komme auch über die Ereignisse vom Februar 1934 nicht hinweg. Seine Mutter, an der er mehr als an jedem anderen Menschen hing, sei an gebrochenem Herzen über den Bürgerkrieg auf den Straßen Wiens gestorben. Von ihrem Haus im Liebhartstal habe sie mitansehen können, wie mit Geschützen auf die neuen Arbeiterwohnhäuser der Gemeinde geschossen wurde. Um dieser Aussicht auf Wien willen habe der Sohn das Haus für die Mutter gekauft, die von früh an ihn geglaubt hatte und leidenschaftlichen Anteil an seiner Malerei nahm, und was war nun aus dieser Aussicht geworden!
Die Mutter war nah genug, um den Geschützdonner zu hören und konnte sich vom Anblick der Kämpfe nicht losreißen. Bald danach war sie erkrankt und nie wieder von ihrer Krankheit aufgestanden. Carl Moll hatte die Mutter gekannt und war der Überzeugung, daß ohne sie der Sohn nie zu sich selbst gefunden hätte. Es sei eine Gefahr für ihn, daß diese Frau, die den wunderbaren Namen Romana trug, nicht mehr

da sei. Nun werde er sich ganz von Österreich abschneiden. Für das neue Regime in Deutschland sei er ein entarteter Maler, für Österreich wäre jetzt eine Gelegenheit da, seinen größten Maler mit offenen Armen aufzunehmen. Aber selbst wenn sie den Weitblick gehabt hätten, ihn zu einer ehrenvollen Rückkehr aufzufordern, wie hätte er unter einem Regime zurückfinden können, dem er die Verantwortung für den Tod seiner Mutter zuschrieb?

Ich hatte schon vorher viel von Kokoschka gehört. Durch Anna war ich in eine turbulente Phase seines frühen Lebens zurückversetzt worden. Die Passion für Alma Mahler, ihre Mutter, war durch einige seiner besten Bilder zur Legende geworden. Ein Porträt von ihr als ›Lucrezia Borgia‹, wie sie es nannte, hatte ich beim ersten Besuch auf der Hohen Warte gesehen. Es war im Triumphraum der nimmermüden Witwe aufgehängt und wurde mit Nachdruck vorgestellt, wobei betont wurde, daß aus dem Künstler, der damals noch etwas konnte, leider nichts geworden sei – ein armer Emigrant.

Jetzt sah ich ihn zum erstenmal selbst, von Terrasse zu Terrasse, aus Selbstporträts waren mir seine Züge vertraut. Was mich sehr überraschte, war seine Stimme. Er sprach so leise, daß ich ihn kaum verstand. Ich paßte gut auf, um mir keinen Satz entgehen zu lassen, verlor aber trotzdem viele. Carl Moll hatte meinen Besuch auch in einem Brief direkt an ihn angekündigt, doch war es ein unerwarteter Zufall, daß wir Zimmer an Zimmer wohnten. Er gab sich sehr bescheiden, nicht nur leise. Ich war, noch unter der Einwirkung der großen Ausstellung, etwas verlegen darüber, daß er mich auf gleich und gleich behandelte. Er fragte nach meinem Buch, das er lesen wolle, Moll habe ihm in hohen Tönen davon geschrieben. Hier auf der Terrasse hatte ich den Eindruck, daß er neugierig auf mich sei. Ich spürte sein Oktopus-Auge auf mir, doch schien es mir nicht feindlich.

Er entschuldigte sich dafür, daß er an diesem Abend nicht frei sei, so als fühle er sich dazu verpflichtet, mir gleich einen Abend zu widmen. Seine Sanftheit war um so erstaunlicher, als ich an Annas Bericht aus ihrer frühen Kindheit dachte: da saß sie, die damals Gucki genannt wurde, in einer Ecke des Ateliers am Boden und hörte erschreckt einer Eifersuchtsszene zu, die sich zwischen ihm und ihrer Mutter abspielte.

Er drohte ihre Mutter beim Fortgehen im Atelier einzusperren, vielleicht habe er diese Drohung auch einmal wahrgemacht. Über nichts hatte mir Anna mit solcher Emotion gesprochen. Ich stellte mir diese Szenen laut und heftig vor und hatte einen leidenschaftlichen Menschen erwartet, der sich gleich auf meine Nachricht von der Ausstellung hin mit zornigen Worten gegen das österreichische Regime wenden würde. Er gab aber darüber nur ein paar wegwerfende Worte von sich, auch diese blieben leise. Am aggressivsten an ihm schien mir das Kinn, das sehr prononciert war, beinahe so wie er es auf seinen Selbstbildnissen gern zu malen pflegte. Das eigentlich Eindrucksvolle aber war das Auge, reglos, undurchsichtig, unablenkbar auf der Lauer: sonderbar war, daß ich dabei immer an *ein* Auge dachte, so wie ich es jetzt aufgeschrieben habe. Seine Worte kamen verwischt und tonlos, so als gäbe er sie eher zufällig und ungern her. Er verabredete sich für den nächsten Tag mit mir und ließ mich verwirrt zurück: weder seine Bilder noch alles, was ich über ihn gehört hatte, vermochte ich mit seiner gedämpften Manier in Einklang zu bringen.
Am nächsten Tag traf ich ihn im Kaffeehaus. Er war in Gesellschaft des Philosophen Oskar Kraus, der ein getreuer Schüler von Franz Brentano war. Dieser Kraus, Professor der Philosophie, in Prag eine bekannte Figur, hatte von seinem Lehrer das Interesse für Rätsel übernommen und führte nun vor Kokoschka und mir das große Wort. Es gelang ihm, Kokoschka mit allerhand Rätseln und mit Reden, die sich sämtlich darauf bezogen, zu fesseln, wieder hatte ich den trügerischen Eindruck von Bescheidenheit, ja sogar von Schlichtheit. In Wirklichkeit war er, das begriff ich erst später, nichts weniger als schlicht, sein Geist ging gern verwikkelte Wege. Er war auch nicht bescheiden, aber er liebte es, in manchen Umgebungen zu verschwinden, so als passe er sich einer bestimmten, hier herrschenden Farbe an. Dieses Schillernde war seine Begabung, auch darin glich er einem Tintenfisch, in diesem natürlichen, leichten Wechsel der Farbe, während sein Auge, das sehr groß und – wie ich schon sagte – so wirkte, als wäre es ein vereinzeltes, seine Beute mit unnachsichtiger Kraft erspähte.
Nun war aber bei dieser Sitzung im Kaffeehaus schwerlich

etwas zu erspähen. Den alten Professor Kraus kannte er gut, aufregen konnte ihn der geschwätzige und seiner Wirkung überaus sichere Professor schwerlich. Daß er sich bei jeder Gelegenheit noch in seinem Alter auf seinen Meister, den Philosophen Brentano berief, hatte etwas Subalternes, wenigstens kam es mir so vor, da ich mich noch kaum mit Brentano befaßt und von der Vielfalt seiner Ausstrahlung eine unzureichende Vorstellung hatte. Ich empfand seine nimmermüde Suada Kokoschka gegenüber als geschmacklos, dem sie aber angenehm zu sein schien, er hatte keine Lust, selbst etwas zu sagen und verharrte in seinem bunten Lauern.
Ich aber brannte darauf, von ihm etwas über Georg Trakl zu erfahren. Ich wußte, daß er ihn gekannt hatte und daß der wunderbare Name seines Bildes ›Die Windsbraut‹ von Trakl stammte. Es war meine Überzeugung, daß ohne diesen Namen das Bild nicht bestünde, daß man nicht darauf geachtet hätte, wenn es nicht so hießc. Es war um diese Zeit, daß ich von Trakl ergriffen wurde, kein Lyriker der Moderne hat mir so viel bedeutet. Von seinem Schicksal bin ich noch erfüllt, wie zu jener Stunde, da ich zuerst davon erfuhr. Es war, in Gegenwart des gefühlsdürren Rätselmännchens, gewiß nicht der richtige Augenblick, die Sprache auf Trakl zu bringen, aber ich tat es doch und fragte Kokoschka bescheiden, ob er ihn gekannt habe. »Den hab ich sehr gut gekannt«, sagte er tonlos, mehr sagte er nicht, selbst wenn er es gewollt hätte, hätte er nicht mehr sagen können, denn schon war der andere mit einem neuen Rätselspaß zur Hand und meckerte ihn mit seiner Ziegenstimme herunter.
Mir aber kam es so vor, als *zähle* Wien für Kokoschka nicht mehr, seit er es verlassen hatte. In seiner frühen Zeit, als er plötzlich an der Hand von Adolf Loos dort überall auftauchte, war Wien etwas gewesen. Aber jetzt hatte nicht Wien ihn, sondern er hatte Wien verbannt und der gute alte Moll, der sich seit Jahrzehnten die Füße für ihn abrannte, war nicht der Mann, ihn für Wien wieder zu interessieren. Bei aller Kunst des Verschwindens, in der er exzellierte, spürte ich, daß er jetzt nur verschwand, um Ruhe vor jedermann zu haben.
Ich hatte die Hoffnung auf ein wirkliches Gespräch mit ihm beinah aufgegeben, als er plötzlich warm wurde und die Sprache auf seine Mutter und seinen Bruder Bohi brachte.

Das Haus im Liebhartstal, wo der Bruder nach dem Tod der Mutter noch wohnte, war das einzige, was ihn zur Zeit an Wien interessierte. Er hielt seinen Bruder für einen Dichter. Ob ich ihn kenne? Er habe einen großen Roman in vier Bänden geschrieben. Er sei Matrose gewesen und viel herumgekommen. Kein Verleger wolle das Buch herausbringen. Ob ich jemand wüßte, der sich dafür interessiere? Der Bruder habe kein Glück in solchen Dingen. An Selbstbewußtsein fehle es ihm nicht, wohl aber an Berechnung. Er sah es keineswegs als Unehre an, daß der Bruder sich von ihm helfen ließ. Er hielt ihn gern aus und ohne zu murren. Er sprach mit Zärtlichkeit und Respekt von ihm. Ich war berührt von dieser Liebe für seinen Bruder, der immer an ihn geglaubt hatte, aber auch an sich selbst und es erschien mir als einnehmender Zug an Kokoschka, daß er darauf bestand, eine Art Gleichwertigkeit der beiden Brüder vor der Welt zu etablieren.
Unter meinen Kumpanen in Wien war oft die Rede von diesem Bruder gewesen. Kokoschkas Ansehen war so groß, daß jede Beziehung auf ihn, dem, der sie vorbringen konnte, zur Ehre gereichte. Ein junger Architekt, Walter Loos, der ohne mit ihm verwandt zu sein, den Namen des großen Loos trug, fühlte sich – vielleicht eben wegen dieser Namensgleichheit – dazu verpflichtet, wenigstens den Bruder zu kennen und gab beim Heurigen, wo er mit Wotruba und mir zusammensaß, begeisterte Schilderungen von der strotzend schönen Rauchfangkehrerstochter, die als Freundin so gut zum dicken Bohi paßte. Er erzählte vom Auf und Ab dieser Beziehung, von Bohis Eifersucht, von wilden Szenen und stürmischen Versöhnungen. Dabei sei die Rauchfangkehrerstochter, hinter der jeder her sei, ihrem Bohi vollkommen treu, es sei unmöglich, sie zu verführen. Bohi war ein *echter* Bruder des Malers, um den jedes solche Gespräch in Wirklichkeit ging und darum war Eifersucht für ihn obligatorisch. Allen Erzählungen, die sich auf Kokoschkas Bruder bezogen, hörte Wotruba beinahe andächtig zu. Mit Oskars Ruhm reizte ihn der junge Loos, wie wir ihn nannten, immer wieder. Indem er ihn unerschütterlich hochhielt, wie eine Fahne, hatte er sich in unserem Kreis eine gewisse Stellung verschafft, denn was er sonst zu sagen hatte, bedeutete wenig.
Jetzt war es Kokoschka gewesen, der die Rede auf seinen

Bruder brachte, den Namen Bohi nannte er so selbstverständlich, als müsse jeder in Wien ohne weitere Erklärung von ihm wissen, und als ich darauf einging und meine Erfahrungen mit dem jungen Loos zum besten gab, schien er ein bißchen irritiert über dessen Namen.
»Das sollt's nicht noch einmal geben, einen Architekten, der so heißt, den Loos hat's nur einmal gegeben.«
Es war ihm auch nicht recht, daß ich den Namen meines Bekannten damit verteidigte, daß er ja schließlich der Freund des *Bruders* sei und nicht wie der alte Loos der des eigentlichen Kokoschka. Er fühlte sich dadurch zu einer Lobrede auf seinen Bruder veranlaßt und ich erfuhr von ihm nun Genaueres über das vierbändige Dichtwerk, das keinen Verleger fände. Ob der sogenannte ›junge‹ Loos davon nichts gesagt habe?
Nein, er habe immer nur von seiner Liebe zur Tochter des Rauchfangkehrermeisters gesprochen und die Szenen zwischen den beiden geschildert. Kokoschka, der von bestürzender Raschheit war, witterte den Zusammenhang mit den altbekannten Szenen, die sich zwischen ihm und der Alma Mahler abgespielt hatten und wehrte ab, ohne daß ich die Taktlosigkeit gehabt hätte, darauf anzuspielen.
»Das ist reiner Nestroy«, sagte er, »das hat mit dem Bohi, wie er schreibt, nichts zu tun. Es fällt schon auf, wenn die raufen, weil's beide so dick sind. Der Bohi ist ein reiner Mensch. Der macht die Szenen nicht, um ins Gerede zu kommen.«
Es klang so, als würde er sich selbst für eigene frühe Szenen rechtfertigen. Er hatte, als er in Dresden Professor war, mit einer nach seinen Angaben verfertigten, lebensgroßen Puppe gelebt, die wie die Alma Mahler aussah und das Gerede über sie und ihn dadurch – man kann schon sagen – verewigt. Selbst Leuten, die nichts als Abscheu für seine Malerei übrig hatten, war *diese* Geschichte wohlvertraut. Die Puppe war, was er von den alten Szenen mit der Alma immer mit sich herumschleppte. Sie saß im Kaffeehaus neben ihm am Tisch, bekam ihren Kaffee vorgesetzt und wurde später, so hieß es, auch zu Bett gebracht. Bohi, ganz im Gegensatz zu seinem Bruder, tat nichts für seine Reputation, darum nannte er ihn ›einen reinen Menschen‹, darum sprach er gern von ihm, er verwies auf ihn, als wäre er seine eigene Unschuld.

An einem der nächsten Tage kam es zu einem großen Aufzug der Bauern über den Wenzelsplatz. Von der Terrasse meines Zimmers im Hotel Juliš oben war es alles gut zu sehen. Ludwig Hardt, der ja jetzt in Prag lebte, kam mit seiner Frau, ich hatte ihn und einige andere Bekannte eingeladen, sich den Aufzug von oben anzuschauen. Bei dieser Gelegenheit lernte ich Ludwig Hardts Frau kennen, sie war klein wie er, eine zierliche Person, die etwas auf sich hielt. Wenn man die beiden zusammen sah, war es unmöglich, nicht an eine Zirkusnummer zu denken. Jeden Augenblick erwartete man Pferde vorgeführt zu sehen und das wohlgedrechselte Persönchen, wie es von einem Pferd aufs andere sprang, während er nicht weniger tollkühne Kunststückchen vollführte, haargenau an ihr vorbei, oder mit ihr zusammen.
Jetzt aber standen sie neben mir auf der Terrasse hoch überm Platz, wo Bauern aus allen Teilen des Landes in ihren Trachten vorüberzogen, manche auf Pferden, zu Musik und Zurufen, ein Bild wie auf einer Bauernhochzeit. Einzelne Bauern begannen zu tanzen, jeder für sich, immer wieder andere, und die Art, wie sie in schrägen Bewegungen losbrachen und sich im Getümmel Platz verschafften, ohne daß sie dabei etwas von ihrer Schwere aufgaben, hatte etwas so Beschwingtes, daß es mir die Tränen in die Augen trieb. Ich wandte mich ab, um es zu verbergen und da traf mein Blick seitlich auf den Kokoschkas, der auf seine Terrasse hinausgetreten war und zu den Bauern hinuntersah wie wir, er bemerkte meine Erregung und winkte mir so herzlich zu, als spräche er von seinem Bruder Bohi.
Was mir am Einzeltanz von Bauern, die aus ihrer Gruppe ausbrachen, so naheging, hätte ich damals nicht zu sagen vermocht. An ihrer Ausgelassenheit, an ihrer Kraft, an ihrer Farbigkeit war nichts, das einen beschweren konnte. Es war ein Augenblick frei von allen schlimmen Ahnungen, eine glückliche Ergriffenheit, obwohl man nicht in ihrem Aufzug mitenthalten war – gab es etwas, das man weniger war als ein Bauer? Es war auch ein Wiedererkennen, von dem ich mich ergriffen fühlte: das Wiedererkennen tanzender Bauern bei Brueghel. Bilder bestimmen, was man erlebt. Als eine Art von Grund und Boden gliedern sie sich einem ein. Je nach den Bildern, aus denen einer besteht, gerät er in ein verschiedenes

Leben. Vielfarbig und befreiend war die Erregung über die tanzenden Bauern auf dem Wenzelsplatz. Zwei Jahre später war es um Prag geschehen. Aber die Kraft und schwerfällige Anmut dieser Menschen durfte ich noch erleben.
Etwas Ähnliches empfand ich in der Sprache. Sie war mir völlig unbekannt. Ein guter Teil der Wiener waren Tschechen, doch außer ihnen kannte niemand ihre Sprache. Unzählige Wiener trugen tschechische Namen, was sie bedeuteten, wußte man nicht. Einen der schönsten Namen trug mein ›Zwilling‹, Wotruba. Auch er kannte kein Wort von der Sprache seines Vaters. Nun war ich in Prag und ging überall hin, am liebsten in die Höfe von Häusern, wo viele Menschen wohnten, denen ich beim Sprechen zuhören konnte. Es schien mir eine streitbare Sprache, denn alle Worte waren stark auf der ersten Silbe betont, wovon man in jeder Rede, die man anhörte, eine Reihe von kleinen Stößen empfing, die sich so lange wiederholten, als das Gespräch überhaupt dauerte.
Ich hatte mich mit der Geschichte der Hussitenkriege befaßt, das 15. Jahrhundert hatte mich immer angezogen und wer über Massen etwas zu erfassen suchte, der grübelte viel über die Hussiten. Ich hatte Respekt vor der Geschichte der Tschechen und es ist wahrscheinlich, daß ich als Außenstehender nun, da ich es unternahm, ihre Sprache in jeglicher Intensität zu hören, Dinge in ihr zu finden meinte, die sich aus meiner Ignoranz allein herleiteten. Aber an ihrer Vitalität konnte kein Zweifel bestehen und manche Worte in ihrer absoluten Eigenart waren für mich frappierend. Ich war begeistert, als ich vom Wort für Musik erfuhr: hudba.
In den europäischen Sprachen, soweit ich sie kannte, gab es immer dasselbe Wort dafür: Musik, ein schönes, klingendes Wort – wenn man es deutsch sagte, war einem zumute, als ob man mit ihm in die Höhe springe. Wo es mehr auf der ersten Silbe betont war, kam es einem nicht ganz so aktiv vor, es blieb ein wenig schweben, bevor es sich ausbreitete. Ich hing an diesem Wort beinahe so wie an der Sache, aber es war mir allmählich nicht ganz geheuer, daß es für jede Art von Musik gebraucht wurde. Je mehr neue Musik ich hörte, um so unsicherer wurde meine Beziehung zu dieser universalen Benennung. Einmal hatte ich den Mut, das Alban Berg zu sagen: ob

es nicht auch andere *Worte* für Musik geben sollte, ob nicht die hoffnungslose Verstocktheit der Wiener allem Neuen gegenüber damit zusammenhänge, daß sie mit ihrer *Vorstellung* von diesem Wort vollkommen eins geworden waren, so sehr, daß sie nichts zu dulden vermöchten, das den Inhalt dieses Wortes für sie verändere. Vielleicht, wenn es anders *hieße*, wären sie eher bereit, sich daran zu gewöhnen. Davon aber wollte er, Alban Berg, nichts wissen. Es gehe ihm um Musik, wie allen anderen Komponisten vor ihm, um gar nichts anderes, von jenen Früheren leite sich her, was er selber mache, was seine Schüler bei ihm erlernten, sei Musik, jedes andere Wort dafür wäre ein *Betrug*, und ob mir nicht aufgefallen sei, daß dasselbe Wort dafür sich über die ganze Erde verbreitet habe. Er reagierte heftig, ja beinahe verärgert auf meinen ›Vorschlag‹ und mit solcher Bestimmtheit, daß ich ihn nie wieder zur Sprache brachte.

Aber wenn ich auch im Bewußtsein meiner musikalischen Ignoranz darüber schwieg, so ließ mich der Gedanke doch nicht los. Als ich nun in Prag wie durch Zufall plötzlich erfuhr, daß das tschechische Wort für Musik ›hudba‹ heiße, war ich davon hingerissen. Das war das Wort für Strawinskys ›Les Noces‹, für Bartók, für Janâček, für vieles andere.

Ich ging wie verzaubert von einem Hof in den anderen. Was ich als Herausforderung hörte, war vielleicht bloß Mitteilung, aber dann war sie *geladener* und enthielt vom Sprechenden mehr, als was wir in Mitteilungen von uns zu geben pflegen. Vielleicht war die Wucht, mit der tschechische Worte in mich eingingen, auf Erinnerungen an das Bulgarische der frühen Kindheit zurückzuführen. Aber ich dachte nie daran, denn ich hatte das Bulgarische ganz vergessen und wieviel von vergessenen Sprachen trotzdem in einem zurückbleibt, vermag ich nicht zu bestimmen. Sicher war es so, daß in diesen Prager Tagen manches für mich zusammenrückte, das sich in abgetrennten Perioden meines Lebens abgespielt hatte. Ich nahm slawische Laute auf als Teile einer Sprache, die mir auf unerklärliche Weise naheging.

Ich *sprach* aber mit vielen Menschen deutsch, ich sprach nichts anderes, und es waren Leute, die mit dieser Sprache bewußt und differenziert umgingen. Meist waren es Dichter, die deutsch schrieben, und daß diese Sprache, an der sie ge-

gen den kraftvollen Hintergrund des Tschechischen festhielten, etwas anderes für sie bedeutete als für jene, die in Wien mit ihr operierten, war immer spürbar.
›Die Blendung‹ war übersetzt worden und vor kurzem tschechisch erschienen. Aus diesem Grunde hatte ich die Reise nach Prag unternommen. Ein junger Dichter, der heute unter dem Namen H. G. Adler bekannt ist, war damals an einer öffentlichen Anstalt tätig und hatte mich zu einer Vorlesung eingeladen. Er gehörte zu einer Gruppe von deutschschreibenden Freunden, etwa fünf Jahre jünger als ich, unter denen die ›Blendung‹ die Runde machte. Adler, der Aktivste unter ihnen, hatte sich überall für die Vorlesung eingesetzt. Er führte mich auch durch die Stadt, es lag ihm daran, daß mir nichts von ihren Schönheiten entginge.
Ein hochgespannt idealistischer Anspruch zeichnete ihn aus, er, der bald danach so sehr zum Opfer jener fluchwürdigen Zeit werden sollte, wirkte so, als *gehöre* er gar nicht in die Zeit. Einen Mann, der mehr durch deutsche literarische Tradition bestimmt war, hätte man sich kaum irgendwo in Deutschland vorstellen können. Aber er war hier in Prag, sprach und las mit Leichtigkeit tschechisch, hatte Respekt vor tschechischer Literatur und Musik und erklärte mir alles, was ich nicht verstand, auf eine Weise, die es mir anziehend machte.
Ich will die Herrlichkeiten Prags, die in aller Munde sind, nicht aufzählen. Es würde mir beinahe unanständig erscheinen, von Plätzen, Kirchen, Palästen, Gassen, von Brücken und vom Fluß zu sprechen, mit denen andere ein Leben zugebracht haben, von deren Erfahrung ihr Werk durchtränkt ist. Nichts davon habe ich für mich selbst entdeckt, es wurde mir alles vorgeführt, wenn einer ein Recht hätte, von diesen Konfrontationen zu sprechen, wäre er es, der sie ausdachte und herbeiführte. Derselbe junge Dichter, der sich an Überraschungen, die er für mich ersann, nicht genugtun konnte, war voller Neugier und fragte während unserer Gänge unermüdlich. Ich stand ihm gern Rede, viele Menschen, die in meinem Leben waren, kamen vor ihm zu Sprache, Meinungen, Urteile und Vorurteile.
Er spürte aber auch, wieviel es mir bedeutete, *allein* zu hören, Menschen, dic verschiedensten Menschen, in einer Sprache

reden zu hören, die ich nicht verstand, ohne daß mir gleich übersetzt würde, was sie sagten. Das mußte für ihn etwas Neues sein, daß jemand auf die Nachwirkung unverstandener Worte aus war, eine Einwirkung, die ganz eigenen Charakters, die nicht mit der von Musik zu vergleichen war, denn von unverstandenen Worten fühlt man sich *bedroht*, man wendet sie hin und her in sich und sucht sie zu entschärfen, aber sie wiederholen sich und werden in der Wiederholung bedrohlicher. Er hatte den Takt, mich während ganzer Stunden allein zu lassen, ein wenig besorgt, daß ich mich verirren könnte, und sicher nicht ohne Bedauern, daß unser Gespräch auf diese Weise unterbrochen wurde. Mit gesteigerter Neugier ließ er sich später über die Dinge berichten, die mir aufgefallen waren, und es war ein Zeichen meiner großen Sympathie für ihn, daß ich Mühe hatte, ihm nicht alles zu sagen.

Tod der Mutter

Ich fand sie schlafend, die Augen geschlossen. Ganz abgezehrt, nur noch bleiche Haut, so lag sie da, tiefe, schwarze Löcher statt der Augen und wo früher ihre prächtigen weiten Nüstern spielten, unbewegliche schwarze Löcher. Die Stirn schien schmäler, von beiden Seiten geschrumpft. Ich hatte den Blick ihrer Augen erwartet und mir war, als hätte sie sie gegen mich verschlossen. Ich suchte nach dem, was an ihr das Kenntlichste war, da sich die Augen versagten, nach ihren großen Nüstern und der gewaltigen Stirn, aber sie hatte keine Erstreckung mehr, sie umfaßte nichts und der Zorn der Nüstern hatte sich an ihre Schwärze verloren.
Ich erschrak, doch erfüllt noch von *ihrer* alten Kraft, beschlich mich das Mißtrauen, daß sie sich vor mir verberge. Sie will mich nicht sehen, sie hat mich nicht erwartet. Sie spürt, daß ich da bin und stellt sich schlafend. Was sie sich selber gedacht hätte, an meiner Stelle, ging mir durch den Kopf, denn ich war sie, wir kannten die Gedanken des anderen, es waren die eigenen.
Ich hatte Rosen gebracht, deren Duft sie nie widerstand. Im Garten ihrer Kindheit in Rustschuk hatte sie sie eingeatmet

und wenn wir in den guten Jahren über ihre Nüstern scherzten, die riesig wie die keines Menschen waren, sagte sie, sie seien so groß geworden, weil sie sie als Kind für den Duft der Rosen aufgebläht habe. Ihre früheste Erinnerung war, daß sie unter Rosen lag, sie weinte, weil man sie ins Haus zurücktrug und der Duft entschwand. Später, als sie Haus und Garten ihres Vaters verließ, habe sie jeden Duft geprüft, auf der Suche nach dem wahren, an dieser Übung seien ihre Nüstern gewachsen und groß geblieben.
Als sie die Augen öffnete, sagte ich: »Das habe ich dir aus Rustschuk gebracht.« Sie sah mich ungläubig an, nicht an meiner Gegenwart zweifelte sie, sondern an dem Ort der Herkunft, den ich nannte. »Aus dem Garten«, sagte ich, es gab nur einen Garten. Sie hatte mich hingeführt und tief geatmet und mit Früchten für die Kränkungen des Großvaters getröstet. Jetzt hielt ich ihr die Rosen hin, sie zog den Geruch ein, das Zimmer erfüllte sich. Sie sagte: »Das ist der Geruch. Sie kommen aus dem Garten.« Sie gab sich der Nachricht hin, auch mich nahm sie hin – ich war in dieser Wolke enthalten – und fragte nicht, warum ich in Paris sei. Es war wieder ihr Gesicht mit den unersättlichen Nüstern. Die Augen, viel größer, blickten auf mich und sie sagte nicht: Ich will dich nicht sehen! Was tust du hier! Ich habe dich nicht gerufen! Im Duft, den sie erkannte, hatte ich mich eingeschlichen. Sie fragte nicht, sie ergab sich ganz dem Duft und mir war, als weite sich ihre Stirn und als müßten ihre unverkennbaren Worte kommen. Ich wartete auf harte Worte und fürchtete sie. Ich hörte ihren bitteren Vorwurf, als hätte sie ihn wieder ausgesprochen: Ihr habt geheiratet. Du hast mir nichts gesagt. Du hast mich belogen.
Sie hatte mich nicht sehen wollen und als Georg, über ihren Verfall alarmiert, telegraphierte und schrieb, daß ich sofort kommen müsse, als ich den Aufenthalt in Prag nach acht Tagen abbrach und schleunigst nach Wien zurück und weiter nach Paris fuhr, war es seine Sorge, wie wir es machen würden, daß ich ihr unter die Augen treten könne. Er hielt es für das Wichtigste, was sich in ihr zuguterletzt verhärtet hatte, woran sie viel dachte, was sie quälte, aufzulösen und einen Zornesausbruch, den er selbst in ihrer geschwächten Verfassung fürchtete, um jeden Preis zu vermeiden.

Als ich ihm bei der Ankunft erklärte, was ich vorhatte, daß ich ihr ›Rosen aus dem Garten in Rustschuk‹ bringen und daß sie mir *glauben* werde, sagte er zweifelnd: »Das getraust du dich? Es wird deine letzte Lüge sein!« Aber er verfiel auf nichts Besseres, und als er gar spürte, daß ich nicht bloß ihren Widerstand gegen meinen Besuch überwinden wollte, sondern daß es mir wirklich darum zu tun war, ihr den Duft zurückzubringen, nach dem sie sich gesehnt hatte, gab er ein wenig beschämt und vielleicht auch zu meiner Absicht bekehrt nach. Er wollte aber nicht dabei sein, um ihr Vertrauen zu ihm nicht zu gefährden, falls mein Vorhaben mißlang und frischen Zorn bei ihr entfachte.
Sie hielt die Blumen wie eine Maske übers Gesicht und mir war, als ob ihre Züge sich weiteten und kräftigten. Sie glaubte mir wie früher und hatte ihre Zweifel verstoßen, sie wußte, wer ich war, aber kein Wort der Feindschaft kam über ihre Lippen. Sie sagte nicht: Du bist weit gereist. Bist du darum gekommen? Aber mir fiel ein, was sie früher oft und oft erzählt hatte. Bevor sie auf den Maulbeerbaum kletterte, in dem sie zu lesen pflegte, sei sie rasch noch unter die Rosen gegangen. In deren Zeichen las sie, der Duft in ihr hielt vor und was immer sie las, war davon gesättigt. Das Schrecklichste sei dann für sie erträglich gewesen, selbst wenn sie vor Angst verging, fühlte sie sich nicht gefährdet.
In unserer schlimmen Zeit hatte ich ihr das vorgeworfen. Ich hatte ihr gesagt, daß nichts davon für mich zähle, was sie unter solcher Narkose gelesen habe. Ihre Angst sei keine Angst gewesen. Das Schreckliche, das diesen Duft ertragen habe, sei kein Schreckliches gewesen. Ich hatte die harten Worte nie zurückgenommen. Vielleicht war ich darum jetzt auf den Gedanken zu dieser List gekommen.
Und nun sagte sie doch: »Bist du nicht müde von der Reise? Ruh dich ein wenig aus!« Sie meinte die weitere Reise, nicht die von Wien und ich versicherte, daß ich gar nicht müde sei, daß ich mich nicht gleich wieder von ihr trennen wolle. Vielleicht stellte sie sich vor, daß ich nur gekommen sei, ihr die Botschaft von dort zu überbringen, daß ich gleich wieder entschwinden würde. Vielleicht wäre es besser so gewesen. Ich hatte nicht bedacht, daß sie auch nach der ersten Erkennung an meiner Person wieder etwas stören könne und daß

sie Menschen in ihrem Zustand nur kurz ertrug. Bald sagte sie: »Setz dich weiter fort!« Ich rückte den Stuhl, auf dem ich mich eben erst niedergelassen hatte, fort von ihrem Bett, aber sie sagte: »Weiter! Weiter!« Ich rückte noch ein Stück, auch das war ihr nicht genug. Ich rückte bis in die Ecke des kleinen Zimmers und verstand, daß sie schweigen wollte und mich darum aus ihrer Nähe entfernte. Als Georg hereinkam, erkannte er an der Art, wie die Rosen lagen, daß sie sie angenommen hatte und an ihren Zügen, daß sie erfrischt war. Aber dann sah er mich abseits in der Ecke sitzen und wunderte sich, daß ich *saß*, und daß ich *dort* saß. »Stehst du nicht lieber?« fragte er, aber sie schüttelte beinah heftig den Kopf. »Und warum sitzt du nicht näher?« fügte er hinzu, aber sie fiel ihm in den Satz und erwiderte statt meiner: »Dort ist es besser.«

Ihn ließ sie nicht von der Seite, er blieb in ihrer Nähe und begann eine Reihe von Verrichtungen, deren Sinn mir nicht immer klar war. Es waren Dinge, die sie von ihm erwartete, in fester Reihenfolge und sie vergaß darüber alles. Sie wußte nicht mehr, daß ich zugegen war, es wäre ihr zu diesem Zeitpunkt gleichgültig gewesen, wenn ich gegangen wäre. Hilflos, wie sie zu sein schien, kam sie ihm mit manchen Bewegungen zuvor, als wolle sie ihn an die Reihenfolge seiner Verrichtungen erinnern. Er feuchtete ihre Hände und Stirn und bettete sie etwas höher. Er rückte ein Glas an ihre Lippen und sie nahm willig einen Schluck. Er strich das Bett glatt und versuchte ihr die Rosen aus der Hand zu nehmen. Vielleicht wollte er sie davon befreien, vielleicht dachte er daran, sie ins Wasser zu stellen, aber sie ließ sie nicht los und gab ihm einen scharfen Blick, wie früher. Er spürte die Heftigkeit ihrer Reaktion und freute sich über die Kraft, von der sie gespeist war. Seit Wochen gewahrte er und fürchtete das Nachlassen ihrer Kräfte. Er ließ die Blumen in ihrer Hand auf der Decke liegen, sie nahmen viel Platz ein und waren so wichtig wie er. Ich war indessen in eine Ecke entfernt worden und zweifelte daran, daß ihr meine Anwesenheit bewußt war.

Plötzlich hörte ich sie zu Georg sagen: »Dein großer Bruder ist da. Er kommt aus Rustschuk. Warum begrüßt ihr euch nicht?« Georg blickte in meine Ecke, als bemerke er mich erst jetzt. Er trat auf mich zu, ich stand auf, wir umarmten einander. Wir umarmten einander wirklich, nicht leichthin wie zuvor, als ich die Wohnung zuerst betreten hatte. Doch er sprach kein Wort und ich hörte sie sagen: »Warum frägst du ihn nichts?« Sie erwartete ein Gespräch über meine Reise, über den Besuch im Garten. »Er war lange nicht dort«, sagte sie und Georg, der Erfindungen nicht mochte, betrat widerstrebend meine Geschichte: »Vor 22 Jahren, im ersten Weltkrieg.« Er meinte, daß ich seit dem Besuch im Jahre 1915 nicht in Rustschuk gewesen war. Damals hatte mir die Mutter den Garten ihrer Kindheit wieder gezeigt, ihr Vater war nicht mehr am Leben, aber der Maulbeerbaum war da, im Obstgarten gleich dahinter reiften die Aprikosen.

Ihre Augen schlossen sich und noch während wir beieinanderstanden, schlummerte sie ein. Als er sicher war, daß sie nun länger schlafen würde, zogen wir uns ins Wohnzimmer zurück und er sprach zu mir über ihren Zustand und daß es nichts gäbe, was sie retten könne. Vor langer Zeit, wir waren Kinder, hatte sie an eine Krankheit ihrer Lungen geglaubt, später war sie wahr geworden. Er, ein junger Arzt von 26 Jahren hatte sich um ihretwillen auf Lungen spezialisiert. Jeden freien Augenblick Tag und Nacht war er um die Mutter gewesen. Als Student war er selbst an Tuberkulose erkrankt: Seine Freunde meinten, daß er sich bei ihr angesteckt habe. Einige Monate hatte er damals in einem Sanatorium oberhalb von Grenoble verbracht, arbeitete dort als Arzt, kehrte dann, wie es hieß, wiederhergestellt zurück und widmete sich von neuem ihrer Pflege.

Er fürchtete ihre Atemnot, an Asthma litt sie seit Jahren. Während der letzten Monate war sie so rasch verfallen, daß er sich zum Entschluß durchrang, mich zu rufen. Er sah die Bedeutung einer Konfrontation, sie konnte gefährliche Folgen haben, aber wichtiger war ihm der Gedanke einer Versöhnung. Nun schien sie, für den Augenblick, gelungen und obwohl er den jähen Wechsel ihrer Gefühle kannte und ein verspäteter schlimmer Ausbruch nicht mit Sicherheit auszuschließen war, empfand er Erleichterung über den guten Beginn und warf mir zu meinem Staunen, auch als wir allein waren, nicht vor, daß ich den Garten ihres Vaters gar nicht betreten und sie mit Rosen aus Paris getäuscht hatte. »Sie glaubt dir noch immer«, sagte er. »So hast du ihr immer geglaubt. Das ist es, was euch verbindet. Ihr habt die Macht, einander zu töten. Du hast wohl gewußt, warum du Veza vor ihr geschützt hast. Ich verstehe es. Aber ich habe die Wirkung erlebt, die es alles auf sie gehabt hat. Darum kann ich dir nicht verzeihen. Darauf kommt es jetzt nicht an. Für sie bist du vom Ort gekommen, an den sie jetzt immer denkt.«

In der kleinen lärmenden Wohnung der Rue de la Convention war für mich kein Platz. Ich schlief außerhalb und kam mehrmals am Tag zu ihr. Sie ertrug mich nicht lang, aber sie ertrug überhaupt keine längeren Besuche. Immer wieder mußte ich das Zimmer verlassen und draußen warten.
Ich trat nicht zu nah an ihr Bett. Ihre Augen gewannen an Größe und Glanz, jeden Morgen, wenn ich sie zuerst sah, fühlte ich mich von diesem Blick ergriffen. Ihr Atem verringerte sich, doch der Blick erstarkte. Sie sah nicht weg, wenn sie nicht sehen wollte, schloß sie die Augen. Sie sah mich an, bis sie mich haßte. Dann sagte sie: »Geh!« Das sagte sie täglich einige Male und war, wenn sie es sagte, entschlossen, mich zu strafen. Es traf mich, obwohl ich mir ihres Zustandes bewußt war und begriff, daß ich dazu da war, um von ihr gestraft und gedemütigt zu werden – das war, was sie jetzt von mir brauchte. Wenn ich im Nebenzimmer wartete, kam die Krankenschwester zu mir herein und gab mir durch ein Nicken zu verstehen, daß sie nach mir gefragt habe. Dann ging ich zu ihr hinein, sie richtete den Blick auf mich und erfaßte mich mit solcher Kraft, daß ich fürchtete, es müsse sie zu sehr erschöpfen, der Blick wurde weiter und stärker, sie sagte nichts, bis sie plötzlich wieder hauchte: »Geh!« und es war, als wäre ich nun für alle Ewigkeit dazu verdammt, von ihrem Angesicht fern zu bleiben. Ich knickte etwas ein, ein Verurteilter, der sich seiner Schuld bewußt ist und ging. Obwohl ich gewiß war, daß sie wieder nach mir fragen, daß sie mich bald zu sich rufen würde, nahm ich es ernst, ich gewöhnte mich nicht daran und empfing es jedesmal als neue Strafe.
Sie war sehr leicht geworden. Alles was ihr an Leben blieb, war in die Augen gegangen, die schwer waren vom Unrecht, das ich ihr angetan hatte. Sie blickte auf mich, um es zu sagen, ich hielt den Blick fest, ich ertrug ihn, ich wollte ihn ertragen.

Es war nicht Zorn in diesem Blick, es war die Qual aller Jahre, in denen ich sie nicht von mir gelassen hatte. Um sich von mir zu lösen, hatte sie sich krank gefühlt, war zu Ärzten gegangen und an ferne Orte gefahren, in die Berge, ans Meer, es konnte überall sein, wenn ich nicht dort war, und hatte da ihr Leben geführt und mir's in Briefen verborgen und hatte sich um meinetwillen krank geglaubt und war es nach Jahren wirklich geworden. Das hielt sie mir jetzt hin und es war ganz in den Augen. Dann wurde sie es müde und sagte: Geh! und während ich nebenan wartete, ein falscher Büßer, schrieb ich an die, deren Name ihr nicht über die Lippen kam und gab Veza das Vertrauen, das ich der Mutter schuldete.
Dann hatte sie geschlummert und verlangte nach mir, als sei ich eben von der Reise gekommen und ihr Blick, der sich im Schlummer mit Vergangenheit neu beladen hatte, richtete sich wieder auf mich und sprach zu mir wortlos davon, daß ich sie um eines anderen Menschen willen verlassen, belogen und beleidigt hatte.
Wenn aber Georg da war, wurde mir in all seinen Verrichtungen vorgeführt, wie es hätte sein müssen. Er hatte sich an niemanden gebunden. Er war nur für sie da. In jeder Bewegung diente er ihr, er konnte nichts tun, das nicht gut war, denn es war für sie getan. Wenn er fortging, hatte er die Rückkehr zu ihr vor Augen. Er war um ihretwillen zum Arzt geworden und ging zur Arbeit ins Spital, um für ihre Krankheit Erfahrung zu gewinnen und verurteilte mich wie sie, von sich aus, sie hatte es ihm nicht aufgetragen. Der jüngste Bruder war, was der Älteste hätte sein sollen, auf kein eigenes Leben bedacht, zum Dienst an der Mutter bereit und war sogar, als es für ihn zuviel wurde, krank wie sie geworden. Er war in die Berge gegangen, um sich da die Lebensluft zu holen, doch nur, um zu ihr zurückzukehren und sie zu pflegen. Er hatte ihr nicht so viel zu danken wie ich, denn ich war ganz aus ihrem Geist geboren, aber ich hatte versagt, um irgendwelcher Chimären willen hatte ich mich bereden lassen, war in Wien geblieben, hatte mich Wien verschrieben und dann, als ich endlich etwas erfand, das Gültigkeit hatte, stellte sich heraus, daß es von ihr war, *sie* hatte mir's diktiert, und nicht die Chimären. So wäre das

ganze Unglück nicht notwendig gewesen, ich hätte bei ihr meinen Weg gehen können und wäre zum selben Ergebnis gelangt.
Das ist die Kraft eines Sterbenden, der sich gegen den Überlebenden wehrt, und es ist gut so, daß das Recht des Schwächeren sich behauptet. Die wir nicht zu bewahren vermögen, sollen uns vorhalten dürfen, daß wir zu ihrer Rettung nichts getan haben. In ihrem Vorwurf ist der Trotz enthalten, den sie an uns weitergeben, der göttliche Wahn, daß es uns gelingen könnte, den Tod zu bezwingen. Der die Schlange geschickt hat, den Versucher, ruft sie zurück. Es ist der Strafe genug. Der Baum des Lebens ist euer. Ihr sollt nicht sterben.

Es ist mir, als wären wir zu Fuß hinter dem Sarg einhergeschritten, den Weg durch die ganze Stadt bis zum Père Lachaise.
Ich fühlte einen ungeheuren Trotz und wollte es allen, die sich an diesem Tag in dieser Stadt herumtrieben, sagen. Ich fühlte Stolz, als träte ich für sie gegen alle an. Es war mir niemand so gut wie sie. Ich dachte ›gut‹ und meinte nicht, was sie nie gewesen war, es war das andere ›gut‹, daß sie bleiben würde nämlich, obwohl sie tot sei. Rechts und links von mir gingen die beiden Brüder. Ich fühlte keinen Unterschied zwischen ihnen und mir, solange wir gingen, waren wir eins, doch niemand sonst. Alle anderen, die ihr das Geleit gaben, waren mir zu wenig. Der Zug mußte durch die ganze Stadt reichen, solange wie der Weg. Ich fluchte der Blindheit, die nicht wußte, wer zu Grabe getragen wurde. Der Verkehr stand nicht still, nur um den Zug durchzulassen, und wenn wir vorüber waren, war es wieder dasselbe Getriebe, als wäre niemandes Sarg vorbeigetragen worden. Es war ein langer Weg, und während seiner vollen Länge dauerte es an, das Gefühl des Trotzes: als müsse man sich den Weg durch diese ungeheure Zahl von Menschen erkämpfen. Als fielen, ihr zu Ehren, Opfer rechts und links, und an keinem war es genug und keines vermochte ihren Anspruch zu sättigen: Es ist die Länge des Weges, die das Begräbnis rechtfertigt. »Seht sie! Da ist sie! Habt ihr es gewußt? Wißt ihr, wer da verschlossen liegt? *Sie* ist das Leben. Ohne sie ist nichts. Ohne sie werden eure Häuser zerfallen und die Leiber schrumpfen.«

Das ist es, was ich von diesem Zug noch weiß. Ich sehe mich gehen, mit ihrer Stirn der Stadt Paris trotzend. Ich spüre die beiden Brüder an meiner Seite. Ich weiß nicht, wie Georg diesen Weg ging. Habe ich ihn gestützt? Wer hat ihn gestützt? Trug ihn der gleiche Stolz? Ich sehe auf diesem Weg kein einziges Gesicht der anderen und weiß nicht, wer dabei war. Mit Haß hatte ich in der Wohnung mitangesehen, wie der Sarg zugeschraubt wurde und solange sie in der Wohnung blieb, war es, als hätte man ihr Gewalt angetan. Während des langen Zuges fühlte ich davon nichts, der Sarg war zu ihr selbst geworden, nichts trennte mich von der Bewunderung für sie und so muß ein Mensch wie sie zu Grabe getragen werden, damit man ihn schlackenlos bewundert. Es war dasselbe Gefühl, das nicht nachließ, es war von immer gleicher Kraft, es muß zwei oder drei Stunden angehalten haben. Es war keine Spur von Ergebenheit darin, vielleicht nicht einmal von Trauer, denn wie wäre sie mit diesem rasenden Trotz zu vereinbaren gewesen. Ich hätte mich für sie schlagen, ich hätte töten können. Ich war zu allem bereit. Es war keine Lähmung, es war Herausforderung. Mit ihrer Stirn bahnte ich ihr den Weg durch die Stadt, torkelnde Menschen auf allen Seiten, und wartete der Beleidigung, die mich zwingen würde, für sie in die Schranken zu treten.

Er wollte allein sein, um mit ihr zu sprechen. Einige Tage war ich um Georg, damit er sich nichts antue. Dann bat er mich um zwei, drei Tage allein, um mit ihr zu sein, es war, was er sich wünschte, er wünschte sich sonst nichts. Ich vertraute ihm und kam am dritten Tag wieder. Er wollte die Wohnung nicht verlassen, in der sie krank gewesen war. Er saß auf dem Stuhl, auf dem er abends neben ihrem Bett gesessen war und sprach immer weiter. Solange er die alten Worte sagte, war sie für ihn am Leben. Er gab sich nicht zu, daß sie ihn nicht mehr hörte. Ihre Stimme, die sehr schwach geworden war, war nicht einmal ein Hauch, doch er hörte sie und sprach weiter. Er erzählte, denn sie wollte immer alles wissen, von seinem Tage, von den Leuten, von Lehrern, von Freunden, von Passanten auf der Straße. Er erzählte, wie damals, als er von der Arbeit kam, jetzt ging er nirgends hin und hatte doch zu erzählen. Er warf sich nicht vor, daß er für sie erfand, denn alle Erfindung war Klage, eine leise, gleichmäßige, anhaltende Klage, weil sie es vielleicht bald nicht hören würde. Er wollte, daß nichts ende, alle Verrichtungen gingen in Worten weiter. Seine Worte weckten sie und sie, die erstickt war, hatte wieder Atem. Seine Stimme war innig und leise, wie damals, als er sie beschwor zu atmen. Er weinte nicht; um keinen ihrer Augenblicke zu verlieren; wenn er auf diesem Stuhl saß, wo er sie vor sich hatte, gönnte er sich nichts, das zu einem Verlust für sie entartet wäre. Die Beschwörung setzte nicht aus, ich hörte diese Stimme, die ich nicht gekannt hatte, rein und hoch, wie die eines Evangelisten, ich sollte sie nicht hören, denn er wollte allein sein, aber ich hörte sie, aus Sorge, ob ich ihn allein lassen dürfe, wie er sich's wünschte, und ich prüfte die Stimme lange, bevor ich mich entschied, sie ist mir im Ohr geblieben alle Jahre. Wie prüft man eine Stimme, was mißt man, was flößt einem Vertrauen ein. Man hört die leise Rede an die Tote, die er nie verlassen wird, ohne ihr zu folgen; zu der er spricht, als hätte er noch alle Kraft in sich, sie zu halten, und diese Kraft gehört ihr und er gibt sie ihr, sie muß es fühlen. Es hört sich an, als ob er leise zu ihr singen würde, nicht von sich, keine Klage, nur von ihr, nur sie hat gelitten, nur sie darf klagen, er aber tröstet sie und beschwört sie und verspricht ihr immer wieder, daß sie da ist, sie allein, mit ihm allein, niemand sonst, jeder stört sie, darum will er, daß ich ihn mit ihr allein lasse, zwei oder drei Tage, und obwohl sie begraben ist, liegt sie da, wo sie krank immer war und in Worten holt er sie und sie kann ihn nicht verlassen.

Elias Canetti

Das Augenspiel
Lebensgeschichte
1931–1937
Band 9140

Die Blendung
Roman
Band 696

Dramen
Hochzeit/Komödie der
Eitelkeit/Die Befristeten
Band 7027

Die Fackel im Ohr
Lebensgeschichte
1921–1931
Band 5404

Die gerettete Zunge
Geschichte einer
Jugend
Band 2083

Das Gewissen der Worte
Essays
Band 5058

Masse und Macht
Band 6544

Der Ohrenzeuge
Fünfzig Charaktere
Band 5420

ELIAS CANETTI
DAS
AUGENSPIEL
LEBENSGESCHICHTE 1931-1937
FISCHER

Band 9140

Die Provinz
des Menschen
Aufzeichnungen
1942–1972
Band 1677

Die Stimmen
von Marrakesch
Aufzeichnungen
nach einer Reise
Band 2103

Hüter der Verwandlung
Beiträge zum Werk
von Elias Canetti
Band 6880

Fischer Taschenbuch Verlag

fi 185/2

Arthur Holitscher

Der Narrenführer durch Paris und London

Mit Holzschnitten von Frans Masereel
und einem Nachwort von Gert Mattenklott

Arthur Holitscher (1869–1941) ist ein Dichter zwischen Literatur und Politik: mit seinen Reportagen aus Amerika, Kanada, Rußland, Palästina, Indien, China und Japan ist Holitscher einer der produktivsten und bedeutendsten Reiseschriftsteller dieses Jahrhunderts.
Die Stationen seines »Narrenführers« sind Paris und London Anfang der zwanziger Jahre; zwischendurch das Schlachtfeld des Ersten Weltkriegs bei Reims, ein Besuch in Chartres. »Mitteleuropa ist für Holitscher ein Tollhaus: laut, grell, katastrophensüchtig, geil auf neue Strahlenwaffen, begierig nach Technik und Sektenmetaphysik. Seine Reportagen – glänzende Beispiele des Genres – sind Versuche synchronisierter Momentaufnahmen mit Untertexten. In den unruhigen Texten Holitschers sitzen Masereels Holzschnitte wie szenisch verdichtete Allegorien.« *(Gert Mattenklott)*

Band 5971

Fischer Taschenbuch Verlag

fi 986/1

Fernando Pessoa
Das Buch der Unruhe

Band 9131

Als Pessoas ›Buch der Unruhe‹ 1985, 50 Jahre nach dem Tod des Autors, in deutscher Übersetzung erschien, wurde es von der Kritik sogleich als ein literarisches Ereignis ersten Ranges gefeiert.
›Das Buch der Unruhe‹, »das traurigste Buch Portugals« wie es einmal genannt wurde, setzt sich aus den fiktiven Aufzeichnungen des Hilfsbuchhalters Bernardo Soares zusammen, der im konkreten Sinne eine gewisse Ähnlichkeit, wenngleich keine Identität mit dem Autor Pessoa hat, im metaphorisch-übertragenen aber für den Menschen schlechthin steht: »Wir alle, die wir träumen und denken, sind Buchhalter und Hilfsbuchhalter in einem Stoffgeschäft oder in einem Geschäft mit einem anderen Stoff in irgendeiner anderen Altstadt. Wir führen Buch und erleiden Verluste; wir summieren und gehen dahin; wir schließen Bilanz und der unsichtbare Saldo spricht immer gegen uns.« So ist auch die Rua dos Douradores in der Lissaboner Altstadt, wo sich das unscheinbare Leben des Hilfsbuchhalters abspielt, als ein verkleinertes Abbild der ganzen Welt zu sehen.

Fischer Taschenbuch Verlag

Marguerite Yourcenar

Eine Familiengeschichte

Gedenkbilder

Band 5472

›Gedenkbilder‹ ist der erste Band eines dreiteiligen Erinnerungswerks zur eigenen Familiengeschichte, das Marguerite Yourcenar, die große alte Dame der französischen Literatur, unter dem Titel ›Das Labyrinth der Welt‹ veröffentlicht hat: ihre Spurensuche gilt in diesem ersten Band der Familie mütterlicherseits. Dieses Erinnerungswerk, dem die Kritik schon bald den Rang eines Klassikers der Autobiographie bescheinigte, verdankt sich der Essayistin, Dichterin und Historikerin Yourcenar gleichermaßen.

Lebensquellen

Band 5473

In diesem Band ihres großen Erinnerungswerks verfolgt Marguerite Yourcenar die Herkunft ihrer väterlichen Vorfahren. Ihre Darstellung gipfelt in dem Portrait ihres Vaters Michel de Crayencourt, diesem liebenswerten Aristokratensohn und Weltmann des fin de siècle, der das Spiel, das Geld und die Frauen liebt, allen Konventionen feindlich ist und leichtherzig ein Vermögen durchbringt. Halb Dandy, halb Abenteurer, ist er eine Gestalt, die einem Roman von Proust zu entstammen scheint.

Fischer Taschenbuch Verlag

fi 988/1

Verboten und verbrannt / Exil

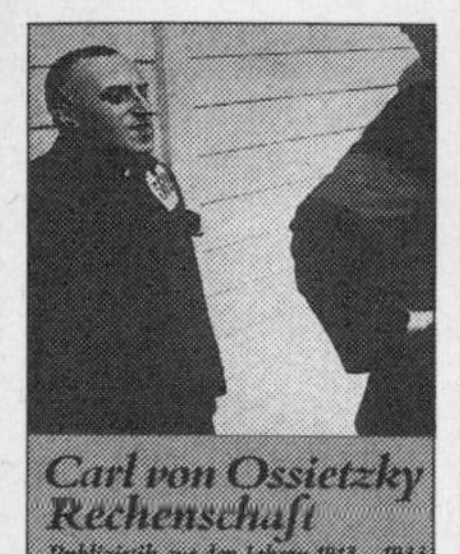

Werner Lansburgh
Strandgut Europa
Erzählungen aus dem Exil 1933 bis heute
Band 5377

Heinz Liepman
Das Vaterland
Band 5170

Robert Lucas
Teure Amalia, vielgeliebtes Weib
Briefe des Gefreiten Adolf Hirnschal
Band 5177

Konrad Merz
Ein Mensch fällt aus Deutschland
Band 5172

Ernst Erich Noth
Weg ohne Rückkehr
Roman
Band 5952

Rudolf Olden
Hitler
Band 5185

Carl von Ossietzky
Rechenschaft
Publizistik aus den Jahren 1913–1933
Band 5188

Karl Otten
Torquemadas Schatten
Band 5137

Theodor Plievier
Der Kaiser ging, die Generäle blieben
Roman
Band 5171

Gustav Regler
Im Kreuzfeuer
Band 5181

Nico Rost
Goethe in Dachau
Band 5183

Alice Rühle-Gerstel
Der Umbruch oder Hanna und die Freiheit
Roman
Band 5190

Wilhelm Speyer
Das Glück der Andernachs
Roman
Band 5178

Adrienne Thomas
Die Katrin wird Soldat
Roman
Band 5265
Reisen Sie ab, Mademoiselle!
Roman
Band 5956

Paul Zech
Deutschland, dein Tänzer ist der Tod
Band 5189

Fischer Taschenbuch Verlag

fi 118 / 7b